任继愈 主编

INTERNATIONAL SINOLOGY

# 國際漢學

## 第十辑

大象出版社

图书在版编目(CIP)数据

国际汉学.第10辑/任继愈主编.—郑州:大象出版社,2004.3
ISBN 7-5347-3263-8

Ⅰ.国… Ⅱ.任… Ⅲ.汉学—研究—世界—文集 Ⅳ.K207.8-53

中国版本图书馆 CIP 数据核字(2003)第 125938 号

| 责任编辑 | 张　锐 |
| --- | --- |
| 责任校对 | 钟　骄 |
| 封面设计 | 王　云 |
| 版式设计 | 王　敏 |
| 出版发行 | 大象出版社(郑州市经七路25号　邮政编码450002) |
| 制版印刷 | 河南第一新华印刷厂 |
| 版　　次 | 2004年3月第1版　2004年3月第1次印刷 |
| 开　　本 | 787×1092　1/16 |
| 印　　张 | 20 |
| 字　　数 | 371千字 |
| 印　　数 | 1—2 500册 |
| 定　　价 | 人民币:28.00元　美元:10.00元 |

廣交天下學友
共促文教繁榮

國際漢學
十期志慶

任繼愈

# 国际汉学

## 编辑委员会

| 顾　　问 | 陈乃芳　季羡林　饶宗颐　王元化　李亦园　周常林 |
|---|---|
| 主　　编 | 任继愈 |
| 副 主 编 | 张西平　杨煦生 |
| 编　　委 | 柴剑虹　程裕祯　陈来　陈平原　陈力　高建平　耿昇<br>耿相新　何其莘　黄俊杰　姜国柱　李学勤　李明辉　李凭<br>李申　刘东　卢海燕　孟华　庞朴　荣新江　沈伟荣<br>宋柏年　汤一介　王邦维　王健　汪前进　吴志良　吴儆生<br>徐一平　薛华　严绍璗　张隆溪　卓新平　周发祥 |
| 外籍编委 | 安乐哲（Roger T. Ames）　　　　　巴斯蒂夫人（Marianne Bastid<br>杜德桥（Glen Dudbridge）　　　　　　　　　　　　– Bruguiére）<br>何莫邪（Christoph Harbsmeier）　谢和耐（Jacques Gernet）<br>兴膳宏（Kozen Hiroshi）　　　　　高马士（Josef Kolmaš）<br>郎宓榭（Michael Lackner）　　　　顾彬（Wolfgang Kubin）<br>马西尼（Federico Masini）　　　　罗多弼（Torbjörn Lodén）<br>弥维礼（Wilhelm R. K. Müller）　米亚斯尼科夫（В. С. Мясников）<br>李福清（Boris L. Riftin）　　　　孟德卫（David E. Mungello）<br>施舟人（Kristofer M. Schipper）　萨巴蒂尼（Mario Sabattini）<br>竹内实（Tate Vchi Minorv）　　　钟鸣旦（Nicolas Standaert）<br>魏丕信（Pierre – Étienne Will）　杜维明（Tu Weiming）<br>许理和（Erik Zürcher）　　　　　全寅初（Jun In Cho） |
| 组织编辑 | 北京外国语大学海外汉学研究中心 |
| 编辑部主任 | 柳若梅 |
| 执行编辑 | 顾钧　夏言　杨翠微　张艳（助理） |
| 地　　址 | 北京西三环北路2号（100089） |
| 电子邮件 | sinology@mail.bfsu.edu.cn |

## 声　明

《国际汉学》版权归大象出版社所有，所刊载的文章未经同意，不得翻印、转载、转编。

# 目 录

(第十辑)

| 汉 学 一 家 言 | 从学术史看汉学、中国学应有的学科定位 ………… 侯且岸( 1 ) |
| --- | --- |
| 汉学家访谈录 | 韩国的"汉学"与"中国学" ………………………… 任大援(13) |
| | 捷克汉学家、藏学家高马士访谈录 ……………………… 李 梅(18) |
| 汉 学 家 专 页 | 艾田蒲和他的《中国之欧洲》…………………………… 钱林森(26) |
| | 追思汉学家马汉茂 ……………… [英]傅 熊 叶采青 译(36) |
| 西 方 早 期 汉 学 | 广州葡囚书简(1524?) |
| | ……………… [葡]克利斯多弗·维埃拉 何高济 译(41) |
| 中西文化交流史 | 基督教在中亚和远东的早期传播 |
| | ………… [英]A.明甘那 牛汝极 王红梅 王 菲 译(84) |
| | 法国对入华耶稣会士与中西文化交流的研究 ……… 耿 昇(128) |
| | 试论耶稣修会精神与其在华传教政策的一致性 …… 谷 裕(157) |
| | 简论北京中法大学 ………………………………… 葛夫平(168) |
| 欧美汉学史研究 | 剑桥汉学的形成与发展 …………………………… 阚维民(192) |
| | 俄国汉学史(至1917年前) |
| | … [俄]B.C.米亚斯尼科夫 A.C.伊帕托娃 柳若梅 译(219) |
| | 美国传教士卢公明眼中的清末科举 ……………… 林立强(230) |
| 中国语言文学研究 | 汉语普通话第3声的特征 ………………… [日]久保修三(239) |
| | 侯芝(1764—1829):女诗人兼弹词小说家 |
| | ………………………… [美]E.魏德默 胡晓真 译(243) |
| "当代儒学与西方文化"专题 | 墨子刻的儒学观 …………………………………… 黄克武(252) |
| | 史怀哲关于中国思想和儒家伦理的论述 |
| | ………………………… [德]罗哲海 骆 洁 译(269) |
| 《华语官话语法》专题 | 《华语官话语法》与17世纪的南京话 ……………… 林 璋(278) |
| | 《华语官话语法》中语法问题分析 ………………… 张美兰(288) |
| 附 录 | 《国际汉学》第十辑英文目录 ……………………………… (307) |
| | Monumenta Serica(《华裔学志》)第50卷要目 …………… (309) |
| | China Review International(《中国研究书评》)第9卷要目 … (310) |
| | 编后记 ……………………………………………………… (311) |

# 从学术史看汉学、中国学应有的学科定位

□侯且岸

随着中国对外开放的程度不断加深,中国进一步走向世界,近些年来,国外的汉学、中国学研究有了长足进展。与此相呼应,国内学者对国外汉学、中国学的翻译、介绍和研究,已呈异军突起之势,引起学界内外的广泛关注。

但是,学术的发展往往因受到种种不应有的制约而陷入困境,汉学、中国学也不例外。其中,最大的制约之一就是在国家现有的学科门类划分中,汉学、中国学的学科定位不明,在整体上没有明确的学科归属。而这一问题的存在,直接影响到这门学科的发展。目前,在国家哲学社会科学基金资助项目的申报中,就存在着汉学研究"选题无据、申报无门"的现象;高校中,汉学也无法纳入研究生招生的学科目录,受到了不应有的轻视。对此,笔者认为有必要进行深入的探讨,以引起有关方面和学术界的重视,采取有效措施,保护汉学的生长。

一

那么,究竟应当如何给汉学、中国学进行学科定位呢?我以为,总体上看,它们是国外研究中国学术的总称,涉及到有关中国社会、政治、经济、文化、历史等诸多研究领域。就其学科特性而言,它们不仅跨学科,而且跨文化。应该说,无论是跨学科,还是跨文化,都反映着当今世界范围内的学术变化以及学

术发展的趋势。为了能够更准确地从学科发展、中西文化交汇的层面来说明学科性质问题,着实需要认真地回顾一下该学科的学术史。通过对学术史的全面分析,来确认其基本的学科定位。

一般来说,汉学(Sinology)也称作中国学,它是指西方人从语言文字、历史、地理、哲学、宗教等诸方面系统地研究中国的学问,也是东方学的重要组成部分。在西方,主要是欧洲,严格意义上的汉学研究已经有四百多年的历史,最早可以追溯到 16 世纪。[1]随着新航路的发现,中西之间的交通愈加便利。自 16 世纪中叶始,西方耶稣会传教士来到中国,形成了一股传教热。尽管这种宗教活动是同西方殖民主义对中国的掠夺和侵略联系在一起的,但它与此前唐代景教和元代基督教罗马教派在中国的传教有所不同。这次传教不仅促进了西学传入中国,而且增进了西方传教士对中国的了解,使得他们初步建立起欧洲汉学研究的雏形。此后,在相当长的一段时间里,传教士垄断了欧洲的汉学研究。这种状况直至法国资产阶级革命以后才逐渐有所改观,汉学研究开始进入学院式研究的时代。1814 年,法国巴黎法兰西学院等高等学府创办汉学讲座,这"意味着汉学作为一种'学问'已为人们所承认"。"此前以传教士为中心的研究,或带有遵循耶稣会的主张的倾向,或对佛教只采取蔑视或不理解的态度,也伴有轻视中国文学等非学问因素的制约。但是以创设讲座为分界线,法国的汉学研究从此焕然一新。"[2]

相比较而言,美国的汉学研究的开先河者也是传教士,但他们起步很晚,直到 19 世纪 30 年代,基督教新教传教士才进入中国。如果说欧洲的汉学研究的兴起还多少包含有对于中国文化的向往,那么,美国的汉学研究的兴起则是出于对美国自身的战略利益的考虑。在欧洲,从事汉学研究的人一般不研究现实问题,这种状况同重视研究现实问题,强调研究的实用性的美国学术传统显然是不合拍的,这使得美国的汉学研究与欧洲的汉学研究呈现出迥然不同的特征。在欧洲,"汉学在传统上以文献研究和古典研究为中心,所以在研究历史较短的美国似乎感到 Sinology 一词有点过时的味道,一般称之为 Chinese Studies(中国研究)"[3]。欧洲早期耶稣会传教士的汉学著作同美国早期新教传教士的汉学著作相比较,存在着很大的差异。前者不论是语言文学,还是历史学,都是"古典研究",根本不涉及其他领域的研究;而后者讲求实用,注重现实性研究。这一点我们可以从欧洲最早的汉学研究著作——西班牙人胡安·冈萨雷斯·德·门多萨(Juan Gonzalezde Mendoza,1545—1618)的《中华大帝国史》(西班牙文本出版于 1585 年,法文

---

[1] 在此之前,在欧洲重商主义浪潮的推动下,13 世纪末至 14 世纪初,有一些商人和游历者来华,曾经写过一些"游记"和"通商指南"之类的介绍中国的书,这些书从一定意义上对欧洲汉学研究提供了借鉴。

[2][3] 福井文雅:《欧美的道教研究》,《道教》第三卷,中译本,第 225、221 页,上海古籍出版社,1992 年。

本出版于1588年)和美国最早的汉学研究著作——卫三畏①(Samuel Wells Williams,1812—1884)的《中国总论——中华帝国的地理、政府、教育、社会生活、艺术、宗教及其居民概观》(1848年出版)两本书中已可窥见其不同的学术路径的端倪。从学科划分的角度着眼,欧洲的传统汉学研究属于人文科学范畴,而美国的早期汉学研究已经超出了人文科学范畴,带有社会科学研究的特点。

由于时代的关系,始于19世纪30至40年代的美国的汉学研究,其产生和发展同美国资本主义对东方的掠夺、扩张和文化渗透,以及美国的国际战略和对华政策是联系在一起的,因而与欧洲的汉学研究不同。费正清在回顾美国的汉学史时曾经说过:在美国,有组织的汉学研究是由美国东方学会(American Oriental Society)发起的,美国东方学会"在美国代表了欧洲那种对东方学的文学兴趣,这种兴趣曾对启蒙运动有独创贡献","但是,美国东方学会从一开始就有一种与众不同的使命感"②。在我看来,这种"使命感"就体现为东方学要为美国的国家利益服务,为美国对东方的扩张政策服务。这当然是欧洲传统汉学所不具备的特征。

美国的汉学研究属于东方学范畴,它的起步也是和"福音传道"联系在一起的。1830年,美国第一个海外传教团体——"美国海外传教工作理事会"派出新教传教士来华。新教传教士进入中国以后,一方面进行宗教活动,另一方面也开始研究中国。然而,由于他们是以"武器和贸易力量为后盾的",是"西方入侵的一部分"③,就使得他们"在形式上与16世纪末期利玛窦遇到的情况大为不同:当时耶稣会会士避开了澳门的葡萄牙商人而依附于中国的士大夫阶层,而19世纪初期的传教士却得到中国港口的外国商人的支持,并在普通的中国下层文人中,而不是在统治阶层中寻找教徒。耶稣会会士通过温文尔雅的谈话传播福音,而早期的新教传教士由于在1842年以前和以后的一段时间被禁止布道,只好求助于文字材料"④。"和巴黎、莱顿或剑桥最终成为'中国通'的那些汉学家不同,早期的传教士是在没有图书馆甚至实际上没有词典的情况下开始传教工作的。"⑤这样,他们无论是传教,还是研究汉学都面临着很大的困难。

美国的早期新教传教士曾经撰写了一些有关中国的书籍。1848年,卫三畏发表了《中国总论》一书。这本书比门多萨的《中华大帝国史》和鲁德昭的《中华帝

---

① 美国早期汉学家往往是多重身份,有的汉学家既是传教士,又是外交官。卫三畏就是典型一例。他初为传教士,后任美国驻华使馆参赞,晚年在耶鲁大学担任教授,讲授中国语言文学。

② 费正清:《70年代的任务:研究美国与东亚的关系》,载《费正清集》,第399页,天津人民出版社,1992年。为了与欧洲列强争夺东方,1842年,美国成立了第一个专门研究东方的、独立的、非营利性质的学术机构——美国东方学会。该学会以"传布关于东方的知识,增进东方语言和文学的研究"为宗旨,开展对以中国为主体的东方的古代文化、历史、语言、地理的学术研究活动。1851年,正式创办了《美国东方学会杂志》(*Journal of the AOS*)(季刊)。

③④⑤ 费正清:《新传教士著作在中国文化史上的地位》,载《费正清集》,第241页。

国志》晚了200多年,三本书的内容和写作方法都有所不同。卫三畏试图把中国作为一个整体文明来研究,已经带有一些跨学科研究的性质。因此,费正清称卫三畏的书"颇像今日一门区域研究课程的教学大纲"①。类似的著作还有卢公明(Doolittle, Justus)的《中国人的社会生活》、麦都思(Medhurst, Walter Henry)的《中国:现状与前景》、明恩溥(Smith, Arthur Henderson)的《中国的特色》。他们分别从不同的角度对中国社会、中国文化和中国人的心理特征等做了描述和概括。与欧洲的传统汉学不同,新教传教士的著作在内容上偏重对中国做总体论的介绍,涉及的面很广,远远超出了古典文化范围。人们从他们的著作中完全看不到像欧洲启蒙思想家那样对古老的中华文明的赞美,也看不到像早期耶稣会士那样对中国较为真实的介绍,所看到的是在外部冲击下每况愈下的、落后的中国。他们鄙视中国的落后,试图以西方为榜样来改造中国。正如查尔斯·海福德(Charles Hayford)在分析《中国的特色》一书时所指出的那样,"早期传教士的主要传教目标使他们对中国产生了一成不变的看法;明恩溥来华的时间较晚,并且来自具有新的自我意识的美国,他曾考虑把社会进步和近代化也作为传教的目标。他的书从这个新角度描述了中国,发现中国在许多方面都很匮乏"②。早期传教士研究中国的这个新角度——近代化对于美国的中国研究产生了决定性的影响,甚至于在百年以后的今天,这种研究取向还在现代中国学领域中有较大的市场。恐怕也正是这种以西方、以美国为中心的研究取向,将美国人的思维偏向引向极端,导致他们根本无视中国传统文化的思想价值和应用价值。这也就使得传统汉学在美国难以扎根,以至于"在这个专业性中国学领域中,美国落后于欧洲"③。

19世纪70年代,在美国的一些高等院校陆续设立了汉学的教学和研究机构。1876年,耶鲁大学在美国首先开设汉语课程,在卫三畏的主持下,建立了美国第一个汉语教研室和东方学图书馆。翌年,哈佛大学也设置汉语课程,并且设立东方图书馆。美国的汉学研究从草创时期开始步入学院式研究的时代。进入20世纪,美国的汉学研究有了一定的发展。最引人注目的就是哈佛大学与燕京大学合作,建立"哈佛燕京学社"和中国学图书馆。这项合作使哈佛大学成为美国研究中国的中心,形成了中国研究的学术传统。

燕京大学是一所著名的私立教会大学,成立于1919年,校长为美国教育家、外交家司徒雷登(John Leighton Stuart, 1876—1962)。为了使燕大能够获得发展,司徒雷登主张,必须使燕大更加"中国化",同时还要以燕大为基地,加强中西文化交流,努力把燕大建设成为一所"国际性"高等学校。他认为,"新大学应牢牢地以中国生活为根基,与西方国家同中国签订的条约或任何别的外部因素都没有关

---

① 参见《70年代的任务:研究美国与东亚的关系》。
②③ 转引自《新教传教士著作在中国文化史上的地位》,载《费正清集》,第252、400页。

系,仅享有中国人自己享有的,或他们愿意我们共同分享的权利"①。新大学要以沟通中西文化为宗旨,"燕京的目的,在将中西学识,熔于一炉,各采其长,以求多获益处"②。正是在这种教育思想的推动下,燕大和哈佛联姻,创办了哈佛燕京学社。

1928年1月4日,哈佛燕京学社本部在哈佛正式组成,确定研究领域集中于中国的"艺术、考古、语言、文学、历史、哲学和宗教史",设立基金和独立的出版机构。同年2月10日,在燕京大学的哈佛燕京学社宣告成立,著名学者陈垣担任主任。学社设有五人组成的教授会(faculty)进行学术指导,其中代表哈佛方面的是法国著名的中国学专家伯希和(Paul Pelliot)和叶理绥(Serge Elisséeff)。哈佛燕京学社在燕京大学还设立了行政管理委员会(Administrative Committee)或称北平办事处(Peking office),内设执行干事(Executive Secretary)负责实际工作。

哈佛燕京学社为推动美国和中国国内的汉学研究,加强中西文化交流做出了重要的贡献。贡献之一,受哈佛燕京学社派遣来华学习、研究的研究生和研究人员学成归国以后,成为汉学和现代中国学研究领域的学科带头人。费正清和他的学生们就是其中的代表。贡献之二,该学社培养出一批能够运用西方学术理论治学方法研究中国的中国新一代学者,如:齐思和、翁独健、黄延毓、郑德坤、林耀华、周一良、陈观胜、蒙思明、王伊同、王钟翰、杨联升等。贡献之三,中美关系正常化以后,该学社继续为发展美国的中国学培养新一代研究者。但是,侧重点有所变化,从中国古代文化转向与地区研究相联系的当代、近现代中国问题。贡献之四,该学社出版古籍,编纂工具书,扩建哈佛大学、燕京大学图书馆。哈佛大学的汉学图书馆馆藏中文图书大幅度增加,使哈佛大学成为国际上著名的中国学研究中心。

## 二

以第二次世界大战为契机,为了适应战时国际斗争的需要,维护美国的国家利益,美国的汉学研究发生了重大的分化,最终使中国学研究彻底摆脱传统的束缚,从古典研究规范中分离出来。应当说,这种分离是一个过程,它始于20世纪20年代中期,其中主要的标志之一就是1925年太平洋学会③(Institute of Pacific Relations,简称IPR)的成立。太平洋学会是美国中国学研究史上一个不容忽视

---

① John L. Stuart, *Fifty Years in China*, p.71, New York, Random House Press, 1954.
② 司徒雷登:《在燕大师生大会上的讲话》,1935年9月24日。
③ 对这个学术团体,中文译法很不规范,有好几种译法,如译做:"太平洋问题调查会"、"太平洋关系学会"、"太平洋关系研究所",本文采用"太平洋学会"的译法。

的、具有学术转向标志的学术团体。由于它的出现,传统意义上的东方学、中国学研究开始走出古典语言文学、历史、思想文化的纯学术研究壁垒,转向侧重现实问题和国际关系问题研究的新领域,从而揭开了地区研究的序幕。

太平洋学会最初是由夏威夷关心太平洋地区社会经济问题的商界、教育界、宗教界人士发起成立的区域性团体,其宗旨为"研究太平洋各民族状况,以求改进各民族间的相互关系",在经济上受到糖业种植园主的资助。后来经过扩充,吸收了持有各种不同政治观点、来自世界不同地区的专家、学者以及政府官员,并且得到美国政府和一些财团的支持,发展成为一个国际性的学术团体,总部迁至纽约。在中国、美国、日本、韩国、印度、澳洲、菲律宾、加拿大、英国、法国和苏联等国均设有分会。总会有会刊《太平洋评论》(*Pacific Review*),美国分会有会刊《远东观察》(*Far Eastern Survey*)。

出于对第二次世界大战前错综复杂的远东局势的关注,太平洋学会的研究重心始终放在远东问题研究上,同时兼顾整个亚洲研究。在美国高等院校还未设立亚洲问题研究中心之前,它是美国"对于太平洋地区和远东的独立研究的最重要的惟一来源"[1]。它的主要长期研究规划几乎涉及到美国政府急需了解的各方面问题,例如人口问题、土地占有和农业技术问题、工业化问题、家庭问题、殖民机构问题、民族运动问题、劳工组织问题、国际政治关系问题、商业和投资问题等等。太平洋学会着力培养亚洲研究专家,很重视语言训练。但学会的规划也十分明确,即"并不准备培养汉学家,而是使从事研究和活动的人们能够使用中文这个工具,因为不熟悉语言是一个严重的障碍"[2]。太平洋学会的这些做法基本上被战时美国学院式的地区研究所效仿。1937年春,费正清在哈佛大学历史系首次开设了"近代远东史",从而开启学院式地区研究之先河,为战后开展深入的东亚研究奠定了重要的基础。1947年,哈佛大学正式实施中国地区研究规划时又增加了东方文化课程,从而使地区研究和东方学研究得到了有机的结合。1955年,哈佛大学成立东亚研究中心,中国地区研究规划更名为中国经济政治研究计划,并且设立了攻读历史和东亚语言两个专业联合举办的博士学位课程,将地区研究推向更高、更深的学术层次。从1955—1975年的20年间,先后有六十多人获得了历史和东亚语言联合专业的博士学位。[3] 这些人成为美国现代中国学领域中的中坚力量。太平洋学会还积极联系基金会,资助东方学家和汉学家深入远东、中国内地进行实地考察,以获取真实的印象和丰富的资料。20世纪30年代中期,学会负责人菲尔德(Frederick Vanderbilt Field)和欧文·拉铁摩尔(Owen Lattimore)曾经为

---

[1][2] 弗雷德里克·范德比尔德·菲尔德:《从右到左:我的自传》,中译本,第155、157页,世界知识出版社,1992年。

[3] 参见费正清:《费正清对华回忆录》,中译本,第435页,知识出版社,1991年。

当时受纳粹迫害的汉学家卡尔.A.威特福格尔①(Karl August Wittfogel)所从事的中国研究计划寻求资助。据菲尔德回忆,这是"一个宏伟的对中国的研究计划,包括中国社会、经济和文化历史的原始资料的翻译",学会"为这个计划安排一个复杂的发起者的倡议起了重要的作用。发起人包括洛克菲勒基金会、太平洋学会等组织"②。太平洋学会还曾经资助中国学者的研究。20世纪30年代,我国著名的马克思主义史学家、经济学家陈翰笙(陈当时在中央研究院经济研究所任职,同时也是太平洋学会的研究人员)等人就接受该会资助从事中国农村的社会调查,并出版了根据调查材料用英文写成的《广东的农村生产力和生产关系》一书,以太平洋学会的名义在中国公开发行。

第二次世界大战特别是太平洋战争的爆发,使得美国更加需要熟悉远东事务的亚洲研究专家和有关远东地区的资料。而在美国国内,太平洋学会在远东研究上占有举足轻重的地位。因此,美国政府加强了与它的联系。于是,太平洋学会在美国政坛上的影响迅速提高,对战时中国问题拥有一定的发言权。学会中的许多中国问题专家在战时中国问题上倾向于美国接纳中国的共产主义势力,并且主张要了解长期被封锁的中国共产党和中国红军的真实情况。太平洋学会的美国分会董事、《太平洋评论》主编欧文·拉铁摩尔和《美国》(America)杂志编辑比森(T. A. Bisson)、贾菲(Philip J. Jaffe)曾于1937年夏访问了中共在陕北的根据地。在该会刊物上,还陆续发表了一些介绍和分析中国共产主义运动的论文,大多数人都认为,在中国,必须建立容纳中国共产党人的联合政府,美国不应再进一步介入中国。正如费正清所说,"1943年,我看到国民党的统治气数已尽,民心全失,如果我的预言正确的话,那么赫尔利大使在1945年罗斯福总统逝世后把美国的旗帜钉死在国民党战船的桅杆上,决心偏袒国民党到底的行为,可以说既是徒劳,又引起了灾难"③。中国问题专家的见解对于罗斯福政府的对华政策确实产生了积极的影响,美国政府同中国共产党的关系在二战期间曾经有所改善。

太平洋学会的学者还对美国的亚洲政策进行了反思,展望了战后亚洲发展的前景。作为东方学和中国学专家的拉铁摩尔对地区政治研究同样具有很深的造诣。在第二次世界大战刚刚结束之时,他就发表了《亚洲的出路》(Solution in Asia)一文,提出了利用战后国际形势和政治格局的变化,建立"亚洲自由区"以振兴亚洲的主张,并且告诫美国政府顺应历史发展潮流,采取新的亚洲政策,不要干涉亚洲各国的内部事务。日本学者毛里和子对拉铁摩尔的主张给予很高的评价,

---

① 威特福格尔在20世纪50年代麦卡锡主义盛行时期与帮助过他的费正清等人反目,扮演了很不光彩的角色。
② 参见《从右到左:我的自传》,中译本,第166—167页。
③ 参见《费正清对华回忆录》,中译本,第301页。

认为拉铁摩尔关于"'自由区'的设想是和'当今世界可以分成三个主要部分'的国际形势观微妙地融合在一起的","他从第三世界,特别是其中可能自立的'自由区'中发现了战后亚洲的基本力量"①。拉铁摩尔"站在边疆学的立场上,试图重新建立现代国际政治学的学说"。他把世界划分为三个国家群的设想体现出"他为反对当时占主导地位的、主张在意识形态上开展冷战的思想进行的理论探索"②。

太平洋学会中进步学者的思想主张代表着时代发展的潮流,因而遭到反对势力的无端攻击。特别是在20世纪50年代麦卡锡主义横行时期,太平洋学会遭到反共右翼极端分子的打击,拉铁摩尔、菲尔德等人被指控"在政治上和共产党有联系","是'出卖中国'的祸首",受到严重的政治迫害,被迫流亡国外。美国国会参议院司法委员会还专门调查太平洋学会如何左右美国的对华政策,迫使太平洋学会停止了活动。20世纪70年代,中美两国关系逐渐正常化,为了阻挠中美建交,台湾的反共势力又发起过一次"反对太平洋学会出卖中国"的批判运动。

尽管如此,太平洋学会在美国中国学研究史上的学术地位仍是不容动摇的。在传统汉学研究向地区研究演变的过程中,它"是一个极其出色的学术机构"③,发挥了极为重要的作用。在填补美国学术界"对于太平洋知识的真空方面,比较任何其他美国团体担任更重要的角色"。它不仅是"激发研究远东区域各项问题的兴趣中心",而且也是"太平洋问题各种不同意见的论争场所"④。

如果把太平洋学会作为向地区研究转变的过程的起点,那么远东学会的建立就是这个过程的终点。1941年,美国研究中国的一些青年学者对于美国东方学会着重古典研究的方针不满,在费正清等人的倡导下组织建立了远东学会(The Association for Far Eastern)。该学会得到福特基金会、洛克菲勒基金会的资助,成为美国研究亚洲问题、中国问题的最重要的文化机构之一。1956年,该学会更名为亚洲研究学会(The Association for Asian Studies),出版刊物《亚洲研究杂志》(Journal of Asian Studies)。太平洋战争爆发后,美国的地区研究迅速发展,并且在战后直接进入了学院式研究时代。费正清以哈佛大学为基地,依靠远东学会,开始全面实施地区研究规划。自此,地区研究作为一项"教学研究活动"在美国的一些著名的大学里迅速地开展起来。从而进一步促使中国研究从古典汉学研究的规范中彻底分离出来,纳入到"地区研究"(又称"区域研究",即Regional Studies)的轨道。这种分化一方面使汉学研究摆脱了几百年来形成的"重视传统、轻视现实"、

---

①② 毛里和子:《论拉铁摩尔》,载《国外中国近代史研究》,第5辑,第56、62页,中国社会科学出版社,1983年。

③ 参见《费正清对华回忆录》,中译本,第392页。

④ 理查德·沃克:《美国国会调查太平洋学会的背景、经过与证据》,载《新领袖》,1952年。

"重视实证、轻视理论"的所谓"纯学术"研究框架的束缚,走上了一条革新之路;但是另一方面,这种"主要以现代为对象的新的地区研究",适应了美国"建立世界战略,准备占领政策的需要","是由于帝国主义的需要而产生的研究"①,这又不能不对科学的研究产生制约作用。我们将这种具有双重性质的、区别于古典汉学的、新的中国学称之为"现代中国学"。在现代中国学的发展过程中,它的双重性质始终规范着它的发展。

美国现代中国学属于地区研究范畴,是一门以近现代中国为基本研究对象,以历史学为主体的跨学科研究的学问。它完全打破了传统汉学的狭隘的学科界限,将社会科学的各种理论、方法、手段融入汉学研究和中国历史研究之中,从而大大开阔了研究者的研究视野,丰富了中国研究的内容。费正清在介绍自己的中国研究经验时强调,他的中国研究得益于在中国的实际经历,以及"在哈佛开创对中国的分区研究(即地区研究)计划的结果:这种分区研究法运用了每一种社会科学训练,并使我自1936年以后在哈佛所教的中国史形成更有分析特征的结构"②。

当然,作为地区研究的现代中国学与传统汉学并非完全脱节,从事地区研究的学者必须熟悉每一特定文化区域的特殊语言和传统思想文化。在美国,培养一名合格的中国问题专家大约需要花费7—10年的时间。在此期间,他既要接受第一流的汉学训练,又要接受各种专科、专业的良好的学术教育。在美国的高等院校,一般都将高级学位授予那些接受过多学科训练,从事以中国为地区研究的研究生,而不是专门从事汉学研究的研究生。费正清把地区研究看做是汉学研究和历史研究的完善结合,这种结合"是为了实现更为远大战略目标的一种战术",仅仅通过语言和文献研究中国乃至东亚远远不能取得最深刻的理解。"东亚和美国关系实际上是三位一体的综合性的研究","我们必须从两方面同时着手,打破这种狭隘的学科界限。我们总的战略要求是使我们的各种国际关系组织方式能站得住脚,它们在理论上一定要正视美国和东亚在思想和行为方式上存在的差异性"。③

美国现代中国学的发展是一个十分复杂并且始终充满矛盾的历史过程。早在第二次世界大战以前,美国的汉学研究已经开始向地区研究过渡。第二次世界大战,尤其是太平洋战争,使美国更加意识到太平洋及远东地区对美国的战略价值。在美国政府的支持下,汉学研究最终完成了向地区研究的过渡。战后,费正

---

① 安藤彦太郎:《日本研究方法论——为了加强学术交流和相互理解》,第26页,吉林人民出版社,1982年。

② 费正清:《美国与中国》(第四版),中译本,前言,第3页,商务印书馆,1987年。

③ 《费正清对华回忆录》,中译本,第488—490页。

清等很多学者由军事部门、政府部门回到高等院校执教,从事中国研究和东亚研究,[1]促进了地区研究的初步发展。

然而,随着战后国际政治格局所发生的重大改变,"冷战"代替了合作,美国右翼势力猖狂反共、反苏,终于在20世纪50年代初导致了"麦卡锡主义"的出现,酿成了美国现代中国学的灾难,中国研究遂成为政治上的"雷区"、学术上的禁区。进入50年代末期,由于美苏之间的紧张关系有所缓和,中苏关系趋向破裂,美国的对华政策也发生了一些细微的变化,现代中国学研究逐渐复苏,并且在60年代获得了长足的进展。在70年代,中美两国出于共同的战略需要实现了国家关系正常化,它为现代中国学的深入发展创造了条件。80年代以来,特别是"冷战"结束以后,美国学者对于现代中国学的发展做了认真的反思,开始摸索新的学术研究途径,开创"冷战"结束后新的研究局面,赋予地区研究新的形式和新的内容。美国现代中国学的发展过程既受到美国对华关系演变的制约,也受到国际政治格局变迁的影响。

美国现代中国学的内容是相当丰富的,美国学者的研究涉及到近现代中国政治、经济、人口、思想文化、法律、教育、文学艺术、外交等各个方面,比较重视从微观角度考虑研究课题。从我们的研究角度来看,有些课题既冷又偏,但如果我们把那些冷僻的研究课题逐一归类,加以汇总,或许能够从中窥见到其特有的价值。正如一位中国留美学人所说,在"无数个显微镜下的'微观'可以拼接出一个星云图式的'宏观'来。美国学者们其实是最善于把自己最大的短处(遥距东方、语言有碍、资料有限),变成一个最有效率的长处——每人在一个小点上尽可能挖出一口深井,劳之以众,持之以恒,再加上有如费正清等'中国通'型学者在研究方向上作'宏观把握',便终于可以获得一片'中国'的大海汪洋"[2]。

当然,在美国学者中也有相当一部分学者从事宏观的理论研究、思想文化史研究,尽管这方面的研究由于多种原因目前陷入"危机"[3]。在这方面,比较突出的是对于非正统与马克思主义的中国化研究、对现代中国学研究模式的理论反思。关于非正统与马克思主义的中国化问题,是美国现代中国学史上最为重要的理论问题之一,美国中国学界优秀的学者都参与研究这个问题。本杰明·史华兹和施拉姆(Stuart Schram)的毛泽东思想研究、迈斯纳(Maurice Meisner)的李大钊思想

---

[1] 很多知名学者曾经参与了战时的情报工作。费正清曾在情报协调局(战略情报局前身)工作,本杰明·史华兹(Benjamin I. Schwarts)在华盛顿的特种通信部门专门负责破译日文密码工作,欧文·拉铁摩尔曾担任蒋介石的私人政治顾问,并且为战略情报局工作。

[2] 参见苏炜:《有感于美国的中国学研究》,载《读书》,1987年第2期,第127—130页。作者专门分析了美国学者选题冷僻的问题。

[3] 参见阿里夫·德立克:《评美国的现代中国思想研究》,载《国外中国近代史研究》,第10辑。

研究和中国马克思主义研究、德立克的中国无政府主义思想研究都是颇具特色的研究课题。关于对现代中国学研究模式的理论反思,是20世纪70年代中期到"冷战"终结以来,在美国中国学领域出现的反映时代潮流的学术思想主题。这一思想主题的出现,在美国现代中国学史上具有划时代的意义。从事这一思想主题研究的是美国新一代东方学和中国学的精英。保罗·柯文(Paul A. Cohen)倡导的"中国中心观"、爱德华·赛义德(Edward W. Said)的"东方学批判"、德立克的"思想文化研究反思"、黄宗智的"中国研究规范认识危机论"等都是反映这一思想主题的代表性理论。在我看来,美国学者的这些"宏观分析"同他们所热衷的"微观研究"相比,对现代中国学的深入发展具有特殊的价值。它标志着美国的中国研究已经提高到一个新的层次,这些"宏观分析"和"微观研究"的紧密结合,将为中国研究开辟一条新的学术之路。

由于拥有数量可观的研究队伍、雄厚的研究经费、先进的研究手段和丰富的历史资料,因而现代美国的中国研究在西方国家中居于执牛耳之地位。美国的中国研究对于世界其他地区的中国研究的影响是多方面的。为了扩大自己的影响,费正清把"中国问题研究看做是一项世界性的事业"[①]。美国帮助各国建立有关中国研究的机构、刊物,设在英国的著名的《中国季刊》(The China Quarterly)就是在美国中央情报局的资助下创办的。为了系统地收集中国研究资料,自20世纪50年代末起,美国将香港作为了解中国大陆的媒介,在香港成立了中国研究资料中心,为世界各国的中国问题研究提供信息服务。美国各著名高等学府的中国研究中心和图书馆编辑、出版了大量有关中国研究的书目、资料。美国的各大基金会大力资助世界各国(包括中国)的中国问题研究,为各国学者提供研究、进修经费,赞助出版优秀的学术著作。

### 三

从上述学术史的回顾,我们清楚地看到:西方(主要是美国)对中国的研究经历了从汉学到中国学(或者是"现代中国学")的学术演变过程。在这一过程中,所涉及的学科领域的确在不断地扩大,从传统的人文研究到形成以地区研究为主要特征的社会科学研究的诸多学科的相互组合与渗透,其所遵循的研究范式亦随之发生了根本性的变化。可以说,汉学、中国学已经成为当今世界学术领域中跨学

---

[①] 很多美国学者明确表示:他们的研究就是要探寻差异性,他们不希望我们像他们。费正清就说过,尽管"中国革命已经在一种新的中国文化综合体中导致了中国和外国因素的某种共认。但是千万不要一下子就得出结论说,他们变得像我们了"。参见《伟大的中国革命1800—1985》,中译本,第8页,国际文化出版公司,1989年。

科与跨文化研究的典型范例。

很明显,这种多元化的学科与多样化的文化的特殊构成是目前国内传统的单一学科门类所根本无法容纳的。与一般学科相比,它的跨学科、跨文化研究的学科性质,随着研究的深入,亦更加清楚地凸显出来。但是,由于文化的差异和对学科体系认知的不同,中国国内的学者虽然看到了某些变化,但还不可能自觉地认同国外所通行的知识体系、学科体系,进而对中国现有的学科体系进行深刻反思并实现创造性的转换。至于中国国内的学术研究管理者,囿于传统的思维理念和学术管理体制,就更难以认清中间存在深层问题的根源所在。所以,造成前述汉学、中国学的学科发展困境就成为很自然的事情了。

因此,我郑重建议:无论从学术文化价值,还是从国家利益考虑,都迫切需要深入研究汉学、中国学。有鉴于汉学、中国学学科的特殊性,着眼于学术领域的扩大,充分考虑到跨学科、跨文化研究的发展需要,国家整体上关于哲学、社会科学的学科划分亦应适时地进行必要的调整、补充和完善。特别是在确立国家哲学、社会科学基金资助项目指南时,要在扩大、保证自选项目的基础上,特别对扶植有关跨学科、跨文化的学科项目(例如国外汉学、中国学研究)做出明确的、专门的分类和规定,给予有力的支持。至于研究生教育,在基本的学科分类上,也要从学术发展需要出发,进行大致相同的调整。

(作者单位:北京行政学院)

(上接第167页)

耶稣会士离弃家乡,历尽艰辛,[1]到遥远的陌生国度传播信德,学习他国文化,首先是他们的信仰以及对上帝、对邻人之爱使然。很难想像没有信仰和爱的人能够忍受如此之多的困难、失败和劳苦。他们为完全服务于天主而完全放弃自己,使自己成为纯粹工具,将自己全部智慧融入彰显耶稣教的荣耀这一更高目标中。

(作者单位:北京大学外国语学院)

---

[1] 耶稣会士到中国主要通过陆路和海路。海路由里斯本经南非、果阿到达澳门。陆路经波斯、喜玛拉雅或西伯利亚。其中鄂本笃修士(F. Bento de Goes)经过中亚和波斯,Desideri 绕藏北,成为第一个绕藏北行走的欧洲人,白乃心神父(Grueber)绕藏南。参见 Plattner, *Jesuiten zur See. Der Weg nach Asien*, Zuerich, 1946。

# 韩国的"汉学"与"中国学"
## ——访朝鲜文大学中国学系李宣徊教授

□任大援

**任大援**(以下简称"任"):在西方,有"汉学"(Sinology)和"中国学"(Chinese Studies)的不同说法,当然也有分界不是特别清楚的地方。不知韩国的中国文化研究有没有类似"汉学"或"中国学"一类的提法?

**李宣徊**(以下简称"李"):今天在韩国,人们通常把那些没有受过西方学问的训练,不是按照现代学术方法研究,而是依据传统的方式诵读《四书》等中文典籍和诗词的人,称为"搞汉学的"或"汉学者"。但是,"汉学"与"汉学者"的称呼在学术领域基本上不被使用,至少是不被重视,这大约与中韩之间历史文化的特殊关系有关。韩国历史上与中国文化的渊源远非西方国家可比,甚至也不是东亚其他国家和地区(例如日本、新加坡等)可比,故韩国学者并没有着意把中国学问对象化。历史上一直使用"汉文"(用古代汉语写作的文章、著作)、"汉字"等概念,而有关经史方面的学问,则直称"性理学"、"朱子学"等。

日本殖民地时期,用"支那学"来指称中国的学问,京城帝国大学(汉城大学前身)设有支那学系。"支那学"概念中包含了明显的贬义,故二战以后不再使用,而当时有关中国思想、学术、文化与社会研究,也还没有一个学科意义上的统一概念,一般直接称东洋哲学史、中国哲学史、中国历史、中国文学等。1962年,韩国中国学会成立,但是"中国学"这一概念直到20世纪80年代才开始流行。

**任**：韩国"中国学"概念的确切涵义是什么？其与传统"汉学"是怎样的关系？

**李**："中国学"一词在韩国有时译为 Chinese Studies，有时译为 Sinology，这要依据翻译者的主观意向而定。而实际上，韩国的"中国学"是一个现代取向的概念，它不同于欧洲的传统"汉学"（Sinology），倒是比较接近于美国的现代"中国学"（Chinese Studies）。"中国学"是指称一种区域性研究，与此相对应的还有日本学、东亚学、英美学等。1979 年，启明大学成立了韩国第一个中国学系，到目前为止大学中已设立十余个中国学系（有的学校称之为中语中文学系、中国通商学系等）。各大学中国学系在课程设置上差异很大，这在很大程度上视所聘教授的专业方向而定。其中较为通行的科目有：现代汉语、中国文学、中国文化概论等。1985 年汉城大学研究生院设立中国现代文学专业，这可以说是一个转折。此后从事中国现代文学研究者不断增加，并成立了自己的学会，出版自己的刊物。中国现代文学研究以小说为主，现代诗一类研究则居于相对次要的地位。成果最多的是鲁迅研究领域，其次是对茅盾、老舍、巴金等作家的研究。近来的研究趋向比较热衷于以西方文学理论分析中国现代文学作品。

在韩国，中国哲学研究原来没有太大的独立性，可以说是隶属于或者说服务于韩国哲学研究。由于韩国哲学的主要脉络是围绕朱子学展开的，故中国哲学研究也基本上是集中在朱子学方面。此一情况目前已经有了根本性的改变，80 年代以后，阳明学研究开始占有一定的地位与比重，而 90 年代后特别是 90 年代后期赴中国大陆学习中国哲学者，学位论文选题和专业方向以道、佛居多。老一辈中国哲学研究方面的代表人物是金忠烈、刘明钟等。金忠烈早年毕业于台湾大学。而今天活跃于教学和科研舞台上的五六十岁之间的一批人，基本上都有留学台湾的经历；而更年轻的一代人则为中国大陆留学归来者。

韩国的中国哲学研究基本上是针对古典哲学的，中国现代哲学与思想研究差不多是一个空白。80 年代后期，与对于中国现实发展的关注相联系，中国现代哲学与思想研究也开始受到重视。李泽厚的著作有一定影响。而 90 年代初期郑家栋《现代新儒学概论》一书在韩国的翻译出版可以说是一个转折点，该书被各大学普遍采用为研究生教材或主要参考书，汉城大学方面就曾经两次为哲学专业研究生开设讲读该书的课程。目前已有以梁漱溟、冯友兰、唐君毅思想研究完成学位论文者。

**任**：目前韩国方面中国人文研究的发展趋向如何？

**李**：一是所吸取的思想与学术资源将更多地由台湾转向中国大陆，这特别与留学生的走向有关；二是在选题与研究方向上趋向于多元化，例如中国哲学研究上已经在相当大的程度上突破了"性理学"的传统藩篱；三是综合的取向。由于重要程度和研究人员的增加，特别是"中国学"专业的设置，不同学科之间的交叉与相互影响已成为必然趋势，实际上某些在中国学系任职的教授，其研究方向已经很难被明确区分为是文学的还是思想的,因为他们很可能同时开设两方面的课程。当然,就不同学科之间的相互借鉴和影响而言,人文研究与社会科学研究之间的对话,还是一个有待于展开的课题。

**任**:能否谈一下韩国方面中国学研究人员的分布情况?是比较集中于某些中国研究专门机构中,还是更多地分散在一些相关学科和机构里?

**李**:研究和教授汉语与中国文学者,一般分布在中语中文学系、中语系、中国学系、中国文化专业等。中国哲学教学与研究者,一般归属于各大学的哲学系。韩国方面的哲学系以西洋哲学为主,只有成均馆大学设有东洋哲学系。中国历史教学与研究者,一般归属于历史系或东洋史学系(如汉城大学)。中国政治、经济、社会研究和教学者,多在政治系、经济系、社会学系或中国学系任职,也有人隶属于大学或某些大型企业、财团的研究所。人员分布上百分之八十是集中在中语中文学系、中语系、中国学系、中国文化专业等专门机构。

**任**:在大学从事中国文化研究的学者之间的交流情况如何?有定期或不定期的学术聚会和专门的出版物吗?

**李**:中国文化研究领域有各种类型的专业学会,它们具有联谊和组织学术活动、沟通学术信息的功能。比较大的学会有韩国中国学会、中国学研究会、中国研究会、中国人文科学研究会、韩国中语中文学会、中国语文研究会、中国文学研究会、中国现代文学学会、中国小说研究会、韩国东洋哲学会、韩中哲学会、中国哲学会、韩国孔子学会、周易学会、阳明学会、韩国道家哲学会、东洋史学会等。其中规模较大者有韩国中国学会、韩国中语中文学会、东洋哲学会、东洋史学会等,韩国中国学会现有会员一千余人。

韩国中国学会每年举办一次国际学术会议,邀请韩国、中国大陆、台湾、日本、美国等地学者出席。韩国中语中文学会每年春秋两季举办专题学术研讨会。韩国东洋哲学会每月举办一次小型学术研讨会,并定期举办大型学术研讨会。中国研究方面的主要刊物有《中国学报》、《国际中国学研究》、《中语中文学》、《中国语文论丛》、《中国语文研究》、《中国文学研究》、《中国现代文学》、《东洋哲学》、《中国哲学》、《东洋史学》等。

**任**:现代中国学的发展状况,一般受到政治、经济、国际关系等诸多因素的影响,韩国方面的情况又如何呢?

**李**:就学科设置而言,中语中文学系原属于外语教学的一部分,相应的有英语英文系、法语法文系、德语德文系、西班牙语西班牙文系等。当初中语中文学系的设置主要是考虑到与台湾的往来及其关系,一些毕业生去台湾留学,研究中国哲学、历史、文学艺术与社会科学。而70年代以前韩国方面的中国研究,主要是服从于"冷战"的需要。80年代,一大批留学台湾归来者加入企业界与学术界。这部分人能够熟练运用汉语文献,因而改变了此前的中国研究主要是借鉴欧美成果的状况,并把研究范围由经济、政治扩展到社会、文化方面。1992年8月,韩国与中国建交,把开始于80年代的"中国热"也推向高潮,一些大学陆续成立中国学系,赴中国的留学生急剧增加,为了满足留学和贸易等方面的需要,各种类型的汉语补习班也应运而生。而伴随着大学中国学系的设置,中国研究亦表现出综合的取向。

**任**:中国学概念的流行和中国学系的设置,对于韩国方面的中国人文学研究会产生怎样的影响?

**李**:从事于社会科学研究的学者似乎更乐于接受中国学这一提法,因为它相对更具有现代性;而人文科学研究的学者则不大喜欢用中国学来定义自己的专业,或许是认为此一概念过于社会科学化。后一部分学者仍然习惯于以中国文学、中国哲学、中国历史这一类具体的学科来指称和定位自己的研究方向。当然,上述区分只具有非常表面的意义,因为实际上,在社会科学研究领域,中国研究基本上还只是被处理为专业学科的一个分支,如中国政治研究是政治学的一个分支,中国经济研究是经济学的一个分支,"中国研究"在这里并没有相对独立的意义;而人文研究领域则比较能够注意到"中国研究"的整体性和特殊性,因而不同学科之间有比较多的交流,研究者也形成相对稳定的交往与活动范围。中国研究方面门类众多、规模不等的各类学会,除极少数外,基本上是属于人文研究方面的。可以说,在人文研究领域,"中国研究"(或称之为"中国学")已经成为一个相对独立的领域和学科门类。

中国学系的设置体现了一种实用性和社会科学化的取向,但是,大部分中国学系在课程设置方面实际上仍偏重于现代汉语和中国文学,中国文化方面的课程亦在教学中占有一定的比重。可以说,中国学系的设置有助于人们从整体上了解中国文化和社会,但对于古典研究是一个冲击。

**任**:那么,人文研究本身的发展脉络又如何呢?今天较之以往有什么显著的变化?

**李**:80年代中期以前韩国的中国人文学研究基本上是古典的。文学方面以唐诗宋词最为重要。由于在一个时期内,中国现代文学作品在韩国和台湾方面都被列为禁书,故学习和研究中国文学者,中国现代文学研究比较薄弱,也有的中国学系把中国现当代政治、经济、社会研究统称为"中国国情"研究。中国学系的课程设置和研究方向则主要是面向现当代中国,重视现实和实用性。古典研究方面的中国哲学、中国历史等,一般不属于中国学系的课程,但有的中国学系开设鸦片战争以后中国近现代史研究的课程。

**任**:除各大学的中国学系外,韩国方面的中国研究特别是中国文化研究还有哪些专门的或相关的机构?

**李**:与中国研究有关的教学和研究机构还有中语中文学系、中语系、汉文学系,亦有的学校(如西江大学)设有中国文化专业。中语中文学系的设置二战以后就有,截至70年代,汉城大学、成均馆大学、外国语大学等设立5个中语中文学系。在课程设置上,中语中文学系比较接近于中国大陆的中文系,以教授现代汉语、中国文学为主。例如:延世大学中语中文学系开设的课程有:中国语言学,汉语会话,汉语写作,汉语演变史,汉语汉文教材研究与教学,报刊汉语,中国文学,中国古代文学史,《诗经》选读,唐宋散文选读,文言小说、词曲选读,中国现代文学史,现代散文选读,现代诗选读等。汉文学系多成立较晚,但目前已有7所大学设有汉文学系。汉文学系与中语系不同,后者以教授现代汉语为主,前者则以教授古代汉语为主,其中又多以韩国古代汉语为主,以培养熟读韩国古代汉语文献的人才为目的。汉文学系的设置具有保存韩国传统文化的意图,而为中学输送汉语汉文教师则成为汉文学系的一项重要职能。成均馆大学汉文学系开设的课程有:汉文学理论、汉文小说论、汉文学评论、汉文学史、韩国汉文学史、韩国散文论、韩国汉文学作家论、韩国汉诗论、汉文写作、经学通论、经书专题等。中国文化专业所开课程以汉语(特别是现代汉语)、中国文化概论、中国文学艺术为主,也开设中国现代政治、经济、政策研究方面的课程,同时鼓励学生在兄弟系或专业(如历史、哲学、宗教、政治、对外关系等)选修有关课程。

除以上设置外,目前大学中还有14个中国研究方面或与此相关的研究所,诸如:建国大学、京畿大学、庆星大学、国民大学的中国问题研究所,檀国大学、淑明女子大学、韩国外国语大学的中国研究所,成均馆大学的现代中国研究所,启明大学的中国学研究所,大丘大学的中国文化研究所,汉阳大学、晓星女子大学的中俄研究所,釜山大学、釜山外国语大学的中俄问题研究所,高丽大学的亚细亚研究所,西江大学的东亚研究所,延世大学的东西方问题研究院等。另外,三星、大宇、LG等超大企业的经济研究所中,中国研究也占有非常重要的地位。

(作者单位:中国艺术研究院)

汉学家访谈录

# 捷克汉学家、藏学家高马士访谈录

□李 梅

捷克汉学家、藏学家约瑟夫·科尔马什(Josef Kolmaš,中文名高马士),1933年8月6日生于捷克的霍德宁县的杰米采(Těmice,okr. Hodonín),1957年毕业于捷克布拉格查理大学文学院汉语专业,同年就读于北京中央民族学院(现中央民族大学前身)西藏语言文学专业,教授为于道泉,于1959年毕业。他于1965年获得捷克斯洛伐克科学院科学副博士头衔,1966年获得查理大学文学硕士头衔,1991年获得捷克斯洛伐克科学院科学博士头衔。1994年起担任捷克科学院东方研究所所长。

2002年10月,高马士先生来到北京,参加在捷克驻华使馆举办的《中国来信》(卡雷尔·严嘉乐传教士寄自中国的书信)一书中文版(大象出版社,2002年7月出版)的首发式,此书是由他亲自编辑整理,并且从拉丁文翻译成捷克文的。作为《中国来信》一书的中文译者之一,在翻译过程中,捷克语学者丛林教授和我都深深为高马士作品中随处可见的学术上严谨的作风和为科学研究献身的精神所感动。于是,我首先从这一话题入手,开始了对他的采访。

**李梅**(以下简称"李"):捷克传教士、科学家严嘉乐在中国清代就已成为著名的汉学家,他从中国寄回祖国以及与当时欧洲的天文学家们的通信,是用拉丁文写的。作为一位捷克人,您当初是怎么想起来要翻译出版您这位先辈同胞的书信集的?

**高马士**(以下简称"高"):捷克国家由捷克地区、摩拉维亚和西里西亚组成,它位于欧洲的心脏,没有海岸线、入海口,但这一地区的传统是对其他地区,离它近的、远的或者更远的世界非常感兴趣。据说,在14世纪初,第一位访问西藏的欧洲人是来自伏尔朗斯科的奥尔特日赫(Odorico de Pordenone),他的父亲曾经是捷克普舍米斯尔王朝奥凯图二世国王的将士,他母亲是意大利人。奥尔特日赫据说从北京回罗马的路上要访问西藏,他在自己的游记《关于世界东方边缘区域的描述》(1962年布拉格出版)一书中专门撰写了一个章节。至于他在西藏的逗留,没有留下有可供科学考证的资料。众所周知的著名的威尼斯人马可·波罗的游记中描述了在忽必烈可汗统治下的中国,早在14世纪末就从原文拉丁文翻译成了捷克文——那是最早的译著之一!

对于东方国家的认知(也包括非洲和拉丁美洲)在16、17和18世纪时,要数天主教传教士们的贡献最多,尤其是耶稣会士。仅在中国就有来自捷克的8名传教士供职。他们中的一些人留下了文字信息。我要提到的是严嘉乐。

严嘉乐传教士(他的捷克名字为卡雷尔·斯拉维切克Karel Slavíček)于1678年生于捷克,1735年死于北京,葬于阜成门外。他曾经于1711—1713年间在捷克的欧罗木茨市教授数学和希伯来语。1714年他成为耶稣教信徒。他学习了神学,以数学家和音乐家著称。他帮助自己的同盟者出版著作。1716年他作为传教士前往中国。他的数学、音乐造诣后来得到了中国清代皇室的赏识,雍正皇帝高度评价了他的学识和能力。他在中国致力于天文观察和测量研究,并编写了有关中国音乐的著作。在中国生活期间,他很快就入乡随俗了,他身着中式服装,甚至不在乎别人把他的头发按照中国当时的发式修剪。他的语言方面的天赋,使他在捷克对未来工作做准备时就探求到汉语的秘密。并且他后来证实,从对汉语的理解来说,有捷克语基础比其他欧洲语言更有利,因为"对捷克人来说,汉语的发音不构成困难"。他于1716—1735年在长达近二十年的中国生活期间,用拉丁文与其他欧洲传教士们通信,写了有关天主教团的活动和天文观测研究的大量书信。

在严嘉乐身上和作品中体现着深厚的宗教虔诚和救世热情,而其渊博的学识正是当时能够在中国传教的首要条件。他当之无愧地属于我国文化史乃至整个欧洲文化史中的杰出人物,他所留下的著作——大量的信件——值得我们在今天公之于众以便探寻我们精神遗产的根源。

**李**:您把这些零散的信笺从欧洲的档案馆中收集起来,在没有任何其他文字的译本可借鉴的情况下,您首先从拉丁文译成了捷克文,并进行了评述,为捷克读者提供了这位同胞近三百年前对中国的看法,这一定是个很艰辛的过程吧?

**高**:我当时决定将1935年伏拉什吉尔(Josef Vraštil)编印出版的、很有价值的但是现在已经很难买到的严嘉乐著作《从中国寄回祖国的信件》重新修订出版。并且增补了至今尚未公布过的、不为世人所知的他写给当时欧洲几位著名学者的信件——即写给在南昌的马若瑟、在巴黎的什杰潘·苏西埃以及在圣彼得堡的托菲尔·西格弗里德·拜尔和约瑟夫·尼古拉·德利斯尔的信。为了提高严嘉乐书信集这一具有时代特色资料的价值,使之也能为国际专业界人士服务,我在书中也收录了拉丁文原文(其中一封是法文)。在收录原文时,我都保留了其原有的,常常是不统一的正字法形态,至于原文段落的划分,则是我自己确定的。在收录这些信笺中,我访问了罗马耶稣会档案馆、布尔诺国立地区档案馆、布拉格国立中央档案馆、慕尼黑国家主要档案馆、巴黎法国图书馆手稿部、巴黎天文台图书馆、格拉斯哥大学图书馆特殊收藏部、俄罗斯科学院圣彼得堡分院以及布拉格国家图书馆和捷克科学院东方研究所图书馆等。

我们从严嘉乐那里得到了保存下来的通信函件(有20件之多),我从拉丁文翻译而来的捷克文本在1995年于布拉格出版(名为《来自中国的书信》)。这部作品的中文版也已出版,这也证明了中国对捷克传教士在康熙和雍正皇帝时代的一些情况信息的兴趣。为此我要感谢大象出版社、北京外国语大学海外汉学研究中心和你们波希米亚学者的翻译工作,因为现在连中国的读者也有可能了解到,一位从欧洲中心地带来到中国的基督教传播者是怎样关注他们的国家的。我希望,《中国来信》中文版与它的捷文版一样,受到读者欢迎。

**李**:感谢您对严嘉乐这位中国人民最早的捷克友人的介绍,非常钦佩您的忘我工作精神。据我了解,在近代,捷克曾经出现了不少著名的汉学家,我在查理大学进修时就曾经接触过不少学习汉学的人。我还从一份资料上读到,在1945年,位于布拉格的查理大学开办东亚语言与历史讲座。1952年,著名汉学家普实克教授被聘为捷克科学院东方研究所所长。在研究所中,普教授培养了一批从事中国研究的优秀学生。由于普教授的博学、个人的领袖魅力以及他对中国研究的热爱和奉献,20世纪50年代末到60年代,在东方研究所里,形成了一种对中国文化有系统且多面向、令人振奋的研究环境。此外,更有优秀的研究人员组成合作研究小组,并成立了一个馆藏极丰、专供研究人员使用的中文图书馆。我当年的学汉学专业的同学之中有些人毕业后被分配到东方研究所工作。您本人又是现在的东方研究所所长,您能为我们介绍一下捷克汉学研究领域的情况吗?

**高**:捷克的东方学的奠基者中有鲁道夫·德沃夏克(Rudolf Dvořák),他是有关孔夫子、老子的书和《诗经》以及其他有关中国的著作的翻译者,但是他的汉学研究却没有直接的继承者。布拉格查理大学始建于1348年,是捷克历史最悠久的高等学府。中国研究是该校最新的研究领域之一。1945年,第一个东亚语言与历史讲座成立,有希伯来语学、阿拉伯学,以后又有印度学等;1993年,亚洲与非洲研究系分成两个独立的单位,东亚研究所就此正式成立。下设中、日研究组和韩国、蒙古、越南研究组。目前也有维吾尔语、满文、藏文、泰文的基础课程。

中文系是东亚研究所中规模最大的系,主修中文的学生约有120位(包括博士生在内),专任教授6位,设有博、硕士班,也有为他系有兴趣的学生开设的特别课程。在布拉格,汉学主要研究领域部分源自早期的传统,部分则是先前少有研究的主题。整体而言,对传统中国以及以语言和文学为基础的研究,较历史、社会及当代问题方面的研究占优势。布拉格目前发展的各个领域中,首先值得一提的是 20 世纪初中国文学和文学理论的研究,因为这个领域最能继承普实克教授的研究传统,捷克汉学的奠基者雅罗斯拉夫·普实克(Jaroslav Prušek 1906—1980),以研究中国文学作品而出名。他也培养了一大批的学生,本人也很荣幸地在列。普实克对现代中国文学的特色与发展的原创性见解深具创见,后来又由他的学生进一步加以发展,以致到了 20 世纪 70 年代,某些西方学者开始将这种现代中国文学的研究,视为汉学研究中特有的捷克学派。

我们东方研究所成立于 1922 年,当时的捷克总统马萨里克(T. G. Masaryk)是创始人之一,同时他也给予经费援助。1952 年东方研究所并入捷克科学院,下设多个部门,涵盖亚洲及北非的所有文化区域。对中国的研究隶属东亚部,主任是李查克(Vladimír Liščák),与日本、韩国、蒙古、西藏研究同属一个部门。东方研究所的研究范围,包括下列汉学研究主题:传统中国医药理论、气功与道教。中国南部少数民族、早期中国佛教研究者是李查克,汉文化与中国南方少数民族、中国现代史的研究者为鲁碧霞(Lubica Obuchová),以音韵学为重心的中国语言学、中国辞典编纂法的研究者是特日斯科娃(Hana Třísková),还有其他一系列的研究人员,除此之外,西藏及蒙古研究也在我们的研究范围之内,主题有人类学、中国与西藏的历史与藏民文化、西藏历史与文学、西藏佛教、蒙古文学、蒙古佛教、藏蒙手稿及版画的分类编目等。

**李**:李查克和鲁碧霞是年青一代的汉学家,我还得到过一本鲁碧霞于 1999 年出版的《二十一世纪的中国人》(Čtnané 21. století),书里对中国历史、语言、民族、中国哲学与宗教、文化习俗及戏剧以及中国当代社会和香港回归、台湾问题等都作了一一介绍,对我的专业很有帮助。她也是在查理大学汉学专业毕业后分配到东方研究所工作的。

**高**:东方研究所的部分研究员与查大东亚研究所有密切关系,他们在查大兼课、准备教学用教材。除了一般研究之外,我们所还负责管理捷克东方研究史档案,编辑出版捷克汉学家的传记与著作目录,并参与各种出版计划。

关于我的老师普实克先生的生平,有一部捷克电视纪录片叫《中国——我的姐妹》,这也是他出版的一本书的书名,纪录片对本书进行了很好的描述。当年帮助此书再版的有许多中国的波希米亚学者,例如:杨学新、丛林教授等。

**李**:这本书我也见到过捷文原版,是 1940 年出版的,是目前我们仅有的一本图文并茂的原著。其中还有鲁迅先生给普实克的亲笔信影印件和普实克与谢冰心等中国著名作家的合影。书中还以不同的章节分别介绍了胡适、鲁迅、丁玲、徐志摩、沈从文、齐白石等,内容相当充实,文笔也很流畅,可以称得上是普实克早期作品中的经典之作。读了这本书,才了解到普实克一生对中国文化和中国人民怀有如此深切的感情和热爱。

高:普实克院士可谓捷克现代汉学的创始人,在欧洲汉学界也享有盛名。他最早把《诗经》和孔子、孟子的作品翻译成了捷克文。20世纪30年代,他曾经在中国考察研究两年,与鲁迅先生有过书信交往,回国后出版了《中国——我的姐妹》一书。此书以他的研究成果和亲身经历为基础,向捷克读者介绍了中国的风土民情、历史文化,介绍了孙中山和他的"国民革命"、五四运动以及中国文化界的著名人士。因此,我建议你们将此书译成中文出版。从中捷文化交流以及汉学研究的角度看,这样做都是很有价值的。

刚才,既然我们提到了东方研究所,那我就来谈谈在捷克斯洛伐克共和国时代的东方研究所的发展。2002年是东方研究所成立80周年,我们现在回顾一下研究所走过的漫长的成功发展道路和取得的成就。

东方研究所诞生时有两件事情发挥了本质的作用:其一,年轻的共和国(1918年的捷克斯洛伐克共和国)感到需要与东方国家发展经济和文化合作关系。其二,著名的捷克阿拉伯学者、旅行家阿洛依斯·穆希尔(Alois Musil)成功地说服了共和国的第一位总统马萨里克建立一个团体,以建立和发展与东方的文化经济关系。由于穆希尔的努力和总统的支持,1922年成立了东方研究所(同时在布拉格成立的还有斯拉夫研究所,为的是了解斯拉夫民族——俄罗斯人、波兰人、保加利亚人等)。

东方研究所的工作始于1929年,从那年开始出版科研季刊《东方档案》(Archiv orientální),展示了捷克和斯洛伐克的以及其他地方的研究者有关东方国家的研究成果(期刊至今还在出版,已经是第73年了)。研究所原来有两个部门:经济部和文化部。这种设置是很明智的,专家们注视东方各国的情况,以及与他们发展贸易的可能性,因而同时也创造了发展文化工作的经济基础——出版书籍,讲学活动,组织语言训练班。

东方研究所的第一任主席是经济学和金融家鲁道夫·霍德维茨(Rudolf Hotowetz,任期为1929—1938)。第二任主席是著名的海地特(chetitolog 居住于小亚细亚东部的一个古老民族,语言属印度日耳曼语)语学者贝·赫罗兹尼(Bedřich Hrozný,任期为1938—1943)。他任职不久就爆发了第二次世界大战。

战后研究所在布拉格一区温泉街得到了一处老房子,1945年5月28日在那里举行了东方研究所革命委员会纪念大会,会上年青一代捷克东方学者的领袖代表人物普实克确定了在新的战后条件下发展东方学研究的纲领:研究所将成为科研机构,而且应该与舆论界加强协作。在这种形势下,创办了流行的科研月刊《新东方》(Nový Orient)。

1952年,随着研究所加入新成立的捷克斯洛伐克科学院,以普实克为首的研究所迎来了全面发展的好时机。在当时存在的一些古老专业如闪米特语言学、阿拉伯学、伊朗学、印度学、汉学和日本学之外,又增加了新专业:非洲学、缅甸学、高加索语言学、达罗毗荼语言学(又译为德拉维达语言学,分布在印度南部、斯里兰卡北部、巴基斯坦等地,包括泰米尔、马拉雅拉等语言)、印尼学、高丽学、蒙古学、西藏学、越南学等。这些新学科的发展得到了当时国际上殖民体系瓦解、亚洲和非洲诞生了许多新解放的国家这种新形势的帮助。这一切都唤起了人们学习生气勃勃的新语言,学习社会语言学、词汇学、现代史学和文学的需要。

1968年8月的"布拉格之春"事件和以后的所谓"正常化"年代,对研究所来说是悲剧性的结局。大批捷克领先位置的东方学者流亡国外,他们在国外的大学里找到了用武之地。另一些人被研究所解雇了(例如汉学家奥古斯丁·帕拉特等人)。1971年,当时的东方研究所主任普实克教授被解聘,被禁止在自己的国家任教与出版论著,普教授于1980年去世。他的一些学生流亡海外,在国外继续捷克学派的传统(Milena Doleželová-Velingerová 米列娜流亡加拿大多伦多,还有的人流亡波兰华沙)。留在布拉格的学者,研究及教学机会也都受到限制。这一段时间长达20年,汉学研究冬眠期自此开始。查理大学及东方研究所的汉学研究,被压缩到最小的范围,和国外的接触也很少。而更糟的是,在这些流亡或者被解聘的学者空下来的位置上,来了些没有资格的政治头面人物和当时制度体制下的走卒。研究所被引向了学习亚洲和非洲的"革命过程",以及研究所谓"第三世界"的国家,和"共产国际工人运动"等等。这些强制性变化的升级表现在后来成立的拉丁美洲部(竟然在东方研究所内)甚至还设立了"美帝学部"!

直到1989年的"温柔革命",研究所内的所谓的"正常化"运动和它带来的一切屈辱都彻底结束了。所里的工作人员推翻了当时的领导,拉美部和美国部被撤消,那些没有知识和工作能力的人被解雇。在新成立的"纠正过去错误委员会"中,我成了领导,对于那些在过去遭到不公正待遇和迫害的研究所成员,我们号召他们尽可能重新回到所里工作。

在激烈的、洗刷错误的年代,又发生了捷克斯洛伐克共和国的解体和捷克斯洛伐克共和国科学院的改组,之后于1992年诞生了新的捷克共和国科学院。东方研究所至今在它的领导下工作。

对研究所来说一个明显的变化是要离开原来在布拉格一区的住地搬到布拉格八区的新地址。还有其他变化就是财政紧缩和裁员等。当时也经常更换所长:1990—1994年的五年间换了4位所长。从1994年至今我一直担任所长。我的职务在今年5月就期满了,但是我的接班人目前还未选出。

**李**:在我们学校也设有学习研究你们所称的东方语言文化的学科,我们的教师们除了教学工作外,还研究一些冷门学科,如僧珈罗语、斯瓦西里语、豪萨语等的语言文化及其国情。它们大都属于亚非语系和阿拉伯语系,大部分成立于20

世纪60年代,也曾经经历了艰苦的创业和曲折的发展之路。请您再谈谈捷克东方研究所的机构设置和图书资料出版情况好吗?

**高**:目前东方研究所的机构和职员的专业倾向是这样的,所内有33名职工,中青年研究人员有25人。这25人中有7位硕士,10位科学副博士(包括文学科学副博士),还有4位科学正博士。他们中4人为副教授(其中1人在布拉格查理大学任职,3人在布尔诺马萨里克大学任职)。研究所设有9位成员的学术委员会,其中5人为编内,4人为编外委员。

研究所的业务分为三个部门:非洲和近东部(11名工作人员)负责研究中南部非洲历史,近东部研究的专业分为苏美尔Sumer、美索不达米亚、亚述、巴比伦、阿哈伊亚Akkad以及其他阿拉伯国家和土耳其历史和语言。南亚部(6名工作人员)从事印度政治、文化史,佛教哲学,印度诸语言学和现代印地语的研究。东亚部(8名工作人员)从事汉学领域中中国传统医学理论,中国少数民族,汉语语音和汉语词汇的研究。日本学部门从事日本哲学和美学,日本语言和当代社会研究。蒙古学部门从事蒙古文学,蒙古佛教研究。西藏学部门从事西藏的人种学,政治和文化史,汉藏关系史,经典西藏文学和佛教的研究。

在研究所内设有图书馆,馆藏在捷克首屈一指,是捷克境内拥有最多与亚洲研究(包括中国研究)相关的西文图书的图书馆(图书近20万册,期刊2700种,目前订阅的期刊约有200种)。1994年,美国汉学家费正清(John King Fairbank)捐赠的一批西文图书充实了中国历史方面的馆藏。"约翰·金·费正清图书馆"藏书1700册。目前图书馆中文部,也就是"鲁迅图书馆"藏书约5万册,大多由普实克教授亲自挑选,于1950年购自中国内地。该馆引以为傲的是丛书(110种)、地方志、中国戏剧方面的出版物、道藏、大藏经以及20世纪初期的期刊(以文学为主)。鲁迅图书馆的网上目录正在建设中。所里另有一所"西藏图书馆",约计5000册书籍,藏有完整的西藏佛教经典(Kanjur和Tanjur),于1958年购自西藏东部城镇Derge。除此外还有"高丽图书馆",藏书3500册。

关于杂志,除了前面提到的《东方档案》和《新东方》外,我们还出版其他刊物,如《东方档案增刊》(*Archiv orientální-Supplementa*,1953年起发行),*Dissertationes orientales*(1964年起发行),《图书编目服务》(*Bibliographical Series*,1977年起发行),《ArOr——东方档案—捷克系列》(*ArOr—Česká řada*,1999年起发行),《著作》(*Opera minora*,2000年起发行)等。

关于东方研究所的一般介绍包括在英文版的年鉴里(1999年起)。对于东方学者和研究者的介绍,由捷克斯洛伐克东方学者以及非洲学者及伊比利亚美洲学者(iberoamerikanisté)词典提供(布拉格1999年出版)。

**李**:我知道您本人在50年代曾经是北京的中央民族学院的留学生,能谈谈您留学时印象最深的是什么吗?您在捷克学习的专业是汉学,后来怎么与藏学结下了不解之缘呢?

**高**:1957年我毕业于查理大学文学院,专业为汉语,我的远东历史课任课教师便是普实克教授。1957年那年,我来到北京留学,师从于北京中央民族学院(民族大学前身)西藏语言文学专业教授于道泉,1959年毕业。我们既是师生,又是朋友,关系很密切。许多年之后,当我又一次访问北京时,听说他病重住院,我去医院看望他。他已经不能说话了,我们握了手,他的手冰凉,第二天他就去世了。我当时非常难过,找到一个人生挚友是不易的,他对于我来说,正像中国有句古话所说的"一日为师,终生为父"。我在藏学领域取得的成就跟他是分不开的。

从1959年起,我在捷克斯洛伐克科学院(捷克科学院前身)东方研究所工作。我从中国带回了许多藏学书籍,后来所里成立了西藏图书馆。1961—1964年我在所里就读藏学在职研究生,导师是阿·巴拉特、依·菲舍尔等人。1965年我获得了捷克斯洛伐克科学院科学副博士头衔,1966年获得查理大学文学硕士头衔,1991年获得捷克斯洛伐克科学院科学博士头衔。

1966年,我曾经作为外籍教师在堪培拉的澳大利亚民族大学汉语教研室任教。1971—1973年担任了东方研究所东亚部负责人。1979—1990年在东方研究所科学情报中心任翻译。由于局势的发展,在那些年代里,我们没有什么事情可做,但是我不愿意荒废学业,于是我就把中国的报纸翻译成为捷克文。1975—1994年我在布拉格国立外语学校担任藏语教师。1994年起,我又担任了捷克科学院下属的东方研究所所长。多年来,我从事人类学文化和汉藏历史研究,研究的范围还包括汉藏关系史、西藏与中国文学、西藏佛教、藏学图书编目、西藏文字史等。我翻译了汉语、藏语、俄语、英语和其他文字的许多作品。也成为许多科学专题研究论文和编目工作以及众多译著和捷克与世界专业杂志科普论文的作者。

作为藏学家,我曾去过几次西藏。我曾经参加了1991年9月由中国藏学研究中心举办的第一届北京中国藏学研讨会,那时邀请了中外藏学家80余人共同研讨。会上共宣读论文60余篇。许多国外学者也宣读了许多近年来的新作,我作了关于《1913—1914年的西藏能自行和另一个国家建立条约关系吗?》的论文,此外,我编写了《布拉格收藏的德格藏文印本书》,刊载于西德《亚洲研究丛刊》(1971年)。我要说明的是,我跟达赖喇嘛有过私人交往,我出版的《西藏灵书》(布拉格1991年出版)是他作的序,但是我绝对不同意西藏独立的观点。

(注:访谈录中涉及的部分资料参考了高马士博士在北京外国语大学所作的演说《关于捷克的东方学和布拉格东方研究所历史》以及查理大学东亚研究所的罗然教授撰写的《捷克汉学研究现况》的相关内容。)

(作者单位:北京外国语大学欧洲语言系)

汉学家专页

# 艾田蒲和他的《中国之欧洲》

□钱林森

艾田蒲(René Etiemble,1909— )对于中国的文化界来说,已经不是一个陌生的名字。作为法国当代知名作家,他的多卷本的《兰波的神话》等著作,已在中国的法国文学界遐迩闻名;作为当代西方比较文学学者,他的理论著述《论真正的总体文学》(1974)、《世界文学论文集》(1982),特别是他那部极富建设性、挑战性的著作《比较不是理由》(1963),也早为我国年轻的比较文学研究者所耳熟能详;作为卓尔不凡的东方学家、汉学家,他在这方面的建树和著述,如:《我们知道中国吗?》(1964)、《孔夫子》(1966)、《耶稣会士在中国》(1966)、《论语》(1970)、《我信奉毛泽东主义四十年(1934—1974)》(1976)以及由他主编的"东方知识"丛书中的《水浒传》(1978)、《红楼梦》(1981)、《金瓶梅》(1985)、《西游记》(1991)等多种中国名著法译本,也一直为我国学界所瞩目,所激赏;作为中国文化醉心的探求者、中国人民的忠实朋友,他跟中国新文学作家巴金、戴望舒等人的始终不渝的友情,他与中国文化的不解之缘,以及他对中国优秀文化传统的恢复而发出的热情呼唤,早已为国人所知晓,并成为中法文化关系研究者的热门话题。

但是,真正引起世人瞩目、真正为他带来声誉的,是他的两卷集比较文化著作《中国之欧洲》①。在这部八百余页的皇皇巨著中,艾田蒲先生以深厚的学养、宏阔的文化视野,精辟地论证了中国文化对自罗马帝国至法国大革命间的欧洲的影响,清理了中外关系中的历史个案,为西方人重塑了中国形象———一个真实的中国形象。从其构架之庞大、史料之丰富、论析之精当来看,真不愧为当今中欧文化关系史中的一部力作,也是中西比较文化著作中难得的一部佳作。无怪乎它一问世,就轰动了法国和欧洲,得到了西方学术界的高度评价,荣膺巴尔桑比较基金奖(Prix de la fondation Balzan-Comparatisme),成为第一部获此殊荣的比较文化著作。

艾田蒲用五年时间写成《中国之欧洲》,但实际上他为写这部著作而酝酿、准备的时间长达三十年之久,甚至可以追溯到1927年。这一年,他在巴黎高师读哲学,迷恋上孔子、庄子、老子和荀子,从而开始在巴黎东方语言学院研读中文,涉足中国文化。1929年,艾田蒲着手研究法国象征诗人兰波,同时攻读中国古典文学和古典哲学。从此,他"就一直沉醉于汉语的研究,不断发出赞叹,记下欧洲受惠于那些'中国佬'的一切"②,开始为这部巨著作扎实的知识积累。为了真正掌握中国文化精髓,他青年时代在东方语言学院学习汉语时,就常常将母亲给他的零花钱省下来购买中国古籍,如法国汉学大师沙畹译的《史记》及孔子、老庄著作,潜心研究。对中国文化持久深入的钻研使他得益匪浅,他后来说:"使我受益的中国哲学家如孔子、庄子,绝不在蒙田之下。荀子可以与奥古斯丁、孔德相媲美,王充胜过黑格尔。"③他由此而成为中国文化在西方的孜孜不倦的探求者、热情的介绍者、忠实的阐释者和坚定的捍卫者。

1934年,他和法国进步作家马尔罗、瓦扬·古久列等人组织"中国之友协会"(Comité des Amis de la Chine),发行刊物《巴黎—北京》(Paris – Pékin),后改发行《中国》(La Chine),并以让·鲁维尔纳的化名发表《中华苏维埃共和国的文化生活》,介绍苏区文化。同年结识诗人戴望舒,与他合译丁玲的《水》和张天翼的《恨》等左翼文学。

1955年,艾田蒲研究中国文化的第一部著作《孔子,从其诞生之日起至现时代的全球命运》问世。此后,该书一版再版,1966年被列入加利马出版社"思想文库"丛书,成为西方研究儒家思想的经典著作。

1956年,艾田蒲出任巴黎索邦大学比较文学研究院院长、比较文学首席教授。

---

① 艾田蒲:《中国之欧洲》(René Etiemble, *L'Europe Chinoise*, 11 Paris, Gallimard, 1988 et 1989)中文版上下卷由许钧、钱林森译出,河南人民出版社1992和1994年出版。
② 艾田蒲:《中国之欧洲·序》,《中国之欧洲》,上卷第4页,河南人民出版社,1992年。
③ 艾田蒲:《论真正的总体文学》,转引自林秀清:《安田朴与中国和中国的比较文学》,载《中国比较文学》,1989年第1期,第114页。

他组织了亚非欧研究中心,并以"哲学的东方"为名在巴黎大学开设讲座,开始传授中国文化,介绍中国等东方国家的文学,推动法国中学设立汉语课,促成中国文学书籍法文本的出版。

1957年,他率领法中友协代表团访华,首次踏上了中国本土,和中国各界人士进行了广泛接触,与中国新文化的杰出代表巴金聚首,并从中领略到了中国精神的魅力。

1958年,在美国召开国际比较文学第二届年会,他被拒签入境,但他说:"我从来没有后悔过我一直信任毛泽东思想!"因为在他看来,一个半世纪以来,"中国第一次完全统一,政权掌握在有才能、有活力的领导人手里"。

1964年,中法建交。为了纪念中法关系这一划时代的历史事件,艾田蒲发表了《我们知道中国吗?》一书,该书第二章就提出了"印刷术是谁发明的?"这样一个醒人耳目的问题为古老的中国文明正名。

十年"文革"时期,中国文化遭到空前的浩劫,艾田蒲称之为"中国文化野蛮、荒漠的时代"。"四人帮"对人类文化的肆掠与亵渎,曾一度使这位东方文明的迷恋者和探求者沉默、迷茫,但发生在中国的这场噩梦般的文化肆掠又很快使他惊醒过来,认清了肆掠者的罪恶面目,从而激发他的文化良知,更加潜心于中国文明和中西关系的研究与考察,发表《耶稣会士在中国》、《论语》等著作,为日后深入研究中国文化作准备。这期间,他还主持编译了"东方知识"丛书,由他确定选目、物色译者、撰写序言,推出了《水浒传》、《红楼梦》、《金瓶梅》等中国古典名著法译本。1976年他写出了《我信奉毛泽东主义四十年(1934—1974)》,为他几十年追随中国和中国文化作总结。他在书中语重心长地说道:"我希望我的健康条件能允许我看到有一天中国人会知道我现在脱离的是一个金色的偶像,而不是急需革命的中国",表明了他的"中国情结"已确立在更为理性的基础上。

1982年,他在《世界文学论文集》中谈到诺贝尔文学奖时说:"如果诺贝尔奖金在文学上还有点意义的话,那为什么鲁迅、老舍、巴金代表的中国从未受奖呢?"他是西方学者中最早看到和维护中国新文学价值的人之一。

1985年8月艾田蒲在国际比较文学巴黎年会上作了《比较文学在中国的复兴1980—1985》的告别演说,高度评价了中国的思想解放和学术复兴,为中国文化传统的恢复而由衷地欢呼。

1988年、1989年,艾田蒲在巴黎出版了《中国之欧洲》,这是他几十年如一日地致力于中国文化研究的结晶。读这部著作,我们发现透溢在其中的,是这位西方饱学之士对中国文化的真正尊重与理解,对欧洲中心论的彻底决裂与扬弃,对异质文化的理性求证精神与平等交流的心态,这无疑是本书最鲜明的特征,也是最富有教益的内容。

艾田蒲在《中国之欧洲》中开宗明义地说,他写这部著作,"无非是想给陷入高卢中心论、欧洲中心论而难以自拔的比较学科注入一点活力,指出一个方向"①。因此我们看到,与西方中心论彻底决裂、跟东方文化平等对话,便成为贯穿于他这部巨著的一根主线,构成了作者自觉的学术意识和学术心态。在中外关系研究和中西比较文化研究中,通常的欧洲中心论表现为对西方文明的一种"优越感",对东方(中国)文明的无知与偏见,更有甚者,无视中国文化的创造,曲解其价值或拒绝接受,因而在这一研究领域中形成了不少歪曲真相的历史陈案。艾田蒲是以探求真理、推倒陈案为己任而步入这一学术领地的,并以中国文化的坚定的捍卫者饮誉西方学界。他在漫长的汉学生涯中,在建构《中国之欧洲》这一奠定其学术地位的大作中,始终保持着一种平等的文化心态,坚持批判欧洲中心论,清理了中西文化关系史中诸多历史个案,这不仅在西方重建了中国文明的真实形象,也为陷入西方中心论而难以自拔的比较学科注入活力,指明方向,我以为这是他为这一学术领域贡献最多的地方。早在 20 世纪 60 年代,他就以印刷术发明者的问题首先质疑欧洲中心主义。印刷术为中国发明,这是人类文明史上不争的事实,然而,在欧洲中心主义盛行的西方文化界,这一历史事实却被人为地作了令人难以置信亦难以容忍的大颠倒:法国最通行的"小拉露斯"(Petit Larousse)词典称,德国人谷登堡(Gutenberg)于 1450 年发明了活字印刷术,而设于德国美因茨(Mayence)的世界印刷术展览馆,也明目张胆地宣称:"谷登堡在 1450 年发明了活字印刷术并刊行了《圣经》"。连权威的书史专家也闪烁其词地说,印刷是"欧洲的再发明"。为了回击欧洲中心论的挑战,维护中国古老文明的尊严和权益,敏锐多思的艾田蒲教授便义无反顾地投入了一场世界文化文献的考证,多方求索,终于以不可辩驳的历史佐证,澄清了人类文明史上一桩极不光彩的疑案,把颠倒的历史恢复了过来。当他将这一历史真相通过书面文字和影视媒介告白于天下的时候,曾在法国和欧洲引起了巨大的骚动,某些沙文主义批评家甚至指名道姓地攻击他是"中国狂",只会"咬(我)奶妈欧洲的乳头"。艾田蒲顶住了沙文主义的浊浪,以坦然的心态向同胞进言:"别提我们西方人的自尊心了!我们给予世界已经够多了,完全可以心情愉悦、充满感激地来接受这个事实:是中国人和高丽人通过蒙族人和土耳其人把印刷术送到了我们的家园。"他恳切地告诫欧洲人,"欧洲向中国人提供了不少类似的服务",可以而且应当"毫不惭愧地承认它所得之于中国的微薄的东西:纸、火药、指南针、印刷术等"②,不要无视这一古老民族为人类文明所作的有益的创造,不要拒绝有用的异质文化,因为一个自信、开放的民族,不但要勇于"予",也要勇于"受",只有这样才能将人类文明不断推向前进。艾田蒲将他当年在这场文化诉讼中所写的考证文字置于《中国之欧洲》之首,目的是要让世人了解,狭隘

---

① 《中国之欧洲·序言结语(代)》。
② 《中国之欧洲·前言》。

的民族沙文主义和狂迷的欧洲中心论,曾在西方文化界、学术界膨胀到何等恶劣地步,旨在提醒人们,在今天西方学界,这股沙文主义遗风,也不能说已经销声匿迹。据他对欧中关系的考察,"偏见总是无比沉重地压迫着人们,以致灭绝了绝大多数人身上可使他们自身得以解救的理智"[①]。因此,推倒偏见陈说,荡除欧洲中心论的影响,还中国文化以历史的本来面貌,便成了一个正直严肃的比较学者的一项重要任务,这正是艾田蒲为《中国之欧洲》所确立的中心主题,是他梳理中欧文化关系着力开发的中心点,也是本书学术创见和学术价值之所在。如:作者在考察13、14世纪中西关系时,面对蒙族人西进这一令史学家棘手的难题,就透过西方中心主义的迷雾,看到了蒙古人西进而引发出的中西文化的碰撞和交融,从而突破以往的陈说,作出了全新的解释:"在人们集体记忆里,蒙族入侵的'可怖'与恐惧难以磨灭,可是同样残酷的威金人也是'白人',然而,多血质的蒙古人的大汗却是天底下君王中最强大的一位,拥有最强大的人力与物力,且最宽厚、最好客。当人们得知这一切时,该是多么震惊!……当欧洲看到那个比19世纪的美洲更负盛名的帝国,是一个人种、宗教和社会阶层的'大熔炉'时,那又是怎样的发现!……"[②]艾田蒲在这里不仅揭露了某些西方史学家散布的"黄祸"谬论所掩盖下的民族沙文主义实质,而且对当时的中国在人类文明发展过程中所起的积极影响给予了恰当的评价。类似的例子我们还可从书中举出好多。艾田蒲就这样以求真的心态,清理了几个世纪以来中欧文化关系中一个又一个历史疑案。他热忱描述了丝绸之路对西方文明的开发,精细考析了中国文化对欧洲艺术的影响,以智慧探明了中国哲学对启蒙运动的启示,以扫荡欧洲中心主义为己任,力求在自己的这部著作中准确地描绘出中国与欧洲的关系,从而不仅在西方重建了一个真实的中国形象,而且也为我们提供了中欧文化平等对话的一个范例。

文化史上的欧洲中心说,从思想方法上看,是一种片面、一种盲视,是一种对异质文化的无知和偏见的表现,它导源于对异质文化求真的理性精神的匮乏,而这种求真的理性精神正是艾田蒲进行中欧文化关系考察中所致力追求的学术风格。正像我们在上面所看到的,《中国之欧洲》的命题体现着与欧洲中心说的对立,体现了作者对本土文化的超越意识,对中国文化的一种"倾心"与"崇尚"的倾向,真实地折射出一个西方学者的"中国心"。需要指出的是,艾田蒲并不像以往某些西方崇尚中国的思想家,对中国文化隔雾看花,盲目崇拜,而是刻意寻求真切的了解;也不像当代一些平庸的文化史家,只满足于对既成的文化事实作一般性的考索和描述,而是力图对所描绘的事实作应有的思考和评价。他高于前人和同辈的地方,正在于他对自己的研究对象,既有一种平等精神和真情实感,又具有深

---

①② 《中国之欧洲》(上),第101、71页。

刻的理性认识。换言之,他能把自己对中国文化的尊重和热爱建立在理性的科学基础上,避免以个人感情好恶来代替理性评判。他在书中尖锐地批评了西方一些"亲华的"和"排华的"哲学家及其凭借对中国的一知半解和个人好恶,滥用自己感情、或"捧"或"骂"爱走极端的倾向。他既反对不求其解、盲目赞颂的做法,也反对不加分析、肆意攻击的做法,他认为,"与一味大唱赞歌的人相比,攻击谩骂者不见得就更好",17世纪寂静主义者费奈隆(Fénelon)反感于耶稣会士对中国的狂热之情,在其《死者对话录》中,不惜失去理智,"极不谨慎地诋毁中国,其情绪之激烈,不亚于那些无限赞颂中国人的狂热"[①],缺乏的正是理性的批判精神。而这种理性的批判精神,恰恰是比较学者、文化史家最重要的学术品性。与这些爱走极端的思想家相反,艾田蒲在其漫长的学术生涯中,既不曾为一种潮流所裹挟,也不曾为一时的情绪所左右,始终以一种平静的独立心态,致力于对中国文化的探求;既反对欧洲人出于一种优越感,藐视、曲解中国文化,建立欧洲中心论的种种企图,也反对盲目颂扬中国文化,试图以某种形式建立"中国中心论"的任何努力(如他反对"四人帮"搞中国中心论,就是一个明证)。他始终把自己的学术视角建立在理性的科学的基础上,以这种科学精神和理性目光来观照中国文化,就能对它作总体的把握和真切的了解,就能为西方重造一个中国形象——既非伏尔泰式的东方理想国,也非为欧洲中心论所曲解的中国,而是一个真实的中国。因此,我们读《中国之欧洲》,不仅读出了作者对中国文化的缱绻之心,而且也读到了一种可贵的理性精神,从中窥见到这位西方博学者所建立的学术品格和文化人格。

读《中国之欧洲》,还使我们清楚地认识到作者的文化史观,而这一点对我们进行跨文化研究也不无教益。艾田蒲在书中通过对中西文化历史的考察,着重阐明了人类文明是一个有机体,是一个互相依赖、互为补充的整体,这是他赖以批判欧洲中心论的理论依据,无疑也是歌德世界文学(文化)思想的一种继承和发展。他认为,任何一个民族、一个地域的文化,无论是欧洲文化还是中国文化,都是人类的共同的精神财富,都是人类文明发展中不可缺少的部分,都应该受到平等的对待,而每一个民族的文化都是独特的,都为整个人类文明发展做出了自己的贡献,都应该得到同样的重视。他在这里反复阐明的,正是这样一个"世界文化"的思想。由此他建立起自己的文化史观和批评视角。从这一视角看去,他认为所谓的"欧洲中心论",实在是"荒谬的",因为"欧洲不过是世界各洲中的一洲",它贡献于人类的,只是欧洲文明的那部分。毋庸置疑,其独特性完全有权"让别人根据我们的文明成就加以评判",但却没有任何理由自封"中心",凌驾于其他一切文化之上。他说,"历史并不会如此奉承我们的自尊心"[②],它已经证明,并将继续证

---

[①][②] 《中国之欧洲》(上),第331、88页。

明,任何一个自封"中心"的民族,必然是自我封闭、自我隔离,因而自我倒退的民族。也正是从这一角度出发,他强调东西方民族要互相交流,要勇于"予",也要勇于"受",人类文化历史的发展就是各民族文化"予"与"受"、共生互补的历史。他以莱布尼茨为例,强调指出:"倘若我们不把这两个迄今为止各处地球两端的相互封闭的世界之互为补充的财富连在一起,那就没有全球性的普遍文化可言。"[①]他热情肯定了莱布尼茨和伏尔泰等前辈作家的开放精神,高度评价了他们对中国文化独特性的尊重与开发。如果我们联系艾田蒲执教于巴黎大学时为传播亚非拉文化所作的开创性努力,联系他所主编的"东方知识"丛书传播东方文化的辉煌成果,那么,我们会毫不怀疑,在当今西方,不仅在理论上,而且在实践上,他都是以"世界文化"的胸怀,致力于地球两端的东(中)西(欧)文化交流互补、共同发展的最杰出的比较学者。

艾田蒲在梳理中欧文化关系时,特别注重于思想哲学层面的思考与追问,这对我们也是富有启发意义的。他在对东西方文化关系的深入考究中发现,人类任何形式的交流,哪怕是纯物质的贸易的交流,都是文明的交流,因为"任何东西都在一定文明中体现",都要打上交流双方的价值观、哲学观。因此,从根本上说,人类的任何交流,都是某种形式的哲学交流。《中国之欧洲》向我们清楚地显示了,它的著者之所以能从中西文化跨时代的审视中理清中国与欧洲的关系,原因就在于他对几千年中西文化交流的这种哲学实质有着特别深刻的理解和把握。比如,打开中外交通的丝绸之路,为西域提供了中国的丝织品,究其实,就是这种形式的哲学交流。艾田蒲指出,当"罗马妇女一旦披上了由丝儿人制造的丝披巾,她们就分享了那些东方人的价值观"。她们身着的丝绸服装,也就深深"打上了中国的价值观"。正如任何商品本身都带有一定的实用哲学和生活学说,丝绸无疑给西方人提供了一个"华丽物质之本质的"[②]真正的哲学问题。中西双方起始的物质、贸易的交流尚且有如此深沉的哲学内涵,更何况17、18世纪中国哲学与西方文化的直面撞击与交融呢。但是,由于交流双方的价值取向不同,彼此认识、理解的程度不同,这种价值观的分享,则是一个十分复杂的课题,其中有认同,有误解,有变形,也有冲突。人类的交流就是在这样的哲学层次上向前突进。在《中国之欧洲》中,作者颇有深度地描述了东西方文化交流的这种哲学进程。交流是双向的,互补的。他指出:"中国人并没有被动地等待我们去发现他们,甚或创造他们"[③],当景教传教士于公元635年抵达中国时,玄奘已经离开自己的祖国六个年头,正在西方土地上探险,"此行对中国产生的意义,并不亚于马可·波罗对我们产生的意义"。他在考析了中国哲学对欧洲产生的影响之后认为,西方人对中国文化的输

---

①②③ 《中国之欧洲》(上),第383、13、35页。

入与吸收,往往伴随着一种明显的政治意图,常持一种实用的价值取向。来华的耶稣会士关心的并非只是"拯救灵魂、宣扬真理",他们肩负着特殊的使命;轰动一时的礼仪之争与"丝绸、茶叶和瓷器的贸易的百分比"也非毫无关系;孟德斯鸠关注中国思想,着眼于他自己的政治设想;伏尔泰崇尚儒家学说,是为了与天主教教义唱对台戏;莱布尼茨吸收中国文化,是为了实现他的"宏图大略"。因此,他们在提取中国文化养分、分享中国文化价值观时,往往不能不听从自己的政治使命,按照自己的文化范式,对中国文化进行重塑和变形。艾田蒲在这里揭示的,并非仅仅是西方人接受中国文化的固有的模式,实际上任何一个民族接受异质文化,都在奉行一种"拿来主义"。问题不在于收纳异质文化时有无变形,而在于如何把握异质文化的真谛,分享其精髓。由于18世纪思想家所赖以进行哲学思考的素材多半是经过游历家、商人、传教士等"二传手"得来的,他们本人对实际的中国并不理解,况且他们自己又不懂中文,因此,他们对中国文化的价值分享,也多半建立在误解或误读的基础上,这显然是中欧交流的早期阶段难以避免的现象,对此,艾田蒲要求读者采取历史主义的宽容态度,但也不无遗憾地指出,正基于此,"中国真理很少有机会照亮18世纪的法国"[①]。他在书中以第一手的翔实材料,辨析了西方哲学家在分享中国文化价值观时所产生的种种误读现象及造成这种误读的内在的和外在的原因。我们认为这是全书最见功力的部分。

既然人类的交流说到底是一种哲学交流,那么所有从事这种交流的实践者和研究者,都应当有一种哲学精神,这是艾田蒲试图要告诉我们的,也是他用以审视、评判西方一切有关中国的著述及其作者的尺度。以此来衡量西方浩如烟海的中国游记,包括阿拉伯人写的著名的《中国和印度游记》、《马可·波罗游记》及17世纪来华商人、游历家的游记,艾田蒲看到,这些著述在开拓中外交流航程的初始阶段起到了十分重要的作用,功不可没,而其无与伦比的史料价值,又为后来中外关系的研究留下了重要参照;但它们都存在着一个共同的缺陷,即缺乏哲学思考,缺乏哲学精神。它们关注奇闻轶趣,甚于关注中国文明的发展,乐于描写古国风情,而懒于作哲学探究。艾田蒲不止一处地批评马可·波罗"极无哲人的头脑","一点也不思考,或很少思考",批评他在浩繁的游记中,津津乐道于民风古俗的描写,"却一次也没有提及任何一个中国哲人",他"从未想到他所着力描述的这个国家的民风习俗,在很大程度上,正是应该归之于孔圣人"[②],并指出,马可·波罗对中国的描述,差不多被18世纪耶稣会士和哲学家一一援引,但他没有从哲学意义上进行思考,因而也未从中得出后来哲人得出的结论,充其量,只不过成为后者哲思的材料。艾田蒲坚持认为,没有哲学的沉思、没有哲学的交流,就难以建立真正

---

①② 《中国之欧洲》(上),第195、109—115页。

的文化关系,因而也难以比较中西文化的差异,难以描述它们的真实面貌。他说,如果说13、14世纪欧洲的哲学思考尚处在"犹疑胆怯"的阶段,因而中西文化交流缺乏对哲学的真正关注,那么,到17、18世纪,欧洲时风为之一变。不消说,崇尚中国的启蒙哲人,无不倾心于对中国哲学、中国思想的探求,即使在触及中国语言、文学时,也多作哲学的观照,如伏尔泰对元代杂剧《赵氏孤儿》的哲学思考,莱布尼茨对中国语言的文化审视等等。而后期的传教士也更加注重中国思想的研究,他们对中国的描述,往往难以绕过中国哲学的层面。艾田蒲一方面肯定了他们的种种哲学思考,另一方面又指出了他们身不由己的欧洲偏见或难以避免的误读,在他们对中国作哲学透视,试图分享中国文化价值观时,缺乏的,往往又是这种清醒的哲学精神和哲学尺度。艾田蒲认为:解决这个问题的良策,只能如莱布尼茨所体悟到的那样,在中国和欧洲间建立起"光明的交流",确立起真正的平等的"文化关系"。对此,艾田蒲也有自己切身的体会:"如果我没有钻过中国文化这个圈子,我永远不会获得真实、道德和幸福。"[①]钻得越深,看得才越真切。这是一个倾心于中国文化的西方探求者的经验之谈,也是他平等、求真的东方文化观的一个真实的表述。

《中国之欧洲》作为卓越的比较文化著作,它在方法论上给我们启发最多的,无疑是作者确立在渊博知识基础上的广阔的文化视野,依傍于敏锐鉴赏力的独特的比较视角。它熔诸种方法(如:媒介学、译介学、发生学、接受美学、主题学、原型批评、文化人类学等)于一炉,把平行比较与影响研究结合起来,如它所倡导的,"把历史方法和批判精神结合起来,把考据和文章分析结合起来,把社会学家的谨慎和美学理论家的勇气结合起来"[②],这便是这部著作在方法论上的主要特色,也是作者在学术风格上的追求。比较文化研究者,首先得牢固地树立各民族文化一律平等共同发展的观点,承认并尊重各民族文化的差异与共存的观点,他的任务,毫无疑问,就是要对不同民族文化的差异性、独特性进行探究,但又不止于、不满足于表面性异同与承传的比较,而要深入文化底蕴,从其与相异文化互相交融、互相影响中探讨其一致性,寻求并了解人类全部文化的基本规律,从而不断推动各民族文化的交融与发展。自然,作这种深入底蕴的比较与探究,又不是一般的比较学者所能做到的,它有赖于对不同文化特异性的深邃理解和把握,有赖于研究者高度的文化鉴赏力和宏博的学术功力。艾田蒲向来认为,比较学者不仅要反对一切沙文主义和地方主义,而且必须深化对人类文化交流的认识。"他们必须认识到,没有对人类文化价值几千年来所进行的交流的不断认识,便不可能理解、鉴赏人类的文化",因而也不可能进行跨地域、跨民族、跨世纪的文化比较。这是千

---

① 《论真正的总体文学》,巴黎,伽利马出版社,1974年。
② 艾田蒲著,罗芃译:《比较不是理由》,转引自《国外文学》,1984年第2期。

真万确的。当我们读完《中国之欧洲》这样一部博大精深的比较文化巨著,我们不能不说,它只能出自一个与沙文主义、地域主义决裂,且对人类文化价值有着深刻认识和把握的博学者之手。

诚然,《中国之欧洲》描述的是古代中国文明与古代欧洲的关系,探讨的只限于中国传统文化对欧洲的影响,塑造的也只是昨日中国的形象。但是,我们看到,它的作者绝不是在追寻早已淡逝的古典东方文明之光,而是在重估一个伟大的民族在漫长的历史过程中所形成的巨大的、实有的文化传统。毋庸置疑,这一悠久的东方文化传统如何受惠于欧洲和人类而又服务于欧洲和人类,是一个世界性的民族和时代的复杂课题,有待深入探究,而从现代意义上对这一传统本身的继承,也不会只是倾心与顾恋就能了事的,也需要一种穿透和超越。然而,传统是一份必须继承的遗产,是举步、创造的第一级台阶。因为"文明是个有机体",文明是一种生长,今天的文明是以昨天的传统为基础和前提的。在引进西方现代化、重建东方文明的今天,在人类文化多元格局中需要更多的相互理解、互补互识的新世纪之初,读一读艾氏的《中国之欧洲》,听一听这位西方资深学者的议论,看一看他为促进中国与欧洲的平等对话,为推动这两个古老文明互识互补、共同发展而身体力行,无疑有着新鲜的现实意义,我们乐意向读者推荐。艾田蒲在本书中译本序中曾这样写道:"我之所以花费了多年的心血,试图描述中国之欧洲的面貌,因为我们这些往往自得的欧洲人,有负于中国,我希望以此来答谢中国,尽管这极其微不足道。"我想,每一个献身于祖国现代化建设,立志重建中华文明的中国人,只要能读到这部著作、这段文字,都会情不自禁地向这位谦逊、真诚的西方学者奉献上自己的一份敬意,由衷地感谢他不仅为西方也为东方写出了一部非常适宜的书! 一个异乡人尚能如此重视中国的优秀文化传统,这正有力地鞭策着我们在引进西方现代文明的同时,注重引发中华民族文化的源头活水,从而走上我们自己的现代化的康庄大道。

(作者单位:南京大学中文系)

汉学家专页

# 追思汉学家马汉茂

□ [英] 傅 熊 [1]
□ 叶采青 译

1999年6月8日清晨,哥廷根(Hattingen)某医院突如其来地传出马汉茂教授(Professor Dr. Helmut Martin)病逝的噩耗。这个讯息让有幸认识马教授及哪怕只接触过他一小部分著作的人,都深深地感到悲伤与震惊。身为德国波鸿大学(Ruhr-University Bochum)东亚系中国语言与文学教授的马博士,刚从台港结束学术访问返回德国,便为严重的失眠及重度的忧郁症所苦,而这些病症竟造成了连马教授自己也始料未及的后果。[2]

马教授是人们所公认的活力与热忱的典范,他以作者、译者及编辑的身份出版了数量庞大的刊物和作品,其中大部分是属于学术方面的著作,还有一部分则是针对知识界读者所撰写的作品。[3] 他同时也是 Chinathemen, Neue Chinesische Bibliothek

---

[1] 傅熊(Bernhard Fuehrer),伦敦大学亚非研究所高级讲师。

[2] 马汉茂博士所接受的医学治疗在法律上颇具争议性,因此不便在此作任何的评论。参见 Der Spiegel,1999年第33期,第12页。

[3] 关于马教授早年曾出版的著作目录,请参见 Christa Gescher:《文学、语言与政治》(Literature, Language and Politics)、《马汉茂:关于中国的论著》(Helmut Martin: Writings on China) (1965—1991年)、《著作选目(初稿)》(Selected Bibliography (Draft)) (Bochum: Brockmeyer, 1991年[Chinathemen, 62])。关于他晚年的著作书目,目前正在筹编中。至于有关马教授最详尽的文章、书评、访谈和演讲等文集,则已由马汉茂教授及其助理着手进行,迄今为止,已以《中国的形象》(Chinabilder) (Bochum: Projekt Verlag,自1996年起)为名出版了六册,而此系列文集的第七册也即将出版,作为马教授的遗著。这些文集为读者了解马汉茂教授的学术成就提供了便利的条件。

· 36 ·

（1985—1987），*Edition Cathay* 这些丛书的主编，并且还是北莱茵—西发仑邦"阿拉伯文、中文与日文语言中心"（Institute of Arabic, Chinese and Japanese Language）的创办人与第一任主任，以及波鸿大学"卫礼贤翻译研究中心"的创办人。这个翻译中心专门将中国文学翻译为德文，并在中国文学德译本的藏书方面，进行了完善的收藏。① 他曾以客座教授的身份在美国和东亚的多所大学任教，并自1995年起担任"德国汉学协会"（Deutsche Vereinigung für Chinastudien, DCVS）的主席。

马汉茂生于德国的卡塞尔（Kassel），曾于慕尼黑、贝尔格勒、巴黎和海德堡等地修习汉学和斯拉夫学，并在鲍吾刚教授（Professor Wolfgang Bauer）和狄米区·崔斯基教授（Professor Dmitrij Tschizewskij）的指导之下，在海德堡修得博士学位。他的博士论文《李笠翁论戏剧》（*Li Liweng über das Theater*）（1966），在李渔（1611—1680）研究的范畴当中，有极重要的贡献；这一论文后来由台北的美亚出版社于1968年以原题目翻版。马汉茂在文中除了对李渔戏曲作了研究外，对李渔作为《肉蒲团》②和其他作品的作者这一问题，也提出了独到的论证。

马汉茂获得海德堡大学（University of Heidelberg）的中文助教奖学金（1966—1967）之后不久，德国研究会（Deutsche Forschungsgemeinschaft）又颁给他一份博士后研究奖学金，使他得以在台湾大学（1967—1969）和京都大学（1970）进修，加强他在中国文学方面的研究。在台湾大学中国文学研究所进修的这些年，奠定了他后来持续在中国文学研究上作出贡献的基础。从1969年6月到1970年1月这段短暂的时间中，马汉茂和他的合作者写了上千张的卡片，编纂了对于研究传统中国文学评论最有用的工具。《索引本何氏历代诗话》（共二册，台北：成文出版社/Chinese Materials and Research Service Aids Center, 1973年[Research Aids Series, 10]）为何文焕编纂的28种诗话（序文写于1770年）提供了非常完备的索引及极具权威的标点版。除了完成这项浩大的工作之外，马汉茂还编校了在台湾出版的《给郁达夫的信》（1970），并继续他对于李渔及其著作的研究，其中以1971年由成文出版社在台北发行的15册《李渔全集》③为其达到研究的最高峰的标志。就马汉茂博士在传统中国文学的研究来说，他对于李渔和传统方言文学的兴趣，仍是他学术生涯中重要的一部分。但是，令人感到遗憾的是，由于缺乏出版经费，他不得不放弃原先翻译李渔《十二楼》的计划。尽管如此，嵇穆（Martin Gimm）和马汉

---

① 借由 *Chinathemen* 和其后的 *Edition Cathay* 这些丛书的发行，马教授为许多年轻的研究学者提供了一个研讨的园地，让他们能在合理的条件下发表自己的作品。*Edition Cathay* 现在办得很好，也会持续下去。

② 值得注意的是，在20世纪70年代早期由香港的出版社发行的《肉蒲团》限定版（没有出版地点和日期）这个罕见的抄本，实际上是由马汉茂博士在日本找到并让它再度问世的。

③ 马汉茂博士在编校这个版本时，以最谨慎缜密的态度来处理关于若干作品来源的问题，然而，由于台湾的书刊检查制度，他无法将《肉蒲团》收录进文集中；至于比较近的版本，则请参见由王翼奇、吴战垒等人编辑的《李渔全集》（杭州：浙江古籍出版社，1991年），不过，此版在追溯受李渔影响的作品方面，不如马版仔细。

茂最近还是以简洁的文风完成了《十二楼》中四个短篇故事的翻译,而这四个故事恰好是法蓝兹·昆(Franz Kuhn)的德译本①中所遗漏的部分。

每当马汉茂谈起他早期在东亚那段心无旁骛作研究的日子,每个人都能轻易地感受到,他是多么喜欢和优秀的专家及年轻有为的中国学者共事。不过大家几乎都不知道,除了对于早期中国文学理论和批评方面的重要贡献及他的《李渔全集》之外,年轻时的马汉茂也曾撰写过一部关于传统中国文学的书,直到现在还是以手稿的形式留存着。这本书反映的是他在台湾大学进修期间对中国古典文学的看法。由于马教授几乎不曾提过这本手稿,甚至也没有要出版这本书的计划,因此,似乎他对于传统中国文学之论断和评价,还有一些保留的余地。他早期在台湾生活的另一收获,在于和许多同僚建立起良好的关系,发展成持久的友谊,而其中有些人也已成为目前相当知名的学者。

当马汉茂博士在1970年偕同妻子廖天琪女士回到德国时,他们历经了许多的困境:努力要重返德国的学术界,寻找一份适合自己的工作,但开始时徒劳无功。不稳定的生活处境,不尽如人意的学术环境都使他的健康受损。不过,正如我们从他的记述中所得知的那样,那段阴郁的记忆,更加正面地影响到他往后不遗余力支持年轻同仁的态度。在过了一段暂时以替报章杂志撰稿来糊口的日子之后,他于1972年加入了位于汉堡的"亚洲研究所"担任临时研究员,直到1979年受聘为波鸿大学的教授为止。马汉茂博士在这些年间的学术著作,主要着重在中国大陆的政治,研究毛泽东对苏维埃政治经济学教科书的评论,他将毛泽东1945年之后的著作翻译(与廖天琪女士和一个十数人的工作小组合力完成)成七册的《毛泽东选集》(*Mao Zedong Texte*, München: Hanser, 1979—1982),这项成果是相当知名的;此外,大家都还会想到的是他所著的《苏联的中国学》(*Chinakunde in der Sowjetunion*, 汉堡:亚洲研究所,1972年),以及他与廖天琪共同编纂的《中德政治经济词汇》(*Chinesisch-Deutscher Wortschatz. Politik und Wirtschaft der VR China*, Berlin: Langenscheidt, [1977] 1987)这本有用的辞典。

在受聘为波鸿大学中国语言文学的教授,并完成上述《毛泽东选集》的中德双语版之后,马汉茂重新回到文学的研究上。虽然在传统文学的领域里,他一直都有新的成果,而且对于传统方言文学和文学理论的研究也一直不遗余力,但是他却决定要将他的研究重心移转到现代及当代文学。他在这个领域的卓越贡献及他所编辑发行的大量书籍,都是相当难得且众所皆知的。他在现代中国文学方面的广泛研究有其独特的社会政治目标,自不待言。而他以信实的笔调,孜孜不倦地为德国的读者翻译有价值的作品,目的即在使一般大众得以欣赏到非欧洲的文

---

① 见嵇穆和马汉茂所译 *Li Liweng: Der schönste Knabe von Peking. Vier Novellen* (Dortmund: Projekt Verlag, 1995)(Arcus-Chinatexte des Richard-Wilhelm-Übersetzungszentrums, (7))。

学作品。在他阅读大量的刊物并进行选择的过程中,文学研究本身往往就变成了一个目的,而且在任何一个时间点上,我们都很难说到底是哪一部分的兴趣更多地支配了他的想法。然而,我们必须强调的是,马汉茂是一位有高度批评精神的鉴赏者。面对中国文学中水准参差不齐的大量作品,他尽力从中找出最好的作品来,这偶尔也得到了回馈;每当有新发现,他都会和别人热烈地谈论,我相信曾经历那类场景的人,大都难以忘记他那种忘我的热情。

马汉茂博士以严谨的态度身体力行一个大学教授应具有的三方面功能:以启蒙的态度来教学,带领学生进入不同层面的学术领域,以及作为学者进行自己的专题研究。① 在这之外,马先生发挥了高度的学术工作的组织和行政能力。他在波鸿大学进行的研究计划是由国内外的基金会和研究机构出资补助的,因此他可以推动大型的研究计划,这样的资源是他所在的波鸿大学所无法提供的。马汉茂在波鸿大学所做的贡献当中,我们特别要强调的是他个人多年来为东亚研究所图书馆购买新书并建立了一座台湾研究资料库,这是目前欧洲最完整的台湾文学收藏所在地,而这些藏书也是他关于地域特性与台湾文学的研究计划之基础。②

从他个人早期的著作到有关现代文学及其社会形态的研究,身为大学教师的马汉茂自身在这方面的发展,为这数十年来中国研究的转变作了最好的见证。由于本身接受的是传统的汉学训练,他强烈反对西方固有汉学的象牙塔观念。虽然他对于是否有人能够支持他的观点甚或继承他的工作,持保守态度,但在坚持一个非主流的立场和让他的读者来面对残酷的现实时,马汉茂教授展现了令人敬佩的勇气,他坚定的信念正反映在他最喜欢的用语当中:"表态"(Farbe zu bekennen),也就是要宣示自己的意图。有些人将他贬抑为"记者"或"中国观察家",但我认为这是一种居心叵测的谬误,这忽视了他在学术上的贡献,并误解了他认为作为一名知识分子与大学教师负有公众功能的信念。他很愿意让社会公众分享他研究计划中所得到的成果,他认为这是一种社会责任。谈到这里,应该指出的是,作为一名学者,他对于中国现代化和中国民主化所表示的公开关切,以及给予当代中国作家、知识分子和异议人士的无限支持,也曾使他面临许多障碍和麻烦。

在德国统一后不久,对于(前)东德同仁所取得的中国文学翻译工作成果评价很高的马汉茂加入了"德国汉学协会",这是由西德和东德的学者在1990年共同建立的组织,目的是要鼓励这两个分隔了数十年的学术界之间相互合作。马汉茂

---

① 马汉茂博士在著作中大量参考所谓的"灰色文献"(grey literature),即未发行的论文及硕士论文等,可以证明他对于学生(不只是他自己的)在这方面成就的重视。

② 有关这个计划的部分成果,请参见马汉茂所著之《中国的形象:台湾文学——后殖民的出路》(Chinabilder: Taiwanesische Literatur—Postkoloniale Auswege)第三册中的文章。马汉茂博士所长期期待的关于这个主题的"主要作品"(opus magnum),即他的遗稿《台湾文学史》,已接近可以付印的阶段。

展现了无可比拟的容忍大度和无穷的精力。他鼓励大家面对并公开讨论过去,使协会为老、中、青三辈的德国汉学界人士提供了生动的相聚园地,为这个沉闷的组织注入了新的生命;他规划每年定期的会议,使这些在会中发表的论文得以出版。① 由于东德学术界在统一之后进行了重组,而从中衍生出来的一些问题便触发了马汉茂教授近来对德国的中国研究之历史的兴趣。我要顺便提醒大家注意德国汉学协会1997年年会命题:"中国研究与德国语言的脉络:历史、学者和观点"(Chinese Studies and German Language Context—History, Scholars, and Perspectives),包括会前的准备与会后的影响,它们由于高度争议性的话题而蒙上阴影,但却也显示出敏感的档案资料亟须客观公平的研究。因为马汉茂本人启动了这些争论,而他又身为协会的主席,所以在执行上就变得相当困难,而他则是设法以机智和感性来处理一切。虽然他探讨德国的中国研究史之 Clavis Sinica 计划无法获得补助,来进行较大规模的研究,但是他在研究20世纪德国学术史中最具争议性的问题时,总是努力维持论点平衡,以求能容忍多方意见,又能兼顾事实。

在德国的汉学界中,有一部分学者沉溺于个人的虚荣感之中,但是马汉茂教授确是一位虽受争议却又极为杰出的人物。由于他的活力与敬业的态度,他能够衷心地赞赏同僚的成就而不会有一丝妒意;即使是在必须面对他人不怀好意的偏见时,他依然可以保持开阔的心胸。

身为朋友与同僚、教师与顾问,在别人有困难的时候——不论那些问题是学术性的、事业方面的,甚或是私人的——马汉茂一直都是一位富有同情心的倾听者。除了提出他的建议之外,他在具体的协助上也从不迟疑。对他来说,帮助别人是个严肃的责任,而我们当中有许多人都曾受惠于他各方面的慷慨支援。

马汉茂教授对于未来有很高的期望,且自我要求甚高。他的行为与人格背后的高度活力,在他周围创造了一种气氛,这使得与他共事成为一种能振奋人心而又值得的经验。在这样的外表之下,我们都没有觉察到他内心深处也有寂寞沉郁的一面。对能力不如他预期的所谓知识分子感到失望,或是在某个研究题目上投入了大量的时间但收获不大,这样的情形造成了他内心的痛苦。当他巨大的精力转了方向,对自己的内在进行打击时,他的妻子天琪女士和女儿 Katja 都随侍在侧,设法在他最后的挣扎中,帮助他共同对抗已无法控制的力量。

(译者单位:台湾师范大学英语研究所)

---

① 详细资料请见 http://ruhr-uni-bochum.de/oaw/slc/slc_dvcs.htm#DVCS eng。

# 广州葡囚书简*(1524?)
## ——葡中首次交往的见证

□ [葡]克利斯多弗·维埃拉
□ 何高济 译

中译者前言

  1517年,葡萄牙大船长费尔隆·伯列士·安德拉吉,率一支舰队,护送葡使多默·皮列士,从马六甲抵达广州。安德拉吉本人返回马六甲,皮列士及其使团成员在广州等待三年后,方得到明廷的许可赴京。1520年初使臣一行从广州出发,5月皮列士等显然和正德帝在南京有一次会晤。正德命使团去北京,以便正式接见。使臣再赴北京,于次年初到达。适值流亡的马六甲王所遣使臣抵达中国,控告葡人用武力夺取马六甲,要求明廷给予援助复国;朝廷大臣也交章指控葡人在屯门等地的暴行,及占领藩国马六甲等不法事,因而葡使未能得到接待。随着正德帝的去世,新帝即位,葡使又被遣返广州,并被投入监狱,受到酷刑,使团中一些人死去,但其中一名叫克利斯多弗·维埃拉的人,设法从监狱中送出一封信,记述葡人在狱中的遭遇,同时谈到使团在华的活动、大明帝国的概况,并为葡人攻占广东等地出谋划策。与这封信同时送出的,还有另一葡俘

---

\* 根据 CARTAS DOS CATIVOS DE CANTÃO:CRISTOVÃO VIEIRA E VASCO CALVO (1524?),Introdução leitrua e notas de RUI MANUEL LOUREIRO,Documentos & Ensaios 3,Instituto Cultural de Macau,1992 选译。

瓦斯科·卡尔渥撰写的一封信。卡尔渥是随其兄迪奥戈·卡尔渥于1521年抵达中国海岸从事商业贸易，被明廷的海军俘虏，投入维埃拉等所在的监狱。

这两封信通过沿海的葡人，最后送到欧洲。1901年英国东方学者福开森首先将藏于巴黎图书馆的两封信抄本刊布在《印度考古学家》杂志，有英译文和原葡文，及编译者对早期葡中交往所作的序言。几年后，德国外交官渥列茨希在里斯本国立档案馆发现一份维埃拉信的残卷，它是用中国细毛笔在中国纸上写成的。这份残卷的文字和巴黎图书馆藏本的文字略有不同，且有一些文字为前者所缺。渥列茨希将残卷刊布在其论文《葡萄牙首次遣使中国的文献》中。鉴于葡俘的财物被没收，维埃拉在狱中仅可能得到中国的书写工具，可以断定残卷为维埃拉手写的原信。

此后，葡萄牙学者布拉桑将维埃拉信，意大利学者英蒂诺将两封信再次予以刊布。最后，葡萄牙学者劳莱洛将两信标点分段，于1992年刊于澳门。除注释外，劳莱洛将维埃拉信的文字与残卷文字互校，并将残卷多出的文字收录在注释内，这对研究、考释两封信有所助益。维埃拉信的日期，原作1534年，卡尔渥信作1536年，但据葡萄牙学者科提松的论证，两信应作于1524年。

现将维埃拉信据劳莱洛本译出，供研究葡中关系史的学者参考。

### 克利斯多弗·维埃拉的信（广东,1524）

录自中国来的一封信，这封信由克利斯多弗·维埃拉所撰，他是俘囚，是费尔隆·伯列士于1520年护送的使团成员①

1. 1520年,1月23日,我们出发去见中国的国王。② 5月我们在南京（Nan-

---

① 这里录自克利斯多弗·维埃拉（Cristóvão Vieira）和瓦斯科·卡尔渥（Vasco Calvo）两封信的巴黎抄本。英国东方学者福开森（D. Ferguson）在巴黎发现两封信，首先在1901将它们刊布在孟买的杂志《印度考古学家》(Indian Autiquary)，两信分开（《广州葡俘的信札》）。这个标题有若干可能因抄录者造成的错误。克利斯多弗·维埃拉是头一封信的作者；瓦斯科·卡乐渥写的是第二封信。仅克利斯多弗·维埃拉参加了多默·皮列士的使团。这位大使及其使团成员，乘费尔隆·伯列士·德·安德拉吉（Fernão Peres de Andrade）指挥的舰队，于1517年抵达广州（Cantão）。瓦斯科·卡尔渥随其兄迪奥戈·卡尔渥（Diogo Calvo）于1521年抵达中国，作贸易旅行。——原注。

Cantão(Canton)，从读音说应为广东，但早期葡人把广东省和广州城混淆，一概都呼之Canton，在正文中Cantão均译作广东，实际上大多指广州，有时也表示广东省。——译者注。

② 在广州等待三年后，葡人才得到朝廷允许赴北京。当时的皇帝是正德，庙号武宗，在位时间是1506—1521年。——原注。

quim)与国王一起。③他命令我们从那里前往北京(Piquim)城,以便在那里接待我们。8月7日我们致函与广东谈迄至当时与国王一起的情况。④信札将送达佐治·波特略(Jorge Botelho)[和]迪奥戈·卡尔渥(Diogo Calvo),他们在做生意的岛(Ilha)上⑤;所以没有再写,因为时间来得仓促,很少阅读。2月份国王进入北京,病了三个月;去世。⑥次日[叫]我们带着礼物去广东,交给新国王,到另一城市去给他,他命令我们前往广东。我们在5月22日离开北京;9月22日到达广东,因为向导随意而行,缓慢。没有献礼的原因是这样的。⑦

2. 当费尔隆·伯列士到达中国的港口⑧,命舌人(lingua)⑨们撰写信函称大船长到来并携有遣往中国国王的使臣。舌人们按当地的习惯撰写,如下:"大船长和

---

③ 保存在里斯本国家档案馆(Arquivo Nacional da Torre do Tombo)克利斯多弗·维埃拉原信的残卷,有一些为巴黎抄本省略的细节,即有关葡萄牙使节和中国皇帝会见的情况。原信残卷首先由渥列茨希(E. A. Voretzsch)刊布(见《文献》(*Documento*),第52—68页),后又见于布拉桑(E. Brazao):《报道》(*Apontamento*),第41—66页。残卷和巴黎抄本中歧异之处将适时在注释中表明。——原注。

④ 迄今尚未发现使团成员和到广东海岸或者临时驻留的葡人之间交换的信函。——原注。

⑤ 商业岛即 Illa de Veniaga,考订为广州河口的屯门(Tamão)或伶仃(Lin Tin),是葡萄牙人最初在南中国海岸和中国人建立贸易关系的岛。巴洛斯(João de Barros)明确说,费尔隆·伯列士·德·安德拉吉"于十七年八月十五日抵达我们称之为 Beniaga 的屯门岛"(《十卷书》(*Decada*)III,第2卷,第6章,第89页)。葡人到来之前,东南亚诸国与中国在这个地方进行商品交易(布拉加(J. M. Braga):《屯门》)。Veniage 或 beniaga 一词来自马来语 bernyaga("做生意,交易"),被我们海外的海员采用来表示"贸易、交易、生意、商品……"(道加杜(S. R. Dalgado):《术语词典》(*Glossario*),卷II,第411、412页)。——原注。

⑥ 按照中国史料,正德帝于1521年1月18日进入北京,三月后去世,即4月20日。因此克利斯多弗·维埃拉的记载,基本符合事实。(参看英蒂诺(R. D'Intino):《记录》(*Enformação*),第7页,注5引《明史》的记载)——原注。

⑦ 克利斯多弗·维埃拉提到的是送给皇帝的礼物。——原注。

⑧ "中国港口"这个名称,自16世纪起,长期被用来指葡人曾先后建立牙行的不同港口。这里肯定指屯门,葡萄牙商人当时集中的中国海岸港口。——原注。

⑨ lingua,即"翻译"。——原注。

明代通称"通事"。葡语 lingua 有舌头、语言等义,这里以 lingua 表示中国的"舌人",即通事。葡使多默·皮列士携带的若干名译员,可能系马六甲的中国人,跟葡人学了一些葡语,或者会马来语,被选作翻译,水平不会太高,但他们对中国的风俗习惯等有所认识,对葡人有所助益。——译者注。

使臣奉佛郎机人(Fanges)之王⑩的命令,携贡礼(pareas)⑪来到中华(Cinha)的国土;前来按照习惯向世界之主神子(Senhor do Mundo Filho de Deos)请求印信⑫,向他臣服。"按照习惯,因这封信我们被接受登陆。这是他们撰写信函的内容,没有让费尔隆·伯列士得知,他也没有时间知晓;仅舌人说信函已按惯例写好,及其中所说的内容。⑬

3. 在北京城国王的宫室内公布了吾人之主国王的信函,发现其中内容与舌人所写的不同。所有人对它的看法是,我们欺骗地进入中国的国土,由此去窥视其土地,这是欺诈的事例,[其中]和写给国王的信函不一样。国王命令我们不要再去他的宫室表示礼敬,并且有人和警卫看管我们。在北京,使臣们的习惯做法是,

---

⑩ Rei dos Fanges。"Frangue 或 Frange,马来语 Peringgi,出自阿拉伯语 Ifranji, Faranji(埃及方言作 Frangi,波斯语同),直译是'Franco'。在伊斯兰的头几个世纪,阿拉伯人不加区别地把所有基督教称之为 Rumi,这就是'罗马人',然而,在卡洛斯大帝(Carlos Magno)(即法王查理曼大帝——中译者注)时代,开始把'Franges'用来指卡洛林王朝(Carolingio)的属民,这个名称,后来扩大称所有西方的基督徒,在十字军时期得到普及。瓦斯科·达·伽马(Vasco da Gama)首航后不久,马拉巴尔(Malabar)的穆斯林商人把葡人称作'Frangues';此名从此后在沿海各种亚洲语言中通用来称葡人。有的扩大称呼全欧洲人,有的则仅指南部天主教徒。"(托马兹(L. F. Thomaz):《佛郎机人》(Os Frangues),第216页,注6)——原注。

维埃拉的这个记载,有助于说明为什么明代中国把葡萄牙人称作佛郎机。葡萄牙人挟其坚船利炮东来,势甚嚣张,当然不会改称自己为佛郎机。但达·伽马到达印度西海岸,当地的回教徒按照旧称称欧人为佛郎机,即法兰克人,把葡人也叫做佛郎机。此名已传开,马六甲在葡人占领该地后也这样称葡萄牙人。葡人初达中国海岸,语言不通,一切都需舌人转译。这些舌人按照惯例称佛郎机人贡,方能得到明廷的接待,所以明代史料都称佛郎机贡方物和请封。——译者注。

⑪ pareas,古代一个国家或主权国向另一国交的贡品,作为臣服或藩属的表示。——原注。

⑫ 克利斯多弗·维埃拉提到的印(selo),是作为正式藩属的表示。若望·德·巴洛斯曾使用维埃拉的信为史源,编写他的《亚洲十卷书》,其中提到它说:"这种印,是该皇帝赐给所有臣服的国王和王公,作为一种标记,他们在所有信札及文书中用它来表示他们是属国。"(《十卷书》Ⅲ,第6卷,第1章,第304页)——原注。

明代史料常提到明王朝赐予藩国的印,如《明实录》(永乐三年九月,癸卯):"满剌加酋长拜里迷苏剌……遣使随奉使中官尹庆朝贡,诏俱封为国王,给与印诰……"又如(永乐三年十二月,癸亥朔):"遣使赍诏封渤泥国麻那惹加耶乃为王,给印诰敕符勘合。"——译者注。

⑬ 在当时中国,上呈皇帝的外交书信,如非用中文写成,必须交与边境官员,翻译后再上达朝廷。一般说,中译文和原文相差甚大,因为除翻译和重译外还要按中国礼仪的格式。(参看《记录》,第8页,注8)下面,克利斯多弗·维埃拉本人记述了正式翻译过程中产生的灾难后果。——原注。

维埃拉提到舌人撰写的信,即表文,显然是事后从舌人那里得知的内容,舌人再用葡语解释他用中文写成的信函。其中"神子",当然是中文"天子",中国人把一切都归之于"天",皇帝谕蕃国的敕文,常以循天道比喻蕃国的进贡,自称是天下的主宰,天之子。但葡人不能理解这个"天",反把"天"看成是他们的神,所以"天子"成了"神子"。哥赫亚(G. Correia)在他的《印度传奇》(Lenda da India)中重复这一说法:"(中国皇帝)自称'神子'(Filho de Deos),世界的主子。"——译者注。

· 44 ·

广州葡囚书简(1524?)

他们被关进几座有大号围栏的房屋内,⑭这里在每月的头一天关闭,每月的十五日他们到国王的宫室去,有的步行,有的乘草缰绳牵引的劣马⑮,并且来到距皇帝宫室一道墙五步前,都依顺序,两膝跪地上,头脸着地,趴下。这样一直命令他们对墙做五次;⑯从这里返回封闭的围栏内。命令我们不再行这种礼。

4.舌人被询问为什么写假信,不符合吾人之主国王的信函。他们说是按中国习惯写的;吾人之主国王的信是密封和盖印的,不能读不能开,它要交到国王手里。我们是在远方,不了解大中国的习惯,往后我们会知道;他们没有错,所以按习惯撰写。曼达林们(mandarys)⑰不满意这个回答。每人都被询问来自何处;被逮捕——这发生在国王去世的同时,给他们当仆人的青年[也一样]。

5.MDXX1(1521)年1月,国王到达离北京(Pim)⑱城两里格的一个村镇⑲。他审判一个反叛他的亲戚,⑳并命令吊死后把他焚尸。同时在那里对我们进行处理,因为有三封反对葡人的信送交给他:㉑一封是北京曼达林的,另一封是广东曼达林

---

⑭ 克利斯多弗·维埃拉指的是北京供外国使臣留宿的馆宅。——原注。

这是会同馆,"专以止宿各处夷使及王府公差,内外官员"。(《明实录》,弘治三年二月己亥,英国公张懋等奏)"每月的头一天"应为阴历初一,"每月的十五日"应为阴历十五。"五步",原文为"5mensuras",mensuras 意为度量,长度,这里或指五步。——译者注。

⑮ sendiro,老而劣的马或驴。——原注。

⑯ 若望·德·巴洛斯详述了这种礼仪,皇帝接见外国使臣前,先要演习,为正式典仪作准备。(参看《十卷书》III,第6卷,第1章,第305页)——原注。

⑰ mandarim,"远东,特别是指中国的长官、高官。这个词汇从葡语传入其他欧洲语言。它并非出自中文,也不如某些东方学家所说来自葡语动词 mandar;它是梵文及新亚利安语 mantri'国之顾问、大臣'的错讹。马来语作 mantari,这就是它的语源"。(道加杜:《术语词典》,卷11,第20页)奇怪的是,利玛窦神父,他从1582年到1610年去世时在中国生活,并通晓中文,明确称 mandarim 来自葡语动词 mandar。(参看德礼贤:《利子资料》(Fonti Ricciane,卷1,第52页)不管怎样,16世纪头几年葡文文献中常使用 mandarim 一词,指东南亚各国的高层职官(参看,例如萨(A. B. Sá)的《印度群岛文献》(Documentação-Insulindia),卷1,第60页),这看来证实了道加杜的论断。——原注。

⑱ 读作"北京",这肯定是抄录者之误。——原注。

⑲ 即"通州"镇。——原注。

⑳ 1519年宁王起兵造朝廷的反,进攻南京和九江;这次叛乱很快被镇压,朱宸濠被捕,随即被处决。——原注。

据明代史料的记载,宸濠是在通州被诛,陈洪谟《继世纪闻》载:"至次年(1521)春,(武宗)驾至通州,乃令逆濠等自尽,扬灰江中,不与埋葬。"所谓"自尽",多半是上吊,然后燔尸,即焚尸。这和维埃拉所说的吊死(emforcado)后焚毁(queimar)完全一样。显然维埃拉是在北京得到有关消息的,记录很确实。——译者注。

㉑ 巴洛斯提到三封信:"这几封信是说我们从前干的坏事,称我们的任务是假冒商人之名去窥探国土,然后用武力夺取我们涉足的任何土地。"(《十卷书》III,第6卷,第1章,第303页)参看英蒂诺:"这些不是信,而是邱道隆及何鳌上呈皇帝的奏章,对葡人完全持敌视态度。"(《记录》,第9页,注15)——原注。

·45·

的,另一封是马来人(melays)的。㉒ 其内容是这样,即:"奉广东曼达林之命去商业岛收税的曼达林,上报国王得知,他们在某年某日前去[并]征收关税。有佛郎机人携带大量武器和大炮到来,他们是强壮的人,而且不照惯例缴纳关税,并构筑堡垒(forcas)㉓,同时听说,这些人已占领马六甲并进行抢劫,很多人死亡,国王不应接受其礼物,而如欲接受,应与佛郎机国相邻的诸国一样对待。驱逐这些人,不应接待他们。"㉔

6. 广东曼达林的信函称佛郎机人不付关税,而向暹罗人(Symis)㉕收取关税,将他们拘留,包围(aselavão)㉖他们的船只,置以守卫,不让做买卖也不付税,还用石头修筑一座堡垒,覆盖瓦,四围置炮,内有许多武器,并且盗窃狗(cães),炙食

---

㉒ 邱道隆是正德甲戌(九年)进士,知顺德县,后擢江南道御史,首请逐佛郎机。此处称广东曼达林的信,当指邱道隆的上奏。北京曼达林的信当指御史何鳌的上奏。现存两个奏章内容,与维埃拉提到的不尽相同。——译者注。

㉓ 即是说,fazem fortaleza("构筑堡垒")。——原注。

㉔ 曼达林的指控,特别是针对葡萄牙船长西蒙·德·安德拉吉(Simão de Andrade)在中国土地上的专横行为,他是费尔隆·伯列士·德·安德拉吉的兄弟,于1519年到达中国南部海岸。若望·德·巴洛斯总结这些行为:西蒙·德·安德拉吉命令"在地上构筑一座石头和木料的堡垒,把大炮安置在可能受到进攻的地方",同时"立一个绞架,说是为我们任何一个反叛的人而立,因为看到中国人对那些为恶行凶的人施行的惩罚"。(《十卷书》Ⅲ,第6卷,第2章,第307页)这些做法引起中国官员的反感:葡人胆敢在中国的领土内筑堡和执法。——原注。

葡人到达亚洲,在果阿、忽鲁模斯、马六甲都曾构筑堡垒,派兵驻守,以便控制他们占领的土地。所以西蒙的做法不是个人的行为,而是葡萄牙海外殖民的措施。《广东通志》载,"佛郎机在正德十二年驾大舶突至广州澳口,铳声如雷,以进贡为名,后退泊东莞南头,盖房树栅,恃火铳自固",与巴洛斯的记述相合。——译者注。

㉕ Symis,即"Siameses(暹罗人)"。——原注。

㉖ 福开森误读作"asclavão(奴役)"(《信札》,第58页),英蒂诺同(《记录》,第9页)。若望·德·巴洛斯称,西蒙·德·安德拉吉禁止别的船舰在他之前出售商品。(《十卷书》Ⅲ,第6卷,第2章,第307页)——原注。

之，㉗他们来广东立绞架（pôr forca）㉘，携来大量的（emsomas）㉙炮，进入河内，在城池前［及］在其他防守处鸣炮。

　　7. 马来人说葡王遣往中国的使臣不是真的，伪装来中国进行欺骗，而且我们（指葡萄牙人，下同——译者注）来窥伺国土，很快去征服它，我们在土地上立一块石头㉚，并有了房屋，马上声称土地是我们的，在马六甲和其他地方我们已这样做了，我们是强盗。一个大曼达林说我们用信札请求他在广东为佛郎机人提供寓所或房屋，他认为很不好，我们向他请求土地上的住宅而不是表示臣服。另一个曼达林说在 MDXX（1520）的时候，在商业岛上，佛郎机人扯破了他的帽子（carapuça）㉛，并殴打他，把他拘留，他是奉广东曼达林之命去登录关税的。对这些事，国王回答说："这些人不知我们的风俗，他们将逐渐知道。"他说到北京城内处理，不久他入城，同天生病；在那里三个月后去世，没有办什么事。国王做的这个回答，大人物很不满意。不久国王命令广东把葡人建的堡垒拆毁，及同样拆毁所

---

　㉗　参看英蒂诺对这一段的阐述："葡人吃烧烤的狗，实际上对中国人说并不构成大错。可能维埃拉信札的抄录者把'moços（少儿）'和'moças（少女）'一词改写为'cães（狗）'，看来指控葡人吃人肉之事未必真实。这个说法来源于葡人在中国购买儿童为奴的事实。"（《记录》，第9页，注17）张天泽对这一节有类似说明。（《中葡贸易》，第48页，注5）这一解释有巴洛斯的话为证："他们说我们偷偷购买儿童和体面人家的子女，炙而食之。"（《十卷书》Ⅲ，第6卷，第1章，第306页）——原注。

　　　明代史料有不少提及佛郎机人吃小儿的记载，和巴洛斯的记载相符，看来双方都记录了同一事实。葡人很野蛮，来中国前已到过非洲、印度和亚洲部分地区，大概知道蛮族的canibalismo（嗜吃人肉），在屯门等地或因缺乏肉食，购买中国的儿童为食，并非不可能。——译者注。

　㉘　原文作"por força（用武力）"。这一段的解释存在疑问。福开森读作"por fozça"，译为 by force（用武力）（《信札》，第58—59、105页等），英蒂诺读作"por forca"（《记录》，第9页）。据上下文应读作 pôr forca（立绞架）。参看注㉔。——原注。

　　　原注不妥，葡人实际是强行进入珠江，应读作 por força（用武力）。——译者注。

　㉙　福开森把"bombardas em somas"一词译作 bombards in quanẽities（大量的炮），看来是正确的，然而应注意这段另一种可能的译法：soma 也可以理解为"类似 junco 的船，它使用蓆帆，用于战争和贸易"。（莱陶和洛佩斯（H. Leitão & J. V. Lopes）：《词典》（Dicionário），第488页）克利斯多弗·维埃拉可能要说葡人乘这种装配炮的 somas 进入河内。——原注。

　㉚　马来人提到的石头，可能是葡萄牙人习惯在他们新发现的土地上竖立的石碑。福开森提出，这段话指的是佐治·欧维士（Jorge Alvares）在屯门立的石碑，在1513年（非如福开森说在1514年），英蒂诺追随这一说法。（《信札》，第106页，注36；《记录》，第10页，注18 等）然而，据上下文看，这是一般的说法。——原注。

　㉛　carapuça 为曼达林官阶的一种标记。参看盖略特·伯莱拉（Galiote Pereira）对此的记述："接受老爷之名和荣誉的方式，是给他一条十分宽大的腰带，彼此不同，及国王特赐的一顶圆帽。"（《报导》（Tratado），见《记录》，第106页）老爷（loutea）大致相当于曼达林。（参看《术语词典》，卷1，第518页及卷2，第20—22页）——原注。

　　　盖略特·伯莱拉的《中国报导》已由何高济译出，中华书局出版。——译者注。

有的居留处,不和任何国家进行贸易,已来到的命令返回。不久他们㉜启程去广东,把他们知道的,不管真假,都清除干净。广东的曼达林除了派出舰队,去抢劫,并以[他们的]欺骗,他们的武力,捕获了那些前来的人,劫掠他们之外,没有这样做。㉝

8. 我们一到广东就被带到布政使(pochacy)㉞前,他命令把我们押进几间狱房(troncos)㉟,在粮仓(alleoqoeins)㊱内;多默·皮列士不愿进入。同时狱吏(tronqueiros)㊲把我们在几间屋内关了33天。并从这里把多默·皮列士和6个人带到布政使的监狱,叫做图圄(libanco)㊳;又把我和4个人带到都司(tomeci)㊴的监狱,在那里我们被拘留10个月。所有财物都由多默·皮列士保管。他们把我们定为囚犯;我们在与犯人分开的地方受到很多监视。这期间他们命令把多默·皮列士及所有同伴带去[见]当时在那里的按察使(amelcace)㊵;同样把马来人叫去。称:国王命令吾人之主国王把夺来的马六甲土地归还给马来人。多默·皮列士回答说,他不是为此而来,他也不宜如此说,他不知道更多的事。他们询问在马六甲的

---

㉜ 英蒂诺在这里错误地把这句话的主语说成是葡萄牙人。(《记录》,第10页,注19)然而,事实上,赴广东的是调查团的曼达林们;福开森是如此翻译的。(《信札》,第106页)——原注。

㉝ 克利斯多弗·维埃拉在这里提到1521年迪奥戈·卡尔渥的舰队被中国人俘获之事,他不知道官方禁止与外人通商的禁令。(参看《记录》,第10页,注20)参看若望·德·巴洛斯所说:"这样,因中国的法令,在国王去世期间,外国人不得停留在境内,也不得在任何港口,违者死刑,消息传来,迪奥戈·德·卡尔渥及其随行必须离开那里,在他们进行防御前,他们不愿离开。"(《十卷书》Ⅲ,第6卷,第3章,第308页)——原注。

㉞ "ponchaci;puchanci(更正确);中国一省总司库的曼达林。来自中文布政使。克利斯多弗·维埃拉写作pochancy、pochency、pochacy、pochecy,等等。"(《术语词典》,卷Ⅱ,第220页)——原注。

㉟ tronco,即"监狱"。——原注。

㊱ alleogoeis,这肯定是抄录者之误;如福开森所提出(《信札》,第106页,注39),正确读法多半是"allmazens"(almazens,armazens)或"allogeacoes"(alojacoes)。——原注。
前者义为"仓库",后者为"留宿处"。或许指临时拘留所,非正式的监牢。——译者注。

㊲ tronqueiroa,即"狱吏,监牢看守人"。——原注。

㊳ libanco,来自中文 ling-yu(图圄),意为中国的"监狱或牢房"。(参看《术语词典》,卷1,第524页)——原注。
以"图圄"当 libanco,对音不合。此词或有误。——译者注。

㊴ tomeci,福开森考为 tung sze(通事)"翻译"。(《信札》,第52页)这没有意义。英蒂诺不同意,但未作其他解释。(《记录》,第11页,注24)这或许是克利斯多弗·维埃拉在40节中提到的中国官员 toci。参看注㊵和注㉙。——原注。

㊵ amelcace,抄录者对"anchaci"之误。anchaci,中文 an-cha-sz(按察使),是中国省的法官。(参看《术语词典》,第2版,卷Ⅰ,第50页)——原注。

· 48 ·

人,据知其中有300葡人,在交趾(Couchim)㊶稍多些。[多默·皮列士]回答说在马六甲,海上和陆上有4000武装人员,有时集合,有时分散;而在锡兰(Ceilão)㊷有无数多。在这审问中我们跪了4个钟头。结束苦难,命令各返原来的牢房。㊸

9. MDXX11(1522)年8月14日布政使(pochaci)㊹给多默·皮列士加手铐(cormas)㊺,给同伴加上手铐和脚镣,我们手腕给紧扣手铐,并且取走我们所有的财物。这样脖子系着铁链,把我们从城中带到㊻按察使(anchuci)㊼的房屋。在这里打开刑具,给我们脚上系上更结实的链,扣上手铐,脖子系上链,在那里㊽命令我们入这所监狱。

10. 安东尼奥·德·阿尔梅达(Antonio d'Almeida)在入狱时死去,因我们戴的刑具沉重,手臂肿胀㊾,足被紧系的链子弄伤㊿;决定再过两天杀我们。天黑前他们再把多默·皮列士带走,单独把他除去衣裤,在孩童的哄嘘中送到广州府(canchefu)(51)的监牢,去看取走我们的财物,那已登录下来,但他们登录10件,盗走300件,曼达林称礼物在此,这是强盗(52)。布政使,按察使(pochancy anchuci)(53)对一个

---

㊶ 此处提到印度西海岸的Cochin(柯钦),是没有意义的;应该是抄录者对"Cauchim"的误写,即"Cochinchina"(交趾支那),此名系葡人用来指一个与柬埔寨和中国接境的国家,包括越南和老挝本土内的部分地方,并在相应的沿海地带。(见维斯·德·拉果亚(Visc. de Lagoa):《词典》(*Glossario*),卷Ⅰ,第255页)——原注。

㊷ 可能仍为抄录者对"Cauchim"的误写。见前注。——原注。

㊸ 藏于国立档卷馆克利斯多弗·维埃拉原信残卷第一部分,从下一段开始。——原注。

㊹ pochaci,即puchanci;见注㉞。——原注。

㊺ cormas,即"手铐"。多默·皮利士及使团成员,在要求葡使写信把马六甲归还马来人并遭到拒绝后,情况更加恶化。(《记录》,第11页,注28)——原注。

㊻ 残卷作:"levarao - nos a Juntar na casa"("把我们汇集在房屋内")。——原注。

㊼ anchuci,即anchaci;见注㊵。——原注。

㊽ 残卷作:"[leva]rao toda a fazend e"("[取]走所有的财物及")。——原注。

㊾ 残卷作:"e"("和")。——原注。

㊿ rocadas,或为抄录者对"rocadas"("割掉")之误。——原注。

(51) 福开森明显地把"Kwang - chau - fu"相当于广东之中国名。(《信札》,第108页,注47)Canchefu,来源于kuan - cheu - fu,在中国是省府的接待所。(参看《术语词典》,第二版,卷Ⅰ,第253页)英蒂诺把canchefu解释为"广东省长官"。(《记录》,第11页,注30)其根据是阿马洛·伯来拉(Amaro Pereira)于1562年写的一封信,此人也是在中国的葡萄牙俘囚,他把Cancheutu说成"是该城及囚徒的法官"。(《中国记录》,见《记录》,第90页)——原注。

此处或指广州府之监狱,即广州知府之狱。——译者注。

(52) 福开森按稿本读作"laloes"。(《信札》,第60页)——原注。

(53) pochancy anchuci,即puchanci和anchaci。(见注㉞和㊵各自的说明)克利斯多弗可能只提这两个官员。——原注。

叫做察院(ceuhi)(54)的曼达林说因葡萄牙人进入海岛(Ilha)(55),所以捕获我们,我们前来窥伺土地,我们是强盗,马上要我们死。察院回答说:"你要结束对不管真假使臣的这些做法。马上给(56)他打开刑具。我要上奏国王;按他的意思处理。"就在下一天给我们打开刑具,若再过一天都得死,并把多默·皮列士押回这所监狱。

11.从我们那里取走的财物:20京塔大黄(57),1500或600华丽丝料,4000丝手绢制品,中国人称之为手帕(xopas)(58),南京产,及许多扇子(avanos)(59),还有三阿洛巴(60)麝香粉(61),3000及若干(62)麝香袋,4500两(63)银子,70或80两金子,还有其他银器及各种值钱的衣料(64),有葡萄牙的和中国的,佐治·波特略的木香(pucho)(65)、香料、安息香水(roçamolla)(66),龟壳,尚有胡椒和其他小玩意儿(67)。这些(东西)被当做强

---

(54) ceuhi或ceui,来自中文的sz(使),是拥有大权,每年巡视中国各省的皇家官员。(参看《术语词典》,第二版,卷Ⅰ,第312页)参看张天泽的说明,他把ceui考证为hsun-yueh(察院):"葡语正确的转写是Cenhi或Cenhi tuçi,来自Chun-yut和Chun-yut-to-si的广东语发音。其他所有的葡语形式ceuhi,cehi,cuhy,ecuhi,cheuhi,cuchi,都是因抄录者不识相应中国名字而产生的错讹。"(《中葡贸易》,第56页,注6)——原注。

(55) Ilha,即"Ilha da Veniaga",也就是"Tamão"("屯门");参看注⑤。——原注。

(56) 福开森读作"mandar-lhs"("命令他们")。(《信札》,第60页)——原注。

(57) ruybarbo。真正的大黄是出自中国,蓼科根茎植物Rheum Palmatum的根,作医药使用;参看加西亚·德·奥尔塔(Garcia de Orta)给我们留下的很少记述(《对话集》(*Coloquios*),卷Ⅱ,第275—279页),杜阿特·巴波萨(Duarte Barbosa)提到另一种产自波斯的大黄。(《巴波萨书》,卷Ⅰ,第93—94页,注3)——原注。

(58) xopa,中文shau-pá(手帕),是一种中国的"丝巾"。(参看《术语词典》,卷Ⅱ,第435页。naquim即"Nanquim"(南京))——原注。

(59) avanos,即"扇"。参看道加杜:"leque. abano.今天已查清这个词汇语源是地理名字——中文的Lieu Khieu(琉球),我们编年史家的Léquiòs即Ilhas Léquias(琉球群岛)——位于日本以南的一个群岛。最初称"abano léquio",但后来形容词成为名词。(《术语词典》,卷Ⅰ,第522页)——原注。

现代葡语中abano和leque的意思都为"扇"。——译者注。

(60) arobas,即"arrobas",古代称量,相当于大约15千克。——原注。

(61) almis quere,即"almiscar";一种芬香物质,用作香料,产自中国内地和西藏部分地区,一种反刍哺乳动物麝(Moechus moschi perchi ferus)腺端的分泌物,从那里输出,呈粉状或囊状。(参看孔德·德·费卡罗(Conde de Ficalho)对《对话集》的注释,卷Ⅰ,第169—170页)——原注。

(62) 残卷作:"mill e tresentos"(1300)。——原注。

(63) teaes,即"taéis"。tael是远东使用的一种重量和钱币,相当于一定的纯银重量,按地区有所差异;最通常的重量大约37个银克。这个词来自马来语tahil,中文的liang(两)。(参看《术语词典》,卷Ⅱ,第335页)——原注。

(64) 残卷作:"e"("和")。——原注。

(65) pucho,来自马来语puchug,是一种主要用于香料的芬芳植物的根,产自克什米尔(Caxemira)植物Saussurea lappa;我们的海员也称之为costa。(参看《对话集》,卷Ⅰ,第255、276页)——原注。

(66) roçamolla,即"roçamalha"(来自马来语rasamala)或"estoraque liquido"(安息香水),原产小亚细亚一种大树Liquidambar orientalis所制成的芬芳物质。(参看《对话集》,卷Ⅰ,第109和112—113页)——原注。

(67) 残卷作:"e cousas meudas"("小东西")。——原注。

盗的财物送往广州府（Canchefo）⑱的牙行；吾人之主国王赠送中国国王的礼物留在布政使的牙行。物品的内容、数量及种类，我记不清楚，但总数超过1500件，因为他们拿走登记簿及其他记录物品的纸张，还从箱中取出衣物，和财物混在一处。

12. 迪奥戈·卡尔渥（Diogo Calvo）船⑲上的人员如下：瓦斯科·卡尔渥，埃斯特弗·费尔南德斯（Estevão Fernandez）——书记，奥戈斯蒂诺·费尔南德斯（Agostinho Fernandez）——大副，西蒙·路易士（Simão Luis）——管事，若望·达朗克尔（João d'Alanquer），若望·费尔南德斯（João Fernandez），迪奥戈·达·依赖（Diogo da Ilha）——属于大副；及海员，安东尼奥·阿尔瓦列斯（Antonio Alvarez）和四个青年：若望·费尔南德斯（João Fernandez）——古吉拉特人（guzarate），伯多禄（Pedro）——大副的爪哇人（Jauo）⑳，加斯帕（Gaspar）——属于埃斯特弗·费尔南德斯，贡萨罗（Gonçalo）——属于瓦斯科·卡尔渥；因为他们在广东为人所知并称他们是从使团逃走的。其他人都被捕，投入这所监狱；㉑有的死于饥饿，有的被闷死。西蒙舌人（Simão Lingoa）和巴兰特（Balante）[及]阿里（Alli）被捕获。阿里死（morrenrão）㉒于此牢；给他头上一槌，这样把他打死。西蒙[和]巴拉兰特（Baralante），他们在（ertava[m]）广州府（chanchefu）㉓，死[于]屠杀，立即用绳子（cabas）㉔套在他们脖子上，死者700人㉕，这些是葡人。他们的财物和小炮

---

⑱ cancheufo，即"cancheufu"；参看注㊿。——原注。
⑲ 残卷作："da nao"（"从船上"）。——原注。
⑳ 残卷作："Jao"，这就是"javanês"（"爪哇人"）。——原注。
㉑ 国立档卷馆藏的残卷第一部分在这里结束。——原注。
㉒ 应读作"morreu"（"死"——葡语过去式单数第三人称），原文这一段和前一段都很混乱，以致意思不明。原文为："delles morrerão a fome delles afogados Simão Lingoa e balante alli forão pressos alli morrerão aqui nesta cadea derão lhe com hum maço na cabeça assi o matarão Simão baralante que estava no chãchefu morrerão açoutes trazendo ja cabas aos precoços"。——原注。
原信无标点，标点系原编者所加，中译文据此翻译。其中，alli morrerão，原注认为系指 alli（阿里）之死，但 morrerão 为葡语动词过去式第三人称复数，而"阿里"仅为一个，故复数应改为单数，"morreu"。——译者注。
㉓ Chanchefu，即：cancheufu；见注㊿。——原注。
㉔ cabas，福开森英译作"ropes"，即："cordas"（"绳"）。《信札》，第109页）英蒂诺在注中对这个词含义作出同样解释（《记录》，第13页，注45），抄录者对"cabos（绳索）"之误？或者为"cangas（枷）"？枷是东方，特别是中国使用的"刑罚板"；来自中文的 kang - kia（扛枷）"戴枷"。（参看《术语词典》，第二版，卷Ⅰ，第259—260页）——原注。
㉕ 按当时葡人对中国牢狱的报道，这里所说被处决葡人的数字过于夸大。参看克路士："在判决前因困乏而死的人，比后来被处死的要多，因为对判处死刑的人，处决是缓慢的。"（《中国志》，见《记录》，第222页）——原注。

(berços)⑯,全被劫走;至少瓦斯科·卡尔渥所有的器用等物都归国王,被北京来的 Conconcepaci⑰ 所盗,丝毫未留。

13. 北大年(Patane)⑱的伯托拉姆·索阿列斯(Bertholamen Soarez),暹罗(Syon)⑲的罗波·德·戈鄂斯(Lopo de Goez),西蒙·德·安德拉吉(Simão d'Andrade)的仆人文深特·阿尔瓦列斯(Vicente Alvarez)⑳,神父麦古朗(Merg ulhão),这些是在暹罗的,于 MDXX1(1521)年到来。同时迪奥戈·卡尔渥在商业港㉑,中国人的[那支]舰队袭击他们,因为暹罗的船只,今天来一艘,明天另一艘,都被捕获,他们受到欺骗,受到打击。被带到南头(Nantó)㉒,他们的奴仆和许多财物遭劫掠,而且他们负伤。麦古朗神父被打死。他们戴着手铐脚镣和刑具被押到广东的监狱;这里他们戴着木板被闷死,这是作为海盗而死的。他们想戴着这些刑具站起来,这是做不到的。这期间马丁·阿丰索(Martim Affonso)㉓到来。没有看见这些船运载的其他葡人,他们就这样都死了。

14. 商业港的五艘船是在 1521 年停泊:四艘是马六甲王的,一艘属于北大年王,即,一艘属于弗朗西斯科·罗德里格(Francisco Rodriguez),另一艘佐治·阿尔瓦列斯(Jorge Alvarez),及另两艘属于别的人。而迪奥戈·卡尔渥一离开,就被舰队的人抢劫光;这是当着迪奥戈·卡尔渥的面,大部分东西送往按察使(anchian-

---

⑯ berços,"一种有弹膛,发射三磅弹的小型炮"。(莱陶和洛佩斯:《词典》,第 93 页)——原注。

⑰ Conconcepaci,可能应按英蒂诺的读法 concepaci(《记录》,第 13 页),原写法为抄录者之误;但词典未收录这个词。也可能如福开森《信札》,第 52 页)所指出,此名为 conquão,省财政官之另一写法。据道加杜,这最后一词来源于中文 tsong-kuan(总管),"总管事"。(《术语词典》,第二版,卷Ⅰ,第 382 页)——原注。

⑱ Patane,马来西亚东岸的王国的港口,包括实际上的北大年地区。(参看维斯·德·拉果亚:《词典》,卷Ⅲ,第 36 页)——原注。

⑲ Syon,古暹罗王国,位于印度支那半岛,此名同样用来称阿瑜蒂亚(Aiutia)城。(参看维斯·德·拉果亚,《词典》,卷Ⅲ,第 158 和 180 页)——原注。

⑳ 若望·德·巴洛斯没有引用克利斯多弗·维埃拉信的这一段,把他叫做"Vasco Alvares"。(参看《十卷书》Ⅲ,第 6 卷,第 2 章,第 309 页)——原注。

㉑ porto de Mercadoes,即"Ilha da Veniaga";参看注⑤。

㉒ Nantó,应为广州湾内的中国港口 Nan-tóu(南头),屯门岛的前沿。(参看维斯·德·拉果亚:《词典》,卷Ⅱ,第 301 页)——原注。

㉓ 马丁·阿丰索·德·梅洛·科蒂诺(Martin Afonso de Melo Coutinho),为唐·曼内奥派"去建立与中国国王的友谊",在 1522 年 8 月抵达屯门。他没有完成使命,因为在中国海岸遇上极其敌视的气氛,据若望·德·巴洛斯说,他在那里仅停留 14 天。(《十卷书》Ⅲ,第 8 卷,第 5 章,第 426—429 页)——原注。

张维华(《明史欧洲四国传注释》,第 17 页)把 Martim 考证为《明实录》(世宗嘉靖二年三月)中的"米儿丁甫思多减儿"。——译者注。

ci)㉞和布政使(ampochi)㉟及队长和南头的备倭(pro)㊱；舰队的一部分，及大部分，归于国王。从这里取走和盗走许多[财物]，被国王当做强盗的财产。船只被再分配：弗朗西斯科·罗德里格的一艘[及属于]佐治·阿尔瓦列斯的一艘分配给占婆人(Capas)㊲，连同其中的东西；北大年国王的船，[一艘]给马来人，另一些给暹罗人；其他的我不知道㊳，都被宣布为强盗的财物。[因为]在这些船上有大量货物，曼达林命令不让葡人逃掉，以免有人[在这方面]谈到货物被盗。

15. 同年从北大年来了另几艘运载巴托罗姆·索阿列斯的船；从暹罗有另一艘罗波·德·戈鄂斯乘坐的船到来。这些葡人，如前所说，受到欺骗，被武力捕获，前往南头；而且得到虚假的消息，人们登陆，他们把我们逮捕，因为系零星到来，今天一艘，明天另一艘。最后，都成为俘因。不久在同样的船上割掉船长、大副、海员[及]商人的头，如已曾做的那样。余下的其他人投入牢狱，在其中死去，据说，有1500多人。除死于割头的外，这是一个大数字。为抢劫他们，设法把葡人引上岸。在广东的这些监狱里，有的窒息而死，很多人被打死和在监禁中死于饥饿。按这个登录的人数，总数在两千之间。逃脱的不超过60贱民(bargantes)㊳，获得释放，并且大约50名妇女和儿童中，后来有一半人死去；这些是暹罗来的。

16. 有个叫做查关台(Chǎocoantāo)的暹罗人，他的一个兄弟及另三个暹罗人在广场上被斩首，尸体给分成段，因为他们把葡人带到陆地来了。因采用伪报的做法，那些曼达林把大部分财物夺到手里，小部分归国王，他生气要把他们杀了。释放那些人的曼达林说，这些人是认识的人，要他们，暹罗人，状告夺取财物的曼达林们，这些曼达林行为不端，最好把底抖出来，否则没有人知道。有命令禁止外国

---

㉞ anchianci，即 anchaci；见注㊵。——原注。

㉟ ampochi，此词未能考证出来。或许为抄录者对 puchanci(布政使)之误写。(参看注㉞和㊱)——原注。

㊱ pro，读作 pio，沿海防御的军事指挥官。道加杜提出其语源为中文的 pi(备?)"队长"。(《术语词典》，卷Ⅱ，第215页)——原注。

据张天泽(《中葡贸易》)，pio 为中文"备倭"的对音，或即"备倭都指挥"。——译者注。

㊲ Capas，福开森认为这是抄录者对 "capados" 的误写；(《信札》，第110页，注62)英蒂诺同意这一说法。(《记录》，第13页，注51)然而，应认为这是 "champàs" 之误，即 Champá(占婆、占城)的居民，位于印度支那东南的古国，包括实际上越南部分地方。(参看维斯·德·拉果亚：《词典》，卷Ⅰ，第220页)——原注。

㊳ 原文中对船只的分配，产生一些混乱。可能其中两艘船是北大年国王的，另两艘是马六甲王的，一半由弗朗西斯科·罗德里格和佐治·阿尔瓦列斯武装，再有第五艘，其船主未提到。若望·德·巴洛斯说"抵达这里的两艘船，一艘属北大年，另一艘属暹罗，其中有我们的一些人，他们乘这些船去谋生"。(《十卷书》Ⅲ，第6卷，第2章，第308页)所谓的马六甲王，应理解为"马六甲的本达拉(bendara)"；马六甲的苏丹在1511年该城被葡萄牙人占领后已逃走。在征服前，本达拉是相当于首相的官职；葡人把这个名字用来指印度人团体的头目。(参看托马兹：《佛郎机人》，第216页，注8)马六甲的葡人经常和这个本达拉合伙武装的商业冒险。——原注。

㊴ bargantes，即"不知耻的人，卑贱的人"。——原注。

人进入中国,因此,这些财物及那五艘船,使曼达林非常富有,那些⑨盗窃者已很久不在广东了⑨;按他们的习惯,他们被委派到别的省。现在他们高升,成为国之大员⑨。

17. 公元 MDXXI(1521)⑨马丁·阿丰索·德·梅洛(Martin Affonso de Mello)率五艘船[和]舰,[及]马六甲的一艘船到来。船上的人员如下,即:属于迪奥戈·德·梅洛(Diogo de Mello)舰上的人,死于舰上的是:曼内奥·夏马荷(Manoel Chamarro),若望·科列斯玛(João Quoresma),瓦斯科·基尔(Vasco Gil),罗德里戈·阿尔瓦列士(Rodrigo Alvarez),若望·瓦兹(João Vaz),罗波·贡萨维斯(Lopo Gonçalves),若望·索阿列斯(João Soarez),伯多禄·崩诺(Pedro Bouno)⑨,阿尔瓦洛·伯迪冈(Alvaro Perdigão),曼内奥·阿尔瓦列斯(Manul Alvarez),若望·品脱(João Pinto),若望·卡拉斯科(João Carrasco),巴斯蒂昂·贡萨维斯(Bastião Gonçalvez)⑨,武装人员;一个牧师,若望·杜·伯拉勒(João do Peral)——大副,布拉斯·贡萨维斯(Brás Gonçalvez)——水手长,弗朗西斯科·皮列士(Francisco Pirez)⑨——海员,阿尔瓦罗·安涅斯(Alvaro Annes)⑨——炮手长,阿丰西·安涅斯(Affonse Annes)——炮手,若望·阿丰索(João Affonso)——锯工,这 60 人明显⑨死于舰上。迪奥戈·德·梅洛——船长,杜阿特·罗佩斯(Duarte Lopez),迪奥戈·卡来洛(Diogo Carreino),这几人受伤,被收容到船上,前往南头(Nanto)⑨,因为伤员和俘囚呼叫,就在同样的船上他们被砍头。杜阿特·伯斯塔纳(Duarte Pestana),理发师,伯纳迪托(Beradito)——海员们⑩,多明戈·基尔(Domingos Gil)——见习水手,罗克(Roque)——见习水手,伯多禄·杜·托扎尔(Pedro do

---

⑨ 读作"estes"("这些")。——原注。

⑨ 因使用了"há gran tempo"("很长时间")的词语,表示这些事自发生以来,已有若干年,而非三年,如科提松(A. Cortesão)所提出,按克利斯多弗·维埃拉和瓦斯科·卡尔渥信中所要求的日期,他肯定称两封信均写于 1524 年。(参看多默·皮列士:《东方志》,第43—46页)这段话是支持更晚日期的一个证据。若望·德·巴洛斯《十卷书》Ⅲ中的一段话,叙述 1521 年曾发生的事,明确提及两封信,好像实际上把它们的时间定于 1524 年:"据留给我们的两封信,从这两人——瓦斯科·卡尔渥,迪奥戈·卡尔渥的兄弟,及克利斯多弗·维埃拉——广州的俘囚,到这时有两三年。"(第 6 卷,第 2 章,第 310 页)——原注。

⑨ 下一段开始国立档卷馆的第二部分残卷。——原注。

⑨ 残卷为"1522",这是正确日期。——原注。

⑨ 残卷作:"Pedro Boino, Pedro Afonso, Manuel Alvarez"。——原注。

⑨ 残卷增加:"estes treze"("这十三")。——原注。

⑨ 残卷作:"Estevão Pirez"。——原注。

⑨ 残卷作:"Alvarez"。——原注。

⑨ 残卷作:"estes sete tambÉm"("这七个也"),看来这是正确读法。——原注。

⑨ 福开森读作"peravento",译为 forward,即"para avante"("向前")。《信札》,第 63 和 111 页)——原注。

⑩ 残卷作:"ho Rixo marinheiro, Benadeto marinheiro"。——原注。

Tojal)——见习水手,若望·贡萨维斯(João Gonçalvez)——炮手,约安涅(Joanne)——奴隶,这9个人被投入都司(toncency)[101]的监牢。伯多禄·安涅斯(Pedro Annes)——驾驶员,伯托拉姆·费尔南德斯(Bertholamu Fernandez)——石匠,若望·德·马托斯(João de Matos),阿丰索·麦底纳(Afonso Medina),约安涅——黑白混种人(maluco)[102],这些是见习水手,多明戈·费尔南德斯(Domingos Fernandez)[103],阿丰索·伯迪冈(Affonso Perdigão),阿丰索·费尔南德斯(Affonso Fernandez),佐治·季亚斯(Jorge Diaz)、费尔隆·李亚洛(Fernão Liãro)[104],武装人员,这些人来到这所按察使(anchuncy)[105]的监狱,我此刻在那里[106]。

18. 伯多禄·奥蒙(Pedro Homen)舰上的人,死于舰上的有:伯多禄·奥蒙,加斯帕·罗德里格(Gaspar Rodriguez),马丁·阿丰索(Martin Affonso)——管事,弗朗西斯科·德·安德拉吉(Francisco d'Andrade),迪奥戈·马挺斯(Diogo Martinz),安东尼奥·阿尔瓦列斯(Antonio Alvarez)[107],这6个是武装人员;潘塔利奥·季亚斯(Pantalião Diaz)——大副,若望·路易士(João Luis)——水手长,布拉斯·马挺斯(Bras Martinz),伯多禄·安涅斯(Pedro Annes),安东尼奥·埃斯特维(Antonio Estevez),这3个是海员,阿尔瓦洛(Alvaro),伯多禄(Pedro),约安涅(Joanne),曼内奥(Manoel),普列托(Preto),这5个是见习水手;路易士·皮列士(Luis Pirez)——木匠,及理发师瓦斯科·罗德里格(Vasco Rodriguez),佐治·季亚斯(Jorge Diaz)——桶匠[108];所有这16人死于舰上。若望·达·西维拉(João da Sylveira),多明戈·塞隆(Domingoz Serrão),马蒂诺(Martinho)[109],弗朗西斯科·杜·摩加都洛(Francisco do Mogadouro),弗朗西斯科·利贝洛(Francisco Ribeiro),麦加伦(Magalhães),佐治·罗德里格(Jorge Rodriguey),这6个被送往都司(tomecy)的监狱,及4个见习水手,即皮纳(Pina),弗朗西斯科(Francisco),曼内奥(Manoel)——马拉巴尔人(malavar),迪奥戈(Diog)——卡菲尔人(Cafre);还有安德烈·卡瓦略(Andre Carvalho)——驾驶员,安东尼奥·费尔南德斯(Antonio Fernandez)——海员,弗朗西斯科(Francisco)[及]安东尼奥(Antonio)——见习水手,及马丢斯·季亚斯(Matheus Diaz),弗朗西斯科·蒙特洛(Francisco Monteiro),阿丰

---

[101] 在残卷上,这肯定是抄录者对 tomeci 的一个误写;参看注㊴。——原注。
[102] 残卷作:"mulato"("黑白混血人")。——原注。
[103] 福开森漏掉了这两个名字:"Afomso Perdigão, Afonso Fernandez"。(《信札》,第63页)——原注。
[104] 或者是抄录者对"Liao"之误写。——原注。
[105] anchuncy,即 anchaci;见注㊵。——原注。
[106] 残卷作:"onde nós ora estamos"("我们现在所在之处")。——原注。
[107] 残卷还多一个名字:"Diogo Gonçalvez"。——原注。
[108] 读作"tanoeiro"("桶匠")。——原注。
[109] 残卷作:"marinheiro"("海员"),看来这是正确的。——原注。

索·马挺斯(Afonso Martinz),马科斯(Marcos),多默·费尔南德斯(Tome Fernandez)——瓦匠,西斯托·路易士(Sisto Luis)——炮手长,这10人送到这所监狱⑩。在这些舰上俘获的妇女,送往别的监狱并被卖掉。最后,[那些]在都司(tomaci)⑪监狱的人都死于饥饿和寒冷;死者外仅余下4名葡人和1个卡菲尔。我们所在的这座监狱,死者6人,留下18人,这样,这所监狱的人和都司(tomeci)⑫监狱的人相同。MDXX1J(1522)年圣·尼可老(S. Nicolão)⑬日,给他们戴上木板,宣判他们为强盗,予以处斩。判决称:"大盗派来的小海盗,伪装前来窥探我们的国土;作为强盗将他们斩首。"⑭按曼达林的情报向国王⑮作报告,国王在MDXX11J(1523)年9月23日⑯批准这一判决。这23人⑰,每人都被砍成⑱碎片,即、头、脚、臂及其私部放在嘴内,躯干被齐腰斩成两半。在广东的街道、城墙外、居民处、大道上,都有牲口拉来的死者尸体,让所有人,广东的以及境内的人都看到,让他们知道不要怕葡人⑲,以便百姓不谈及葡萄牙人。这样我们的舰被夺取,因为两位船长都未醒⑳,我们的舰这样都被攻占,被拘留,船员被杀死。而他们的头和私部,当着广州曼达林的面,放在葡萄牙人背上搬运,有敲打和欢呼声。在街上悬挂示众㉑,然后扔进粪堆。从此不再允许葡人,及其他国人入境。

19. 赴北京的马来人被遣返广东,在这里命令他们离开。并且来㉒叫[多默·皮列士]写一封致吾人之主国王的信,由他们携往马六甲,其内容是逐字逐句按曼达林用㉓中文写的信翻译,依据它再按这个内容写三封,一封送交吾人之主国王,

---

⑩ 残卷作:"vierão à cadea domde ora estamos"("来到我们现在的监狱")。——原注。

⑪ tomaci,即tomeci。见注㊴。——原注。

⑫ 残卷作:"Os que emtrarão nesta cadea falecerão seis ou sete asy aos desta cadea como a cadea do tomeci"("入这座监狱的人,像在tomeci监狱的一样,有六七个人死于狱内")。——原注。

⑬ 这就是12月6日。——原注。

⑭ 残卷作:"ladrões do mar piquenos que vēm pollo ladrão grande mandador espiar nossa terra para vyrem sobre ella. Cortem-lhes as cabeças, sejão escoartjados"("大盗派来的小海盗窥探我们的国土,以便征服它。割掉他们的头,他们消失了")。——原注。

⑮ 残卷增加:"dos navios"("来自这些舰只")。——原注。

⑯ 残卷作:"xxiiii dias"("24天")。——原注。

⑰ 残卷作:"xxiiii pessoas"("24人")。——原注。

⑱ 残卷增加:"sete"("七")。——原注。

⑲ 残卷作:"por saberem quam pouca conta faziao dosportugeses"("让他们知道葡萄牙人没有什么了不起")。——原注。

⑳ 残卷作:"sem se acordarem"("没有醒")。——原注。

㉑ 残卷作:"e vistas forão penduradas"("像被悬挂")。——原注。

㉒ 残卷作:"Veo despacho que lhe dese[a]Thome' Pires huma carta"("去送一封叫多默·皮列士写的信")。——原注。

㉓ 残卷增加:"letra"("信")。——原注。

一封给总督,另一封⑫给马六甲的船长。

20."Quenhici 和 Ohici⑫,曼达林们,听说佛郎机用武力已夺取马六甲⑫。他们致函中国国王报告它怎样被攻占和遭劫掠,很多人死亡。同时国王写信给广东的曼达林征求对此的意见。在这封信之后,马六甲王的另一封信,由遣往中国国王的使臣团·马合木(Tuão Mafame)⑫送达,其内容如下:'佛郎机人,大胆的强盗,率领很多人马到马六甲,攻占该地并进行破坏,杀了很多人并抢劫它,俘虏另一些人,而其他人都在佛郎机的统治下,因此马六甲的王伤心⑫,忧愁。他很恐惧地带着中国国王赐给的印信,逃往宾坦(Bentão)⑫,现仍在那里。同时我的兄弟和亲戚们逃往其他地方。在中国土地上葡萄牙王的使臣是假的,并非真的,他伪装前来中国的土地。为使⑬中国国王开恩,马六甲王怀着悲痛之心进献贡礼,要求帮助和人马,让他返回他的土地。'这封信送礼部(libo)⑬,此信的上报者。礼部称佛郎机国为海上到来的小邦;接着称此国是一个从未有该邦使臣到中国的国家。马六甲

⑫ 残卷增加:"outra"("另一个")。——原注。

⑫ 残卷作:"Quenhioci e Olyuci"。福开森把这两个名字考证为 Kwan－hea－sz e Wu－hea－sz(?)。(《信札》,第113页,注73)——原注。

据信中两个曼达林所述内容看,主要谈马六甲为葡人攻占及请求中国帮助复国之事,再经礼部复议,这两个曼达林或为邱道隆和何鳌,两人均为御史,所以 Quenhioci 及 Olyuci 或为邱御史及何御史,但不能肯定。福开森之 Kwan－hea－sz 及 Wu－hea－sz,不知何据。——译者注。

⑫ 残卷作:"que o poder del－rei dos framgis que tinha tomado Mallaca"("佛郎机国王的武力夺取马六甲")。——原注。

⑫ 残卷增加:"seu embaixador"("其使臣")。团·穆罕默德(Tuan Muhammed)是马六甲王派往中国的使者,请求皇帝协助他复国。若望·德·巴洛斯称他为"Tuão Muhammed"(《十卷书》Ⅲ,第6卷,第1章,第303页),而费尔隆·门德斯·品脱称之为"Trannocem Mudelliar",即"Tuan Hassan Mudeliar"。(《远游记》,第90章,第253页)Tuão 是马来西亚一种常用尊称的葡语译音,大致相当于葡语的"dom"。(参看《术语词典》,卷Ⅱ,第388页)——原注。

⑫ 残卷作:"muito triste"("十分悲伤")。——原注。

⑫ Bentão,即"Bintão";古王国,领地包括实际的 Bantang 省,在爪哇岛的最西端。(参看维斯·德·拉果亚:《词典》,卷Ⅰ,第114页)在城市被葡人占领后,马六甲王逃往彭亨(Pão),位于马来西亚半岛东岸的王国,今彭亨省的范围内。——原注。

⑬ 残卷作:"lhe"("他"——宾格)。——原注。

⑬ 克利斯多弗·维埃拉的 libo 大概指 lipu－shang－shu(礼部尚书),北京礼仪部门首脑。(参看博克舍:《南中国》,第309页,注5)道加杜把 lipu 考证为"中国管礼仪的部长,另外也负责与外国人交往的事"。(《术语词典》,卷Ⅰ,第529页)——原注。

国有中国的封(fom)⑬㉜和印信,是它的藩属⑬㉝。礼部把信札送交国王,称⑬㉞

21.'中国国王命令致函予广东的首脑,不得接受任何葡萄牙的使臣。葡萄牙国王的信被焚毁。其使臣及同伴已被询问如何攻占马六甲。不许他离开。命令写信给葡萄牙国王让他知道此事,并让他的曼达林很快知道,将马六甲归还所说的马六甲王。如果[通知]马六甲王要交还马六甲及[其]百姓,又如已将它与马六甲王,马六甲王已取得它,那么让使臣离开。如不将马六甲交与所说的国王,则有其他主意。'中国国王的这封信送达广东的都堂(tutāo)⑬㉟、总管(comgom)⑬㊱和总兵(chompim)⑬㊲,又命令告之察院(cenhi)、都司(tuci)⑬㊳、布政使和按察使,他们有印信,告之海道(haytāo)⑬㊴、备倭(pio)[及]告之其他的曼达林。他们召见马六甲王的使臣端·夏利(Tuāo Healie)⑭⓪,并且询问他。他对曼达林说,很多佛郎机人占领了他的国土马六甲,这是事实。曼达林们商量一阵,命葡王的使臣写一封真实的信,交给马六甲国土的使者端·阿勒曼西特(Tuāo Alemancet)⑭①,携往马六甲,从那里送与葡王,叫他归还他手里的土地和百姓,这是他夺取的;同样给团·马合木(Tuāo Mefamel)⑭②。于是命令葡萄牙使臣,像致函与马六甲王一样,通知中国国王将归还土地和百姓。而如葡王不将马六甲土地归还其王,[同时]不致函与中国表示归还,那么不许他的使臣离开,则将有其他主意。"在这所狱中,曼达林们命令把一封中文信译成葡文,再将它写成三封信,一封给吾人之主国王,另一封给总督,再一封给马六甲船长,并在MDXX1J(1522)年10月1日交与按察使。

---

⑬㉜ fom,来自中文的fung(封),"盖印",可以译为"表示藩属的正式证据"。(参看《信札》,第114页,注76)——原注。

⑬㉝ 残卷作:"e hé da sua obediéncia"("同时是他的臣属")。——原注。

⑬㉞ 残卷作:"e deu carta e despacho ao rey"("给信札并遣往国王")。原信第二部分残卷在这里终止。——原注。

⑬㉟ tutāo,来自中文tu-tung(都堂),是中国的总督即军事长官,相当于一省的最高官员。(参看《术语词典》,卷Ⅱ,第395页)博克舍称:"这是授予中央政府一位高官,临时为省的长官,他被派去某个地区处理紧急事务"。(《南中国》,第6页,注3)——原注。

⑬㊱ comgom,即conquão;见注⑦⑦。——原注。

⑬㊲ choupim,即chumpin,来自中文tsung-ping(总兵),中国军队的将军。(参看《术语词典》,第二版,卷Ⅰ,第355页)——原注。

⑬㊳ tuci,福开森把这个词考证为中文的sz(司)即too sze(都司),军队的将官。(《信札》,第52页)博克舍则考为tu-ssu(督师),省的军队指挥官名。(《南中国》,第12页,注2)——原注。

⑬㊴ haytāo,即aitāo,来自中文hai-tao(海道),是中国海军将领的名称,或海岸防守指挥官,他管辖海上的人及外国人。(参看《术语词典》,第2版,卷Ⅰ,第24页)——原注。

⑭⓪ Tuāo Healie,即"Tuāo Ali",是马六甲王所遣使团成员。——原注。

⑭① Tuāo Alemancet是马六甲王所遣使团另一成员。——原注。

⑭② Tuāo Mefamet,即"Tuāo Muhammed",是马六甲王所遣使臣,前已提及,见注⑬㉗。——原注。

22. 曼达林们命令马六甲使臣取那几封信,将它们携往马六甲;按他所带的信息,把他的国家交还。使臣不愿意,说在马六甲将因那几封信砍掉他的脑袋;如果允许,他愿买一艘小船,愿向他的半数百姓打听他的国王,因为不知道他在哪里,又因为在两艘船上被俘的妇女,1/10已死,其他的没有死;如果可能他可带去一封信。他获得允许乘一艘小船离开,同行有15名马来人及其他若干中国人,日期是XX11J(1523)年5月最后一天。他到达北大年。这里他接待了几个马来人和一个孟加拉的贱人(capado)。然后他把消息传给马六甲王,于9月5日回到广东。驾船的中国人都留在北大年,不愿返回中国。使者的信函尽量如下所说:

23. "马六甲王在宾坦,被佛郎机人包围,贫困,绝望,日夜盼望他的主子中国国王的救援,而如不予他救援,可下令叫他藩属诸王率人去援助,并叫供应使者食物,"及类似这样的事。这封信还说"所乘的那艘船在北大年,葡萄牙人听到它的消息,要去夺取它;他们在一次风暴中驶往海上,得以逃脱,再无货物和食物,因饥饿在海上濒于死亡"。他们携这封信到达广东。曼达林打发他们走;那两名使者,即团·马合木和火者亚三(Cojacão)[143]及其同伴,如要去宾坦,已备有船只,而如不愿去,则不再供应食物。他们说,他们不愿去,他们要自杀,干他们愿干之事,佛郎机人在那里已占领了一切,他们不可能去一个没有葡人占领的地方。舌人[144]再次对都堂(tutuão)[145]说,从北大年来的消息说当年有100艘葡萄牙船到来;为这番话赏他20鞭,因为大胆这样说。使者于1524年[146]离开。这里我听几个商人说,离开北大年海岸,在风暴中前往渤泥[147]诸岛,船破人被俘虏。不知是否属实。

---

[143] Cojação,即"Coja Hassan"(火者亚三),是马六甲王所遣的副使。Coja是回教徒中使用一种尊称的葡语形式。(见《术语词典》,第二版,卷Ⅰ,第371页)参看英蒂诺的解说:"1523年中国官员命令马六甲的这两个使臣(Tuan Mahammed 和 Cojação)返回他们的本国。起初两人拒绝离开中国的土地;后来Tuan Muhammed决定离开,Cojação留下来并被处死。Cojação,中国官员认为他是'假'使臣,而实际上他是该国的副使,在中国史书中他被当做是佛郎机的正使,代替多默·皮列士。原因可能是把马六甲王派遣的,与马六甲征服者葡人派遣的人弄混了。"(《记录》,第18页,注84)——原注。
按维埃拉下面所述,马六甲王的两名使者马合木和亚三均已离开中国,因此这个火者亚三和《明史》中记的佛郎机使者火者亚三不能为同一人。火者亚三是个常见的回教人名,至于明史中提到的在北京被处斩的火者亚三,一说他是葡使皮列士本人,一说他是使团通事。据《明史》、《名山藏》、《殊域周咨录》等记载,火者亚三"能通番汉","自言本华人,为番人所使",可断定他是通事而非葡使本人,明代史料在此误通事为使臣,使臣本人应如顾应祥所言,已押回广州。——译者注。

[144] linga,即"lingua","舌人"。——原注。

[145] tutuão,可能为抄写者对 tutão 的误写;见注[135]。——原注。

[146] 克利斯多弗·维埃拉在这里明确提到1524年;把这年发生的事说成是一桩往事,这可能作为该信写于更晚时间的证据;见注[91]。——原注。

[147] Bornéu。——原注。

24. 在迪奥戈·卡尔渥[148]船上有一个中国基督徒,叫做伯多禄(Pedro)及其妻。此人,当溃败之时,返回他的老家福永(Foym)[149],在这里藏起来。他有次得到曼达林的担保,说出葡萄牙人在马六甲[及]在交趾(Cochim)[150]的兵力,这些他都知道[151]。他知道制造火药[152]、大炮和大帆船。他称在马六甲有[153]300葡人,而在交趾[154](Cochim)一个都没有。同时他开始在广东制造[155]两艘大帆船;制成两艘。造完后,展示给大曼达林。发现船很倾斜,不能使用,浪费[156]大量木材;命令不再制造。用人力把这些船拉走,放在南头,抛弃了[157]。他们知道他懂得火药和大炮。命令把他送给国王;让他报告马六甲的消息;他得到荣誉[158],受赐一庇各(piquo)[159]的大米粮食。据称他在北京制造[160]大炮,因为国王在那里接连有战事。这可能如此,我也听见如是说,这个伯多禄在北京造大炮。据中国人的情报[161],葡人不算什么,据说[162]他们不善于陆战,如像鱼一样,离开水和海洋就很快死去。这个情报很使国王和大人物放心,他们得到的消息不同。由此他们得知多默·皮列士的情况,以及怎样

---

[148] 国立档卷馆所藏克利斯多弗·维埃拉原信第三部分残卷由此开始。——原注。

[149] 残卷作:"quando vio na ilha o desbarate veo-se pera Foym"("当在海岛遭到失败时,他前往 Foym")。Foym,即"Fuhiun"(福永),在伶仃湾西岸。(参看《信札》,第132页,注45)——原注。

此处称中国基督徒伯多禄知晓制造火药、炮及大帆船,当指《明实录》嘉靖十二年八月所记"广东巡检何儒常招降佛郎机国番人,因得其蜈蚣船铳等法"之事。《殊域周咨录》载:"有东莞[莞]县白沙巡检何儒,前因委抽分,曾到佛郎机船,见有中国人杨三、戴明寺,年久住在彼国,备知造船及铸制火药之法。"中国基督徒或即指杨三。前引《实录》称何儒常("常"字疑行)"以功升应天府上元县主簿,令于操江衙门监造",当指监造船只及火铳,但不明确,《殊域周知录》则仅提到制造火铳,而据维埃拉的记载,伯多禄确曾在广东制造两艘大帆船(galees),这是首次试图在中国制造欧洲式的船只,但未成功。——译者注。

[150] 读作"Cauchim"("交趾");见注[41]。

[151] 残卷作:"que elle o diria"("他谈到它")。——原注。

[152] 残卷增加:"e"("和")。——原注。

[153] 残卷作:"averya"。——原注。

[154] 读作"Cauchim";见注[41]。——原注。

[155] 残卷作:"Começou a fazer neste Cantão"("开始在这广东制造")。——原注。

[156] 残卷作:"grande custa"("大花费")。——原注。

[157] gelfa.直译为"acto de pastar";读作"ao abandono"("抛弃")。——原注。

[158] 残卷增加:"com orelhas"("有"耳朵");这个词可能指曼达林的"carapuça"。(参看注[31])——原注。

[159] piquo,来自马来语 pikul,是相当于100卡提(cates)即60千克的东方称量。(见《术语词典》,卷Ⅱ,第208页)——原注。

[160] 残卷作:"fazia"("做")。——原注。

[161] 残卷增加:"deste chim"("这个中国人的")。——原注。

[162] 残卷中,代替"por dizer que",读作:"e cuidão que"("留心")。——原注。

广州葡囚书简(1524?)

把他遣往广东。⑯

25. 随同多默·皮列士的⑯人:杜阿特·费尔南德斯(Duarte Fernandez),唐·菲利普(Dom Felipe)的奴仆,弗朗西斯科·德·布多亚(Francisco de Budoy),女领主的奴仆,及克利斯多弗·德·阿尔梅达(Cristovão d'Almeida),克利斯多弗·德·塔渥拉(Christovão de Ta'vora)的奴仆,伯洛·德·弗列塔斯(Pero de Freitas)和佐治·阿尔瓦列斯(Jorge Alvarez),我克利斯多弗·维埃拉,及12名男仆,5名

---

⑯ 国立档卷馆藏克利斯多弗·维埃拉原信残卷第三部分在此结束。在渥列茨希编《文献》中,在这里有一个极有趣的补充,谈到多默·皮列士在南京和中国皇帝的会见:"和多默·皮列士一起的人([Agen]mte)拒绝写,因为没有那么多时间写,每个人是[……]最后死在那里,从[de]七或八个在杭州(Hamchu)的葡人中,仅我和两个仆人留下来。多默·皮列士于1524年死在这里。现在这里我们是五个人,五个中国人。到达这个港口的佐治·阿尔瓦列斯,开始在该地做些事,没有做完,这使我设法去完成,我没有做到。我们在南京见到国王本人,他表现随便,违背该国的风俗习惯,按习惯国王从不离开他的宫室,中国一直是一个国王不违背风俗的国家,外国人看不见中国国王,如我所说我们看到他那样。他对我们表示恩宠,高兴看见我们,并且与多默·皮列士玩棋(távolas = tabulas,西洋跳棋),有时我们都在场。同时他命令我们参加所有大人物的宴会(banque[te]ar)。至今我们已这样三次见到。他进入我们乘坐的船(paros)。他命令取出所有箱子;穿上他认为好看的衣服。而且他恩赐多默·皮列士,叫我们去北京,把我们遣走。他叫供给我们中国最好的船只(paros)及[……]货物,如前所说,他是体面地打发我们。他到达北京,去世,听说如此。要谈整个路途上的事,会没完了。从南京到北京,有200里格路程,经河流越过所有土地,到达北京。内陆来的河流,用坝和浪潮积聚水,有桥将它包围,留下中间的渠道,它用阻截的梁关闭,以这种方式保存水;有绞盘把梁(即闸门——译者注)升起,以使船只逆如此凶猛的水力而行。看去有许多,因为这种桥有90座,视水的位置,有近(preto"黑",似应为perto"近"之讹——译者注)有远。每座桥有一位曼达林,及200人力拉拽那些船只。"(《文献》,第61页)——原注。

渥列茨希在里斯本国家档案馆发现的维埃拉信函残卷,是用毛笔在中国纸上写的,可证明它是这封信的原件,因为维埃拉被投入监狱,财物被没收,不可能用欧洲的纸笔撰写,而在狱中只可能得到中国毛笔和纸张。这是一个用中国纸笔,写欧洲文字的特殊例子,难度不小。本信一开始已谈到1520年5月大使团在南京与国王一起,表示使团成员已见到中国皇帝,这里又补充会见的情节。按《明史》本纪所载,武宗(正德帝)南巡,于十五年正月在南京,六月丁巳(一日),次牛首山,至八月丁酉(十二日)始离南京北返。维埃拉称(1520年)5月使团在南京与国王一起,大致相当于阴历十五年六月,正德仍在南京巡游,此时会见葡使,当有可能。而维埃拉所记会见情节,看似怪异,其实,了解这位正德帝之为人,就不足为奇了。当这位皇帝童年即位,刘瑾等太监已引导他游戏,陈洪谟《继世纪闻》记:"正德元年丙寅,上嗣位尚在童年,左右嬖幸内臣日导引以游戏之事,由是视朝寝迟,频幸各监局为乐,或单骑挟弓矢径出禁门,弹射鸟雀,或开张市肆,货卖物件,内侍献酒食,不择粗细俱纳。"李诩《戒庵漫笔》记武宗在南京,晚间临幸徐霖宅,"于是出酒命霖歌,帝亦自歌,群乐并不得和,从容欢燕,四鼓乃罢"。刘瑾被诛后,另一太监江彬得宠,正德下江南,江彬随侍,而且导引皇帝游戏。《明史》记佛郎机使火者亚三"因江彬侍帝左右,帝时学其语以为戏"。据《殊域周咨录》称:"有火者亚三,本华人也,从役彼国久,至南京,性颇黠慧,时武宗南巡,江彬用事,导亚三谒上,喜而留之",可证亚三系在南京见到武宗,作为佛郎机的通事说,这个亚三应和使臣一道会见皇帝,又为皇帝留用。可以确定,正德诏许葡人入京,出自好奇,在南京私自见到葡使及其随员,并且观赏使团携带的稀奇物品,乃至挑选和穿上欧洲的衣服以为乐。维埃拉说中国皇帝很随便,违背中国风俗出宫会见葡使,等等,符合正德帝的作风。因为不是正式接见,《明史》未作记载。此外,据维埃拉所述,葡使一行系乘船从运河到北京。——译者注。

⑯ 读作"que"(葡语关系代词)。——原注。

朱鲁巴萨(iurubaças)⑯;所有这些随从中仅余下我,克利斯多弗,忽鲁模斯的(d'Ormuz)波斯人(Perseo),[及]我的一个果阿(Goa)童子⑯。我们现今尚活着的人有:瓦斯科·卡尔渥,他的一个叫贡萨罗(Gonçalo)的童子[和]上述我们3个多默·皮列士的随从;这几人因系使团的人,得以不死,而他们和我们被囚于此。在这座监狱里,我们有13人;如上所说,死者是:杜阿特·费尔南德斯,当赴北京时病死在山上;弗朗西斯科·德·布多亚(Bedois)⑯,当从北京来时死于途中;还有3个或4个童子;在这所监狱,死于沉重刑具的,如上所述,是克利斯多弗·德·阿尔梅达⑯;同样佐治·阿尔瓦列斯,葡人们⑯,监狱的书记喝了酒,[用]鞭打他,6天中他死去。在北京的舌人们被捕并且死去,他们的奴仆被交给曼达林当奴隶,因为系叛徒(tredores)⑰;大朱鲁巴萨病死;4个在北京被斩首,因为他们出境,把葡人引入中国。伯洛·德·弗列塔斯,在这座监狱,及多默·皮列士在这里病死,多默·皮列士死于 MDXXII(1524),在5月⑰。因此[在]现存的随从中,这里仅有2

---

⑯ jurubaça,来自马来语 jurubahasa,是远东对译员的一种称呼。(参看《术语词典》,卷Ⅰ,第499页)——原注。

⑯ 克利斯多弗·维埃拉信函的巴黎抄本作:"de toda esta companhia não há mais que eu Cristóváo perseo d'Ormuz hun moço meu de Goa"。自本信最有争议的这一段话,科提松得出结论说,克利斯多弗·维埃拉是一个归化葡萄牙的忽鲁模斯的波斯人(参看多默·皮列士,《东方志》,第31页),阿尔布魁克(L Albuquerque)(《航海家》,卷Ⅱ,第32页)同意这一说法。然而,这段够含糊的话在这里可以如下读法:克利斯多弗·维埃拉提到的是他自己,及提到一个叫克利斯多弗的忽鲁模斯波斯人,再提到一个叫安东尼奥的果阿人;往下几行,这一假设看来可得到证实:"我们三个多默·皮列士的随从";再往后,克利斯多弗·维埃拉列举了九人中五个生存者:除他本人外,两个他的童子叫做克利斯多弗和安东尼奥,及瓦斯科·卡尔渥,还有一个叫贡萨罗的童子。结论看来是这样:克利斯多弗·维埃拉,本信的作者,是葡萄牙人,和"忽鲁模斯的波斯人克利斯多弗"是为他服役的一个童子。参看注⑳。——原注。

⑯ 前面写作:"Francisco de Budoya"。——原注。

⑯ 前面写作:"António de Almeida"。——原注。

⑯ 不知道为什么把这个词加在这里;或许不读作"portuquês"("葡萄牙人们")。这个佐治·阿尔瓦列斯,不应和克利斯多弗·维埃拉(第14节)提到的同名人,第一个在1513年到达中国的葡人弄混,若望·德·巴洛斯(《十卷书》Ⅲ,第6卷,第2章,第309页)称他于1521年因病死在屯门。参看瓦斯科·卡尔渥信,注49。——原注。

⑰ 读作:"traidores"("叛徒们")。——原注。

⑰ 多默·皮列士的死期,仍在讨论。克利斯多弗·维埃拉明确称这位大使于1524年5月死于广州监狱,在信中开列的余生者的数目中,没有把他包括在内。博克舍同意这一日期。(《南中国》,第XXI页)然而,费尔隆·门德斯·品脱,在他的《远游记》第91章,及在致乔万尼·马菲埃神父(Padre Giovanni Maffei)的"报导"中(卡茨:《信札》,第126页)说,多年后,他在中国内地遇到这个大使之女,叫做依涅斯·德·莱利亚(Inês de Leiria),她称多默·皮列士死于大约1540年。科提松采用费尔隆·门德斯·品脱的说法,最近阿尔布魁克(《航海家》,卷Ⅱ,第35页)也如是说。稿本上的日期的形式也可读作"MDXXVII"。——原注。

人,如上所述。[172]

26. 我们有的名字。多默·皮列士,"大船长"。当费尔隆·伯列士抵达中国时,称使臣[和]大船长到来;他们认为这是一个名字,称之为"使臣大船长"。不提使臣之名,说那是假的使团;现在我们证明是真的。曼达林们过去做错了,没有这种颜面开释我们。最后剩下"大船长";以为(cudão)[173]这是他的名字[174]。把我叫做"特利斯当·德·皮纳"(Tristão de Pina),因为这里有个当书记的特利斯当·德·皮纳;他被取走;我顶替他的位子和名字,因这已载于曼达林登录的簿册,所以这样称呼我。把瓦斯科·卡尔渥叫做"色拉蒙"(Cellamem);他的童子贡萨罗,称作"狗"(A Cão);克利斯多弗,"克利斯多弗";安东尼奥,"安东尼奥"。[175] 死去的人我没有记下来[176],所有的名字都给歪曲了,因为无法写,也没有中国人写的字,那是魔鬼的文字[177]。再者,不能清除,因为已散见于许多信函和许多案件,他们还制造其他的名字,看来其中是"随便这样那样采用的"。今年留在这个城市的舌人的妇女,及多默·皮列士的,被作为叛逆的财物出卖;这样分散到广东[178]。

27. 中国的土地[179]分为15省。近海的是:广东(Quantão)、福建(Foquiem)、浙江(Chequeam)、南京(Namquy)、山东(Xantão)、北京(Pequy);以下的,虽接触海,仍伸延至附近的[180]内陆:广西(Quancy)、河南(Honão)、贵州(Cuycheu)和四川

---

[172] 事实上,前面几行克利斯多弗·维埃拉写道:"如我所说,我们三个与多默·皮列士作伴的人。"——原注。

[173] 读作:"cuidam"("(复数)认为")。——原注。

[174] 负责翻译葡文正式信函的中国译员,把"capitão-mor"和多默·皮列士本名弄混了。中国文献肯定佛郎机"派遣使臣加必丹末"(《记录》,第20页,注97引句);加必丹末显然是"capitão-mor"的译音。——原注。
据克利斯多弗·维埃拉在此的说法,可以解释《明史》所记"遣使臣加必丹末"的原因。中国译员可能根本就没有译出大船长和使臣的本名,仅称船长和使臣到来。但《筹海图编》引顾应祥言:"其船主名加必丹",则是把"加必丹末"当成是船主的名字,较为正确。——译者注。

[175] 参看注[166]。和克利斯多弗·维埃拉一起的两个童子,无疑是忽鲁模斯波斯人克利斯多弗,及果阿印度人安东尼奥。——原注。

[176] 克利斯多弗·维埃拉没有提到"那些死去的人",然而,却说到多默·皮列士。因为他还活着吗? 更可能的是,提到使臣是出自尊敬的动机,也因对他名字的含糊译法感到好奇。——原注。

[177] 克利斯多弗·维埃拉指的是中国字。——原注。

[178] 这封信谈多默·皮列士使团遭遇的部分,在这里结束。往下开始详谈中国,克利斯多弗·维埃拉的报告,是马可·波罗时代以来,第一个由一个西方人撰写,送达欧洲,直接有关中国实情的见证。要指出的是,克利斯多弗·维埃拉是16世纪惟一访问过北京,同时写出他见闻的欧洲人(除开费尔隆·门德斯·品脱,他在其《远游记》第100到114章中称他曾长时间访问这座中国的大都城)。——原注。

[179] 国立档卷馆藏克利斯多弗·维埃拉原信残卷第四部分从这里开始。——原注。

[180] 读作:"ao redondo"("在四周")。——原注。

(Cheuem)⑱;陕西(Cheamcy)[和]山西(Sancy)与北京毗邻;这几⑱省在中央:江西(Queancy)、云南(Vinão)、河南(Honão)⑱。这15省中,南京(Nãoquim)[和]北京(Pequim)是全国的首府。对于⑱所有的省来说北京尤其重要,国王在那里⑱施政。南京(Nanquim)⑱在28度或29度;北京在38度或39度。[从]广东[到]福建的海岸是从东南往东北⑱方向,或多或少;从福建到北京,海岸一直从南往北;至于海岸,据说很整齐,有许多城镇和地方靠近海,有河流可通。这15省都归一个国王统治。大部分土地有河流,都流入⑱海。没有人从南到北航行;国王禁止,以免受到侵犯。我们所在之地都有河流。河里有舟和平底船(lados)⑱,多到无数。我自己肯定见到大大小小30000多艘;船吃水浅。有的河可航帆船,适用于(autos)⑲打仗用的扁平桨船。近海的地方没有木材,30里格处也没有,我说,从南到北的海岸;都是低地,所有物资靠河流输送;木材从陆地用木筏运来,[在]北京(Pequym)四周,100多里格处拖拽(sirga)⑲。因为国王驻跸的省没有木材,没有石头,没有砖,都要用大船从南京运来;如果南京及别的省不输运物资,北京不可能维持自己,因为人口无数多,土地因寒冷不产大米,物资缺乏。国王驻跸在他国内最末端的省,是因他在跟所谓的鞑子(Tazas)⑲人打仗,如果国王不在那里,他们将进入该

---

⑱ 残卷读作:"Tumchou",代替"Cheuem"。——原注。

⑱ 残卷读作:"tres"("三"),代替"estas"("这些")。——原注。

⑱ 有些地名,残卷写法不同:"Camtão, Foquem, Chequem, Namqim[……], Pequim。[……]Quamci, Honão, Ceucheu, Tumchou, Xamci, Sanci[……], Quamci, Vinam, Honão"。克利斯多弗·维埃拉开列的省名,可以明确地予以考证出来。明代中国,分为两个城区:北直隶和南直隶,作为都城名分别是北京和南京,13省是:广东、福建、浙江、山东、广西、江西、河南、贵州、四川、陕西、山西、湖广和云南。(参看博克舍:《南中国》,第 XVIII—XIX 页之间的地图)16 世纪的葡人,对这些省名拼写法有歧义,因为他们各自对同一地名得到的是口头情报,转写不同所致,这有时使得对它们的考证产生很大的问题。——原注。
维埃拉提到中国的省名,Cheuem,残卷作 Tumchou,疑为四川;另外,似缺 Hukuang(湖广),后一 Honão 或者为湖广之误。——译者注。

⑱ 残卷作:"E sobre"("同时对于")。——原注。

⑱ 残卷作:"domde está o rey d'asento per ordenança"("国王在那里发令")。——原注。

⑱ 残卷增加:"dizia Thome' Pirez que"("多默·皮列士说")。——原注。

⑱ 残卷读作:"em leste – ueste"("西—东")代替"nordeste – sudeste"。——原注。

⑱ 读作"descem"("下来")。——原注。

⑱ 残卷读作"ladas",代替"lados",应理解为"chatos"("扁平船")。——原注。

⑲ 福开森读作"antos"(《信札》,第68页),肯定是抄录者对"aptos"("适用的")之误。——原注。

⑲ ha sirga,即是:"用绳拉拽"。——原注。

⑲ Tazas,即"鞑靼人"。——原注。

国,因为连北京本身都受到这些鞑子的威胁,别的省[也一样]⑬。

28.[在]这交趾(Cauchim)⑭湾的土地上,离海南(Haynão)⑮15里格,在15或20里格内,出现一条山岭(sseria)⑯,叫做梅岭(Miuylem或Moulem)⑰山,向东伸延;止于福建;近浙江(Chiquião)⑱的福建尽头。这些山岭极高,没有树木⑲,光秃⑳和多岩石,这些㉑山岭把三个通海的省分[开]:广西(Cancy),[它]接㉒交趾(Cauchi)㉓的土地,及广东,然后福建;这三个省共有它。在别处,广东[和]福建靠海,直达该山岭。广西(Cancim)㉔位于广东和山岭之间,直到交趾;它没有到达交趾(Canchim)㉕的海。这条把12省中三省分开的山岭只有两条路可通,陡峭难行。一条在这个城市㉖之北;它供广西和广东,及福建部分地区使用。另一条则在福建之上,道路被许多碎石阻断,像人们去圣打·玛利亚·达·奔纳(Sancta Maria da Penna)㉗,从它的另一侧下去。在这些如此陡峭的高山岭㉘中,有小溪,流到山下形成河,自山岭奔流入海;同时来自广东的人,经过那里的途中经常用钩拖拽,有时经过浅水,其他的省份有的山岭也这样。

29.这广东一边的山下有一座城,另一边也有一座;山在中央。两城彼此相距有六七里格。当提[到]山岭时,其土地陡峭多石。景色壮观,因为12省的地方都

---

⑬ 当时中国面对鞑靼人在北部疆界的持久威胁。自1544年以来,鞑靼人在陕西和山西省边境进行一系列的进攻;1550年同样侵犯北京。曾在中国当过几年俘虏的盖略特·伯莱拉于1557年和1561年撰写的《记事》书里,提到这次事件:"至于鞑靼人,他们是白皮肤,大骑士和好射手。在北京那一边,[鞑靼地]和中国接境,并有些大山岭把两国分开,那里有一些山口,两侧均有军队和守卫。这些鞑靼人过去老跟中国交战,但迄至我们被俘的那一年(即1550年)还打了一次,而此前已有80多年的和平。"(见《记录》,第126页)——原注。

⑭ 见注㊶。——原注。

⑮ 海南是东京湾内中国的一个大岛,广东省的边境。——原注。

⑯ 读作:"serra"("山岭")。——原注。

⑰ 关于梅岭山,参看若望·德·巴洛斯:"那条叫做 Malenxão 的山岭,始自交趾湾,向东横过大片土地,止于福建省。(《十卷书》,Ⅲ,第6卷,第1章,第302页)——原注。

⑱ 残卷作:"Chequeam"("浙江")。——原注。

⑲ 残卷作:"Estas serras sam muy altas, sem àrvore nenhum"("这些山很高,没有一棵树")。——原注。

⑳ 残卷作:"Estão escalvadas"("是荒瘠的")。——原注。

㉑ 读作:"estas"("这些")。——原注。

㉒ 残卷作:"Quamci pega"("接广西")。——原注。

㉓ 残卷作:"Cauchim"("交趾"),这是正确的;见注㊶。——原注。

㉔ 残卷作:"Queanci"。——原注。

㉕ 残卷作:"Canchin"("交趾");这是正确的;见注㊶。——原注。

㉖ 残卷增加:"de Cantam"("广东的")。——原注。

㉗ 克利斯多弗·维埃拉指的是辛特拉(Sintra)山,肯定他去访问过,这有利于证明他的葡萄牙籍贯。见注⑯。——原注。

㉘ 残卷作:"serranias"("山脉")。——原注。

要经过这里,去广西(Quiancy)[209]和广东的人都通过它。骑骡子(mulatos)[210]和驴要一天时间走过这条路。这些山岭上的溪流,一条和另一条,奔向这些山足[211],在山的两侧汇集水量,开始形成河;有的地方[有]两拃深的水,船只要和卵石(calho)[212]摩擦,在山下[213]八到十里格,有许多这样的地方;而有的地方水深。从广东的这条山岭,来往的商货都经这条河[214]输运,来往的曼达林也都走这条河。在陆地上有急差的[215]道路,并有几条要横渡的河流。然而,很少走它[216],因为有强盗。走的都是水路,如我所说,陆路不安全。中国土地上所有地方和道路都有河,因为中国被河流分割,走两里格陆路,不可能不经过20条河。在全国都是这样,没有哪一个省没有河[217]。

30. 所有广东的平底船,载人和运货前往山区及这两省,即广东和广西(Queancy)[218]的其他地区,都在靠海的广东[219]城建造,在被甜水河及山头包围的一些地方,因为从广东到山岭没有一棵能造一艘船的树。在远离此处的广西(Canci)[220],制造一些大商船,然而不多[221]。船只都在广东境内,及东莞(Tanção)[222]一带制造。如果广东的船被摧毁,别的省不可能去援救,因为没有陆路可通。这样,谁要是占领了广东境,河流空荡,就控制一切,因为这个广东省最佳部分在海边[223],距内陆有12、15、20里格。它全被河流所分割,可乘各种船前去。这是世界上最容易征

---

[209] 残卷读作:"para Quamci",代替"a Quiancy"。——原注。

[210] 或者是抄录者对"mulas"("母骡")之误。——原注。

[211] 残卷读作:"cidades"("城"),代替"serras"("山岭")。——原注。

[212] 或为抄录者对"calhaus"("鹅卵石")之误。——原注。

[213] 残卷作:"vimte até trynta légoas de Cantão"("距离广东20里格到30里格")。——原注。

[214] 残卷作:"per este caminho e rio"("沿这条道和河")。——原注。

[215] 巴黎抄本读作:"em recados de h. sa"。福开森采取的读法是"enrocados de pedras"("石头布满")。(《信札》第121页,注2)英蒂诺(《记录》,第23页)追随这个读法。这里可以有另一种译法——"em recados de pressa",即,"por mensageiros rapidos"("由急差"),——据上下文看应如此。——原注。

[216] 残卷读作:"terra"("土地"),代替"elle"("他"),看来这是正确读法。——原注。

[217] 中国所有省份都有河。(参看《信札》,第122页,注3)——原注。

[218] 残卷作:"Quanci"。——原注。

[219] 残卷作:"toda se faz no termo da cidade de Cantam"("都在广东城境内制作")。——原注。

[220] 残卷作:"Quamci"。——原注。

[221] 残卷增加:"Destas não vêm muitas"("这些东西,没有很多运来")。——原注。

[222] 残卷作:"pos daredor de Tamson para o mar"。这里可能指东莞(Tung-kuan),在东江口。(参看《信札》,第122页,注5)——原注。

[223] 残卷作:"Asy que quem for senhor do termo de Cantam tem todos[……]todo jaz na mão,porque esta governança de Camtam tudo o milhor della hé uns ryos digo ryos nas fraldas do mar"("谁要是成为广东境内的主人,谁就有了一切[……]一切均在掌握中,因为这个广东省大部分有河流,我说在海滩的河流")。——原注。

服的东西[24]和土地[25],并且一切[26]都可在这广东境内实现。肯定这比印度省更光荣。往下应知道的事比能够写的更多。如果吾人之主国王欲得到所有的实情和消息,那么不用花很多时间[27]。

31. 这个广东省是中国较好的省,国王接受很多赋税,因为有无数的大米和粮食,同时全国的商品都来这里售卖,因为有海上停泊处和其他国家运到广东的商货;商货都输往中国内陆,征收许多关税,曼达林也得到大量的贿赂。这些商品[28],比起那些没有生意的省,尤其显得活跃。除广东外,中国没有别的省跟外国人有贸易;其他省份在境内只有很少的东西,因为外国人不能进入中国,中国人也不能到海外去。这种海上贸易使这个省[29]显得十分光彩,没有在农民中做生意,像在别的省那样。所以,全中国的中转站是广东。福建的贸易不多,外国人不去那里[30]。除广东外不能在别的省[31]做生意,因为在那里比别处更容易与外国人交易[32]。

32. 这个省有13城和7个镇(chenos)[33],后者是没有城名的大城。有100个带围墙的村[34],且不算另外带墙的地方。最好之处都在[35]沿海一带,直到海南,有河流,可以进[入]划桨的[36]船;而在靠海一带的人,在河流之间也能乘坐带桨的平底船。靠近河流的城和村,除非用拖拽,否则不能到达,按规则说,不能把它们作为根据地;因为[37]越顺从就越造不了反。如我所说,在太阳底下没有像这样易于征服

---

[24] 读作:"cousa"("事物")。——原注。

[25] 残卷增加:"ao serviço d'el-rey naso Senhor"("为吾人之主国王服务")。——原注。

[26] 残卷作:"todo esto"("所有这个")。——原注。

[27] 克利斯多弗·维埃拉信函的这一段,显然为出征中国辩解,葡俘相信,如果有一支远征军去征服广东,就可以把他们解救出狱。——原注。
葡使多默·皮列士在马六甲撰写的《东方志》中已称中国人软弱,征服中国是容易的。维埃拉在这里也在为占领广东以至进一步征服中国出谋划策。晚后在菲律宾的西班牙人发出类似叫嚣。这些正是欧洲列强在中国殖民,强占中国领土的先声。——译者注。

[28] 残卷作:"E os mercadores"("商人们")。——原注。

[29] 残卷作:"nobrecera muito esta cidade e governaça"("使这个城和政府显得高贵")。——原注。

[30] 残卷作:"não soam ha ir la estrangeiros"("外国人不去那里")。——原注。

[31] 残卷增加:"com estrangeiros"("和外国人")。——原注。

[32] "维埃拉写于1524年。广州港在1522年和1530年之间对外国人关闭。作者在这里提到,因曼达林及其他官吏的腐败而使得中葡贸易成为可能,广东省为这一禁止和外国人贸易的命令而受到很大损害,因为它的中等阶层完全靠这种贸易得到经济好处。"(《记录》,第24页,注124)——原注。

[33] cheno,来自中文的chén(镇),中国的商业城。(参看《术语词典》,第二版,卷Ⅰ,第341页)——原注。

[34] 残卷增加:"todas"("所有的")。——原注。

[35] 残卷作:"Todos os milhores jazem"("所有最好的位于")。——原注。

[36] 残卷作:"per ros que entrar cosa que se reme"("由可以进入桨船的河流")。——原注。

[37] 残卷作:"som quartro"("是四个")。——原注。

的地方,而且人数无穷。在所说靠近河的地方,有许多居民,而没有河的地方[208],不及 1/5 的居民。[有]各种技术行业的工人[209],即:木匠、船缝填塞工、铁匠、石匠、瓦匠、锯工、装仓工;最后,总的说(cima)[210]有为国王[211]使用和供应堡垒所必需的东西。同时每年可以由此抽走[212]四五千人而对该国没有任何损失[213]。

33. 这个中国的做法是,当官的人不能出自该[214]省,即,广东人不能在广东担任官职;并且进行交换[215],某些省的人管治另一些省;他不能在本土[216]当官。这是属于文人阶层;所有文人,当取得学位[217],从低职位开始,由此上升到更大的职位,不知道何时可获得升降;他们在此等待,有信札到来,不让他们知道哪怕从这里被调[到]300 里格远的地方。这些调动由北京[218]作出,全国都这样。因此中国官员不干实事,除盗窃外不为当地着想,因为他不是当地人并且不知道何时调往其他省。这样他和所管治的省没有关系,不效力[219],也不爱百姓;只掠夺,杀害,鞭打,对人民施暴[220]。百姓受这些曼达林的虐待超过受地狱魔鬼的。因此百姓不爱国王和曼达

---

[208] 残卷作:"Domde não há ryos"("没有河流之处")。——原注。

[209] 残卷作:"nem a comta desta sorte. Têm oficiaes de todos ofycios macânicos sem conta"("这种类无数多。有无数的各种匠人的行业")。——原注。

[210] 读作:"a suma"("总的")。——原注。

[211] 残卷增加:"noso senhor"("吾人之主")。——原注。

[212] 残卷作:"levar"("带去")。——原注。

[213] 渥列茨希在残卷的编辑中,这里加入第二个补充:"Esta empresa da china hé grande, que hum jmfante sera comtente. E poder-se[á] senhorear com pouca força, porque esta hé a terra das amazonas, que com os camtos das lamças abasta, que hé gemte catjva fraca; e cumpareos às amzonas, por respeito dos baius, que sam frandilhas de mulheres, que delles às amazonas em cavalaria há muito em deferença"("中国的这桩事业是巨大的,一个童子将满足。用很少兵力可以统治[它],因为这是亚玛逊的国土,足以统治四方,被囚的人们是软弱的;把他们和亚玛逊相比,就低贱(? baius)说,那是女人的裙子(? frandilhas = fraldilhas),他们和骑马的亚玛逊有很大的差异"。(《文献》,第 65 页)——原注。

残稿的这段话,有些字句不可解,但总的意思是明白的:中国人软弱,容易征服和统治。亚玛逊是希腊神话中的女战士,后用来比喻女儿国。维埃拉把中国比作女儿国,但人们还比不上女战士的勇敢。——译者注。

[214] 残卷增加:"mesma"("同样的")。——原注。

[215] 残卷作:"trescutados";或为抄录者对"trocados"之误。——原注。

[216] 残卷作:"na governança domde he naturall"("自然的治理")。——原注。

[217] 文人即曼达林的头衔,是在多年学习后,通过文试取得的,授予的标志,特征是——"老爷的标记是带耳状物的帽子(纱帽)、宽大腰带和伞"。(修士加斯帕·达·克路士:《记事》,收入《记录》,第 213 页)随后曼达林被授予许多种政府的官职。参看《记事》,第 16 和 17 章。——原注。

[218] 残卷作:"Estes manderis fazem em Peqim"("这些曼达林在北京做")。——原注。

[219] 残卷作:"prestamoas"("我们供给")。——原注。

[220] 稍晚些,其他葡萄牙观察者对中国的现实,持相反的意见,称在他们的本土,法官不可能如此完全公正地执法。参看盖略特·伯莱拉的报道,例如:"这些职位常常由这个或另一个担任,所以没有时间干坏事。"(见《记录》,第 111 页)他们肯定,作为一种比较,对葡萄牙司法制度的特点有意见。——原注。

林,每天都在叛乱,成为强盗;因百姓被掠夺,[并且]没有生计,无处觅食,必然当强盗。这些叛乱有上千次。在没有河流的地方,许多人造反;在河流之间的人可能被捕获,要平静些。所以,人人都思变,因为都准备摆脱奴役,比我说的情况还要坏[251]。

34. 绅士曼达林,尽管他们是曼达林,却不担任官职。这些人很多,他们是家乡的曼达林;被国王[252]封为家乡的曼达林,当期满时,他们为统治当地而斗争。这些人,跟任何其他百姓一样,因任何错误[253]立即受鞭笞和刑罚。同样,这些人名气增大,并按其声名得到供养。这些人因不做官,所以不离开他们的本乡。有时担任地方上的武装人员。总之,无论他们在何处,他们不管司法,除非在某些受他们管治的[254]百姓村镇。

35. 中国的武器是短铁兵器,[有]木柄[及]细绳饰带,这是军士的武器。曼达林按拥有的权力,有比这更好的武器。有杆制[的]矛子;铁器有钉和钩;木棍;头盔即佛朗德锡片(estanho de folha-de-frandes)[255]的盔,为安全之故。葡萄牙人到来之前没有大炮,只有类似蒙特摩尔(Montemoor)水缸的一种炮,像管乐器。人们除刀外不得佩戴武器,违[者]死刑。军士可以有武器,[但]不能在他的家乡拥有;在担任曼达林时,可以让他们使用;去职后,他们回归到曼达林的故乡,有[256]木弓[和]弩。

36. 中国的死刑。最残酷的是钉十字架;在这里把人割成3000片而人仍然活着,然后把他剖开,取出内脏,让刽子手去吃,把全部[257]切成碎片,扔给在那里为此准备的狗,交给狗吃,这是他们对强盗所施的极刑。其次是砍头,同时割掉私处,放进口内,把尸体分成七块。第三是从后脑把头砍掉。第四是闷死。那些犯小罪不至于死的人,永远在中国充军,儿子、孙子[和]重孙都如此,例如,在广东[258]的人,被发配到很遥远的别的省份,永不返回他的家园,在那里充[当]军士。这就是中国的军人。那些由此上升为[259]曼达林士绅的人,我在上面说的那些人[260],一万名,有

---

[251] 和16世纪其他访问过中国的许多葡萄牙人相反,克利斯多弗·维埃拉强调中国人民经受的奴役和专制。有可能他过的可怕监狱生活使他对中国现实的某些方面持否定态度。——原注。

明中叶后,吏治腐败,官吏欺压百姓,农民起义不断发生,所以维埃拉的报道是实际情况。——译者注。

[252] 残卷增加:"comem"("他们吃")。——原注。

[253] 残卷增加:"pouca"("一点")。——原注。

[254] 残卷读作:"em alguma"("在某个"),而不是"em lugares de"("代替")。——原注。

[255] 残卷增加:"e"("和")。——原注。

[256] 残卷增加:"mais"("更多")。——原注。

[257] 残卷作:"todo"("所有的")。——原注。

[258] 残卷作:"se hé de cantão"("如果在广东")。——原注。

[259] 残卷读作:"a"("到(前置词)"),代替"em"("在")。——原注。

[260] 残卷增加:"de"("的")。——原注。

的终身[201]被放逐,有的若干年[202]。被流放到他省的人,为曼达林做家务,扫地和运水,劈柴,及其他这类的劳动,替国王的工程干活及服别的劳役。刑罚是:有一种楦子(escospas)[203],加大高筒靴(borzeguins)[204],一个夹在脚趾中间,两个在外,用绳子紧勒足踝,并用槌子击打楦子;有时折断足踝,有时折断足胫骨,一两天就死去。同样类似的[205]有用木块加在手指和足趾上;这使人十分疼痛,没有危险。还有鞭杖足、屁股和腿肚子,及脚底,并打足踝[206];无数[208]的人死于这种鞭杖。所有人,大大小小,都挨刑罚[209];有很严格的律条。百姓受到伤害,但没有控告曼达林做的恶行(meão)[210]。鞭子是一支劈开的粗竹竿,干的,粗若指头,宽若一掌,放[在]水里浸泡,因为可以打得更凶。

37. 所有人都有土地。中国的土地都分成块,每块叫做耕地(quintei)[211]:播种四亚客列(alqueires)谷米[212]的土地。农夫必须[213]从他土地上交纳一定数量的谷米,不管下种与否,不管天气好坏。如气候不帮忙,他们就沦为贫困,卖儿女交纳;如果不足,就卖自己的[214]财物。每人都因为有这种土地,被迫[215]提供一些人为曼达林服役,或者每人交20克鲁喳多(cruzados)[216]。必须向曼达林的家提供桌、染料、椅、床、盆等种种器用,及其他小东西[217]。没有土地的人必须从若干人中[交]出一

---

[201] 残卷增加:"e"("和")。——原注。

[202] 这一段原文极混乱,或许应读作:"Daqui vão a servirem mandarins cavaleiras, destes que acima digo; de dez mil, uns degredados em vidas, outros por anos"("由此充当曼达林士绅,上面我说的这些人;一万人中,有的终生放逐,有的几年")。——原注。

[203] 残卷作:"emcospas",这是正确的读法。encóspias 是鞋匠用来加大鞋的工具。——原注。

[204] 残卷增加:"cana de"("筒")。borzequrns 是一种齐腿肚高的靴,有绳和扣。——原注。

[205] 残卷作:"Ho mesmo hou semelhante"("同样或者相似")。——原注。

[206] 残卷增加:"e"("和")。——原注。

[207] 残卷作:"Sâo tambem açoutados nas nadegas e curvas e parrigas das pernas, nas solas dos pes, pancadas muitas[……]artelhos"("同样鞭打臀部和腘部及腿肚,足底,打很多[……]踝")。——原注。

[208] 残卷作:"morrem muitos sem conta"("死了无数人")。——原注。

[209] 残卷作:"açoutados"("鞭打")。——原注。

[210] 读作"mau"。残卷作:"como ho manderim mao"("像坏的曼达林")。——原注。

[211] 残卷作:"chamão a cada parte quiten";来自中文"耕地"(keng-ti 或 kang-te),"开耕的土地"。(《信札》,第126页,注19)——原注。

[212] alqueire 是一种古代的容量,相当于13升至22升之间。——原注。

[213] 残卷作:"He obrigado"("被迫的")。——原注。

[214] 残卷作:"as mesmas"("同样的")。——原注。

[215] 残卷增加:"cada ano"("每年")。——原注。

[216] 残卷作:"vimte taes de prata"("20两银子")。参看注63。——原注。

[217] 残卷作:"aparelhados de mesas, tintas, penas, cadeiras"("配备有床、漆、笔、椅")。——原注。

人㉗,而如没有人,交金钱,再无人又无钱,他亲自去股役,伙食自费,并向他股役之人行贿。除这些赋役外还有如下义务。

38. [在]全中国,不管河流还是陆地,在大道上,一站到另一站,准备有馆舍,每座馆舍有它的曼达林书记,那里备妥米饭、肉食、鱼、鸡㉙,及其他种类食品和厨房用具,并有带厨房的舟船、桌、椅、床;也备有牲口,快速为曼达林和㉚其他走水路的人服务。这些人是,所有的曼达林和国王派遣的别的人,或者上任的曼达林,持有信札叫供给他若干东西:如走陆路,就供给马匹;如走海路,则供给舟船、床具,[已知]的㉛各种必需物品。这些馆宅供应这些人;路段上的人有义务在一定时期内提供这些,不管是哪一个。因这个缘故他们什么都要花费。而如果有人拒绝,他马上被逮捕并把他的东西给卖了,同时他死在监牢里。没有人拒绝曼达林的命令:他们头触地,脸贴地面,把曼达林当做另一种闪电㉜去听从。百姓因此变得贫穷。同样因某桩事他们马上受到鞭笞,被投入狱。最起码的处罚是交七京塔(quintaes)的大米,及为此交二三两半银子㉝;从这里交纳的有 500 和 1000 两(tates)㉞。由此我确实相信,从人们那里为国王征收的罚款,是大量的银子。在广东监狱里肯定一直有 4000 囚犯和许多妇女;而每一天都逮捕多,放得少,像牲口一样饿死在狱里。因此百姓憎恨曼达林,去㉟思变以求得㊱解放㊲。

39. 中国土地上[这]些被围起来的城、村和地方,墙垣都宽大,位于平地上㊳;墙没有基础,立在地面;正面朝外,部分在地面用石构筑,直至墙的中段,上面大多用砖(tifolo)㊴;有的墙全用石,我说,正面朝外,其内用土坯。门有大拱顶,并且是巨大的门;门上有木塔楼。制作土坯所取出泥土,使得那些地方和墙垣留下土堆和洞穴。我是在平原上看见这些。有墙垣的城、村和地方,再无堡垒。日出开门,日没闭门,钥匙交给对此负责的曼达林;到晚上关闭,直到早晨有 10 个,12 个人整晚看守各座门。一切都严加警戒;对当地人存有畏惧。房屋用木料修饰,建在木

---

㉗ 残卷作:"dar de certas pessoas huma"("给一些人一个")。——原注。

㉘ 残卷增加:"aves"("鸟")。——原注。

㉙ 残卷增加:"de"("从")。——原注。

㉚ 残卷作:"barca, carnes, tudo ho necessariò jse sabe as pessoas"("船,肉食,所有已知人们必需的东西")。——原注。

㉛ 残卷作:"Como outra arelampanda"。读作"如另一次闪电"。——原注。

㉜ 残卷作:"dous taes[…]meo"("二两[……]半")。——原注。

㉝ 残卷作:"taes"("两")。——原注。

㉞ 读作:"e"("和")。——原注。

㉟ 残卷增加:"alguma"("某个")。——原注。

㊱ 里斯本残卷第四部分止于此。——原注。

㊲ 读作:"chā"("平地")。——原注。

㊳ 读作:"tijolo"("砖")。——原注。

支架上；它们的墙壁很少用草席，大多用黏土坯，类似石灰，地面很少铺木板；总的说这些都是很不牢固的。一个家族大多住在一户内；都有一[个]名号，每一个家族有它共同的一族；然后有他们的名字，"密朗达"(Mirandas)或其他的姓氏；除这个名称外才有他们自己的名字；在这家族中，最年长的人[必须]知道人名以计算有多少人。没有曼达林的信札，任何人都不能离开他居住地20里格外；如发现无信札，将他当做强盗逮捕，因为各大路和地方都布满密探。凭这封信把事情办妥，这封信注明某人是谁及其年龄和一切情况，给予许可离开[20]。

40. 记这个广东城的官府。首先是广州府(Canchefu)[21]，它是该城的官府；这有12或13名曼达林和100名书记。所有曼达林都住在属于曼达林的府宅。布政使的官府有20名大大小小的曼达林，书手、听差(chimchaes)[22]、差使人及别的人；连书手一起一共超过200人。按察使的官府有大大小小相当数量的曼达林，书手，其他的人。都司(toci)的[23]官府有6或7个曼达林及许多书手。知府(cehi)[24]是管百姓、军士和盐务的官，有许多书手。同时察使(cuchi)[25]负责所有司法，是有许多书手的官员。都堂、总兵(choypi)[26]和总管(congom)[27]的官府有大的，也有小的，还有指挥使(tigos)[28]的。除此外，我没有指名的有15或20座官府。无疑的是这个城中广东的曼达林有超过七八千的侍仆，都由百姓支付所费。我没有提到其

---

[20] 或者应如福开森在其英译(《信札》，第129页)中所建议，读作"e tudo, que lhe dão licença"("而首先，给他许可")。明代中国，活动的自由极受限制；中国人被禁止到外国，不同地区之间的交往需要地方官员批准。克利斯多弗·维埃拉注意到在地方上相互间严密的警戒制度。——原注。

[21] 参看注[51]。——原注。

[22] 伯希和把chinchai考证为中文的听差(ting-chai)，一般对"服务员"的称号。(《著作》(Unouveage)，第64页)博克舍则把它考证为chin-chai(钦差)，看来这不适用于本文。(《南中国》，第157页)——原注。

[23] 道加杜："toci，中国的一种官员，或许来自中文tu-che(都司)，'副秘书'。"(《术语词典》，卷Ⅱ，第377页)参看注[13]。——原注。

[24] 即ceui，见注[54]。——原注。

[25] 福开森把这个名词考为cehi或ceui(《信札》，第47页)；张天泽也持此见(见注[54])。英蒂诺不同意："我们宁可把它当另一个职官，尽管没有能够从众多中国官员中予以辨明"。(《记录》，第28页，注142)从上下文看应以这后一解释为合理。克利斯多弗·维埃拉的叙述符合anchaci(按察使)，"省的法官"，而来信稍前已提及。——原注。

[26] 即chumpim，见注[137]。——原注。

[27] 即conguão，见注[77]。——原注。

[28] 据道加杜，tico是"中国军队的高级将官"，或来自中文ti-tu(提督)，"军队指挥"。(《术语词典》，卷Ⅱ，第372页)。——原注。

他戴耳状物㉙的曼达林的大府宅,他们不任官职,府宅的费用也由百姓支付。要提到的是,曼达林的这些府宅有土地和空地让他们各自盖一座楼;并饰有雕刻石头的角楼,作成一座新的巴比伦(Babilonià);我不谈房屋和街道,那里有无数雕刻的角石(quanto)㉚。说到木料,其[中]有座府宅用它盖成一座楼,有10个塔。所有这些府宅内部有结实的门形(teicães)㉛,所有府宅和普通房屋都有。这些府宅各有一块场地,以便修建漂亮的别墅。海道(aytão)的府宅也很大,[有]大而结实的门,壮丽。后面的墙立在地上㉜。在整个广东,曼达林要交替,每天要走一些,来一些,其方式是每三年都得离开,另一些进来。所以在这个城市,班子变更很多㉝。

41. 如我所说,在这广东省有很多石头,同样有很多扁长船,没有战争,一切和平,皇家帆船、扁平船和双桅船㉞的船身,都有活动架(posticas)和冲角(esporões)㉟,桅杆装配得像大帆船;如果每艘船都装有炮座(tilha)及其支架(liames)㊱,帆船、扁平船和双桅船都有,那么立刻可以抵抗交趾(Conchi)㊲。桨和桨手,同样无数多。这应该采取更好更新的;把另一些烧毁。皇家帆船[和]所有其他的桨船行驶缓慢,这些船比我们的吃水浅,可以在这些河里像我们的船那样使用;我不知道海上安全性如何。这里必须打基础,因为很有必要制造其他的船,如果安排妥当,这里一月可生产120支桨,因为工场和木材很多,大多付酬良好。这些船用处很多,因为所有的力量都在河里。

---

㉙ 这里肯定有抄录者的错误。福开森提出的读法"que são velhos"("他们是老人")(《信札》,第129页)或许可读作"manderins que teem orelhas"("戴耳状物的曼达林");orelhas 是曼达林官阶的标志。1554年匿名的一份报道谈到此事:"这些官员戴的帽,表示一种尊严,像我们的徽章或类似的东西,并且彼此形状不同,谁头上都不能不戴它。这些帽有两个附在两边的耳状物,用马鬃制成。"(《记录》,第75页。参看注㉛)。——原注。
这就是中国古代的纱帽,两边各有一只"耳朵"。——译者注。

㉚ 读作:"canto",即"有装饰的石头"。——原注。

㉛ 福开森提议作"trações"("外形")(《信札》,第130页),英蒂诺同(《记录》,第28页,注145)看来应读为"feições"("外貌")。——原注。

㉜ 这一段极难翻译,肯定有抄录者的错误。福开森译作:"在枢纽(hinges)的墙立在地面。"(《信札》,第130页)或许可以读作:"E há pedra aos calços no chão de todas as de Cantão"("广东所有垫在地上的石头")。——原注。

㉝ 读作:"mudadas"("改变的")。中国的职官三年一任。如克利斯多弗·维埃拉看到许多官员班子的改变,那可能他的信实际写于1534年。——原注。

㉞ fusta 是一种长、宽,吃水浅的船,大小不等,用桨和帆推进;bergantin 类似一种帆船,但要小得多。(参看莱陶和洛佩斯:《词典》)——原注。

㉟ posticas 是用来支撑桨的可移开的部件;esporão 是一种木尖桩,安在船首,用来使敌船受创。(参看莱陶和洛佩斯:《词典》)——原注。

㊱ tilha 是一艘帆船上安置大炮的台,它用一种木结构支持,即liames。(参看莱陶和洛佩斯:《词典》)——原注。

㊲ 即"Cauchim"。——原注。

42. 这个中国的土地是广大的,它的商品有的在某些省,有的在另一[些]。广东产铁,据我得到的消息(308),在全中国土地上都没有;从这里运往山岭另一侧的内地,但大多在这广东城的境界内。用铁制成锅、钉、中国人的兵器及其他铁器。也有绳具、亚麻和丝、棉布。为了做买卖,货物都留在这里,因为这是外国人停泊的港口,以便在广东作各省的商品交易,并且从广东运往内地,这里的人比其他省人要富足。发生这次战争前,留在广东的商品[应当得到]保管,直到事情过去。内地有很多,消(309)耗不尽,因为商品合葡萄牙人的胃口,我指的是,丝绸和瓷器。

43. 这个地方没有生意就不能维持。现在这里已无商品,既无运去的商品也没有作为合伙的商人,1/5 都没有,因为葡萄牙人的关系,一切都破坏了。[在]这个城市,因没有外国人,所以没有其他省的商货,现今已贫困。没有外来的东西就不能做好生意,如大家所知,外国人到来,才有交易可做。我每天注意到广东省使内地受到同样的损失,因为这一次恐惧(theor)(310),大家受害。如果事情要用这种或另一种方式得到处理,那么国家就进行生意买卖;而如果不做,我不相信(querer)(311)国家[会]有大量赋入的事。全国都为此获利。外国人运去的货物,在国内很需要,大部分有它们的出路;有很多好商品。内地有许多种丝料,仍未运到广东,因为担心不为人所识;因国王的禁令,除普通货外,即使高价也不把好商品售予外国人。也有许多大黄(312)。不谈这些,让我谈更明显的事(313)。

44. 在广东,没有像过去一样制造船舰。有些中国人乘船造反已有 16 年。他们成为强盗,广东武装对付他们;广东的人被击败。广东的曼达林和他们达成协议,赦免他们,给他们土地谋生,条件是当别的强盗在海上起事,他们要去跟这些人打仗,抢到东西归他们,保管的妇女和财物归皇帝。给这些强盗的驻地,有的在南头,有的在福永(314),有的在龙穴(Aynameha)(315)及其他从南头到广东的驻地。这些人都有船,如我所说广东的船都是这些强盗的。在/521/年因俘获岛上(316)的船,他

---

(308) 福开森称中国许多省都盛产铁。(见《信札》,第 130 页,注 43)——原注。

(309) 读作:"gastar"("消费")。——原注。

(310) 读作:"temor"("害怕")。——原注。

(311) 读作:"crer"("相信")。——原注。

(312) 见注(57)。——原注。

(313) "维埃拉显得完全知道,因对外国人关闭港口所产生的广州地区的经济问题。"(《记录》,第 30 页,注 138)——原注。

(314) 即"Fuhinm(福永)",见注(149)。

(315) 应为珠江口近虎门的"Anung-hoi"(龙穴?)。(卡默尔:《发现》,第 57、67 页)——原注。

(316) 克利斯多弗·维埃拉指的是中国人俘获 1521 年抵达中国海岸迪奥戈·卡尔渥的舰队。见注㉝。——原注。

们变得富有,还有俘获暹罗和北大年的船,/522/[317]年因战胜那两艘船,他们十分骄狂,以为他们已没有不可战胜的对手。所以在/523/年他们装备了100艘船,等待着葡萄牙人;一半在南头,另一半在海上诸岛之间等候着。8月末,发生一场暴风雨,持续一天一夜,摧毁所有在海上的船,一艘也没有逃掉。另一半,在南头前的,沉没河里;在龙穴[318]的获救,泊于安全港口;所有驶往海上的,完全损失。他们没有更多的船,也没有力量让这些人去[获得],他们一艘都没有,而那些他们用武力夺取的,他们不付钱。在/524/年他们装备一支用武力得来的盐船舰队。迄[至]/528/年他们准备舰队[319];船只减少,直到放弃制造。在龙穴逃掉的船只没有剩下来,都被后来在海上造反的强盗击败,那些现今住在给予他们土地上的人则是安全的,现在,他们有七八艘船,除了活着的人[320]有船外,没有别的船。不造舰也没有船,他们不愿生产。在广东城墙内现在已无军力。

45. 中国装备的这支舰队,等候我们的,其中没有中国派遣的军士,都是这些村镇的人,及用武力夺来的船只,而这些人是软弱的和不足道的,大多是小伙子;然而他们每个都胜似四个军士。要说到这些中国的军人,那简直可笑[321]。这支遣往南头的舰队,有几名船长,好像他们能像/522/年一样打败葡人。这些人尝到葡萄牙武器滋味,他们很快成为葡人一伙,因为他们大多是年轻(bonaboya)人,在当地没有多少根,或者根本没有。广东的这些人,和内地勇敢的人相比,是很软弱的。如我所说在这广东界线、省界内,为河流所分开,他们很快造反。他们攻击村镇,杀了很多人,每天在许多地方如此做,但不能给他们造成伤害。于是调来广东西面广西省的人。这些人叫做狼人(langas),即狼家(langueãs)[322];这些人很有些特点,然而一切都是一阵风。中国人说,葡人到来,他们便去召许多这些人,但不走水路不能到达。来了十万人,毫无用场,犹如河流对他们通畅,对我们的炮舰也通畅,看来不过是十里格的距离。广东的这些中国人,当他们和造反的人交战时,杀不了强盗;他们攻击强盗的家园,在其中杀了无数的人,取走他们的头[并且]俘获了其他许多人;称他们是强盗,为了不留下证据,用残酷手段把他们都杀死。每天都干这种事。百姓如此之顺从和害怕,以致不敢说话。全中国都这样,比我所说

[317] 1522年在广东沿海另两艘葡船被俘。见注⑧。——原注。
[318] 见注[315]。——原注。
[319] 据科提松提出广州葡俘信札的日期,这个日子是抄录者对"523"之误,显然,这个日子是正确的,因此可作为克利斯多弗·维埃拉和瓦斯科·卡尔渥两信撰于晚些时候的证据。——原注。
[320] 读作:"se ainda estão vivos"("现仍活着")。——原注。
[321] 16世纪葡人的消息常称中国人在军事领域内的软弱无能。多默·皮列士是头一个在他的《东方志》中这样宣称的:"人民软弱不足道。"(第253页)——原注。
[322] 说的是广东官员为应付军事急需所组织的特殊部队。Langas 是 Lang-ren"狼人"的转写,在广西省,Langueâs 相当于 Lang-kia"狼家"。(见《记录》,第31页,注152)——原注。

的还要坏,所以人民都想造反,希望这些在广东的葡萄牙人到来。

46. 海南岛有一座城市㉓,14 个村。它和中国的土地相望,有良港,缺木材㉔,因此没有船。当交趾(Luchim)㉕有人乘船造反[并]到这些地方进行攻击㉖,人们向广东求援。它是很弱的地方。从海南到广东方向中国的土地,沿海,是㉗四个城市[和]许多滨海的村庄,有河流可通。其中一些可进入船舰;所有河流都通行大桨船。所有时候均可航行。沿这条海岸线有许多四面通风的清凉海岛。这是该省主要的部分,并且具有该省 2/3 的土地,直到广东。在东莞(Tomquo)㉘,整个俯首屈服并被攻占。这个海南有许多劣马(sendeyros)㉙。有椰子和槟榔㉚,中国(其他)土地上却没有;人们到广东去做这种槟榔和椰子的生意。同样产许多种珍珠㉛,在中国(其他)土地上不产。如我所说有劣马(sindeyros),中国人称之为马(cavallos);这种马被输往该省,在这儿用贱价可购买许多。

47. 这个广东有 200 匹这种马。不能坐轿(andor)㉜的小曼达林乘马。同样,打仗的曼达林,一人有一匹。这种劣马是小马,溜花马。在葡人手里它们可能得到利用,装配短马镫㉝和马刺。这些中国人有马鞭而无辔头。广东有 20 或 30 多鞍具工场。很多制造马镫的人,其人数无穷。每个人,当他一天挣一个来依(reis)吃饭时,就赞美上帝;中国工场的人都这样。如我所说,同样,这些人和海南的人能够利用土地。每匹这种马值三到十两银子。没有戴耳状物的人,我说,不能骑马在城里走动㉞。

---

㉓ 据福开森作"Kiungchau‑fu"("琼州府")。(《信札》,第 134 页,注 51)——原注。

㉔ 据福开森,木材在海南岛内地许多地方盛产。(《信札》,第 134 页,注 54)——原注。

㉕ 福开森断定系抄录者对"Cuchim"即"Cauchim 之误"。(《信札》,第 134 页,注 55)——原注。

㉖ 读作:"assaltos"("袭击")。——原注。

㉗ 读作:"ha"("有")。——原注。

㉘ 福开森断定这指的是东莞,16 世纪葡萄牙史料中的 Tancoão,位于东江口的城市,距广州不很远。(《信札》,第 134 页,注 57)然而,原文的这段话如读作:"entrando Cantão no tomq tudo isto he rendido",那么可以译为:"entrando Cantão. Notom[i. e., notem]que tudo isto he rendido"("进入广东。Notom[即他们发现]一切都被征服")。——原注。

㉙ 一头 sendeiro 是老而劣的马或驴。——原注。

㉚ areca,来自马拉亚拉(malaiala,印度西南海岸马拉巴尔语)的 adekka 或 adakka,是槟榔树的果实,印度的一种棕榈树。——原注。

㉛ aljofar,来自阿拉伯语 al-jauhar,是一种很小珍珠的名称。——原注。

㉜ 即"liteira"("驮轿")。——原注。

㉝ 骑士的短镫骑法。——原注。

㉞ 这一段,因抄录者的大意,原文有些混乱,词句不明确。或者可作如下读:"Nenhuma pessoa, como não tem orelhas, mão pode ander eno cavalo, digo, pela cidade."("若没有耳状物,我说任何人不得在城内骑马。")要知道,"耳状物"是曼达林地位的标志。见注㉙。——原注。

48. 都堂、总兵[335][和]总管[336]是这广东省和广西当官的三个人；这几人是最大的。他们住在一座叫梧州(Vcheu)[337]的城里，该城位于这两省的边境，这个城隶属广西(Quenci)[338]。他们在这里驻留很长时间，因为那里有战事，并在那里管治两省。有时他们去广东两三个月，有时这个去，有时另一个去。有的两年多也不来这个省。[在]这广西(Quency)[339]，大部分地区常有叛乱，无法估计。也就是他们大多数时间在那里的原因。该城在广东之西，水路有30里格远，因为没有陆路，该地区都被河流分割。尽快赶路去那里要五天时间，有许多人拉纤，而日夜兼行三天可到。河水从那里流向广东。这条道上，河岸上有一座叫做肇庆府(Cheuquym fu)[340]的大城。这条河航行各种桨船。这条路上有无数的村镇。如广东发生战事，这些地方将动摇，使人们惊恐。我担保，要是我们的舰队航行在河上[341]，谁都来不了，想用武力来的人，不得不在这座城前下船，在这末尾的村子或在沿此河北上半里格被抓获。总之，没有人能够到来而不被逮住的，一般说只在白天而不在夜晚航行，因为河流有些地方低洼，有些地方有石头。而如有人来，都落入掌握之中，即使如所说派遣的有 banquas[342] 人。

49. 在上述几人之后，广东的曼达林是：察院、布政使和按察使及都司，他们称作 Camcy，他们是这个城市的官员。察院每年到来。此人不怕任何人，大家都怕他。他来处理案件，考察哪个曼达林做坏事。如果发现犯错的是小曼达林，他马上除掉他的耳状物[343][并]把有关情况上报国王；如果是大曼达林，他把其罪过上报国王，[并且]从那里命令不再让他当曼达林，因为国王完全信任这个人。同样如此对待都堂和总管。总兵不写文书[344]，他负责军事。都堂管治一切。如果要写什么信，就写给察院(ecuhi)[345]，因为他每年到来，不知道葡萄牙人遭到抢劫的事。这些[346]人除提意见外不能像他那样做，同样按工作给予报酬。此人处理一切，不理会

---

[335] compim 是省的军事将官；这个词可能来自中文 Kung-ping（公平）"正当，公道"。（《术语词典》，第2版，卷 I，第378页）——原注。

compin 当然是"总兵"，前面已有不同但类似的写法。这个词和"公平"没有关系。——译者注。

[336] comquó，即 conquão，见注[77]。——原注。

[337] 即 Wuchou-fu(梧州府)，广西省一个人口众多的城市。（《南中国》，第35页，注4）——原注。

[338][339] 也叫做 Canci，即"Kuangsi(广西)"。——原注。

[340] 即"Shauking-fu(肇庆府)"。（《信札》，第135页，注64）——原注。

[341] 从这里开始，克利斯多弗·维埃拉出谋叫葡人进攻和征服中国。——原注。

[342] 可能是抄录者对 Languãs 之误。福开森在他的译文中这样理解。（《信札》，第136页）见注[322]。——原注。

[343] 见注[54]和注[29]。——原注。

[344] 即 compim，见注[335]。——原注。

[345] 抄录者对 ceuhi 之误，即 ceui。——原注。

[346] 即"另外的人"。——原注。

都堂及任何曼达林。

50. 马丁·阿丰索·德·梅洛在522[347]年到来。他顺利进入港口。因为他的进入，[及]有人在那里为炮所杀，所以消息传到广东。这样据说他写了一封信，据称写得好。头年曾劫掠财物的曼达林们对他的到来感到恼怒。他们开始捣乱：询问察院的意见可否进行贸易。察院说可以像以前一样做生意。他们回答说不，他们害怕做这种生意往后将受到损害，就此制止。察院没有作答。他们不满意。这两人再询问负责海事和外国人的海道（oytāo）[348]。他的回答相同。这两个询问的曼达林，一个是布政使（chancy）[349]，另一个是按察使，他们是广东的大官。他们命令海道去跟葡萄牙人打仗。这位海道是新上任的，不知道过去的事。他说他不能，称病不起。他们再命令指挥使（tiquos）[350]，海道之下负责外国人事务的官员去。我不知道他做了什么。这两个曼达林，即布政使和按察使，据说收买南头的备倭[和]舰队的百户（Pachain）[351]，叫他们设法去夺取某些舰只，破坏和平；这些，秘密进行。不幸的是，因船长们没有留意中国人，没有装满大炮也没作准备，每个船长都在他的船尾射击，而迪奥戈·德·梅洛首先被石头击伤，昏过去，据说人们都为躲避（amor）[352]石头藏到舰塔之下，这样就被攻占。伯多录·奥蒙武装抗争，没有人救援他，死于飞石和投掷器。大副、水手长[及]一些海员进行抵抗；其他人没有给

---

[347] 见注⑧和注⑯。——原注。

[348] 即 aitāo，见注⑲。——原注。

[349] 英蒂诺称 chancy 是一个官员，"类似察院，北京的巡查官，派往巡视各省"。（《记录》，第33页，注161）这个解释不合适，往下，克利斯多弗·维埃拉再次把这里提到的官员说成是 pochancy 和 anchacy；chancy 因此是抄录者对 pochanci 之误。——原注。

英蒂诺把 chancy 考为"钦差"，但更可能为"布政使"之误。——译者注。

[350] 即：tico，见注㉘。——原注。

原作 tiquos，考作 tico，若 tico 如道加杜所称为"提督"，则官阶太高，不应在海道之下。实际上维埃拉这里所记是嘉靖二年新会西草湾之战。《明史》、《明实录》均有记录，《实录》（嘉靖二年三月）载："佛郎机国人别都卢寇广东，守臣擒之。初都卢恃其巨铳利兵，劫掠满剌加诸国，横行海外，至（是）率其属疏世利等千余人，驾舟五艘，破巴西国，遂寇新会县西草湾。备倭指挥柯荣，百户王应思（恩）率师截海御之。转战至稍州，向化人潘丁苟先登，众兵齐进，生擒别都卢、疏世利等42人，斩首35级，俘被掠男妇10人，获其2舟。余贼米儿丁甫思多减儿等，复率三舟接战，火焚先所获舟，百户王应恩死之，余贼亦遁。巡抚都御史张嵿，巡抚御史涂敬以闻，都察院覆奏，上命就彼诛戮枭示。"别都卢即 Pedro Homen，但维埃拉称他被打死，未被俘，《实录》所记是笼统称他和手下人被俘。疏世利疑是来自北大年的 Bertholamen Soarez，疏世利为 Soarez 之译音，"世利"或为"利世"之倒即 rez 之译音。夺取2艘船，双方记录的数字相同，同时有纵火焚烧船只的事，但《实录》称是米儿丁（Martim）所纵的火，维埃拉信中则含糊说是中国人自己放的火。据此战有关的记述，可断定 tiquos 为"指挥"的译音，或为"指挥使"，而 pachain 应为"百户"，或者 pa(fu)chain 为"百（户）长"。——译者注。

[351] 福开森提出，pachain 的语源为中文的 fu-tsiang（"户长"），军队的高级军官，相当于"驻地的队长"。（《信札》，第53页）——原注。

[352] 即"por cauza"（"因为"）。——原注。

予援助；中国船（iuncos）高大。最后都被俘获。在迪奥戈·德·梅洛的舰上，有300中国人进入抢劫；中国船上的人退回去后，纵火焚烧火药舱⑬，舰只被烧毁；所有中国人被烧死，一个未剩下。海道得到消息说夺取了两艘舰，其余的逃走。他不久在喇叭声中到来。报告称死于火的人是葡萄牙人杀的。他向都堂报告，都堂又向国王报告。前面已谈到所下的裁判。海道因这次胜利［及］那两个曼达林向他［和］都堂行的贿赂，不再允许葡人到中国，两人都成为葡人的敌人，而其他人，发了财。

51. 马丁·阿丰索被遣和使团一起来中国，要求建立堡垒。如果不给他，他和他携带的军官将证明能够取得，无论从陆地还是从海洋。我不认为他来得适时，［因为］中国人不让世上任何外国人⑭建立堡垒，特别对于我们，警惕我们来到其土地上。多默·皮列士请求在广东和在岛上⑮有一所房屋。国王的阁僚认为我们来要求他的土地，因为中国的土地本身按习惯说是封闭的，不允许给外国人，违者死刑，除非是藩属的使节⑯，可以给予住所。他们不许商品［在］人口多的地方交易，为的是不让发生什么事，并且命令在人口少和贫困的坏地方进行，因为他们十分爱惜他们的土地，所以除非用武力，他们不把土地给世上任何人。而如果要在商业岛上盖房，秘密地立寨，如果那里有石灰、石头、石匠、瓦及必需物品［和］工匠，与其艰难地获得许可，不如偷偷干。在这个岛上，为了盖稻草房，其结果首先是死了一半的人。他命令⑰修一处庇护所（cartigo）⑱即结实的房屋，但不能做，不久发生战事，禁绝该地的粮草，而那个地方贫乏和糟糕。我不知道怎么能如此结束，事情没有安排好。

52. 马丁·阿丰索·德·梅洛带来300人。这是个很小的数字，不足成事，我相信所有的人都死于饥饿和疾病以致一事无成。如果再有200或300人的兵力就能够攻占南头或一个更好的村子，叫做唐家镇（？Jancangem）⑲，它在一个四面被海包围的岛上，有港口，很高，位于南头以西7或8里格。此地在水边，繁荣，连接海有一大村。它很快被攻占，未杀一人。从那里，船只驶进河流，被附近的中国人

---

⑬ 福开森读作"parioll"。——原注。

⑭ 中国人极其关注它领土的完整，不允许以任何借口在中国土地上修筑外国堡垒。——原注。

⑮ 这就是"Ilha da Veniaga"即"屯门"；见注⑤。——原注。

⑯ 中国，和所有伟大文明一样，自我为中心，而且，尤有甚者，极端排外，传统上对一切外国人表示傲慢和蔑视。若望·德·巴洛斯在他的《十卷书》中提到，中国人，出于对自己文化的优越感，"和希腊人完全一样，自视甚高，所有其他民族都被当做蛮族"。（《十卷书》Ⅲ，第2卷，第7章，第93页）——原注。

⑰ 应理解为："马丁·阿丰索命令"。——原注。

⑱ 或许为抄录者对"abrigo"（"庇护"）之误。——原注。

⑲ 福开森和英蒂诺不能考证这个地名。但是卡默尔把它考为Kiau（淇澳），在澳门前。（见《发现》，第65页，及第66页附地图）——原注。

打败。从此岛到广东的港口,顺风半天或一个下午(vexpora)⑩可达。它位于广东之南⑩。[它是]很凉爽的地方,产大米、肉食及各种鱼;足够两万人之用,而且便宜。可以不用费多大气力,更轻松,不死人,重新在那个有许多城镇、村落及近水处的土地开始;不用杀死人,然而必须采取武力。不管怎样,如中国人发现葡人占据周围地方,一切必须开始行动。

53. 从南头到广东,在河的中途,几乎连接东莞(Tācoā)⑩[的]港口,有另一个(outres)⑩大村,位于叫做龙穴(Aynācha)⑩的岛上。有突出的角,其中是房屋、街道、教堂及码头,在这里可像在果阿一样建一座砦垒。有防备各种风的港口,都是空的,十分安全的港口。这里是船只的集中地。这座堡垒可控制广东。如我所说此村隶属(sogiga)⑩南头,[而]另一个叫做顺德(Xuntaeim)⑩。这里可以储备粮草并且接近广东;船长如愿意可采用手段取胜⑩。我要再说,最好应赶快(de peça)⑩用2000到3000人占领广东——我说两三千,少于这个数字达不到要求,仅[从]所需地方装运物资,是一件大事,6000葡人尚不够用,——至于占领,可用低于我说的人数,达到要求,因为中国人不久会和葡人一起进攻该城。

54. 这样,用葡人携带的扁平船,像这里使用巴劳(paraos)⑩,采用我们的武装,将使所有河道受控。河道受控,曼达林在武力下屈服或者逃走,空出该城。广东不久会被占领,还有它的边界。带领700到1000人的兵力,船长们可[以]做到这点;让他们留下扁平船和大桨船,所有的葡人和马来人。如果携带舰只,把它们派往交趾⑩运载(espidas)⑩中国工匠,可以发现有千万人到那里去。如果接着推翻总督大人,广东很快被攻占,整个省也一样。并且[必须]在其中适当地方筑砦垒,留下葡人和马来人;让舰队都去运载中国人:木匠、石匠、铁匠、瓦匠、锯工及其他工匠和他们的女人,以修建这些砦垒。用舰队和船只可运载一万人到中国而不嫌

---

⑩ 祈祷时刻相当于傍晚。——原注。

⑩ 福开森,在转录这封信时,略去以"顺风"开始的一段,并且在此中止。——原注。

⑩ Tung-Kuan(东莞),位于广州附近的一个城市,在东江口。见注㉒。——原注。

⑩ 按福开森所提出,读作"Outrossim"("此外")。(《信札》,第139页,注73)——原注。

⑩ 见注⑮。——原注。

⑩ 读作"subjuga"("隶属")。——原注。

⑩ 据卡默尔,这个地名从对音说相当于Shun to(顺德),广东话发音为Shuntak。(《发现》,第67页)——原注。

⑩ 读作"renderá"("战胜")。——原注。

⑩ 或许为抄录者对"depressa"("快")之误。——原注。

⑩ parau是相当于fusta(见注⑭)的一种小船,有桨和帆。(莱陶和洛佩斯:《词典》,第394页)——原注。

⑩ 读作"Cauchim"。——原注。

⑪ 即:"tripuladas"("配备船员")。——原注。

多,而每年可以走4000人而不觉缺少(moca)⑫。这是件奇异的事,因为每个葡人可以带100中国人到砦垒去。

55. 广东城内有一个平顶山头,连接北面城墙,那里有一所五层的房屋。此山头的界线内,有六七座带雕角的教堂,十天之内可将其建成一个带墙垣和房屋的村子;这几座教堂有无数柱、梁和完美的(feitas)⑬门。从这里可控制该城。另一个合宜之地靠近水边,在居民的中央,曼达林们在那里下船,可以在五天内建成一个村子,因为街道和官员的房屋有雕角的石头,可建造一座成熟和带楼塔的大城,另一处在河上教堂那里。这样,石头、木料和石灰有无数多,再有干这行的匠人,及工人,全世界都没有那么多,而且是好工人;用很少维生的工资,可招来一万人。同时可以把他们的巴劳改装成帆船、扁平船和浅船,有的改成大帆船(galeaças)⑭,只用很少灰泥,所以河里不需要海上的兵力。如此紧迫地把这些事写出来,以便见诸行动。该地已一切准备好。上帝要使中国人为失去土地而发狂,因为迄今他们并无领主权,而[是]一点点夺取他们邻邦的土[地],由此成为大国。因这些中国人心肠十分歹恶,使他们狂妄、自大、残忍;又因迄至现今,他们是怯懦的,没有勇力、缺乏军事训练,总是取得他们邻邦的土地,但不是靠武力,而靠狡计和欺骗,并且提防以免受人之害。外国人被叫做"蛮人"⑮。他们的国土叫做"神的王国"⑯,谁要来这里,用船长率领一支10至15艘船的舰队。[首]先要做的事,是打败其海军,如果他们有的话,但我看他们没有;在这天施行火焚、流血和残杀,不留一个活人,把船都烧毁,不俘房一个人,因为耗费粮草,在这时期,每名葡人要对付100名中国人。这做完后,控制南头,如果需要,很快有堡垒和粮草,因为一切已在掌握之中。同时把整个舰队停放在东莞港口外的龙穴,如我在前面所说,它是个好港口。在这里可停靠不能驶进河里的舰只,并将已有的扁平船焚毁。攻占后,

---

⑫ 读作:"mossa"("缺口")。——原注。

⑬ 原文作"ftas"。福开森在其译文中忽略这个词;英蒂诺读作:"feitorias"("商站")。(《记录》,第36页)——原注。

从上下文看读作:"feitorias"("商站、牙行")不妥。——译者注。

⑭ galeaça是体积大的帆船,使用桨和帆的最大船舰。(莱陶和洛佩斯:《词典》,第283页)——原注。

⑮ 据达·克路士修士,中国人在1554年前,不容许葡萄牙人进入国土,并出自憎恶,把他们叫做Fancui(番鬼),犹言"魔鬼的人"。(《记事》,第231页)来自中文Fan-kuai"番鬼"。(参看戈麦斯(L. G. Gomes):《短暂的贸易》(Efemero comércio),第113页)见注⑯。——原注。

⑯ 原文作:"reino de Ds"。福开森把"Dō"译作"上帝",即"神"。(《信札》,第141页)英蒂诺据福开森的读法,解释说:"这个Dō,维埃拉告诉我们的,可能读作Tham(唐),日本人用以称呼中国人的名字。"(《记录》,第36页,注170)这个解释没有说服力,因为葡人仅在1543年才到达日本。英蒂诺的说法,除非考虑到日本海盗在经常侵入中国海岸时把这个名字传给葡萄牙人外,否则没有可能。Ds,有把握说是"Deus"的简写。见瓦斯科·卡尔渥:《信札》,注㉘。——原注。

所谓上帝即神的国家,很可能是"天朝"的译义。——译者注。

如形势良好,将该地火烧,以恐吓中国人。在这样做之前,叫一个卡菲尔小黑人带一封信来,内容按如下写。

56. 致某人的头衔,[即是]:"广东的察院(cuhi)和察使(canci)㊼当知者,吾人之主国王派多默·皮列士送给中国国王的信及礼物,至今已有若干年,这些㊽已为大人物和其他负责之人所接受。在广东供给他屋舍。在那里蒙中国国王的召请,他前去并在南京会见他㊾。国王命令他从该地去北京,好在那里接待,说那里宜于召见。从此我们再不知他的消息。在'某某'年,有一艘舰去寻找他;它付了关税,并在付过后,他们用武力进攻它,把它俘获。又在'某某年',有五艘船只载货物去寻找它,曼达林们用武力进攻它们,抢劫它们,它们没有在地上作恶也没有侵犯。因为这些船只来自海外,汇集其他舰只,并把这几艘运载许多货物、满载的船留在港口,它们没有射击。又在'某某'年,有五艘舰及出使中国国王的使者到来;南头曼达林及强盗船安排好,用友好的虚假消息欺骗两艘舰,夺取了两艘舰。余下的三艘不知道吾人之主国王的使臣及其同伴被投入牢狱,其财物和衣服被抢走,在狱内缺食,所说的强盗财物实为使团所有,他们受到大人物如此接待。送给国王的礼物被没收,不通知使臣。这不是公道,而是三个曼达林强盗的公道,即布政使(ampochim)或[即]按察使(anhanci)和粮道使(lentocim)及南头的备倭㊿,他们为所欲为地劫掠,要把所有人都杀掉,因为不让中国国王知道。这消息报告给我。我要前去,明天将到广东,看看这个如此执法的城市。在我到达广东前,使者遭送信函给我。按通知我的消息,那么我们将谈到要点和对我现在来(são)㉛的目的[及]过去的事。如你们不愿意,归罪于你们那些接受使臣和礼物,并且为抢劫把他们投入牢狱的人,此信写于某月的[某某]日。"

57. 这样写一封信并发出,宣布解放所有土地,同时派桨船进入河内。而如果耽误信息,那么合适的做法是,放火(offico)㉜烧村镇,焚毁所有船只,不让用来打仗。谁不遵守布告(band)㉝,谁就得死,三天阻止运进粮食,所有人都将饿死。此城有一个大粮食仓,几乎连接西面大门,在城墙之内;但分给百姓的等于零,因为百姓无数多,每天购买吃的东西,这样都得饿死,导致反叛曼达林;当人们造反,全

---

㊼ 或者对 ceui 和 pochanci 的读法。见注㊹。——原注。

㊽ 原文作"ql"。英蒂诺读作:"que"。(《记录》,第37页)——原注。

㊾ 这段话似可证明多默·皮列士在南京和皇帝的会见。见注⑯。——原注。

㊿ ampochim 或为抄录者对 puchanci 之误,克利斯多弗·维埃拉信中另一段已有此形(见注㉟);也有可能,如信中这一段所表明,指的是 anchaci。anhanci 是 anchaci 之误。道加杜把 lentocin 考为国家监管或输运粮草的官,中文的 liang-tau-sz(粮道使)。(《术语词典》,卷Ⅱ,第522页)——原注。

㉛ 读作:"sou"("我是")。——原注。

㉜ 福开森提出这是抄录者之误,应读作"Ofog"("火")。(《信札》,第142页,注79)——原注。

㉝ 这就是:"宣言"。——原注。

城随之起兵。必须出大告示以免延误信息,不让许多载运粮草的巴劳去援救该城,同时传播信息,广为传播让不能看见告示的人得知。尤其是河里被击败的船只,如不焚毁,中国人不会害怕;施行这种屠杀,将使曼达林们心惊胆战,自相矛盾。这应当进行,应比我所说的更快去做,因为所有人都在期待葡萄牙人。从陆路不能运粮去援助该城,道路上很快会发生叛乱,不需葡人干什么,这种[情况]下更是如此。所有大米都从河上运来,必须警戒河上游北面的峡道,距离约半里格,因为那里可能运来粮草和援助;在这里安置船舰,控制峡口,[援助]来不了,一切都在掌握中。如果曼达林们要逃走,必定得走这个河湾;这是他们获救之途。在这条河湾可设置大帆船。从这个河湾,陆路到该城,是一条近道。曼达林到达这里,再从这里发出消息;然后进入,而且有驿骑从陆路去通报该城的长官们有哪一位曼达林到来。

写于534年[88]。

(译者单位:中国社会科学院世界历史研究所)

---

[88] 据前引科提松的结论,应为"1524";见皮列士:《东方志》,第43—46页。见注[91]。——原注。

中西文化交流史

# 基督教在中亚和远东的早期传播[①]

□ [英]A.明甘那
□ 牛汝极 王红梅 王 菲 译

## 一、前 言

在探讨基督教在蒙古利亚诸族中的传播之前，我们有必要先了解一下生活于阿姆河东西两岸相邻地区庞杂的众部落的人种状况。我们发现在那里有两个不同的种族为了争夺统治权力经常发生对抗，人们通常用"伊朗"（Irān）和"土兰"（Turān）这两个名称来区别它们。那条有名的河流将它们隔开，然而，夏季或旱季时河水变浅，无法阻隔这两个自古以来分居于河东西两岸的敌对部落间的长期战争冲突。在阿拉伯语和近代波斯语文学，即那些在阿拉伯人入侵后便使用阿拉伯语作为文学载体的那些波斯人的文学作品中，我们得知这两个相邻民族间的夙怨可追溯到史前时代。根据波斯民族史诗《费尔道斯帝王传》，它们的争夺斗争可上溯到 Feridūn，伊兰民族的诺亚的时代。他把土地分给他的三个儿子，Salm、Tūr 和 Īraj，正对应于犹太人的《圣经》中的闪、含和雅弗，前两个所谓的兄长使用卑劣的诡计杀害了 Īraj，即从他父亲那里领伊朗为封地的人。Feridūn 看到小儿子 Īraj 的尸体，发誓要向另两个儿子报复。

---

① 本文译自 *Bulletin of the John Rylands Library Manchester*, Vol. 9, No. 2, pp. 297—371, July, 1925。

在萨珊王朝以及目前正属于我们研究范围的帕提亚王朝时期,这两个不共戴天的对手一直继续着残酷的斗争,双方各有输赢。伊斯兰教团结统一的宗教契约曾经给双方带来一段时期的和平和宁静。这既不是社团利益也不是令人精疲力竭的战争所能做到的。直到土兰塞尔柱人和鞑靼蒙古人来到这里,把失败强加给他们的世代仇敌——伊朗民族,从而结束了这场夙怨。在此以前,情况一直如此。在阿姆河彼岸的外族蜂拥而至的前后时期,伊朗人享受着某种程度的独立,他们先后处于 Tāhirids、Ghaznawids、Saffārids 和 Sāmānids 等王朝的统治之下。

基督教在上述诸族中的传播较为久远。就波斯人而言,可追溯到后耶稣使徒(后罗马教皇)时代。由于一些新的重要出版物的出版,我们能够比25年前的前辈们更加自信地讨论该课题。在此我们仅参考两本杰出的著作:《东方教区会议》和《Mshīha-Ikha 历史》。前者是由 J. B. Chabot[1] 整理翻译的,后者是本人整理翻译的。[2] 第一本著作告诉我们公元424年举行的东方会议上签约者的名字即阿姆河附近四大城市 Ray、Naishābur、Hrat 和 Merw 的主教的名字。第二本著作表明公元225年在美索不达米亚的北部和波斯共有20多个主教辖区,其中之一就是里海附近的 Dailams 地区。公元225年,人们称它为划时代的一年。因为就在这年,第一位萨珊国王取得了对帕提亚王朝末代君主 Artaban 具有决定性的胜利。[3] 从公元3世纪一直到成吉思汗时代,东叙利亚人和波斯人改宗信基督教的活动较为缓慢,但仍然起到了削弱中亚101位原始崇拜巫师的重大影响的作用,其中最重要的有袄教的巫师和萨满教的男巫。

那些人由于受到宗教热情的鼓舞而对把西方的文明、信仰传播到远东的传教工作极为感兴趣,这一点我们毫无理由怀疑。St. Jerome 概括了该地区早期基督教传教士的感受,并提及了他们的皈依者。[4] 据 Bardaisan[5] 和恺撒的 Eusebius[6] 记载,在里海附近的大夏、帕提亚和戈兰也存在着具有同样献身精神的基督教社团。但是,伴随着那些热情的拿撒勒人耶稣的追随者,可能还有一些为了发财获利的基督徒,他们来自美索不达米亚和波斯。然而,他们中似乎没有一位说腓尼基语的叙利亚人。不管基督教的早期传播者采取何种手段,我们都没有理由否认这个重要事实:他们在极其短暂的时间内把自己的宗教信仰传到古代亚洲最边远的地

---

[1] *Notices et Extraits des Manuscrits*, 1902.

[2] 《叙利亚语史料》,Ⅰ,pp.1—168,1908。Sachau 1915 年在 Abhandlungen d. Preus, Akad. d. Wiss 发表德译本,并重命名为 *Chronik von Arbela*。这部编年史和会议纪要是他另一研究课题的主要资料,该课题名为"Zur Ausbreitung des Christentums in Asien",1919,刊于 *Abhandlungen*,第一期。

[3] 《叙利亚语史料》英文版,第106—107页。

[4] *Epist. cvii. Patr. Lat*, XXⅡ, p.870.

[5] 《律法书》(*Book of the Laws*,帕提亚、叙利亚语版)第二卷,第606—609页。

[6] *Prepar Evang.*, Ⅵ.10, p.46.

方。

基督教在中亚甚至印度的重要活动中心无疑是 Adiabene 省。该省位于底格里斯河东面,在其两条著名的支流大小咱布河之间。它的首府是 Arbel 城,此城中众多的犹太人颇具势力,在基督教时代初期,他们曾在古亚述帝国的该地区建立起犹太人的统治政权。① 在西至底格里斯河右岸,近代的 Mosul 城附近,犹太人修建了一座要塞,名叫"hisnae 'brāya' 希伯来堡垒"②,它一直保存到阿拉伯人入侵。

圣徒时代之后基督教立即渗透到 Arbel 城,因为它的首任主教 Pkīdha 晋升圣职的时间可追溯到公元 1 世纪末。③ 这个城市在底格里斯河以东、以北及以南地区发挥的重要作用毫不逊于厄德萨(Edessa)城在叙利亚和巴勒斯坦,尤其是罗马和波斯帝国中跨幼发拉底河各省区的作用。也许前者只是不像后者那样有名罢了。Sozomen④ 强调说 Adiabene 中的大部分居民是基督徒。

现代学者还没有充分意识到底格里斯河东岸的绝大多数景教徒是波斯人而不是闪米特或阿拉米出身及血统的人。许多基督徒是从他们的父母那一代起就由信祆教改信基督教,也有许多人是从他们自己那一代才开始改宗。有些皈依者仍保留着伊朗语名字,但也有人在洗礼日就把名字改成由一两个暗含基督教信仰的复合词构成的教名。在波斯基督教医师经常使用中古波斯语或巴列维语,公元 420 年厄德萨学校的一位学生 Ma'ma 把叙利亚语著作译成巴列维语。⑤ 约公元 470 年该校的另一位 Ma'ma 用巴列维语写了许多教堂吟唱的宗教布道词、赞美歌和赞美诗。⑥ 甚至景教的宗教法典有时也用波斯语写成,后来的人又把它译成叙利亚语。比如《西蒙圣典》最初由西蒙(Riwardashir 的大主教,逝于公元 670 年)用巴列维语编纂而成,后来由 Beith Katrāye 的一位修道士译成叙利亚语。⑦

下面我们打算就所有能收集到的有关基督教在突厥和土兰诸民族中传播的叙利亚语和涉及基督教的阿拉伯语资料列一个综合全面的目录,希望能对下文关于相同主题的那件新文献起到介绍的作用。在现代几乎所有的欧洲语言的词典中,"突厥"(Turk)一词与"穆斯林"(Muslim)一词成了同义词,这真是命运的捉弄。事实上,在穆罕默德出生以前,君士坦丁堡和安纳托利亚的奥斯曼土耳其人的祖先大都是狂热的基督徒。我们将相关的基督教文献资料分作三部分:①史学

---

① 见约瑟夫的《古代犹太教》(*Josephus, Antiq. Jud.*) I. XXX. , C. IV。
② Mshīha-Zkha, *ibid*, I. p. 87 of my edition; *Narsai Homiliae*, vol. II, pp. 408—410 of my edition; *Chron. Minora in C. S. C. O.*, p. 24; and *Book of Chastity*, 32, 13 (edit. Chabot).
③ Mshīha-Zkha, *ibid*. p. 77.
④ *Eccl. Hist. in Pat. Graec.*, LXVII. , p. 965.
⑤ *Chronique de Seert in Pat. Orient*, V. pp. 328—329.
⑥ 同上, VIII, p. 117。
⑦ Sachau:《叙利亚语〈律法书〉》,第三卷第 209 页,1914 年。

家;②宗教会议和主教辖区;③遗迹和石碑。

## (一)史 学 家

1. 早在公元 196 年 Bardaisān 就曾提到里海西南戈兰地区和兴都库什山与阿姆河之间的大夏的基督教徒,这段具有纪念意义的文字是有关中亚基督教最早的叙利亚文资料:

"生活在戈兰人和大夏人中的姐妹(信仰基督教)也不与陌生人来往。"①

这确实证明了公元 2 世纪末,厄德萨人 Bardaisān 已知道在大夏有基督徒的存在。这个被大夏人翻译过来的词在叙利亚语中为"Kaishānāye"。另外,Drouin 曾提到贵霜人。② Parker③ 也提到月氏人,他认为他们的居留地在阿富汗,阿萨息斯人的东面。在《托马斯行传》④(Acts of Thomas)所记诺斯替教派的"灵魂赞美诗"中也提到了贵霜人的国家,Baith Kaishān,写作时间很可能在公元 180 至 196 年间。

有关月氏人迁移和征服的更详细的情况请参阅《剑桥印度史》(Cambridge History of India,1922)第一卷,第 563 至 592 页中 E. J. Rapson 的文章,尤其是第 565 页和 583 页。我之所以专门提到这两位学者是因为《剑桥史》(Cambridge History)第 686 页至 687 页的文献目录里没有收入他们的著作(显然是由于疏漏)。

我们还要提到叙利亚语著作《使徒教旨》中的明确说明。此书是许多学者尤其是 1864 年 W. Cureton 根据保存在英国博物馆的一份公元 5 至 6 世纪的手稿编辑而成的。作品本身不可能晚于公元 250 年。在正文第 34 至 35 页中作者认为公元 2 世纪初,即大约 120—140 年,戈兰国与 Gog 和 Magog 之国首先接受 Addai 的弟子传教士 Aggai 的宗教委任。该书的读者还会发现在叙利亚文献中 Gog 和 Magog 分别指突厥人和鞑靼人。在此我们不必讨论 Aggai 是否曾在中亚诸国传教,但是,我们可以确信无论《使徒教旨》的作者是谁,正如 Bardaisān 知道约在公元 196 年已有基督徒一样,他也知道约在公元 250 年在里海附近的戈兰人和阿姆河流域的突厥民族中已有基督徒。参见 Barhebraeus 的著作(Chron. Eccl.)第二卷第 15 页。

2. 约公元 498 年萨珊国王卡瓦德(Kawad)曾两次逃往嚈哒人和突厥人中去避难,并得到那里基督教徒的帮助夺回了政权:

"卡瓦德逃往突厥汗国,因为他与突厥可汗交往密切,当可汗的父亲在世时,他常去拜访他。他请求突厥可汗帮助他,突厥可汗派军队护送他回国,他把执政两年的扎马斯普(Zamasp)赶下台,杀了一些麻葛(Magians,琐罗亚斯德教祭司),

---

① 《律法书》,第二卷第 607 页。

② Memoire sur les Huns Ephtalites in Museon,1895.

③ 《鞑靼千年史》(A Thousand Years of the Tartars),第 34—36 页。

④ Bedjan, Acta Martyrum et Sanctormu, Ⅲ. p. 11.

并监禁了许多其他人。但他对基督教徒很仁慈,因为在他去突厥汗国的途中,一些基督教徒给予了他帮助。"①

公元555年一位与卡瓦德生活在同一时代,熟知内情的雅各布派作家,对景教作家这段简洁而且有历史意义的叙述作了补充。② 他的作品告诉我们大约早在550年突厥人已学会运用本族语进行创作的技巧。这部重要的著作这样写道:

"20多年前匈奴人③已学会运用本族语创作的技巧。这是受到上帝的鼓励,我将记下这件事的缘起。我是从 Resh'aina 的约翰和制革匠托马斯那里得到可靠的信息,前者在 Amed 附近的 Ishā konai 修道院里。他们50多年前被迫参加了卡瓦德从波斯到匈奴人住地的逃亡。他们在那里居住了30多年,并结婚生子。现在他们返回故乡,详细讲述了自已的经历。"此文献太长不便全译,它还叙述了一位天使出现在 Arran 区④的主教 Karadusat 的面前,命令他给突厥人和其中的众多拜占庭俘虏施洗礼,立神父,主持圣餐礼。另有四位神父跟随他们作传教士,而且他们七人每天的食物就是七条面包和一坛水。正是他们教会突厥人运用突厥语写作,并给他们中许多人传福音和施洗。他们在那些人中生活了七年。那时罗马皇帝查士丁尼(Justinian)的使者 Probus 因特殊使命被派往突厥汗国,他亲眼目睹了这一切,对上帝借着他的仆人做成的事感到非常吃惊。在返回途中,他从帝国中离他们最近的城市给他们派去了30头骡子,驮载着面粉、酒、油、亚麻布和教堂法衣室的必需品。

不久一位有实际经验的亚美尼亚主教分担了他们的传教重任。他教那些突厥基督徒种植蔬菜和播种谷物。在作者的时代,他仍然生活在他们中间。上帝的恩惠也影响到卡瓦德本人,他放弃吃不洁净的肉,而且非常尊敬约瑟夫,此人在公元552年任景教大主教之前是位医生。

关于萨珊国王胡司洛一世为突厥人挑选两千名修女的事,请参看以弗所的约翰的《基督教会史》(*Payne-Smith*, p. 387, sq. ),还有关于突厥人经常挑起罗马人与波斯人之间的事端,请参看 *Payne-Smith*, p. 424, sq. ,以及 *Chronicon Anonynum* 第一卷第206页,见 *C. S. C. O.* 。

关于嚈哒人和他们与萨珊人之间的战争的诸方面,请参看 Blochet 的《蒙古历史导论》,第211至214页,然而此文没有参考当时重要的叙利亚文史料;还有

---

① 见 *Patr. Orient* 第七期第128页中的"Chronique de Seert"; Tabari 的《年鉴》,1,2,887。基督教苦行者 Joshua(约公元507年)在他的叙利亚文《历王记》(Wright 版本)正文第18—19页详细记叙了卡瓦德逃亡突厥的经历。

② 见 *C. S. C. O.* ,第三编第六卷,第215—218页。

③ 西突厥的古叙利亚语称呼。

④ 关于该景教主教区参见下文。

Noldeke 著名的《波斯历史》(1879 年)第 53,99,158,167,250,sqq. 和 269 页;还可参阅 Zacharias Rhetor 的著作(*C. S. C. O.* 第一卷第 21、98 页)。

3. 公元 549 年在大夏和阿姆河两岸的嚈哒人或白匈奴人的要求下,景教总主教 Aba 一世为辖区内的基督教徒派了一位主教:

"不久 Haphtar①Khudai 派一名教士去谒见'王中之王'(即胡司洛一世),而且那些 Haphtrāye 基督教徒还给总主教(Aba Ⅰ)写了封信,要求他晋升出使的教士为嚈哒人整个国家的主教。王中之王接见这位僧侣并明白了他出使的意图后,感到非常吃惊,惊诧于耶稣的威力如此强大甚至嚈哒基督徒也把总主教视为自己的首领和管理者。因此,他命令总主教回去按照惯例装饰教堂,晋升嚈哒国王 Haphtar Khudai 的使者为主教。次日教堂装饰一新,嚈哒教士被晋升为嚈哒人的主教,与基督子民共享喜乐。"②

我们从这一事实也可看出基督教在那些突厥人中的渗透范围:公元 581 年拜占庭希腊人所俘虏的突厥人前额上有十字架。③ 十字架是刺成黑点的,而且突厥人说许多年前当瘟疫在该国蔓延时,基督教徒建议他们这样做,认为这样可以躲避瘟疫。马可·波罗(i. 343 Yule-Cordier 编)和 Friar William(Rockhill,同上,pp. 104,191,193)也证实了突厥景教徒把十字架作为护身符。关于这一点还可参考叙利亚史学家以弗所的约翰(第三编第六卷二十二章)和叙利亚人 Michael(ii. 314,尤其是 iii. 151,Chabot 编)的著作。

4. 约公元 644 年,据史料记载,由于 Merw 城大主教 Elijah 的努力和热忱,大批突厥人皈依基督教:

"Merw 城的大主教 Elijah 使许多突厥人改变了信仰。……据说,可能还是这位 Elijah,Merw 城大主教,当其在阿姆河彼岸诸国游历时,遇到一位国王准备去攻打另一位国王,Elijah 极力劝说他放弃战争,但国王对他说:'如果你能显出吾神法师那样的奇迹,我就信奉汝神。'国王命令跟随他的巫师,他们呼求自己尊奉的魔鬼,立刻天空乌云密布,狂风怒吼,电闪雷鸣。然而 Elijah 在神力的感召下在天空划出神圣的十字架,斥责叛逆的魔鬼所造的假象,立刻一切消失得无影无踪。当国王看到圣徒 Elijah 所做的一切,跪倒在地,向他顶礼膜拜,而且与他的军队一起皈依基督。圣徒把他们带到河边,给他们施洗礼,立神父和执事。然后他回国去

---

① 嚈哒人的叙利亚语名称。

② *Histoire de Mar Aba.*(Bedjan 版本),pp. 266—269.

③ 见 Rockhill(in op. infràlaud.)所引用的 Theophylactus Simocatta 的 *History of the Emperor Maurice*,第 142 页和《契丹》(*Cathay*,1915)第一卷第 115 页(Yule-Cordier 版本)。在《契丹》中 Menander Protector 详细叙述了拜占庭皇帝和突厥可汗之间的交往(同上,第一卷第 205 页)。

了。"①

5. 约在公元781年景教总主教提摩太(Timothy)在给 Maronites 的信中写道，另一位突厥可汗与其臣民都皈依了基督：

"这位突厥可汗与几乎所有的臣民都放弃了古老的偶像崇拜，皈依基督。而且他还写信要求我们给他的国家立一位大主教；我们已这样做了。"②这位提摩太在给 Rabban Sergius 的一封信中，还提到他已为突厥人任命了一位主教，并且准备给吐蕃也立一位：

"那时圣灵已为突厥人立了大主教，我们准备为吐蕃也立一位。"③

最后在给 Sergius 的另一封信中，他明确提到当时"许多僧侣随身仅携带着手杖和褡裢，漂洋过海去印度和中国"④，还告诉对方中国的大主教已去世了⑤。

6. Marga 的托马斯提到这位不屈不挠的总主教挑选80多名修道士，任命其中一些人为主教并派他们去改变远东异教徒的信仰；而且还讲述了里海东南部 Dailamites 的大主教 Shubha-Lisho 的光辉业绩：

"圣总主教提摩太已为那些缺乏智慧和文明的野蛮民族的国家设立了主教。在此以前从未有传教士和真理的传播到过那里，救世主的福音也未传到那里。但我为什么要宣讲基督我们主的教训给他们？他们像犹太人和其他的外邦人(指穆斯林)一样不接受上帝——造物和统管世界的主——的真道，却去拜树木、偶像、野兽、鱼、爬虫、鸟和火与星辰。在 Dailamites 戈兰人及其他野蛮民族的国家中，已有主教在布道宣讲基督的教义，在他们中点燃《福音书》的真理之光……主教们给他们传福音、施洗，并在他们中行神迹奇事，他们的光辉业绩很快就传到远东。你们可以从那些为了商业和国事不远万里去那里的商人及国王的钦差写给(总主教)Mar Timothy 的信件中清楚地了解到这一切。"⑥

这位史学家在别的地方还提到了 Shubha-Lisho 主教如何接受提摩太的任命，讲到他是如何出色地完成为中亚那些国家中的原始居民传教的使命，还说他精通叙利亚语、阿拉伯语和波斯语。他提到了上帝通过这位主教所行的神迹，接着继续说：

"他为许多城市和乡村的居民布道、施洗礼，告诉他们如何过圣洁的生活。他修建教堂，在信徒中选立神父和执事，挑选一批跟随他的传教士，教他们唱赞美诗

---

① Chronica Minora, in Corp. Script, *Christ Orient.*, pp.34—35，正文约作于公元680年。

② 此信未公开发表过。我是在一本手稿中看到的。参见 J. Labout 的《景教总主教提摩太一世》(*De Timotheo* I *Nestorianorum Patriarcha*)，第43页。

③ 《东方基督徒》(*Oriens Christianus*)，I. p.308。

④⑤ 《提摩太书信》(*Timothei Epistoloe*)，I. 文献的第107、109页(in C. S. C. O.)。

⑥ Thomas of Marga, *Liber Superiorum*, pp.261—262(edit. Bedjan)。

和圣经短歌。他还亲自深入到远东,在异教徒、诺斯替派教徒、摩尼教徒以及有其他信仰和禁忌的人中间进行传教,他传播了《福音书》教义的伟大光辉,开启了生命与和平的源泉。"①

这位史学家对此津津乐道是因为他叙述的事件正发生在他那个时代。关于这福音的传播还可参见该书第275—281页。他是这样结尾的:"那些国家的饼是用大米做的,因为那里找不到神赐的小麦与大麦,只有稻米和其他类似的谷物。我们是听有较好记忆力的马尔·雅巴拉哈(Mar Yahb Alāha)亲口讲述的。Hnānisho和Elishā这两位老人常告诉我(圣徒)说过当他刚回来时曾去拜访Ray城大主教Habbiba,由于他只习惯吃大米饼,吃了小麦面包,竟大病一场。"

在245页这位史学家提到在Beith的修道院Abé被任命的主教中有Mūkān的主教Elijah和中国大主教David。托马斯记叙的事发生于公元840年。他在提到这位中国大主教的名字后即刻补充说这消息是由总主教提摩太的信中得来的。这位总主教于公元823年去世。

7. Mari告诉我们Timothy改变了突厥可汗及其他国王的信仰,并且与他们保持书信往来:

"而且提摩太使突厥可汗及其他国王改奉基督教,经常收到他们的来信。他还用基督教教旨引导了许多人。"②

8. 大约在公元1009年Merw城大主教'Abdishō'写信给景教总主教约翰,告诉他大约20万突厥人和蒙古人已改奉基督教,并向他请教大斋期间他们应该食用何种食物,因为他们国家中找不到合适的斋食:

"那时呼罗珊(Khurāsān)诸城之一的Merw城大主教'Abdishō'写信告诉总主教,东北地区③东突厥克烈(Keraits)部的可汗在境内的一座高山中打猎时,遇到暴风雪,找不到出路。当他绝望时,一位圣徒出现在他面前,对他说:'如果你信奉基督,我就指引你,使你不至丧生于此。'可汗回答他愿意成为基督羊群中的羔羊,他就指引了他,使他得救。他安全回到帐篷后,就召集了信仰基督教的商人,和他们讨论信仰问题,他们告诉他只有受过洗礼,才能成为基督徒。他从他们那里拿来《福音书》,每天都敬拜它。现在他命令我去他那里,或者派一位神父去给他施洗。他还向我询问有关斋戒的事宜,对我说,'除了肉类和牛奶,我们没有其他食物,我们如何斋戒?'他又告诉我和他一起改教的人数已达20万。然后总主教给大主教回信,告诉他派两人,一位神父和一位执事,带上建圣坛的必需品,去给所有的皈依者施洗礼,并且教他们基督徒的生活习惯。至于大斋期的斋戒,在此期间要严

---

① *Liber Superiorum*, pp. 269—271.
② 见《塔之书》(*Book of the Tower*),原文第73页,译文第64页(Gismondi编)。
③ 克烈部的居住区在鄂尔浑河、贝加尔湖附近。见下文。

禁吃肉食,但可以喝牛奶,如果正如他们所说,在那里找不到合适的斋食。"①

Barhebraeus 在他的通史中伊斯兰历 398 年也提到了这次皈依事件:

"就在这年,那个东方国家的突厥诸族中的克烈部,由于一个奇迹发生在其可汗身上,信奉了基督,接受了该教义的引导,而且接受了洗礼。"②

这里我们必须说明一下,中世纪在欧洲广为流传的"布来斯特·约翰"(Prester John)的传说,与上述克烈部有密切联系,因为"约翰"(John)指的就是他们的可汗。人们常常这样解释,"约翰"(John)在叙利亚语中写作"Yohannan",它可能是克烈部统治者之一的"Ung-Khan"名字的误称。然而 Barhebraeus③ 认为传说中的"约翰"(John)就是史书中的"Ung"。中国人把他叫做 Tuli,波斯史学家把他叫做"Toghrul",但是中国北方的最高统治者授予他"王"(Wang)的称号,讹传的"Ung"姓即由此而来。④

克烈部生活在鄂尔浑河、图拉河流域,贝加尔湖的东南部。⑤

9. Mari 也提到这件事,还提供了更多的细节:

"Merw 城大主教'Abdīshō'在给总主教的一封信中,告诉他一位副主教成了穆斯林,把教堂改为清真寺,但不久因手臂生疮而死。于是教堂又恢复原貌。这封信中还提到了下列事实:

一位突厥可汗及其 20 万百姓成了基督徒。起因是这样的:他在狩猎时迷路了,茫然不知所措时,一个人出现在他面前,愿意帮助他。可汗问他的名字,他自称是马尔·赛里吉斯(Mar Sergius)。他要求可汗皈依基督教,对他说,'闭上眼睛',然后可汗闭上眼睛。当他睁开眼睛时,发现自己已在帐篷里,他对此非常惊奇。他询问有关基督教的信仰、祷告及教会法典,还学会了主祷文 Lākhū Māra⑥ 和 Kaddīsha Alāha。主教还告诉总主教,他已写信给可汗商量要到他那里去,而且得知他的百姓只习惯于吃肉喝奶。可汗搭起作为圣坛的露台,上面放着十字架和《福音书》,而且将坛命名为马尔·赛里吉斯,在旁边拴着一头母马,挤出马奶放在《圣经》和十字架上,背诵学会的祈祷文,又在上面画个十字,然后他和身边的人每人喝了一口马奶。大主教向总主教请教他该为他们做些什么,因为他们没有小麦。总主教告诉他应该尽力为他们找到复活节吃的小麦和酒;至于禁忌,在大斋期间他们要禁吃肉食,但可以喝牛奶,如果他们习惯喝酸牛奶,那么他们应改喝甜

---

① Barhebraeus:《宗教史》第三卷,第 279—280 页(Lamy 编)。
② 《叙利亚编年史》(*Chron. Syr.*),第 204 页(Bedjan 编). cf. Assemani,*B. O.*,Ⅳ. 468。
③ 《叙利亚编年史》,第 409 页。
④ Yule-Cordier:《马可·波罗游记》(in Marco Polo, op. infrà. cit.), i. 237.
⑤ Rockhill:《鲁布鲁克东游记》(*Journey of Rubruck*),第 111 页。
⑥ 景教祈祷文。见 *Breviarium Chaldaicum*,Ⅰ.,Ⅱ.,Ⅲ., p. 4, p. 9(edit. Bedjan)。

牛奶。"①

显然这是一个突厥人和鞑靼人食用酸奶的旁证。关于这一点可参见 Yule 的《马可·波罗游记》第一卷第 249 页和 Rockhill 的《鲁布鲁克东游记》第 66 至 67 页，以及他们所引用的权威著作。

10. 中亚景教大主教在写给总主教的信件中，不仅提到宗教事件，有时还提到非常重要的政治事件。Barhebraeus 在通史中伊斯兰历 438 年记载了下面这件事：

"这年撒马尔罕的大主教给总主教写了一封信，该信也在哈里发法庭上宣读过，信中说，如蝗虫般众多的民众在隔开吐蕃与和田的墙上挖开缺口，由此到达喀什。据古老的传说，该墙是由亚历山大大帝修建的。那民众有 7 位可汗，每位可汗有 70 万骑兵。他们的大可汗名叫 Nāsarat，意为'承天命而治'。他们与印度人一样，属于棕色人种；他们不洗脸，不梳头，头发像毡毯，可用来护身。他们吃得很简单、节俭，而且他们仁慈、公正，但是他们的马食肉。"②

中世纪后期蒙古人迅速席卷了西亚和东欧，至于基督教在他们中的渗透程度，Barhebraeus 做了详细的阐述。前面反复提到的《叙利亚编年史》中所记载的许多事件都是他亲眼目睹的。我们在此只参照下列事件：

"蒙古皇帝贵由因卡宾尼（Friar Jonn of Pian de Carpine）的记述而闻名于欧洲。1246 年卡宾尼给皇帝带去一封教皇的信。Barhe braeus 写道：'贵由是一位真诚的基督徒，他统治时期，许多基督徒都享有很高的声望。'③在他的军帐里有许多主教、神父和僧侣"（p. 481，edit. Bedjan）。——"按照蒙古人的习俗，在他们的父亲拖雷可汗（Tūli khan）的众妻中，Dōkūz 可敦，一位虔诚的基督徒，被赐与旭烈兀（Hūlāku）为妻。她提高了所有基督教徒的声誉"（p. 491）。——当巴格达（Baghdad）被蒙人占领时，那里的基督徒免遭死刑和酷刑（p. 505），因为"旭烈兀宽宏大度、智慧并且具有高尚的品德"④，而他的形象已被现代作家涂抹得黯淡无光，几至无法辨明："1576 年（公元 1265 年）大斋期临近时，王中王旭烈兀离开了人世。没有人在智慧、宽宏大度和高尚的品德上可以与他相媲美。夏季，Dōkūz 可敦⑤，这位

---

① 见《塔之书》，载于约翰五世的传记之中。译文见 Gismondi 的译本，第 100 页，载 Assemani, B. O., 第四卷第 484 页。

② Barhebraeus, *Chron Syr.*, pp. 228—229（edit. Bedjan）, cf. Assemani, B. O., Ⅳ. 487.

③ 参见志费尼:《世界征服者史》(in Gibb Mem. )，第二卷，第 247—248 页，以及拉施德的《史集》第 273 页。他的继承者蒙哥可汗笃信基督教可以从书中下列词语得到证实："耶稣教的信徒和捍卫者。"拉施德也证实贵由可汗本人信奉基督教，见同上，第 249 页。

④ 以我们的道德标准来判断，旭烈兀，无疑是残暴的，但蒙古人的道德标准与我们的不同，甚至与早期欧亚帝国的以及被我们称作先知的人们所订立、实行的标准也不同。Barhebraeus 作为见证者所作的陈述不能被彻底否认。

⑤ 关于 Dōkūz 可敦，见《史集》，第 200 页。

虔诚的皇后也去世了。全世界的基督徒都沉痛哀悼这两位基督教的重要人物的逝世。"(p. 521)——上述 Dōkūz 可敦之前还有一位信仰基督徒的皇后,即 SarkūtiBag。① 她是成吉思汗的儿子、蒙古帝国王位的继承者拖雷可汗的妻子,"一位像海伦一样虔诚的信徒"并且"非常有智慧"。她是有 Prester John 之名的克烈部 Ung 可汗的侄女,还是下述几位王子和皇帝的母亲:蒙哥可汗、忽必烈可汗、旭烈兀可汗和阿里不哥(Arig Bōga)(p. 465, p. 488)。

第 481 页:基督徒 Kaddak 是贵由皇帝的大臣。② 第 528 页:一位修士成为穆斯林,于是基督徒和穆斯林之间发生了一场骚动,但是基督教徒得到北美索不达米亚信仰基督教的蒙古统治者的支持。第 529 页:那些蒙古基督教徒支持埃比勒(Arbel)的基督社团反对穆斯林,在棕榈主日举着十字架和旗帜进行游行。第 535 页:忽必烈可汗的使者是突厥回鹘贵族,也是基督徒。第 539 页:皇后 Kutai 可敦要求 Marāgha 的基督教徒们用带有十字架的长矛借助求雨仪式结束寒冷的天气。第 543 和 554 页:基督教徒获得美索不达米亚北部的统治权。第 547 页:复活节时阿八哈(Abāka)皇帝去了教堂。第 569 页:政府中所有的职员或者是基督教徒,或者是犹太教徒,没有一个穆斯林。第 578 页:伊利汗·阿鲁浑(Ii-Khān Arghūn)派下文要提到的拉班·扫马(Rabban Sauma)使团去寻求教皇和西方基督徒国王的支持来共同对付伊斯兰教。第 593 页:拔都(Baidu)皇帝在成为穆斯林之前,曾在军帐里摆设了为做弥撒用的圣坛和铃,并且佩戴十字架。

11. 现在我们来看看这本非常有趣的书《马尔·雅巴拉哈的历史》(*Deus dedit = Deo-datus*)。它对于研究 13 世纪基督教在中国、中亚和蒙古的历史情况具有极为重要的价值。1888 年该著作由 Bedjan 在莱比锡发表。1895 年又由他再版。该史书以下述事实为依据:

公元 13 世纪上半叶一位名为扫马的基督教徒在北京出世。成年后,他成为中国景教大主教乔治手下的修士。7 年后,他离开家乡过着隐居的生活。后来他心中充满抱负,不久另一位叫做马科斯(Marcus)的基督徒跟随着他。马科斯 1244 年出生在东胜(Kaushang),在另一位景教大主教的手下受修道服。他们隐居一段时间后,一起离开祖国去耶路撒冷朝圣,途中经过西夏(唐古特,Tangut)、喀什噶尔(Kashgar)、Tūs 和 Marāgha。然后马科斯以雅巴拉哈之名被确立为中国大主教;他的朋友和同事扫马被任命为总管。两年后雅巴拉哈成为景教总主教,在 32 年漫长的任职期间,看到 8 位蒙古伊利可汗先后继位:阿八哈、阿合马、阿鲁浑、乞合都、拔都、合赞、完者都和不赛因汗。

1287 年 8 月阿鲁浑可汗和这位总主教派出了以扫马为首的使团去访问教皇

---

① 参见拉施德《史集》,第 89 页和第 222 页等。
② 参见《世界征服者史》,第一卷第 200—201 页,尤其是拉施德的《史集》,第 249 页。

尼古拉斯四世(Nicholas IV)和欧洲的基督徒国王①,为了和他们结成同盟共同对付穆斯林。使团所作的非常有趣而又生动活泼的游记足以说明景教在遭到致命打击削弱为不足几十万人的教派之前,一直处于强盛的扩张时期。从那以后,景教逐渐衰败,现在它已成为一个仅拥有4万难民的神秘团体,大部分信徒定居在伊拉克新国的 Mosul 城附近。

12. 这里我们不打算长篇累牍地引用西方旅行家和探险家的游记,但为了详细说明叙利亚史学家们的记载,证实叙利亚宗教会议的消息,我们不得不简明扼要地提及几位重要的西方旅行家,如著名的马可·波罗、鲁布鲁克和卡宾尼。

马可·波罗提到了这些地区的景教徒:(a)喀什噶尔,他们人数众多,并且"有自己的教堂"②;(b)在萨马尔罕,忽必烈皇帝的叔叔成为基督徒,因此基督徒新修了一座大教堂纪念施洗者约翰(i. 184—185);(c)在莎车(Yarkand)(i. p. 187);(d)在唐古特(i. 203);(e)在 Chingintalas(i. 212);(f)在肃州(Sukchur),约一半居民属于他们的教会(i. 217);(g)在甘州(Kanchou),他们拥有"三座庄严华丽的教堂;(h)在 Erguil 和 Sinju(i. 274);(i)在喀喇汗(Calachan),他们有"华丽的教堂";(j)在 Tenduc,"该省的统治权掌握在基督徒手中"(i. 284);(k)在中国(Cathay)(i. 285);(l)在 Yachi(ii. 66);(m)在 Cacanfu;(n)在扬州(Yangchau)那里有三座教堂(ii. 154),最后在 Chinghianfu(ii. 177)。

修道士 William 在他所游历的国家中也见到景教徒。他在 Karakhata 也遇到他们,他还注意到那里被称作乃蛮(Nayman)的突厥民族的可汗是景教徒③;萨图克(Sartach)皇帝"身边有许多景教神父,弹奏乐器,歌功颂德"(同上,p. 116);"回鹘(东突厥)人中的景教徒在礼拜仪式中使用回鹘人的语言,并用其文字著书;在他们所有的城中都有景教徒与他们混居"(同上,p. 141);"回鹘人采用景教徒的字母表"(同上,p. 150;此话出自卡宾尼);"景教徒是蒙古人的抄写员"(同上,p. 150);"在中国的十五座城市中有景教徒,而且在 Segin 城中有一个主教辖区"(同上,p. 157);"距 Cailac 大约三里格处,我们发现一个村庄全是景教徒"(同上,p. 159);"Mangu 皇帝的秘书,名叫 Bulgai,是景教徒"(同上,p. 168);"这位皇帝的翻译官是景教徒"(同上,p. 173);在基督教的某个圣日,"穿着法衣的景教牧师们首先出现了,为皇帝祈祷祝福";"而且皇帝拿出圣餐中的一片面包赐给太子和一位弟弟,他由景教徒抚养长大并且熟知《福音书》"(同上,pp. 212—213);"而且景教徒让我使用带有祭坛的洗礼堂,他们的总主教从巴格达给他们送来用于 anti-

---

① 使团到英格兰的记载见 Bedjan 的第二版,第72—73 页。
② 《马可·波罗游记》第一卷第 182 页。(我们参考 H. Yule 版,1903,Cordier 注)
③ 关于鲁布鲁克的威廉的旅行……有两种记述……卡宾尼的约翰所作的由 W. W. Rockhill 翻译发表在 Hakluyt 学会刊物第二编第四期上。

mensium 的方形皮子,而且已涂有香膏"(同上,p. 215)。

现在我们简要地参考一下中世纪其他欧洲旅行家的游记。"在距离中国 20 天路程的地方有个国家,国王和所有百姓都是基督徒,却是被称作景教徒的异教徒"(Nicolo Conti in Cathay, ii. 165—166)。——"而且在 Iamzai(扬州府)这座大城中有三座景教堂"(Friar Odoric, Cathay, ii. 210)。——"在所说到的中国帝国境内有 3 万多景教徒,而且他们极其富有……他们有富丽堂皇、庄严肃穆的教堂,供奉十字架和上帝、圣徒的像。他们在皇帝手下担任各种官职,并且从他那里获得很大的权利;以至于人们认为,如果他们愿意和大修道士们同心协力,他们肯定能使所有臣民和皇帝一起皈依上帝"(John de Cora, Cathay, iii. 102)。"那些回鹘人是基督教景教派的信徒"(Pian de Carpine in Friar William; passim)。——"景教徒……在中国势力强大,他们甚至不允许其他教派的基督徒拥有很小的教堂"(John of Monte Corvino, Cathay, iii. 46)。

上述引文和后面将要列出的资料已清楚说明突厥—鞑靼种族中两支强大的部族:回鹘和克烈①大部分是基督教徒。基督的福音还渗透到突厥—鞑靼部落联盟的另一支有力的盟军:乃蛮,它包括九个强大的部落②,其中较大的部落居住在塔尔巴哈台(即"塔城"——译者)山区,鄂尔齐斯河上游以及中国边境地区;其余的在 Ishim 河上游和邻近国家。鲁布鲁克认为他们是基督徒:"一个名叫乃蛮的民族,其人民是景教基督徒"③,而且波斯史学家给他们附加了"迭屋"(Tarsa)这个修饰语,如下文所提到的,意为"基督徒"④。

部落联盟中第四支可能信奉基督教的部族是 Merkites,一个可能带有蒙古血统的突厥游牧民族。他们分为四大部分,居住在色楞格河下游及其支流地区。鲁布鲁克⑤已证实他们信仰基督教。他们不同于克烈人,卡宾尼⑥认为他们与 Merkites 也不同,他们和 Merkites 一起共同形成了蒙古种族的四个"民族"。

后面我们还要给出证据证实突厥部落的第五部分,Uriyān-gakit,是基督教徒,而且 1298 年他们有位信仰基督教的王后。

我们可以不涉及中国和伊斯兰史学家的观点,但是不可避免要援引一位权威作家,即 Ali ibn Rabbanat-Tabari' 的著作,他是著名的医生,Mutawakkil 哈里发(847—861)的座上客。他把一些史学家和宗教会议所关注的东突厥人的基督教

---

① 拉施德(d'Ohsson, Ⅰ.48)错误地认为克烈人在成吉思汗时代皈依基督教。见上文。

② Howorth 的《历史》,Ⅱ.8;d'Ohsson, Ⅰ.167. 1212 年一位信仰景教的乃蛮王子"篡夺王位自立为可汗。"见鲁布鲁克,同上,第 110 页。

③④ Rockhill 前揭书,第 110、17 页。

⑤ d'Ohsson,《历史》,第一卷第 54 页;Howorth 前揭书,第一卷第 22、698 页。

⑥ Rockhill 前揭书,第 111 页。

信仰与亚美尼亚人、希腊人以及欧洲法兰克人的信仰相提并论,他那句有名的话是这样说的,"……将用矛和剑挑起的战争远播至希腊人、法兰克人、游牧的土兰人以及亚美尼亚等人的国家。除了这些国家,在突厥人的国家中会有什么基督徒,如果不算散布在其中的那些渺小卑鄙的景教徒?"①

在这里这位穆斯林的辩护者,又是英勇而不幸的 Tabaristan 的 Māzyār 的前任秘书,明确指出土兰人和突厥人之间的区别。后者大部分人是穆斯林,他简称为"突厥人"(Turks);但是对前者,因为信仰基督教,便使用了"突兰人"(Turaians)这个蔑称,一个民族主义的"伊朗"波斯人在提到突厥人时也可能使用的名称。

## (二)宗教会议和主教辖区

这里我们将列举阿姆河两岸诸国的主教辖区。如果一座城市被认为值得提升为主教辖区,甚至大主教辖区,那么就不能否认在该城中或者周围有着相当数量的基督教徒。这里我们甚至不可能粗略地估计出从近代波斯的中心远到亚洲大陆最东端的广大地区里在古代曾生活的基督教徒的数量,而且凭借我们所掌握的资料也很难做出估计。但是可以毫不夸张地说,在这广大地域内几乎每个地区都散布着基督教徒,而且在某些城市和地区他们拥有很强的势力。他们的人数的多少很可能是由一个地方作为商业中心或商队必经通道的重要程度决定的。我们可将该区分成两大地理区域:(1)河西岸地区;(2)河东岸地区。第一区域内的主教辖区按字母顺序排列如下:

### 1. 河西岸

Abīward 或 Bāward,该区在 Merw 沙漠边缘呼罗珊的西北部。公元554年的 Joseph 宗教会议上提到该区的约翰主教(p.366)。② 此教区还包括邻近的 Shahr Phirūz 城。

Abrashar,在呼罗珊地区,现代的 Naishapur 城就建在该区内。Abrashar 又叫做伊朗城(Iran Shahr)。424年的 Dadishō 宗教会议提到了该区的大卫主教(p.285),497年的 Bābai 宗教会议还提到该区另一位主教约翰(Yohannis, p.310, p.311, p.316)。就在前一年该教区范围扩大,包括 Tūs 城在内。它有别于在 Mūkān 以 Hamshahrah 之名为人熟知的另一 Abrashahr。见 Le Strange 的著作《东哈里发国家的土地》(Lands of the Eastern Caliphate),第176页。

阿模尔(Amul)③,在 Tabaristan 境内,Damawand 以北。554年的约瑟夫(Jo-

---

① 《宗教与帝国书》(Book of Religion and Empire),我的版本第156页。
② 除另外说明,所有资料都来自《东方会议纪要》(Synodicon Orientale)。
③ 它不是阿姆河左岸 Merw 城东北约120英里处的那个阿模尔城。参见 Le Strange:《东哈里发国家的土地》(Lands of the Eastern Caliphate),第403—404页。

seph)宗教会议提到其主教 Sūrin(p. 366)。

阿尔兰(Arran),在阿拉克斯(Araxes)河和库拉(Kur)河以北,里海以西地区。420 年雅巴拉哈宗教会议提到其主教(p. 276,p. 619)。

Badisi,或 Bādhgis,该区在赫拉特(Herat)以北。它是突厥嚈哒可汗的领地。585 年 Ishō'-Yahb 宗教会议提到其主教 Gabriel(p. 423)。

Bist(或 Bust),该城在 Sijistan 境内 Helmund 河附近。544 年 Aba 宗教会议提到其主教 Sergius(pp. 343—344)。

Būshanj,在赫拉特以西,格里鲁德(Harirūd)河附近。585 年 Ishō'-Yahb 宗教会议提到其主教 Habib。

Dailūmāyé(Beith),该省在里海附近。早在 225 年它已是主教辖区。① Sachau② 认为这是指 Dailamistan,但是根据 Yākūt(Mu'jam,ii. 711,edit. Wüstenfeld),它是 Shahrzūr 附近的村庄,曾是萨珊国王们休憩的地方。

Farah,该城在 Sijistan 境内 Helmund 河附近。544 年 Aba 宗教会议提到其主教 Yazd-Afrīd(pp. 343—344)。该教区后来与该城东南部的 Kash 城教区合并。

赫拉特,该城在呼罗珊,现代阿富汗(Afghanistan)的西北部。424 年 Dadishō 宗教会议提到其主教 Yazdoi。486 年 Akāk 宗教会议提到另一主教 Gabriel;497 年 Bābai 宗教会议提到第三位主教 Yazdād;第四位主教 Gabriel 参加了 585 年的 Ishō'-Yahb 宗教会议(p. 285,p. 299,p. 301,p. 311,p. 423,p. 602)。

Jilān(或 Gilān),该省在里海西南岸。554 年 Joseph 宗教会议提到其主教 Sūrin(p. 366)。这里我们要提到 Jilān 的 18 位殉道者,他们在沙普尔二世(Sapor Ⅱ)统治时期 351 年 4 月 12 日遇难。(Bedjan, Acta Mart. iv. 166—170)。根据 Barhebraeus 记载,使徒 Addai 使戈兰人归向基督。

Jurjān,该省在里海东南岸。497 年 Bābai 宗教会议提到其主教 Abraham;576 年另一位主教 Zāra 参加了 Ezechiel 宗教会议(p. 301,p. 311,p. 316,p. 368)。

Kādistan,该区在赫拉特附近。585 年 Isho-Yahb 宗教会议提到其主教 Gabriel(p. 423)。

Khamlikh,该城在 Hyrcania 的 Khazars 境内,里海附近。'Amr 提到该教区③,而且 Gismondi 把它错印成 Halah 和 Halih。Sachau④ 纠正了这个错误,他正确参考了 Yakūt 的《地理词典》,第二卷第 437 页。

---

① *Mshiha-zkha*,见《叙利亚语史料》,第一卷第 30 页。
② *Ausbreitung*,p. 9.
③ *De Pat. Nest. Comm.*(edit. Gismondi),p. 126,p. 132.
④ *Ausbreitung*,p. 22.

Merw，呼罗珊北部的一座名城。424 年 Dadishō 宗教会议提到其主教 Bar Shabba①；出席 486 年 Akāk 宗教会议的是它的另一位主教 Parūmai；497 年 Bābai 宗教会议上是其第三位主教约翰；544 年 Aba 宗教会议和 554 年 Joseph 会议上是其第四位主教大卫；585 年 Ishō'-Yahb 宗教会议上是第五位主教乔治（p. 285，p. 306，p. 310，p. 315，p. 328，p. 332，p. 366，p. 367，p. 423）。

Merw-ar-Rūd，由萨珊国王白赫兰四世（Bahram IV）所建立，Merw 城往南约四天的路程处。544 年 Joseph 宗教会议提到其主教 Theodore（p. 366）。

Ray，以前是 Jibāl 省东北部的重镇，在现代 Teheran 的东南约 30 英里处。424 年 Dadishō 宗教会议提到其主教大卫；出席 486 年 Akāk 宗教会议和 497 年 Bābai 会议的是其另一位主教 Joseph；544 年 Aba 宗教会议提到其第三位主教 Daniel。

Rukhut，该城在 Sijistan 境内。544 年 Aba 宗教会议提到其主教（pp. 343—344）。

Sijistan，现代阿富汗境内的著名省份。424 年 Dadishō 宗教会议提到其主教阿弗雷德（Afrid）；出席 544 年 Aba 宗教会议的是其另两位主教 Yazd-Afrid 和 Sergius；第三位主教 Kurmah 参加了 576 年 Ezechiel 宗教会议（p. 285，p. 339，p. 343，p. 368）。

Tūs，呼罗珊的古代首府，其遗址在 Mashhad 西北约 15 英里处。497 年 Babai 宗教会议提到其主教约翰（Yohannis, p. 311, p. 316）。从那时起该教区把 Abrashahr 城也包括在内。

Zarang，Sijistan 的重镇，544 年 Aba 宗教会议提到其主教 Yazd-Afrid（pp. 343—344）。

## 2. 河东岸

这里我们要涉及到现代的东西突厥斯坦、蒙古、满洲、华北和西伯利亚东南部。可惜，景教的宗教会议对这部分的研究没有任何帮助。因为这些地区远离总主教府，其主教不大可能和他的同事们一起出席宗教集会。其同事们的教区靠近萨珊王国以及近代阿巴思德（Abbasid）首府，总主教就住在这里，而且他如同中世纪的教皇一样拥有无限精神权力。确实，'Abdishō' 在其《宗教会议准则》（Synodical Canons，第十九章）一书中告诉我们印度、中国、撒马尔罕的大主教由于路途遥远可以免除参加一般的宗教会议，但是他们必须每隔六年给总主教写封信表示服从管理，反映其教区内精神上和道德上的需求。②《会议的官方议程》（The official Acts of Councils）因缺乏现代学者感兴趣的材料，也不能提供帮助，所以我们要注意那些会议史学家、通史学家以及偏远地区的主教、大主教与总主教之间的官方

---

① 参见《塔之书》第 23 页和 *Chronique de Seert*，第二卷第 253—258 页。
② 参见 Assemani，*B. O.*，第三卷第 347 页和第四卷第 439 页。

信件。

我们认为正是由于遥远的距离使东正教的官方教团在宗教外形以至教义的细节上与19世纪中叶探险家发现的基督教古碑所表现的有细微的分歧。甚至在那些地位毫不逊于 Mopsuestia 的 Theodore 以及 Narsai 的神父们在礼拜仪式中使用的祈祷文上也可以看到这种分歧。由于环境的影响,偏远地区的主教们远离西方的弟兄们而独自奋斗,他们必须尽力协调好自己的精神世界和宗教职责。

萨珊王朝文明地区的叙利亚作家对于阿姆河彼岸遥远地区诸民族的人种特征只有模糊不清的认识,而且对那个地区的地理常识也很贫乏。就此点而言,他们如同许多后起的穆斯林及希腊学者,对那些地区的认识只能用笼统的词语来概括:ma warā,annahr,"河的彼岸","河"即阿姆河。据我们所知,直到中世纪后期,即蒙古人迅速席卷并征服文明世界时,未曾有过叙利亚作家提到"蒙古"这一名称。当叙利亚史学家讲到阿姆河彼岸的事件时,通常是指临近的突厥人或匈奴人,因为与他们交往较为密切。惟独本文献的作者不同于其前代的以及直到蒙古入侵的后代作家,他使用更准确的人种名称"Tatar"来描述他们,后代一些无知的欧洲人却将其改成了源自 tartarus "地狱"的 Tartars(参见 Matthew Paris 那句有名的话)。在蒙古帝国基督教徒有时被冠以 Tarsa 之名,但更经常使用 Arkägün 这个名称。[1]

除了本文献所提供的资料外,叙利亚文献中最早提到突厥地区有主教辖区的是《马尔·阿巴生平》(Life of Mar Aba),而且我们已引述过该文献,它的年代可追溯到公元549年。但是不巧该史学家没有告诉我们新任命的主教所在城市的名字。

当后来整理编辑宗教会议的法律决议的人提到阿姆河彼岸的教区时,只简单地称之为"突厥大主教",即突厥斯坦。该大主教手下可能有许多副主教。我们从这一事实得出此观点:在约管辖180位主教的景教高级大主教中,突厥大主教排在第十位,在 Razikāyé[包括 Ray、Kum 和喀山(Kāshān)], Heriwāné 即赫拉特、亚美尼亚以及中国(秦和马秦)和爪哇大主教的前面[2],爪哇大主教排在第十五位。

另一方面,根据'Amr 所整理的珍贵的阿姆河彼岸和远东的景教大主教们的非正式名单[3](它是按优先顺序排列的),我们得知:第14位,中国大主教;第15位,印度大主教;第21位,撒马尔罕大主教;第22位,突厥大主教;第25位,翰八里(Khān Balik)和 Fālik 大主教;第26位,唐古特大主教;第27位,喀什噶尔和 Nuākith 大主教。

---

[1] 见伯希和:《通报》,1914年,第636页;《史集》,第470页,该词写作 Arkāoun。

[2] *Synod. Orient.*,pp.619—620.

[3] *De Pat. Nestor. Comm.*,p.73(译本)。

'Amr 认为上述每位大主教管辖 12 位或 6 位副主教,以此可看出景教教会在阿姆河彼岸的实力。

大马士革大主教 Elijah 所列的景教大主教名单①,是不够全面准确的,他仅提到撒马尔罕(Samarkand,被写作 Kand)。这位大主教由于远离事件的舞台,对波斯以外教会的准确情况知之甚少。

在中亚和远东,那些如'Amr 所言可能管辖 6 或 12 位主教的大主教们所在的主要城市有:撒马尔罕、喀什噶尔、和田(Khatai)、唐古特和翰八里。下面我们将给出叙利亚文献和涉及基督教的阿拉伯文献中有关这些大主教辖区的史料。

撒马尔罕是古代索格底亚那(Sogdiana)省的重镇,位于索格底河畔,布哈拉(Bukhara)以东约 150 英里处。根据'Abdishō'(《宗教会议典范》第十五章),此城由总主教 Sliba-Zkha(任期为 712—728 年)提升为大主教区,然而根据其他权威著作,它是由总主教 Ahai(任期为 410—415 年)或者 Shila(任期为 505—523 年)擢升的②,但是我们认为后两个日期太早了。可惜前面所引的总主教 Timothy 的信件里,也没有提到他所任命的"突厥主教"所在的准确城市。

该区的另一已晋升为大主教区的重要省份是唐古特省。该省曾建立一个国家,中国人称之为西夏(Hsi Hsia)。它从公元 1004 年到 1226 年统治着现在的甘肃省和邻近地区,最后为成吉思汗所灭(参见多桑:《蒙古史》,第一卷第 307 页,德译本)。该区教民内可能有相当数量的突厥人和蒙古人。它东面和南面与宋朝相邻,东北与契丹(Khitan)接壤,北与鞑靼、西与回鹘相毗邻。该城中基督教徒人数众多,而且前面提到的两位僧侣扫马和马科斯也为他们的宗教热忱作见证:"他们从那里取道唐古特。当城中居民听到神父扫马和马科斯途经此地去朝圣,无论男女老幼,都积极前往拜见他们,因为唐古特人信念坚定,内心纯洁。"③我们经常在叙利亚文献中见到其大主教们的名字。例如,'Amr④,曾与其他主教们一起使雅巴拉哈三世就任圣职,就提到"唐古特大主教"Ishō'-Sabran。⑤ 在此我们可以参考前面引述的总主教提摩太讲到有关为吐蕃立主教所说的话,因为这位主教的所在地很可能就是唐古特,那么它升为大主教区可能在公元 8 世纪末,或者大约 790 年。⑥ 中国境内《大秦景教流行中国碑》中提到的"西安府"可能就在唐古特的管辖下。

景教大主教的第三座重镇是喀什噶尔。它是新疆的著名城市,历史上实际曾

---

①② Assemani, *B. O.*, Ⅱ. 458—460, Ⅲ. 346.
③ 《雅巴拉哈史》,第 17—18 页。
④ *De Pat. Nest. Comm.*, p. 72.
⑤ 关于中世纪后期的唐古特参见《史集》,第 597—599 页。
⑥ 关于它的准确位置,详见 Bonin:《亚洲杂志》,第 585 页,1900 年。

是新疆省的最重要的中心。13世纪由于饥馑和战争,它几乎被完全毁坏,当神父扫马和马科斯路经此地去朝圣时,看见这里荒无人烟。然而我们知道在此40多年前,约在1180年总主教Elijah三世(任期为1176—1190年)为它任命了两位大主教:主教约翰和他死后继任的主教Sabrisho'。①

公元845年中国皇帝下旨命令所有的僧侣,无论佛教徒,还是基督教徒,都要弃教还俗。② 然而基督教似乎没有受到很大的影响。因为在一份早期的重要报告中,当时的总主教Theodose(任期为852—858年)仍提到撒马尔罕、印度和中国的大主教。③

叙利亚文献中没有记载在中国首次设立大主教的准确时间。然而我们确信它的时间相当早。总主教Timothy在他的著作《书信集》中④,提到在公元790年中国大主教去世了;而且前引的Marga托马斯的文章也告诉我们大约公元787年中国大主教名叫大卫。这些表明8世纪之前中国就是大主教的所在地。如果我们假定不晚于7世纪或约670年景教教会就在中国设立了大主教,这个假设与真实的情况也不会相差太远。西克教授⑤(Prof. Saeki)提出较可信的假设:总主教Timothy任命上述的大卫为中国大主教,接替有名的西安府景教石碑中的Ching-Ching Adam之位。该著名的石碑建于公元779年(关于此日期见下),它所提供的信息也可推出同样的结论。

我们要更进一步介绍基督教在中国的传播情况。我们在编辑翻译的该文献列举了四位信仰基督教的突厥可汗之后,接着补充道:他们都有共同的称号"Tatar",其汗国名为"Sericon"(或Serikon)。我们确信无论该文献的作者是谁,他一定与蒙古和华北的住民有来往。我们在此应留意Tatar这个有名的称号。而且:

1) Ptolemy的地理著作为叙利亚人熟知。⑥ 他们的地理学、天文学和占星术著作证实了该事实。这位卓越的希腊地理学家的部分著作甚至可能是由塞里吉斯(Sergius)翻译的,他是Resh'aina人,536年去世。⑦

2) Ptolemy的地理著作中有一章专门介绍Serice或者Serike(第六卷第十六章)。据他记载,该国西面隔Imaus与西徐亚(Scythia)毗邻,北邻Terra Incognita,

---

① 'Amr, *De Patriar. Nestor. Commentaria*,译本第64页。
② 见西克:《景教石碑》(Saeki, *The Nestorian Monument*),第47页。
③ Assemani, Ⅵ. 439.
④ 《提摩太书信》(*Timothei Epistoloe*), p. 109 (in C. S. C. O.).
⑤ 《中国境内的景教石碑》,第17—18页。
⑥ 参见约翰·瑞兰兹科书馆中第44号叙利亚文手稿,还有Barhebraeus的著作 *Mnā rath Kudhshe* 中的地理部分等等。
⑦ 666年去世的Severius Sabokht也可能翻译过该著作。

东至东 Terra Incognita,南面与恒河彼岸印度的部分地区以及 Sinae 接壤。在 Cathay① 一书所引用的 Ptolemy 文中的一个脚注后,编者又加了一条,即这里所说的 Serice 毫无疑问主要是指中国西域。(同上,i. 20sq.)。关于这点参见刊布在 C. S. C. O. 中的叙利亚文地理著作《地理描述》(Description of the Earth)的残片(声称是埃及国王 Ptolemy 所作)。② 在第 211 页讲到,Serikus 国在西徐亚东面,至少包括 16 座城市。再参见同上(p. 213),Seriko 民族和西徐亚人势均力敌。

3)该文献的叙利亚作者对于华北和蒙古使用了最初由 Ptolemy 指定的名称,他很可能是在 Ptolemy 著作的希腊文或叙利亚文译文中读到的。因为大约到 9 世纪中叶希腊语成为东西叙利亚学校中的必修课。这些似乎都表明这份叙利亚语文献年代久远,在中世纪甚至中世纪之前就已成书,而中世纪的作家们在书中使用"蒙古利亚"或"契丹"(中国)诸如此类的名称。在叙利亚文献中最早提到中国时写作 Sin,Baith Sinayé 或 Sinistān,如果我没有弄错,时间是在 8 世纪。而且所有涉及这些名称的文献都已经或将要被引述。它们是中国的景教石碑,总主教 Timothy 的信件和 Marga 的托马斯的史书。最早提到中国的叙利亚作家是 Bardaisan③,他称该国为 Sher"Seres",其人民为 Sherā yé"Sereans"。叙利亚语 Sherāya"丝绸"源自单音节词 Sher,正如拉丁语词 Sericum 源自"Seres"。

我们还要附带说明一下,希腊人称西域和中国为"Serice"(来自 Seres),尽管很明显景教作家并不熟知这个词,而一些西部叙利亚作家却借用了。一本较早的 Monophysite 著作④称中国人为"Serikāye";但是关于该点最明白清楚的叙述,莫过于厄德萨的雅各(Jacob of Edessa)⑤,他写道:"这时在大亚洲这些帝国开始崛起,但不在印度及其北部,而是在 Seriki 地区,它叫做 Tasishnistan(元音不确定)。"在叙利亚人 Michael 的史书中如实记录了这句话。⑥

中国和美索不达米亚之间的交往始终频繁而活跃。一位国王若想吓唬基督教主教就会威胁说要把他流放到中国⑦,因为往返于波斯湾和中国之间的航船几乎每天都有。⑧

我们认为该文献中的地理名称 Sericon 与萨里库尔没有任何联系,萨里库尔是中国帕米尔的山区,许多旅行家曾讲到它,该区的首府现在是塔什库尔干,距塔喀

---

① Yule-Coudier 整理的书,I. 194。
② 第三系列,第 6 卷,第 202—213 页。该著作据称是 6 世纪末 Zacharias Rhetor 作的。
③ 《律法书》第二卷第 583 页。另见《托马斯行传》中所谓的"灵魂赞美诗",载于 Bedjan 的《圣徒殉道记》第三卷第 113 页。
④ In Lagarde's Analecta Syriaca,pp. 206—207.
⑤ 《少数民族编年史》(Chronica Minora)(C. S. C. O.),p. 283。
⑥⑦ 第一卷第 120 页、第二卷第 528 页(edit. Chabot)。
⑧ 同上第三卷第 61 和 84 页,以及许多其他作家。

尔玛(Tagnarma)牧场约 15 英里,在通往喀什的主道上。目前这里居住着来自西亚的操雅利安(Aryan)语的许多居民。参见 A. 斯坦因的《中国沙漠中的废墟》(*Ruins of Desert Cathay*)i. 89 seqq. ,以及 Ella 和 P. Syke 的《穿越中亚的沙漠和绿洲》(*Through Deserts and Oases of Central Asia*),第 148 至 174 页。

公元 1063 年总主教 Sabrisho 三世派主教乔治前往 Sijistan,并从那里去远东的第四个主教区:华北的 KHATAI。①

这里需适当评论僧侣马科斯,他是蒙古皇帝阿鲁浑使团的一位英雄,1280 年由总主教 Dinha 任命为契丹(Khatai)和 Ong(Hwang?)的大主教。② 当时该教区包括华北部分地区和满洲,可能也包括称作黑契丹(Kara Khitai)的部分东突厥人和蒙古人。③在一些语言中,该名称与 Khata 或 Cathay 一样指称华北甚至全中国。④仅依据叙利亚文史料我们无法确定该教区所在城市的名称和位置。如果我们没有被误导,11 世纪以前 Khatai 没有大主教。公元 1254 年鲁布鲁克的修道士威廉(in op. sup. laud. ,p. 244)提到中国主教。在 Barhebraeus 的《叙利亚编年史》,志费尼的《世界征服者史》(Gibb Mem. i. 15 等)和拉施德的《史集》(同上,p. 328,等)中,Khatai 大致相当于华北。有关黑契丹的界线,参见拉施德的《史集》(同上,p. 397)。

中国的另一主教区是哈密(Kamul)城,叙利亚文献中记载有它的名字,1266 年其主教约翰参加了总主教 Dinha 的授职典礼。⑤ 在蒙古语中该城叫作 Khamil,汉语中作 Hami。关于该城参见 Yule-Cordier 的《马可·波罗游记》,同上,i. 211。

这里我们要回顾景教总主教雅巴拉哈三世的生平。我们已多次提到他有意义的一生,他出生在中国,在陕西南部汉中(Kaushang)⑥长大,他一生的挚友和同伴扫马是翰八里人,有人认为它是现在的北京。然而 'Amr⑦认为总主教出生在上文讨论过的 Khatai。

根据'Amr 的名单第五座大主教区是 KHAN BALIK 和 Fālik。Sachau⑧认为翰八里(Khān Bālik)就是彰八里(Jān Bālik)(在阿拉伯文中只是一个小点的简单变化),Bonin⑨认为它就是乌鲁木齐,从中国通往伊犁(Kulkja)北道上的一座城市,

---

① Mari 的《塔之书》,译本第 110 页。
②③ 《雅巴拉哈史》,第 28—29、29 页。
④ 参见 W. Yule-Cordier:《马可·波罗游记》,同上,第一卷第 11 页以及 A. Stein,同上,1920 年 H. Cordier 的《注释和补编》,第 53—54 页。
⑤ 'Amr,同上,第 70 页。
⑥ *Vie*,p. 9.
⑦ *De Pat. Nest. Comm.* ,p. 71.
⑧ *Ausbreitung*,p. 22.
⑨ 《亚洲杂志》,第 587 页,1900 年。

新疆省的行政首府；它又称作别失八里（Bish-Bālik）。另一方面，Sachau 把 Al-Fālik 校正为 Al-Bālik（= Ili-Balik），而且 Bonin（同上）认为它是阿力麻里（Almalik，即现在的霍城——译者），Marquart 在其著作（*Osteurop und Ostas Streifz*, p. 498）也持此观点。对此参见拉施德的《史集》（同上，p. 470）。

'Amr 在名单中提到的 Nuākith（= Nawākāth）主教区在突厥斯坦（Turkstor）境内，阿拉伯地理学家 Ibn Khurdadbih 和 Kudāmah① 也提到该点。而且 De Goeje 记录了从塔拉斯（Tarāz）到那里的路线；巴托尔德（W. Barthold）在其专题报告 *Zur Gesch. des Christentums in Mittel-Asien* 中也指明了这一路线②（参见 Marquart, *Eranshahr*, p. 82）。

建于公元 779 年（关于此日期见下文）的中国景教石碑上记载有一位主教约翰的名字，可惜没有提到他所在的城市。而且鲁布鲁克的修士威廉讲到 Segin 城内一个景教主教团管辖的教区，通常这城被认为就是西安府（Hsi-an-fu），八九世纪中国的基督教中心。有人认为 13 世纪时该城不叫做"西安府"，而是它的古名"长安"，威廉所说的 Segin 即源自该名。但是有人对该城中的主教区提出异议，其理由是如果城中有主教，那么前面的玛尔·雅巴拉哈和拉班·扫马使团从陕南的汉中去西亚途中应拜访他。这是所有争论中最站不住脚的论据。难道这两位前往耶路撒冷朝圣的僧侣不能自由选择最适合自己计划的路线吗？难道他们在游记中恰巧没有提到的主教我们就可以认为是不存在的吗？

景教教会的活动也延续到这段值得纪念的时期。Barhebraeus 在古希腊历 1590 年（公元 1279 年）记载了下列事件："这年呼罗珊 Tūs 城的主教是位名为西门（Simeon），姓为"Kālij 之子"的人。大主教 Dinha 擢升他为中国的主教，但他在去中国之前就表现出对大主教的反抗。于是大主教去阿塞拜疆（Adhurbaijan）的 Ashnu（Ushnaj）城，命令主教到他那里去一趟。"③

《印度历史》④这份文献告诉我们，1503 年景教总主教 Elijah 五世晋升了下列大主教：雅巴拉哈，Dinha 和雅各，并且派他们去印度、中国和爪哇。

## （三）遗迹和碑铭

这里仅就叙利亚文史料，做如下分析：

**1. 大秦景教流行中国碑（西安府碑）**

以对非常著名的西安府石碑的研究作为这部分内容的开始，是再合适不过

---

① 《圣经地理》（*Bibliotheca Geograph.*），Goeje 编阿拉伯文本，第六卷第 28、29、205、206 页。
② *In op. suprà. laud.*, p. 157.
③ *Chron. Eccles.* III. 449.
④ *Assem. B. O.*, III. 591, sq.

了。自从该石碑于1625年3月在Chou-chih城附近出土以来,许多评论家已对碑文进行了编辑、翻译及评介。据我们所知,这方面最新最完备的著作是西克教授的《中国境内的景教石碑》(S. P. C. K.,1916)。我们试图就石碑中叙利亚文部分做如下分析:

1)(第265页,第5、14行)① 杰出的学者们已写过许多文章来讨论石碑的修建时间,即希腊历1092年。与总主教Hnānishō'去世的时间对照来看,该碑是在他在任时修建的。我们认为可用下列方式解决历法换算方面的困难:

叙利亚学者都知道这一事实:按照叙利亚教会的算法,古希腊历元年是从公元前309至313年间开始的。但通过对叙利亚编年学家及史学家著作的仔细研究,我得出这样的结论:从给定的古希腊历日期减去311年不一定能得出可靠准确的公元纪年。这要视具体情况而定。因此,碑文中的古希腊历1092年可能对应公元779至783年中的任一年份。Assemani及以后的一些史学家同意'Amr②的观点,他认为Hnānishō'总主教逝世的年代是古希腊历1089年,但是这位著名的信奉基督的阿拉伯作家所提供的日期并非总是完全可靠的,他在把复活节的日期换算成希腊历时就算错了。然而令人高兴的是年代学家Nisibin的Elijah给我们提供了伊斯兰历纪年,把我们带出希腊人纪年的复杂迷宫。据他记载③,Hnānishō'在伊斯兰历159年上任,任满四年后逝世。因此他应逝世于伊斯兰历163年。是年,Timothy继任(Elijah,同上,p.184)。伊斯兰历159年始于公元775年10月31日,伊斯兰历163年始于公元779年9月17日。Māri④认为Timothy于伊斯兰历162年赴任。但我认为他犯了个小小的错误,用这个事实很容易解释清楚:伊斯兰历162年始于9月28日,也就是说,比景教教历第二年的开始只早两天,景教教历这年开始于9月30日黄昏或10月1日前夕。

Hnānishō'死后总主教职位空缺一年多,'Amr所提供的这则消息似乎毫无根据。确实,Barhebraeus⑤,Elijah⑥等史学家一致认为Timothy晋升总主教(尽管有些暗中进行的意味)延迟了2到4个月,这是在东方选举总主教的正常停留期限,而且所有史学家都同意Hnānishō'任满四年总主教。

确定了Hnānishō'逝世的准确年代,接着我们该解决公元8世纪古希腊历与伊斯兰历换算的问题。我们很高兴可以通过绝对正确的资料用可靠的方法来解

---

① 参见西克的著作。
② *De Pat. Nest. Comm.*,p. 37.
③ *Opus Chronologicum in C. S. C. O.*,vol. Ⅶ. of the 3rd series,p. 183.
④ *De Pat. Nest. Comm.*,p. 63.
⑤ *Chron. Eccles.*,Ⅱ.166.[ZW)]
⑥ Mā ri[ZW(]De Patriar.,p. 63.

决该难题。存于约翰·瑞兰兹图书馆的第四号叙利亚文手稿涉及到《圣经》以及礼拜仪式事项,它是由一位中国抄写者根据存于北京的景教原稿抄录而成的。它可能最初就在那里写成,或更有可能是景教石碑中提到的传教士从中东带到那里的。因为它比该碑的建成只早 28 年(见下文)。幸运的是,手稿的末页上既注明了希腊纪年又有伊斯兰历年代。希腊纪年是用字母而不是用数字标明的,所记的希腊年代 1064 年与伊斯兰历 134 年相对应,它也是用字母而不是用数字表示的。这无疑证明了 8 世纪美索不达米亚和中国的景教徒用公元前 313 年,而不是用 310 或 311,甚至 312 年来换算古希腊纪年,因为只有从古希腊历 1064 年减去 313 年才得到伊历 134 年。这一及时发现使景教石碑所记的古希腊历 1092 年对应于公元 779 年,即总主教 Hnānishōʻ 逝世的那年。因此西安府的景教石碑建成于 779 年,而不同现在所认为的 781 年,这样石碑的年代与 Hnānishōʻ 总主教的逝世时间相吻合。

2)(第 267 页,第 1 行)第一行写着"约翰,执事和 Yadha"。人们把最后一词译成"和秘书"。这样的叙利亚语词是不存在的,而且我们认为这种译法是不可取的。Yadha 是 Ihidhāya"僧侣"一词的缩写,常出现在文章的首行。该词在该行采用缩写形式,是为了给叙利亚文后面的汉字留下空间。因此上面那行应译作"执事和僧侣约翰"。

3)(第 265 页,第 17—18 行)碑文中提到神父 Yazdbōzid 的名字,他是 Tahuristan 的 Balkh 城神父 Miles 之子,当时做 kumdan 的主教。叙利亚作家在人名后附加波斯语词缀 Sitān,来说明他出生、成长或生活在波斯东部,而不是波斯西部。波斯西部的叙利亚人使用"Beith Tahūrāye"这一词组来表示"Tahuristan"。无疑,石碑中以叙利亚语名记录的基督教传教士即使不是全部,也有大部分是波斯人。确实,景教教会大部分成员以及中坚分子总是来自于我们今天称作"波斯"的这个民族。

2. 墓碑

公元 1885 年几位俄罗斯探险家首先发现西伯利亚南部俄省七河(Semicyecnensk)或比什凯克(Pishpek)与托克马克(Tokmak)城附近俄罗斯所属中亚地区的约属 13 或 14 世纪的两个景教公墓。据我所知,自那年起有 630 多块有叙利亚铭文的墓碑或被拍照或被送到了欧洲重要的博物馆,主要送到俄国。1886,1888 和 1896 年 D. A. Chwolson 教授承担它们的解读工作,已将三部连续的著作交给圣彼得堡科学院。这些珍贵的著作奠定了后来研究的基础,其中俄罗斯学者 Kokowzoff 的报告最有价值,最为详细。迄今所发现的墓碑最早不超过 9 世纪中期,最晚约属于 14 世纪中期。参见《亚洲杂志》(1896 年第九编),第八卷第 428 页和 Z. D. M. G. 第十四卷第 520 至 528 页上 Nöldeke 的文章。

十字架形的墓碑在满洲里(《亚洲杂志》,同上,第 428 至 429 页)也有发现,而且该国可汗 Nayan 是位基督徒,在他的旗帜上印有十字架。

上述碑文中所记日期采用景教教会的古希腊历纪年和突厥一蒙古的 12 生肖纪年:鼠、牛、虎、兔、龙、蛇、马、羊、猴、鸡、狗和猪。

在那个被世人遗忘的角落里的基督教社团肯定相当庞大,因为在 Chwolson 所刊布的约 300 人的墓碑中有 9 位副主教、8 位教会的法学和《圣经》翻译博士、22 位访问者、3 位评论家、46 位学者和一批数目惊人的神父。

该基督教团的人名对于研究突厥人名学非常有意义。你会不时发现一些人名有希腊词源而不同于《旧约》和《新约》中的人物的名字,它们的独特之处在于是 Kushtanz 的使用,Chwoson 认为它与 Constance 一样,是变化的复合词中的第 2 个词,所以我们常遇到这样的名字,例如 Mary Kushtaz,Rebecca Kushtanz,Saliba Kushtanz 等。这些人名的另一特点是叙利亚语抽象名词和具体名词的并用,显然这是由于该地区基督教教名贫乏而造成的。我们发现 Shlāma(平安)、Taibūtha(恩惠)、Shilya(宁静)、Shliha(使徒或赤裸者)、Simha(光)、Pisha(逾越)。有些人名还与他们或其父辈来自的国家有关。一位妇女名叫"中国人 Terim①",一位神父名为"回鹘人 Banūs",而且一位教外人名为"印度人 Sāzik",另一位是"喀什噶里的 Kiamta",还有一位是"蒙古人 Tatta";另一位 periodeuta "Sāh-Malik" 是 Tūs 城乔治的儿子;还有 6 人与"阿力麻力"城有关。所有这些人名暗示着中亚、远东地区信仰基督教的不同民族间保持着密切往来。如果没有这样的交往,我们就无法满意地解释这个事实:在一个公墓里同时葬有来自中国内地、印度、新疆、西突厥斯坦、蒙古、满洲、西伯利亚、波斯的人。

为了使读者对这些重要的墓碑有所了解,我们将列出其中五篇译文:

(Chwolson, vol. Ⅲ, 18, No. 66.):"1623 年,猪年。可敬的长者神父彼得之墓。"

(Chwolson, vol. Ⅰ, 14 和 vol. Ⅱ. 55):"1627 年,龙年,突厥语为'lowū'。著名评论家和教师 Shliha 之墓。他用智慧之光照亮所有的修道院,他是令人敬畏的智慧的评论家 Peter 之子。他声如洪钟。愿我主将他纯洁的灵魂归在义人和神父们之中。愿他享受一切天上的福乐。"

(Chwolson, vol. Ⅲ. 16, No. 52):"1616 年,突厥蛇年。蒙福的长者、优秀的神父、副主教 Sabrishō' 之墓。他为教堂做出突出贡献。"

(Chwolson, vol. Ⅲ. 14, No. 47):"1613 年。蒙福的长者、神父 Isaac 之墓。他为该城做出许多贡献"。

(Chwolson, vol. Ⅲ. 16, 57):"1618 年,羊年。信徒 Jeremiah 之墓。"

---

① "Terim"这个名字在碑文中经常出现,无疑是新疆著名的 Tarim 塔里木河的名称的变形。

### 3. 有关礼拜仪规的文献残片

1) 1905 年德国探险家冯·勒柯克在新疆发现《景教每日祈祷书》和《礼拜仪规》的部分残页。Sachau 已将它们编辑并翻译发表在 Sitzung, *d. kon. Preus. Akad. d. Wissen.* 1905, pp. 964—973。

Sachau 已证实大部分段落出自景教徒 Gazza 和 Hudhra 之手,并且确认这些有意义的文献中使用的字体属于 10 或 9 世纪,后者可能较前者更准确。Sachau 所不能确定的段落在教会崇拜仪式书的许多手抄本中也有发现,甚至有些在 Bedjan 所出版的 *Breviarium Chadaicum*(巴黎,1886)一书中也得到证实。

2) 在第 973—978 页 Sachau 还发表了勒柯克在新疆的另一发现,它是一页粟特语叙利亚文的基督教论说文文献。粟特语是中亚的中古波斯方言的一种。

还有一些比这个更重要的粟特语残片,也是用叙利亚文书写的,由 F. W. K. 缪勒发表在下面将讲到的《论文集》中。在该刊物第 87—88 页中还有用叙利亚语和叙利亚文写的《信经》,它是景教的官方书,一般认为是尼西亚公会的牧师们所写的。

3) 与上述发现同样重要的是存于约翰·瑞兰兹图书馆的第四号叙利亚文手稿。它是 1727 年之前由中国人抄在中国纸张上的一个抄本,它是一部关于古代叙利亚《圣经》和宗教仪规的书,1727 年仍保存在一位在北京的清朝官员手中。

中国抄写者所依据的原稿显然仍在中国。它标明的日期是希腊历 1064 年,伊斯兰历 134 年,在 Nisibin 大主教 Cyprian 在任期间写成。在题记中出现 Nisibin 大主教的名字,这似乎表明把原稿带入中国的传教士中至少有一位是在东叙利亚教会那个著名教区的管辖下。关于该手稿的详情参见《约翰·瑞兰兹图书馆叙利亚文手稿简要目录》。它既不是完整的《圣经》,也不是全面的礼拜仪规书,更不是纯粹的崇拜仪式书,它吸收了三者的精华,融《圣经》、礼仪、日祷为一体,便于传教士随身携带,满足他的各种需要。

4) 在 Diarbekr 的 Chaldean(Nestorian Uniate)主教区的图书馆里有一本蓝底金字的《福音书叙利亚文文选》。Pognon① 发表了该文献的题记,文献的题记说明它完成于希腊历 1609 年(公元 1298 年),是献给皇后 Arangu 的,她的弟弟是信仰基督教的突厥人 Ganatu-Uriyang 的可汗乔治。Blochet② 也讨论过该题记并且得出结论:这个名称代表着被称作 Uriyan-gakit 的突厥各部落的强大联盟,而且 1298 年他们肯定已经成为基督徒。③

上面那位可汗可能就是马可·波罗所说的乔治可汗以及 Monte Corvino 提到

---

① *Inscriptions Semitiques*, p. 137.
② 《蒙古史导论》(*Introduction al Histoire des Mongols*),第 181 页。
③ 参见《史集》,第 385 页等。

的约翰可汗。1298年他在蒙古遇害(《文选》正是在这年抄写的),留下了一个受 Monte Corvino 之洗的婴孩。参见伯希和的著作,《通报》1914, p. 632 sq. 和《中国》,196,Ⅲ.15 (edit. Yule-Cordier)。

这里我们还要提到另一《景教福音文选》,Blochet 在巴黎所藏波斯语文献目录中叙述过它,它是公元1374年在撒马尔罕写成的。

最后我们不要忽视这个事实:中世纪在中亚、波斯和美索不达米亚有许多突厥和蒙古基督徒,景教赞美诗作家为了自己在蒙古人中的特殊利益,迫不得已写了许多赞美诗。因此,景教著名赞美诗人 Khāmis 谱写了 Sōghitha,以"玛丽亚之子降生在我们中间"开头,采用一行叙利亚文一行蒙古文(即东突厥文)的交替形式。下面还要提到的这首赞美诗也被收入 Khāmis 的其他手稿中。例如,参见 Wright 和 Cook 合著的《剑桥叙利亚文文献目录》,第二卷第693页。

5)在新疆吐鲁番附近出土的文献中有一些是该区景教社团所用的《福音文选》的残片,有的完整,有的残缺。这些吟诵诗一般与美索不达米亚和波斯的官方景教教会的完全一致。这些残片的年代不可能晚于10世纪,它们大部分是用叙利亚文写的,但是所用语言是中古波斯语的粟特方言,其中夹杂着一些叙利亚语句子。F. W. K. 缪勒对它们进行了整理和翻译,发表在前面提到的书中(*Abhandlungen d. Preus. Akad. d. Wissen.* 1912, 1—111)。它们中有16处引文出自《马太福音》,19处引自《路加福音》,15处引自《约翰福音》,3处引自《哥林多前书》,1处引自《加拉太书》,而且与景教教会所用圣文完全一致。Burkit 在其有趣的简短著作《摩尼教》中把该粟特语文选与景教官方用书进行了比较,见《摩尼教》,1925, pp. 121—123。

## (四)摩尼教文献

这里我们不打算提到俄、德、法、英等国科学考察团近几年在中亚发现的所有摩尼教文献。P. Alfaric 已在其指导性著作《摩尼文》(*Les Ecritures Manichéennes*, vol. Ⅰ,1918, Vue Générale 和 vol. Ⅱ,1919, Etude Analytique)中对它们进行了全面列举和分类。Afaric 之后的惟一权威著作是勒柯克的《中亚晚期佛教》(*Die Buddhistische Spät. in Mittelasien*,1923)。然而我们只参考那些用叙利亚文写成并涉及基督教信仰的文献,因为这表明景教徒对摩尼教徒产生的影响。有些在前面已提到,其余的做如下划分:

1)1904年 C. Salemann 翻译了一份文献,发表在圣彼得堡皇家科学院的学报上。该文献是在吐鲁番出土的,约属9世纪,用汉字和叙利亚文写成。该叙利亚文残片非常重要,因为它的作者参考了现已失传的其他摩尼教著作。

2)在我们所研究的领域内最重要的作品无疑是 F. W. K. 缪勒的 *Handschriften-Reste in Estrangelo-Schriftaus Turfan*,发表在普鲁士科学院的《论文集》1904, pp. 1—

117,第一部分八年后发表在同一系列,而且上文 C(e)中也提到了。

需要特别说明的是在残片的第 34—37 页中记载的耶稣受难和钉于十字架上的故事,而且其中所出现的《福音书》中的人名都使用了其叙利亚语形式。还须注意的是第 70—73 页上的摩尼教 Sanctus 中,表示"神圣"的词是叙利亚语"Kudhsha"的缩写形式"Kdhōsh"。① 第 94 页中提到耶稣时,使用了叙利亚语常用词"Bar Maryam""玛丽亚之子"。在景教仪式书中上述 Sōghitha 是关于基督教节日的,它以"玛丽亚之子降生在我们中"开篇,而且每行都重复使用了这个常用词。②

这里我们不得不引用那些涉及耶稣受难和被钉十字架的片段。可惜那些片段残缺严重。我们用省略号表示缺损的地方。它的题目是《十字架受难节录》,开篇第一句话是"他若真是上帝之子",接着写道:③

"彼拉多(Pilate)回答,'我没有流上帝之子的鲜血'。然后官兵们接到彼拉多的命令:'严守秘密……'。安息日那天,第一声鸡叫时他显现了,Maryam,Shalom 和 Arsāniyah 还有其他妇女一起带着哪哒香膏来了。走近墓地时,她们……看到亮光……Maryam,Shalom 和 Arsāniyah 看见,天使对她们说:"别在死者中寻找生者。想想在加利利耶稣对你们所说的话,'他们要交出我并且把我钉在十字架上,但是第三天我将复活'。去到加利利把消息告诉西门和其他人。""

缪勒(同上,p.109)认为这段叙述和真伪不明的《彼得福音书》一致,这段叙述的第一部分也许确实如此,但第二部分显然不是,而且《彼得福音书》从未对景教产生过影响,甚至在底格里斯河东岸它可能鲜为人知。因此我们认为上段摘录表明摩尼教徒引述了景教的著作。那些人名在形式和语音上带有清楚明显的景教特色,增加了这种观点的说服力。

缪勒④翻译了一本有趣的摩尼教赞美诗集的原本。有些诗确实受到基督教的影响,而且用叙利亚语 Ishō'Mshiha 表示"Jesus the Messiah"——"耶稣救世主",这是一个不受基督教影响就不会知道的词组:

"我们愿歌颂你,耶稣,救世主……圣灵,我们愿赞美你……我们愿颂扬上帝……我是永存的圣灵。"

1905 年在吐鲁番北部布拉伊克(Bulayik)出土了一件残片,其中出现 Zawtai

---

① 在一份文献的第 87 页,"Turan"一词指突厥人。如果对这些文献的断代是正确的,那么该粟特语残片可能是最早用"Turaninas"指称突厥人的文献之一。

② 最近在东方获得的一件文献标号为 Mingana 129,也认为 Sōghitha 是由著名的景教圣歌作家 Khāmis 写的。

③ 缪勒:*Handschrifter Rest.*,pp.34—36。

④ 见缪勒(Miille):《摩尼教赞美诗集之一叶》(*Ein doppelblatt aus einem Manich. Hymnenbucb*),载《普鲁士科学院论文集》,第 28 页,1913 年。

这个名字,它是指使徒约翰之父西庇太(Zebedee)。在东叙利亚人或景教徒①中"B"音弱化成"V",然后又变为"W",该词于是读作"Zawdai"。

"第18条圣言——吉言。使徒 Zawai② 这样说,'噢人子啊,你就像那从远处呼唤她走迷的牛犊的母牛。当牛犊听到母亲的呼唤,急快地奔回她身旁,因而避免了受伤害。你的……也如此……从远处……欢喜地……?"

"第19条圣言——凶言。使徒路加这样讲解:'噢,人子,洗净你的手。在罪恶面前不要惧怕,保持纯洁的思想。心怀对上帝的敬爱并流露出来。"③

## (五)中亚字母

景教徒所用的叙利亚文导致了中亚和远东的许多字母如蒙文、满文和粟特文字母的形成。这一点众所周知,我们无需作过多讨论。现存的前两种文字是由回鹘文的最初形式演变而来,而回鹘文是在回鹘人基督教团的影响下,由景教叙利亚文发展而来。

## (六)杂 录

1. 在美索不达米亚北部的摩苏尔(Mosul)城的一个私人家里我见到一个相当大的铁十字架,上面刻有叙利亚文和汉文铭文。叙利亚文写道:Sliba zkha "Crux vicit"(十字架已征服),但是我不懂汉字,它占的空间较小。该十字架可能是一位景教传教士或蒙古军队中信仰基督教的汉族士兵从中国带来的。

2. 蒙古伊利可汗发行一种钱币,叫做"十字架钱币",上面有基督教刻字,"以圣父、圣子、圣灵,一神的名义"。阿八哈皇帝发行的迪拉姆钱币上,也有该刻字(参见《亚洲杂志》1896年第9卷,第7期第514页),而且阿鲁浑皇帝发行的一些钱币上也有该基督教刻字(同上,第8期第333页),甚至不信奉基督教的蒙古国王和可汗们也都尊敬景教徒,有事实做证,他们常在总主教面前脱帽致敬(同上,第8期1月刊)。

3. 事实证明景教基督徒不仅对突厥人甚至对他们中的穆斯林也产生了影响。公元1200年在 Khiva 的 Khānate,Bākirghān 的苏莱曼用突厥语或回鹘语(东突厥语方言)谱写了一首关于圣母玛丽亚之死的诗歌,其内容受到景教同类作品的影

---

① 参见我的叙利亚语法书 Clef de la Langue Araméenne,No. 3。

② Alfaric(同上,Ⅱ.180)对这里的使徒 Zabdai 表示质疑,但下一条圣言中的"路加"暗示 Zabdai 是指使徒约翰。Bar"之子"一词被漏写了,因为抄写者常这样,而且东方人习惯于用父名称呼儿子,或用子名称呼父亲,这是大家都知道的,无需解释。

③ 冯·勒考克:*Ein Christliches … Manuskriptfrangment in Sitzungsberichte of the Prussian Academy*,p. 1202,pp. 1205—1208,1909,可惜该文献残缺严重。

响(参见 *Congres des Orientalistes d'Alger*,3rd part,1907,p. 28 sq.)。

4. 最后我们还要讲到一个事实。12 世纪末一位伟大的景教作家,*Gannath Bussāmé* 的作者曾受委托把基督教教义和《新旧圣经的经文选》翻译解释给波斯、美索不达米亚的许多蒙古、突厥基督徒,因此他被称为"突厥人的翻译"。

中国和穆斯林史料不在我们讨论之列,但为了从中获得有关中世纪时基督教在中亚和远东的详细情况,我们推荐下列著作:W. Barthold 的专论《中亚基督教》(*Christentums in Mittel Asien*),1901;Yule-Cordier《中国及通向中国的程途》(*Cathay and the way thither*)(Hakluyt Society),vol. ⅰ—ⅳ,1915—1916;Cordier,*Le Christianisme en Chine et en Asie sous les Mongols*,Leiden,1918;伯希和:*Chrétiens d'Asie Centrale*(《通报》,1914 年)。

## 二

下面我们要给出一件叙利亚文文献的译文,通常认为它出自 Akhsnāya,即著名的 monophysite Philoxenus,Mabbug 的主教,他于公元 523 年在 Paphlagonia 的 Gangra 去世。他是一位杰出的叙利亚作家,更以《圣经》Philoxenian 版本的作者在神学学者中闻名。几乎所有参考文献中都或多或少地介绍过他的生平,但是本文作者认为自己是最后一位在 1920 年谈到他的生平及其关于圣经的工作的人①。

该文献为一折四式,其一半以上的内容涉及作者所处时代之前的基督教异说。他简述了他们关于基督教的主要观点以及历代公会对他们的指责。文献的第二部分概述了基督教在突厥人中的传播情况,内容新颖,远较第一部分重要。第一部分提到的异端学说有 Sabellius,Paul of Samosata,Arius,Eusebius of caesarea,Macedonius,Nestorius 和 Eutyches。当然主要是针对聂斯托里和 Theodore of Mopsuestia,他无比憎恨他俩,因为正是景教徒把他逐出祖国 Garamea,并诬称他为"可恶的狼"②。现代文明还是做了好事:在欧洲一些国家开始清除宗教狂热。狂热分子借着宗教信仰的不同而逼迫、残害甚至杀害一个人,还自以为向上帝供奉祭品。公元 5、6 世纪时缺乏真正的基督精神,因此当时许多宗教作家,包括 Philoxenus 在内,文风都很严肃。

我们将给出文献这部分的译文而不作评论,自有对教会史和神学上的争议感兴趣的理论家来对其加以褒贬。这种争议曾在过去几个世纪君王涉足宗教事务时造成教会的分裂。由于作者生活的时代距离事件的发生已很遥远,不免会犯一些小的年代错误,并用与我们传统教育相异的观点阐明问题。一些能轻易辨别的

---

① *A New Document on Philoxenus of Hierapolis*,*Expositor*,pp. 149—160,1920。

② *Bābai the Great*,quoted in our *Narsai Homiliae et Carmina*,vol. Ⅰ,p. 6 of the introduction.

错误我们没有纠正,以便留出空间充分展开第二部分,以此了解阿姆河彼岸基督教传播情况。

一些批评家对该文献第一部分的真实可信性提出疑问,他们最有力的反驳理由是叙述上的混乱,即文献作者认为 Mopsuestia Theodore 和聂斯托里是同时代人和同学。然而,Nau[①] 发表了 Barsalibi 反对景教徒的著作的摘要证明这是抄写者有意以 Theodore 代替 Cyrus 的 Theodoret,这个疑点已澄清了。抄写者又大胆地把 Cyrus 改成 Mopsuestia,从而造成这样的误会,而且还把皇帝 Theodosius 的名字改成 Honorius。该文献认为聂斯托里的祖先有波斯血统,可能由于景教徒也持此观点。词典编纂者 Bar'Ali[②] 断定 Atak 是"聂斯托里祖父 Addai 生活的村庄之名"。景教徒和雅各教派信徒观点一致,由此肯定我们的看法较可靠。最后我们还要补充一点,Philoxenus 的传记作者也将这封写给 Abū'Afr 的信列在 Philoxenus 的著作目录中。我们在 1920 年出版了这部传记。[③]

我们无需过多讨论文献的真实性,我们只是不能简单地相信它出自 Philoxenus,至少不是出自在许多神学和神秘学著作中被我们熟知的 Philoxenus。我们所做的最宽容的假设是该文献若与他相关,肯定是在他年少时写的,它可代表这位精力充沛的天才在其才智达到成熟和完美状态之前的早期水平。

该文献不会因为不是 Philoxenus 所作而失去价值。公认的属于某位教会的神父的著作未必都确实是他本人所作的,同样被认为出自某位希腊、拉丁或叙利亚神父的文章也可能并非他所作,正如该文献不是 Philoxenus 写的一样,但不能因此而贬低作品本身的价值。有时抄写者为增加名不见经传的小册子的分量,受诱惑而附会它是著名作家所作;有时年轻无名的作家为引人注意,假托受人尊敬的知名作家之名著书。正是由于种种目的不纯的假冒者,几乎在所有宗教和政治团体的史料文献中都存在大量的真伪不明的手稿。

尽管该文献不是出自 Philoxenus,但它的年代仍较早。英国博物馆中有一份编号为 14529[④] 的手稿,Wright 断定其年代属于公元 7 或 8 世纪,其中也有该文献有关聂斯托里和 Eutyches 的那部分,而且已由 P. Martin 收在《亚美尼亚语实践与研究导论》(*Introductio practica ad studium linguae Arameae*,1873 年),同时 J. Tixeront 也把它翻译收录在 *Revue de I'Orient Chrétien*,1903,pp. 623—630。[⑤] 编号为 17193 和 17134(见 wright 的《目录》第 338、998 页)的英国博物馆手稿中也有这部

---

① *Revue de I'Orient Chretien*,p. 424 sq.,同上 p. 301,1909。

② Payne Smith,*Thesaurus Syriacus*,Ⅰ.422.(Kashshisha 一词应理解为"祖父"而不是"长老")

③ *Expositor*,p. 154,1920.

④ Wright 的《目录》,Ⅱ. pp. 917—918。

⑤ A. Vaxchalde,*Three Letters*,p. 30,1902.

分内容。然而，与我们翻译研究的该手稿相比，英国博物馆手稿有显著的差异和明显的疏漏。我们不打算讨论两者在文字上的差异。

该文献是写给 Hirah 的军队统帅 Abū'Afr 的一封信。在英国博物馆手稿中他的名字写作"Abu Naphir"，但在我们的手稿中写作 Abu（通常为 Abi）'Afr。没想到我们手稿中的写法在 Book of the Himyarites 中得到了证实，这是本重要且有趣的叙利亚著作，它叙述了 Yaman 的殉道者的事迹，最近才出土，已由瑞典学者 A. Moberg 整理编辑。① Abu'Afr 这个人名在该书中作为阿拉伯人名在 24 页 b 面（24b）上出现。在我们 1920 年出版的 Philoxenus 的传记中该人名写作 Abu Hafr。② 然而穆斯林们传统上称他为 Abu Ya'fur③，并且列出他的家谱：b.'Alkamah，b. Mālik，b.'Adi，b. Dhumail b. Thaur，b. Asas，b. Rubay，b. Numārah，b. Lakhm。据阿拉伯史学家记载（同上），他继任 Numān b. Aswad 的统帅之位，在 Hirah 执政三年。该文献中的叙利亚人名 Abi'Afr 也可读作 Ab Ya'fur，这样便与阿拉伯文史料保持一致。

我们的研究是以约翰·瑞兰兹图书馆第 59 号叙利亚文手稿（ff. 99a—107b）为底本的。据我们所知，只有该文献记载了这封 Philoxenus 写给 Abū'Afr 信的全文，它注明的日期是 1909 年 1 月 29 日。但去年（原文如此——编者注）我们在东部见到文献的抄写者，执事 Matti，他说他是从一件发现于 Tur Abdin 的羊皮手稿转抄过来的，他认为该手稿最晚属 11 世纪。以前本文作者曾把它收录在叙利亚文手稿集成中，编号为：Mingana 9。

文献中有关突厥人的那部分是我们研究的重点，它显然出自一位热忱的雅各布教派信徒。他急于表明，当阿姆河彼岸的基督徒们向塞西封（Ctesiphon）的景教大主教宣誓效忠时（他们如此做是由于环境的力量，主要是他们与安条克的大主教相隔太远），他的教会，尤其是他在安条克的大主教，也在劝化突厥人皈依基督教上有一份功劳。当然这种见解的可信程度还有待斟酌。但无论如何都没有理由否认这个不容置疑的事实：使中亚和远东诸族信奉基督福音的荣耀以及在他们中以拿撒勒人耶稣的教导为基础传播西方文明的功劳，应全部归于景教教会。该教会具有坚持不懈的热忱和神奇的精神活力，它是世界上迄今为止最伟大的传道教会。甚至我们这些严苛的批评家、公正的调查者在几世纪后，仍不得不钦佩他们对于上帝、人类和自己职责的热爱，他们的爱鼓舞着那些谦逊的基督信徒、使徒 Addai 和托马斯的真正弟子。他们完全不顾生存环境的恶劣，在萨满男巫和祆教巫师的强烈反对和恶毒报复下，踏遍东半球所有的角落，传播他们所坚信的上帝

---

① *The Book of the Himyarites...A hitherto unknown Syriac work*, Leipzig and Lund, 1924.
② *Expositor*, p. 154, 1920.
③ Tabari, *Annales*, 1, 2, 900; *Ibn Duraid*, p. 266; *Ibn al-Athir, Kāmil*, Ⅰ. 154 (edit. Bulāk).

真教的种子。所有荣耀归于他们!

文献中有些人名我们很难确定。他们属于中亚东部诸民族,其中四位是信仰基督教的可汗①:Gawirk,Girk,Tasahz 和 Langu。他们生活的国家叫做 Sericon,边境城市叫做 Karagūr[am],其可汗又称亦都护(Idīkūt),Karagūr[am]距离突厥基督徒的住地有五天的路程。我们已尽力在注释中借助希腊、叙利亚、阿拉伯、波斯、突厥和蒙古史料解释上述人名,但通过这些文献仍不能确认其中一些人名。可能通过汉文史料可以确定这些人名,但是我们根本不懂汉语,无法引用那些权威资料。

我们还打算增加一些注释来解释文献中的史料。读者可依此独立判断这些文献作者所提供的信息的价值。已有证据证实作者所引史料几乎在每个重要细节上都是真实可信的,但若能在汉文史料中也找到文献所提到的城市名和可汗名,它的可信度会更高。可惜我们不能利用第一手资料。

第二部分有关突厥基督徒的内容与第一部分有关基督教异端的联系很松散。这可能是由于古代抄写者将完全不同的手稿拼合在一起。确实,如果把文献中"由于严酷的迫害,许多人偏离正道成为景教徒"和"这时时机已成熟,对波斯人所在国家中的基督徒的迫害愈演愈烈,在可恶的 Nisibin 的 Barsauli 的操纵下"这两句话放在一起,看起来是连续的,但这两句话中间的部分似乎是增添的。然而,我们不必多论,因为与前面的 Sabellius、Paul of Samosata、Arius 和 Macedonius 的异端学说的传播途径相比,聂斯托里可能也经历了几乎相同的历程和相同的结局。

另外,以下的事实可作为"文献第二部分摘自另一份完全不同的文献"这一观点的证据。文献中写道:"他们的主教所在地是在上述异教徒的城市中。"但在文献的上文中没有提到任何一座突厥城市。因此,该部分很可能是抄写者抄自另一手稿,然后在前面插入这段声称是 Philoxenus 所作的有关他之前的基督教异端的文献。因为该突厥城市的名称肯定出现在抄写者所省略的那份文献的前半部分中。

我们认为这种观点最终解决了有关文献自身的难题。确实,从眼前的文献来看,我们很难明白究竟什么促使 Philoxenus 告诉 Hirah 的军事统帅有关基督教在突厥人中的传播情况。公元 5 世纪 Hirah 与突厥人有何利益冲突? 为什么 Philoxenus 在有关基督教异端的信中提到突厥人?

我们已看到在文献的前半部分抄写者把 Theodoret 写成 Theodore,为了掩盖错误,更准确地说,为了自圆其说,将错就错,进而把 Cyrus 改成 Mopsuestia,Theodosius 改成 Honorius。在第二部分仍采用同样的误称。戏剧已开始上演,一方是雅各布教派信徒 Philoxenus 和 Abu' Afr,另一方是景教徒 Acacius 和 Barsauma。所有这些人都属同一时代,在剧中扮演不可缺少的角色。在设计好的剧情中,其他剧中

---

① 所有人名中的元音都不确定。

人都陆续上场亮相,包括信奉基督教的突厥人。

突厥人上演的场景是在5世纪,Acacius任总主教期间。这似有可能但又不确定,因为我们认为该文献是在阿拉伯人入侵之后由雅各布教派的作家完成的。我们认为文中的阿拉伯语词"salm"是抄写者的误写,应是"sanim",意为"驼峰高的骆驼"。还有文中提到的割礼很可能是指穆斯林所行的。据说信仰基督教的突厥人杀死每个他们看到的像异教徒那样行割礼的人。5世纪时在中亚基督教的拥护者不可能如此强盛以至去杀死碰到的每个异教徒。而且我们也没有理由假设异教的突厥和鞑靼人的任何部落实行割礼。据我们判断文献中提到的异教徒只能是穆斯林。

该文献完成于阿拉伯帝国时期的准确年代可能永远无法确定。依据Shammas Matti(他熟悉大量的叙利亚语手稿,而且他所抄写的手稿多于他生前身后的任何一位学者),该手稿最晚属于11世纪上半叶,即1040年。因此我们把该文献完成的年代限定在公元680—1000年。既然如此,我们认为该文献大约在730—790年由一位住在巴格达的雅各布教派的作家完成。他提供的有关突厥人和鞑靼人及其国家和民风的资料准确而有价值,这些大体确切的信息是他从一个为给本国晋升大主教而拜见景教总主教的突厥使团那里得知的(见上文)。

该观点只是暂时的,一旦文中的人名得到确定,不免受其影响。但它除有内在合理性外,还能维护某些学者的观点,他们依据英国博物馆手稿的日期(Wright断定其只可能早于而不可能晚于8世纪),而相信该文献是完整不可分的。文中使用的古代地理术语"Sericon"说明文献年代较早,见上文。

该文献的叙利亚作者从这个假定的突厥基督徒使团或不为我们所知的其他资料获得了有关中国和突厥的历史知识。实际上他讲述的事件发生在5世纪末和6世纪初,即公元455年和513年,这两年中历史记载的往来于华北和波斯之间的外交使团不少于10个。参见西克的《景教石碑》(*The Nestorian Monument*),第39—47页等。Hirth的《中国和罗马的东方》(*China and the Roman Orient*)(passim)和沙畹的那本名著。另一方面公元8世纪也因这样的使团而引人注意,我们从Hirth和沙畹的著作中了解到在该世纪上半叶的公元701,719,732和742年都有使团来往于西亚和东亚之间。

尽管该手稿暗示文献出自Philoxenus之手,我们仍试图讨论它成书于阿拉伯人入侵之后的可能性。另一方面,我们必须承认就文献双重性而提出的假设很难成立,因为我们手中完整的文献和英国博物馆手稿中残缺的文献可能都由同一位作家所写。这一切都已明朗。但文献完成的准确年份或年代仍不甚清楚。这里依据内外种种根由,我们坚信其年代可能在8世纪,或更准确可能是在公元730年和790年之间,这是景教教会在外国使团中显示特殊活力的时期。

我们已承认完全看不懂汉语及其文献,但这不能妨碍我们证实上述历史观

· 117 ·

点,我们可以求助于汉学家,其中至少有两位是从汉文史料讨论鞑靼人。

前面已列出文中信仰基督教的国王之名。其中两个的辅音字母是 TASHZ 和 LNGI。EH 帕克(Parker)在《鞑靼一千年》中讲到一位名叫 Tsz-I(即郭子仪)的突厥将军,公元 756 年在磨延啜(Maryencho)的帮助下平息了安禄山(Amroshar)的判乱。安禄山作为中国代表,指挥了镇压契丹的战争,后来他背叛了自己的皇帝主子。帕克还补充说,"这位著名的 Tsz-I 将军"据说是景教基督徒。在西克的《中国境内的景教石碑》(p.55)中他被描写成一位"景教信徒"。他生活在公元 697—781 年,恰好我们的文献也属于这个时期。

上述对其身份的确认,合理且有可能。至于其他基督徒国王,我们在汉文文献中只找到一些不太有力的证据。就 LNGI 而言,将他与李渊(Li-Yūan)①联系在一起缺乏年代根据。李渊的父亲娶了独孤家族的一位景教派基督女信徒。他死后不久,在公元 635 年著名的景教传教士 Olopen② 来到中国。此时这位女信徒的孙子做了皇帝,颁布了一项有利于基督教的政令。

至于文中提到的另两位基督教徒国王,即 GWRK 和 GRK,我们可联系到 Kuang(n 与 r 的交替很普遍),唐玄宗(Hsuan-Tsung)的儿子,他在 755 年和基督徒回鹘人的可汗之子雅各卜,还有将军 Tsz-I 一起帮助皇帝平定了安禄山(An-Lushan)的叛乱(西克前引书,p.231)。

我们已确定文中四位基督徒突厥国王中一位的身份,下面要进一步解决他们人数的问题。前面我们已说明突厥—鞑靼部族的四个强大同盟:克烈、回鹘、乃蛮和 Merkites,大体上都信奉基督教。能否假设上述国王各是这些部落的可汗? 作者若从年代角度考虑这个问题,他确乎如此,则四位信仰基督教的国王大概可算同一时代的人,该假设至少有利于解决文献中的历史难题。若不能彻底肯定 Merkites 人信奉基督教,为凑齐四个,我们可加上后面提到的 Uriyān-gakit。

下面是该(叙利亚文)手稿全文的译文。

## 三、译　　文

这是 Mabbūg 的 Mar Philioxenus 写给 Nu'man 的 Hirta 的军事长官 Abi'Afr 的信,信中讲到可恶的、受诅咒的聂斯托里的故事。

致高贵、纯洁、敬爱上帝如亚伯拉罕,慷慨仁慈、周济穷人如约伯,如同俄巴底亚一样将基督之血所赎回的羊群从聂斯托里——第二个耶洗别——的邪说中拯

---

① 帕克前引书第 194 页和西克前引书第 204—208 页。

② 据估计,Olopen 或 Alopen 表示下列叙利亚语词中的任一个:Rabban "我们的导师"(僧侣的称号),或 Yahb-Alāha,意为"国父"或 Abraham。见西克前引书第 204—207 页。

救出来的 Nu'mān 的 Hirta 的军事统帅 Abi'Afr：

Philoxenus，Mabbūg 的主教，以上帝耶稣基督的名义向您致以崇高的问候。

因为您在信中要求我告诉您圣医们在希腊的教会所做的一切，现在我告诉您所发生的一切并请您注意这个事实：神父们时常集会，清除荒谬的异端学说。

皇帝 Hadrian 在位时，Sabellius 起来反对上帝的教会，他亵渎神说三位一体的上帝只是一人，因此玛利亚是三位一体的上帝的母亲，神的三个位格一起经历了受难、死亡和钉于十字架的过程，我们得自圣坛的圣体和圣血也是三位一体的上帝的。43 位主教在加拉太的 Ancyra 集会，把愚蠢的 Sabellius 从神的教会清除出去，因为他不愿放弃亵渎上帝的言论。

皇帝 Valerianus 在位时，Samosata 的保罗起来反对上帝的教会，他说上帝永活的儿子只是一位义人，一如他之前世人中的义人。主教们在安条克集会，诅咒 Samosata 的保罗，并把他逐出上帝的教会，因他不愿悔改。

常胜的君士坦丁（Constantine）皇帝执政期间，可恶的魔鬼 Arius 起来背叛上帝的教会，声称上帝之子只是一个被造之物。318 位神父在尼西亚集会，声讨 Arius，并把他逐出教会，因为他没有放弃亵渎上帝的言论。这些的神父们规范了真正的信仰并制定了各种教规。

在皇帝小君士坦丁时期①，Casarea 的 Eusebius 背叛上帝的教会，他愚蠢地妄称圣子比圣父年轻。60 位主教聚集在罗马驱逐 Eusebius 出教会，他们起来诅咒他的观点。他放弃诋毁上帝人子的谬论，忏悔认罪并接受真理；于是东正教的神父们接受他入真正上帝的圣教。

Theodosius 大帝时期，Macedonius 起来反对上帝圣教，声称圣灵是被造之物。150 位主教在君士坦丁堡集会，驱逐 Macedonius，因他不愿放弃谬论。

而且还有一人名叫 Addai，籍贯是 Germanicia 城，就是今天的 Mar'ash。他的祖籍是 Dara 城附近的 Atak 村，他的妻子名叫 'Amalka。一天 Addai 和 Atak 村里的一位孕妇争吵，他抬手打了她；马上引起流产，男婴死了，这位妇女也危在旦夕。然后 Addai 立刻离开村庄，携妻子逃到 Suphanaians 国即今 Hataka 国。他们在那里暂住了一段时间，后又离开那里，去到 Samosata 城，定居于此。在该城中他们生了两个男孩，老大名叫 Ba'ilshmin②，老二名叫 Abiashūm。后来，Addai 和他的妻子去世了，皆葬于该城。

这两个男孩的双亲即 Addai 和他的妻子去世后，他们搬到 Germanicia 城即今 Mar'ash 城，并在此成家立业。Ba'ilshmin 生了个男孩起名叫 Theodore，而 Abiashūm 的儿子名叫聂斯托里（Nestorius）。孩子们长大后，父母送他们进学校学

---

① 叙利亚人以此称呼 Constantius 皇帝。
② 在叙利亚语中指"朱比特"，字义为"诸天之主"。

习希腊语,而且他们完全掌握了这门语言。

然后他俩都去了雅典,哲学家之城,专门学习哲学。在那里他们的同学都是君士坦丁堡城中达官显贵的子弟,这些人在皇帝 Honorius 恺撒(Cesar)面前赞扬吹捧 Theodore 和 Nestorius 的聪明才智和哲学观点。于是皇帝命令他们前往安提阿拜见大主教并接受任命,聂斯托里为君士坦丁堡主教,Theodore 为 Mopsuestia 主教。当他们升为主教,各在教区就任后,他俩开始败坏先知使徒和神父所传的正道,散布自己的邪说,他们狡猾地将上帝的独子分成两个位格。

Theodore 和聂斯托里之间来往的信件有七封。在信中 Theodore 讲道,耶稣基督是按照三位一体神的意愿由童女玛利亚所生的人,正如在创世纪时没有人类之前由泥土捏成的亚当一样;因为上帝的圣道时常住在他身上,如同在先知的身上一样;我们必须识别他身上的两种属性。孕育、诞生、洗礼和神意的安排归于玛利亚所生的这个人,而大能、奇迹、异能和神迹则归于时常住在他身上的上帝的圣道。这就是 Theodore 告诉给聂斯托里的亵渎上帝的谬论。他俩对此意见一致。

当值得纪念的虔诚的 Honorius 皇帝逝世后,小 Theodosius 继承其位,然后这两个受人唾弃的可恶的人——聂斯托里和 Theodore 居然公开表露他们谬误的教理。当常胜的 Theodosius 皇帝发觉他俩违背了正信的教义时,他下令召集 220 名主教在以弗所(Ephesus)城集会讨论。于是聂斯托里给当时在 Mopsuestia 的 Theodore 送去第八篇论文,他写道:

"弟兄,去参加 Ephsus 的宗教会议并且诅咒(anathema)我,请勿悲伤。弟兄,汝在会前咒骂我,但汝心中要坚守(我们的)信念,并且尽汝最大努力传给教会中的孩子们。确实,在《圣经》中'诅咒'不止一种。吾主如此说来证实此点,'爱我的人必遵守我的诫命'(《约翰福音》第 14 章第 15 节),而且使徒保罗说:'若有人不爱主,这人可诅可咒'①(《哥林多前书》第 16 章第 22 节)。正如吾主所说,这种诅咒会落在不遵守吾主诫命的每一个人身上。使徒保罗讲到另一种诅咒,'即使是天堂的天使对你们传福音,若所传的与我们传给你们的不同,他要受到教会的咒诅'(《加拉太书》第 1 章第 8 节)。避开这种'咒诅',弟兄,若可能,连提也不要提起。而且上帝对先知摩西说:'以色列后代的所有"anathema"应归于亚伦和他的儿子'(《利未记》第 6 章第 20 节;《民数记》第 8 章第 19 节)。anathema 指这里的'祭物和还愿的献物'。嫩的儿子约书亚如是说:'耶利哥城中的一切都是给主的 anathema'(《约书亚记》第 6 章第 17 节),即给主的'祭物和还愿的献物'。而且使徒保罗说:'为我弟兄,我骨肉之亲,就是自己被咒诅(anathema),我也愿意。'(《罗马书》第 9 章第 3 节)因此,弟兄,咒诅我,就像保罗愿作他的子民的祭品,请

---

① "咒诅"一词在叙利亚圣经的引文中常出现。

勿悲伤。"

当 220 名主教参加宗教会议并声讨聂斯托里时，Theodore 也咒骂，但这是聂斯托里授意他这样做的。会散后，他们回到各自的国家和教区，这时卑鄙的 Theodore 开始把以前信奉的聂斯托里的教义传入教会。他谱写了赞美诗《王的主显节》，背叛教会，公开宣扬三位一体是四人。他坚信基督只是一个人，这样说道："基督，你的地位逊于雅各的众子，他们得罪了拣选你的圣父，招致住在你里面的圣子的烈怒和使你成圣的圣灵的忿恨。"又说："称颂上帝的圣道，他降临并选中基督，第二位亚当，并且借着洗礼使他如稚子一样（纯洁）。"还在另一处说："圣灵今日降临（在他身上？）因为他使年轻的大卫逃遁（在他的无辜面前？）。"①

很明显他在那首亵渎的赞美诗《王的主显节》中宣扬四人。他还据此题目写了分题诗，为了蒙骗遥远的教会，让他们偏离正信，以此使他们接受他荒谬的解释。他对（他们中）无知的人说："兄弟，你应信奉基督，他教我们荣耀三位一体的神"；而且他以诡计将这（第四）人作为祈祷之首，因为他教他们在祈祷的末尾如此说唱："感谢他，他使我们开口昼夜称颂永恒的主，他是圣三位一体的真像：父子和圣灵。"②

我们，这些坚信真理的人诅咒所有已赞成和将要赞成这荒谬教义的人，我们承认圣三位一体为一，并荣耀它，愿它被颂扬直至永永远远！阿门。我们驱逐那些人，他们公开承认 Valens（或 Valentinian）王为四位一体。Theodore 也被逐出圣教。

皇帝 Marcian 执政期间，Eutyches 起来反对圣教会，并说人子的肉体和他一起从天堂降临。567 名主教聚集起来把 Eutyches 逐出上帝的教会。罗马的 Leo 听到消息，写信给他们建议他们接受聂斯托里和他荒谬的解释。不久可恶的遭人唾弃的罗马总主教 Leo③ 的信被宣读。听到这些，皇帝 Marcian 写信给他们，宣布所有拒绝 Leo 建议的人应离席就地而坐。因为他们留恋自己的职位，违背自己许过 36 次的誓约，不顾神父们的反对，同意 Leo 的建议。除了亚历山大城大主教 Dioscorus 之外他们都未离席，而他自愿站起来坐在地上。因为上帝的圣徒 Mar Dioscorus 不赞成他们，他们就流放了他，把他关在 Gangra 城，并晋升他的秘书 Proterius 接替他任亚历山大城主教。

当亚历山大城的居民听到这些，他们通过 Chalcedon 公会给 Marcian 皇帝呈交了一封信，信中写道："您做得很好，我们赞同"；但是那些不赞同 Chalcedon 公会的命令的神父、执事和信徒带着 Dioscorus 的弟子 Timothy 逃到 Abyssinia（Kush）。秘书 Proterius 接替他主人 Dioscorus 的职位成为大主教后，凭借世俗力量和无情的利

---

① 节选的这段在上下文中难以理解。
② 该句中前几个词在 *Breviarium Chaldaicum*，Ⅱ.75 可见到。
③ 抄写者把该词误写为"malka"，意为"皇帝"。

剑与追随他的主教们一起暴虐地管辖基督的群羊,甚至面对杀戮和流血,也无动于衷,这位做了大主教的秘书 Proterius,借着罗马士兵之手杀害了 24000 人,其中大部分是主教、修士、牧师和执事。

不久,他的暴行激起了亚历山大城居民对上帝的热心,他们闯进他的房间,用石头打他,把他杀死并拖出去抛进大海。那些跟随 Dioscorus 的弟子 Timothy 逃出亚历山大的神父、执事和信徒听说可恶的秘书死了,就返回来并恳求忠实的主教们推选 Timothy 为他们的大主教,因为他们听说圣徒 Dioscorus 在流放之中客死在 Gangra。于是 Abyssinia 主教们推举 Timothy 为大主教,但他害怕回到亚历山大城,因为他听说 Marcian 皇帝还健在。

Marcian 皇帝死后,Leo 继承王位,于是 Timothy 返回亚历山大,接替他老师 Dioscorus 的职位。亚历山大全体居民都拥护他,向他鞠躬致敬;同时他也为他们祈祷并宽恕了他们,因为他们已向上帝忏悔。但是那些与 Timothy 一起逃到 Abyssinia 的神父、执事和信徒中有些人不愿接纳亚历山大居民入教,并且说所有那些曾以某种方式赞同 Chalcedon 公会决定的人,没有权利作牧师和施洗,圣灵也不会降临他们的教会祝福其祭品。当四位卑鄙的牧师(其职业为律师)听到此消息时,他们拿出《福音书》放在修士以赛亚(Isaiah)头上,推举他为主教,从此他们被称为"Isaians Acephali",意为"以赛亚的门徒"。

因为阁下①在第二封信中询问有关这些门徒是否公开承认自己身份的事,于是我写信告诉您我从神父的书中知道的这个故事。而且 318 位主教集会召开圣会时②,已宣布若 Samosata 的保罗的门徒愿意改过自新,接受正信,那么可让他受洗,然后与圣徒共享圣餐。圣会之所以颁布这条有关圣餐的命令是因为 Samosata 的保罗的追随者歪曲真理,公开传播谬误的教义,至今仍如此。有使徒保罗的话为证:"树根若是圣洁,树枝也就圣洁了"(《罗马书》第 11 章第 16 节),这里"树枝"就是对 Chalcedon 派的洗礼和任职。

若有人错误地坚持说在他们中还有圣洁虔诚的义人,因而不该都被诅咒,那么就让他回想罗得的故事,并且反省、审察:尽管他是所多玛城中惟一的义人,但上帝没有让他和罪恶的所多玛人一起毁灭,而将他引到山上。在所多玛发生的一切也在召开邪恶会议的 Chalcedon 发生了,那里的主教们践踏了神圣的神父们的咒诅,然而有一个人与这罪无干,他就是亚历山大主教 Dioscorus。他没有与他们同流合污,他公开宣称:"我绝不参与你们的任何决定。"埃及的修士们也诅咒 Chalcedon 会议,并且他们用咒诅的火焰烧毁了它,因此它结不出任何果实。

罗得的妻子离开所多玛时,仍恋恋不舍,但上帝为了让她悔悟饶恕了她,但她

---

① 指 Abi 'Afr。
② 指尼西亚宗教会议。

仍执迷不悟,邪恶的贪念使她回头张望。此时,上帝严厉的惩罚立刻降临,她变成了盐柱子。如果她因回头而变成盐柱子,那么赞同罪恶的 Chalcedon 会议的人该受怎样的严惩和劫难？还有那些公开宣扬应受诅咒的亵渎神灵者名字的人,他们不仅是亵渎上帝的,而且还是迫害上帝的。

起初保罗常常迫害上帝的教会,没有讲到他迫害人。然而上帝质问他:"扫罗,扫罗,你为何逼迫我？"他答道:"主啊,你是谁？我不知道。"上帝的声音从天堂降临,说,"我是你逼迫的拿勒撒人耶稣"(《使徒行传》第 9 章第 4 至 5 节)。很明显保罗迫害的不是上帝而是使徒。但是他迫害圣徒就是迫害上帝。当神父在圣坛上祈祷时,圣灵降临,便解开上帝真道的奥秘。若祈求 Chalcedon 邪恶会议中亵渎神灵的人的名,则情况相反。

由于残酷的迫害和压制,许多人偏离正道成为景教徒。景教徒以邪恶的总主教 Akāk 为首,从那时起景教总主教府就设在泰西封①,而且在那里还有一个可恶的叫 Papa 的人,他也是由于惧怕利剑而背叛真道成异教徒。②

那时一些信奉基督教的突厥人③为给自己的国家确立大主教不远万里来到泰西封,因为按惯例当在泰西封举行大主教授职礼。每个突厥人的国家都当有一位大主教,授职礼结束后他们便一道返回。上文提到的那个泰西封的 Papa 以前只是传达安提阿总主教的任命。那一次当那些突厥基督徒按惯例来接受任命时,他们发觉 Akāk 不再受安提阿总主教的管辖,并已背叛他,变成异教徒,因此他们非常生气,拒绝接受他的任命,失望而归。

不久他们便陷入悲伤,因为没有大主教。于是他们又来到泰西封,而且决意要去安提阿,拜见总主教。然而由于路途遥远,再加上当时强国之间冲突和战争频繁,他们自知无法去安提阿,就在泰西封停留了五年,希望局势稳定,道路重新开通。最后他们失去信心和勇气,又不愿像第一次那样空手而归,而且不能再耽

---

① Akāk (阿萨息斯 Acacius) 是 485 年至 496 年东正教的总主教。正如作者所说,他是景教第一位总主教。Labourt, *Le Christianisme*, p. 145 sq.

② Papa 是约在公元 290 年至 328 年间的总主教。他是尼西亚会议后首位东方总主教。作者写到他转变为异教徒,但这是带有雅各布教派倾向的判断。他遇到波斯帝国几位主教的为难,他们拒绝承认他的宗教权力,即通过君士坦丁皇帝和罗马帝国主教的调解,他被任命为总主教并进行改革,在此基础上拥有的权力。关于他最早最完善的叙述无疑是在我的《叙利亚史料》中 Mshiha-Zkha 的记载,见 Ⅰ. p. 119—123,而且我在注释中还分析了以前的史料。

③ 根据 Rockhil (*in. op. suprà laud.*, p. 109),最早提到"突厥"的是《周书》(557—581,即南北朝时的北周——译者)。前面提到的叙利亚编年史,成书早于 680 年,该词 Turkāyé"突厥"作为众人熟知的名称出现。而且依据 *Thesaurus Syr.* (col. 1453),Būd 在 *Kal.* 和 *Dimin* 中用过该名称,他去世的时间不晚于 570 年。叙利亚史料比汉文史料似乎更早使用该名称。参见叙利亚作家以弗所 (Ephesus) 的约翰的史书 (第三部分,第六卷,第六、二十三章等),他死于 586 年,其中该名称为"Turkis"。许多叙利亚作家认为突厥人是"匈奴人"或"鞑靼人的后裔"。

· 123 ·

延,于是他们去见景教大主教,请教他背叛安提阿总主教的理由。

然而异教徒 Akāk 与拥护其邪恶观点的人一起欺骗那些天真纯朴的人,回答道:"我们脱离安提阿总主教自立大主教,不是为了信仰而是为了东方基督徒的安危,因为去安提阿访问被看作是对世俗统治者的不忠,所以我们不去那里。另外,我们确立自己的大主教为了免遭国内的战争之苦,我们这一举动换来了平安。"①那些纯朴的人为花言巧语所蒙骗,接受景教徒的任命而确立了大主教,却仍蒙在鼓里,不知他们邪恶信仰的错误。而且此惯例流传至今。因为每当其主教去世,他们就去景教徒那里,从泰西封带回一位接替前任。其辖区在前面提到的异教徒的城里②,正是该主教任命他们的神父和执事。

这些信奉基督的突厥人吃肉饮奶,不忌食物只要洁净新鲜。因此外人认为他们不洁,但事实并非如此。他们行为洁净,其信仰与我们一样纯正忠诚。虽然他们接受景教徒的任命,却仍诚心诚意,不知道那些人的奸诈虚伪。他们信仰三位一体为光辉的一体,与我们一样忠于神的三个位格,承认三位一体的三个位格中的耶稣,神的道,经历十字架受难,他以死亡和复活拯救了我们。这是他们忠诚的信念。

他们一见到像异教徒那样行割礼的人③就立刻将其杀死。他们无论在哪里辗转迁徙,总是随身携带圣坛。他们隆重地庆祝节日并且比其他民族更喜欢纪念圣徒和殉教者。除了我们的文字外,他们不学习也不接受其他文字,只用叙利亚人的语言写作和阅读圣书:《旧约》和《新约》,还有东正教的著作。他们在聚会时把圣书译成突厥语,但惟有圣主耶稣基督和圣母玛利亚的名字未作翻译,仍按叙利亚语读④。至于其他词语和名称则译成突厥语,以便民众理解。

---

① 作者反复讲到的东方惯例是东方大主教由安提阿总主教任命并且确定其辖区。早在景教传播之前,在东方每次按惯例选立大主教,他必须前往安提阿受命。后来由于波斯和拜占庭帝国之间的政治冲突而造成路途不畅,安提阿总主教放松对东方大主教的管理(Māri, *loc. cit.* p. 5;'Amr, loc. cit. p. 4;Barhebraeus, Chron. Eccl., Ⅱ. 26;Assemani, Bibl. Orient. ,Ⅲ. 51 sq. ),该传说似乎有几分事实根据,然而 Mshiha-Zkha 对此却一无所知。叙利亚作家 Phenek 的约翰在 690 年最早提到它(原文 pp. 123—124;《叙利亚语史料》vol. Ⅱ)。令人不解的是自 1908 年发表以来,研究该课题的基督教史学家没有一位注意到它。这里有段译文提到该传说,事件发生在沙普尔二世(309—379)执政的初期阶段,"在此以前,叙利亚总主教区的权力移交给东方的 Kōké(泰西封)教会,由于东西方帝国间存在着仇恨,战争频繁,许多主教在路途中被杀。杀人者指责他们是间谍,实际上是因为他们想流圣徒的血。教主为教友的罹难而悲伤,于是授命 Kōké 教会总主教依照宗教法典全权管理东方主教。"

② 作者未提到上述突厥城市的名字。见前言。我认为该"异教徒城市"是指"异教徒"穆斯林的首府巴格达(Baghdad)。

③ 这可能指犹太人。如果文献写于阿位伯人侵入后则指穆斯林,我认为这里是指穆斯林,古代突厥人和蒙古人显然从未行过割礼。"只有印度一日耳曼民族,蒙古人和芬兰乌戈尔人(那些已受穆罕默主义影响的除外)是完全不晓得割礼的"(见 Hasting《民族与宗教百科全书》第三卷第 659 页)。

④ 该信息得到中亚出土的粟特语文献的证实。见前言。

基督教在中亚和远东的早期传播

大斋期间他们不吃鲜肉而吃肉干①,白日禁食,他们用小麦制成的面包做圣餐的圣饼。他们费尽周折从别国弄来小麦磨制的精白面,储藏起来以备此用,还从远方带回葡萄干制成圣餐用的酒。

他们的服饰与突厥异教徒没有区别。城市居民操另一种语言 Yabatai 语②,他们的手稿用该语言抄写。向东两个月路程处有许多城市居住着异教徒,他们敬拜偶像,用自己的语言抄写手稿。边境城市名叫 Kaaragur[am]③,其汗王的名号是亦都护(Idi-Kut)④。距此五公里处就是我们前面提到的突厥基督徒的居住区。他们是虔诚的信徒,敬畏上帝的臣民,住在帐篷里,没有村庄城市也没有房屋。他们分成强盛的部落,四处游牧。

他们拥有许多财富:羊、牛、骆驼和马。骆驼像 Salm⑤(?)有双峰。他们有四位伟大的国王,彼此相隔很远,分别是:第一位 Gawirk⑥,第二位 Girk⑦,第三位

---

① Friar William(同上,p.64)证实该信息:"因此若碰巧牛或马死了,他们立刻把肉割成窄条,挂在通风而且阳光充足的地方晾成肉干,不加盐,风干后没有异味。"Rockhill 在注释中还说:"蒙古人和西藏的游牧部落也晾制肉干,而且常生吃。"

② 它可能与突厥语族的古代方言"察合台语"有关。

③ 我认为这是抄写者的错误,误把 Karakuram 或 Karakurum 抄成 Karagur。该叙利亚语词在结尾处被磨掉的字母可能是 mim。8 世纪下半叶(即我们判断该文献的成书年代)突厥回鹘基督教徒在东亚势力强盛,首府在 Karakurum。见 Howorth 的《蒙古史》第一卷第 21 页。

④ 正如文中所引的"亦都护"Idi-Kut 是所有突厥回鹘可汗的别称。志费尼在《世界征服者史》(I.32Gibb. Mem.)中讲到突厥回鹘人用该名称称呼自己的可汗,意为"国家之主"。Barhebareus(Chron. Syr.,p.427,edit,Bedjan)也提到这些。在其《阿拉伯编年史》(edit. of the Jesuits of Bedjan,1890,p.399,p.402),该词误写成"Idi-Kūb"。另见《史集》,同上,第 298 页等。

⑤ 它可能是阿拉伯语"sanim",意为"驼峰高"的骆驼。

⑥ 在前言中分析过该人名。这里可把后代相似的人名拿出来比较:Gaur-Khan,西域的鞑靼人(Tartars)和黑契丹突厥人(Kara-Khitai)可汗的称号。见志费尼(《世界征服者史》,Gibb. Mem.)I. pp.46—48,p.52,p.56,p.57。还有贵由(Guyuk),成吉思汗的孙子(Barhebraeus,《叙利亚编年史》,同上,p.481)。志费尼(同上,II.86)说该词意为"王中王"。

⑦ 该人名在前言中分析过。这里列出后代相似的人名:Garik,或 Charik,Chūchi 可汗的儿子(《史集》,第 115 页)。再参考 Churika,拖雷的儿子(同上,p.200)。

Tāsahz①，第四位 Langu② 他们有个通称"Tātar"③，其国名为"Sericon"④，据说他们在休整集合时每位国王有 40 万户人口。其国土辽阔，直到异教徒的城市 Magog⑤，再向前居住的都是异教徒。但我们讲到的突厥基督徒接受教区在异教徒的城中的主教的任命⑥，该城中有五座大教堂。

　　这些突厥基督徒住在帐篷里，有自己的神父、执事和修士。他们在帐篷里设有敬拜的地方，敲钟并且用我们的叙利亚语读圣书。他们与我们一样庆贺有关救世主耶稣基督的节日，不像异教徒那样行割礼，而是像我们这样以圣水和圣膏受洗礼。他们认为玛利亚是上帝的母亲，承认基督是上帝，与其他基督教徒一样过节日和主日。

　　他们的国家没有面包，没有麦田和葡萄园，也没有酒和葡萄干。他们的食物只有肉类和羊奶。他们有成群的羊。⑦

　　这时时机已成熟，对波斯人国家里的基督徒的迫害愈演愈烈，在 Nisibin 的可

---

① 该人名在前言中提到过。后代相似的人名是 Tāisi，蒙古艾米尔和将军，志费尼在《世界征服者史》中提到，Ⅰ. p. 113，p. 128，p. 136。再参见《史集》第 466 页）"Tāishi"是中国北部国王的自称，同上，p. 584。

② 该人名在前言中提到过。中国北部的一些词可解说它，参考 Yule-Cordier 所做的有关中国索引 1916，Ⅳ. pp. 318—320。

③ 最早提到 Tatar 之名是在公元 732 年。在鄂尔浑河发现的突厥碑文中讲到 Tokuz Tatar"九姓鞑靼"并刻有纪年。见汤姆森《鄂尔浑碑铭》p. 98，p. 126，p. 140 和 Rockhill. p. cit.，p. 113。至于 T'atun 一词可能指 Tatar 或者与它是同一词，Cordier 在对《马可·波罗游记》Yule 版本所作的《注释和补遗》中已讨论过，1920，p. 55。

④ "Sericon"是否与"Sariks"有某种联系？那些突厥部落现住在 Panjdeh 和 Yulatan 附近，然而过去在中亚腹地。"Sericon"就是 Ptolemy 所说的"Seres"和"Serike"，这在前言中已讨论。

⑤ 该文献的地理术语更加模糊不清，因为东西方的作家都把中亚的无名小国称作"鞑靼"（Magog）。Barhebraeus 在《叙利亚编年史》中有时把蒙古帝国称作"Magogians"帝国，而且在第 579 页（Bedjan 版本）他写到 Kaigatu 皇帝"当他被立为 Magog 帝国之首时"。作者并不知道蒙古和华北或中国的名称，把两者皆称为"Sericon"，在 Ptolemy 的地理著作中就用这个名称。叙利亚人米歇尔经常把突厥人称作"Magog 人"（Ⅰ. 103；Ⅲ. 149 和 222 等）。

⑥ 我们认为这是暗示巴格达。

⑦ 关于突厥人和鞑靼人的饮食有史书佐证。见前言所引的叙利亚作者。如在 Rockhill 所编史料中（op, cit. pp. 62—63）西方作家 Friar William 的叙述："他们最常喝马奶，若有母马；还喝羊奶、牛奶和骆驼奶。他们没有酒，除非从外地运来或送给他们……他们的食物就是动物的尸体还有牛群和羊群，只能是死尸。"卡宾尼也写道："他们没有面包、油和蔬菜，只有肉，他们吃得很少，其他民族很难以此维持生命"（同上 pp. 63—64）。另见 Barhebraeus，《叙利亚编年史》，pp. 408—409。志费尼在《世界征服者史》Ⅰ. 15 写道："他们的食物是狗肉、鼠肉及其他死物，喝的是动物的奶（bahāim）。"叙利亚人米歇尔（Ⅲ. 52）说："他们屠杀并且吃世上的走兽飞禽：家畜、野兽、爬虫、昆虫和禽鸟。他们还吃动物的尸体。"

憎的 Barsauli① 的操纵下，7000 名神父、修士、圣职人员和大批虔诚的信徒被杀害。因此圣灵不再降临景教教徒的圣餐上。自从圣灵不再降临这些异教徒的圣餐上，降临在他们祭坛和圣餐中的灵是恶魔撒旦的灵。正如那些在 Judas Iscariot 堕落之前受其洗礼的人，他们因其所宣扬的真道确实受洗了，那些参加邪恶的 Chalcedon 会议的人也同样如此。确实，在他们咒骂并参加该会之前，圣灵常在他们中间及其圣餐、祭坛中降临，但是自从他们咒骂背叛真道，远离生命的羊栏之后，他们被诅咒驱逐，圣灵不再降临，只有恶魔撒旦的灵显现。他们还被剥夺了施洗、任命权及其他圣礼。愿主使我们和圣教会的所有孩子得救，在圣母玛利亚和所有圣徒的帮助下，避免与他们交流联系！荣耀归于上帝！愿他的仁慈恩惠降于我们所有人！阿门。

Mabbūg 主教 Mar Philoxenus 写给 Nu'man 的 Hirta 军事统帅 Abi'Afr 的信到此结束。

补注（仅就本文原书第 323 和第 325 页的内容）

根据 Ibn at-Tayib（他于 1043 年去世，见 Vat. MS. Borgia 153 fol. 198b in Sachau's Ausb., p.24），Meru, Herat, 撒马尔罕，印度和中国等主教区晋升为大主教区的时间比较早，Meru 由总主教 Isaac（399—410），其余的由总主教 Ishō-Yahb（628—643）晋升。因此中国和撒马尔罕不仅是主教区还是大主教区，其时间比我们认定的可能要早一个多世纪。

（译者单位：新疆大学阿尔泰学研究所）

---

① 抄写者有意把 Nisibin 主教 Barsauma 之名写成 Barsaula。抄写 Barhebraeus 的教会史书（Chron. Eccles., II.69）的人也常这样，Barhebraeus 计算 Barsauma 杀害的忠诚信徒有 7700 人，本文献的作者却说是 7000 名神父、僧侣、圣职人员和大批信徒。J. Labourt 在《波斯帝国的基督教》（Christianisme dans l'Empire Perse, p.134 sq.）中已说明这是对景教传入波斯的历史的歪曲。近代雅各布教派的抄写者由于仍记恨 Barsauma，常把他的名字写作"Barsaula"，并且像撒旦之名常被倒写。这纯粹是抄写者有意而为，与原手稿的著者无关。该文献的雅各布教派的抄写者，著名的 Shammas Matti 向我承认他一直这样而且还要这样抄写 Barsauma 之名，即便是转写景文献。他说除此之外还能用什么办法区别这位 Barsauma 与圣徒 Barsauma 呢？

中西文化交流史

# 法国对入华耶稣会士与中西文化交流的研究

□耿 昇

　　明末清初入华耶稣会士与中西文化交流研究领域,始终是法国汉学界的一大重镇,专家辈出,人才济济,成果累累。本文拟就法国在该领域中的科研成果略作介绍,而且仅限于16—18世纪和入华耶稣会士。对于清代后期以及其他修会的传教士,尤其是新教传教士,本文暂不涉及;对于中西文化交流之外的活动,亦暂不论述。

　　我始终认为,在该领域的研究态度上,必须作出几种区别。一概而论,绝非科学态度。首先,要把鸦片战争之前的入华耶稣会士与鸦片战争之后,特别是与在签订中外不平等条约之后的新教传教士区别开来。前者完全受中国政府控制,他们在入华传教方面是失败的,在文化传播方面却成绩斐然;就文化传播而言,他们在向中国传播西方文化方面,远不及他们在向欧洲介绍中国文化方面的成绩显赫。后者却依赖不平等条约和西方的坚船利炮,在半封建和半殖民地的中国为所欲为,不少人成了帝国主义和殖民主义的军事、经济与文化侵略的工具。其次,动机和效果并非始终都是一致的。教廷和西方列强向中国派遣传教士,本身就是要传播福音和归化中国。但早期传教士们入华后的所作所为,却与此宗旨不大相符,这也正是持续了两个多世纪的中国礼仪之争和耶稣会被强行解散的主要原因。再次,要对具体人员加以区别。后期有些传教士确实作恶多端,干涉中国内政,鱼肉乡民,从而激起民愤,甚至被情绪激昂的民众打伤和打死,由此爆发了一系列"教案"。但也有一些传教士,甚至还可能是其中的多数人士,对中国文化和中国人民,怀有友好的感情,曾做过一些好事和善事,为中西文化交流做出过贡献,甚至是很大的和他人无法取代的贡献。

法国学者们在汉学学术领域中的观点,基本上还算是客观公正,对中国人民和中国文化充满友好感情,无论是在学术界还是在神学界的汉学家当中,情况都基本如此。

法国汉学家中的主要代表人物,是现任法兰西学院名誉教授、法国金石和美文学科学院院士谢和耐(Jacques Gernet,1921—  )先生,他也是国际汉学界从事明清间入华耶稣会士与中西文化交流和比较研究的一大权威。1982年,谢教授利用利玛窦入华400周年(1582—1982)之契机,推出了一部《中国与基督教》,从而享誉海内外。此书先后被译作东西方的十余种文字(中、英、德、意、西、葡、瑞典、波兰、日、韩、荷等),其基本观点,是着眼于详尽地分析明清鼎革之际,中国与西方基督教世界在政治、历史、文化、社会、思想意识、世界观和伦理诸方面的殊同。他进而得出结论认为,中国可以与西方基督教世界交流与接触;某些中国人,甚至是某些中国文人士大夫和精英分子,也可以受归化成为基督徒;基督—天主教可以作为中西文化交流的一条主要渠道,中西双方可以在真正了解或误解的基础上,达成某种程度的表面共识。但是,中国永远不可能被"彻底基督教化",也就是说儒学占统治地位的中国,绝对不可能像西方国家那样成为一个基督—天主教国家。中国始终在强烈地坚持自己那悠久的传统文化与伦理道德,儒学文化虽有开放性和包容性,但其"同化性"却表现得更为强烈。先后传入中国的各种文化,最终都被同化——"本土化"或"儒教化"了。因此,基督教文化在中国不可避免地会"本土化"。在中西于明清之际的首次文化交流中,西方所关心的是向中国传播基督教及其文化,而中国最感兴趣的却是西方的科学技术,这种文化交流实为一种"撞击",双方各怀心机,各有打算。由于谢和耐先生的此书出版时,正值西方学术界纪念利玛窦入华400周年的高潮中,所以震动格外强烈。它在西方学术界的汉学家中赢得了很高的支持率和普遍的好评,特别是荷兰的许理和(Erik Zürcher)、丹麦的伦伯格(K. Lundbaek)、德国的柯兰妮(Glaudia von Collani)、澳大利亚的保尔·鲁尔(Paul Rule)和法国的鄂法兰(François Aubin)等,基本上都赞成或倾向于谢和耐先生的观点。但在西方神学界的汉学家中,却也招致了不少激烈批评。由神学界汉学家们主宰的尚蒂伊国际汉学讨论会,最初几届曾邀请谢和耐教授去主持大会,自此书出版后,甚至不肯邀请他参加会议了。反对最激烈者有美国的马爱德(Edward L. Malatesta)和魏若望(John W. Witek)、法国的甘易逢(Yves Raquin)和顾从义(Claude Larre)等人。这些神父们出于其"天下归主"的坚定信念,当然会对谢和耐教授的观点提出异议和非难。为了捍卫自己的立场,谢和耐教授分别于1988年在文集《天主教与中国社会》中发表了《基督教在17世纪中国的适应问题》，1993年于文集《欧洲在中国》中发表了《中欧交流中的时空、科学与宗教》，1998年在《中国研究》中发表了《再论中欧早期的文化交流》等具有雄辩力的论文，有力地捍卫并发挥了自己在《中国与基督教》一书中提出的许多论点。他再次强调，中国爱国的官吏和士大夫们都注意严肃伦理和正统精神，关心为国效力和为民造福。入华耶稣会士们从事行政管理、兵器、治水、农业或手工业生产的机器之研究和介绍，同时也主张严肃的伦理、注重实用科学技术、主张恢复正统。因此，在中国文化精英与传教士之间，很大程度上是在相互误解的基础上，找到了表面的共同点，从而成为促进中国向近代社会迈进的因素之一。基督教也通过"适应"政策而在中国找到了立足点和支持点。但中西世界观或时空观完全不同：西方继将希腊哲学与基督教传统结合起来之后，使感性与理性之间出现了原则性差异，对于创世和支配世界的上帝之信仰，是无上而不变的原则。基督教西方利用了斯多噶学说和新柏拉图主义所提供的内容，在有关父子圣体共存论、基督的人性和神性、亚里士多德主义和繁琐哲学由文艺复兴和新教改革在天主教徒中引起的反响，摆脱了中世纪而进入近代。中国的时空观是自《易经》和印度佛教继承而来的，它在中国产生了一种不稳定性，即无限宇宙的永久变化之思想。中国对于只有感性知识的一切都明显地不信任，不了解宗教权与世俗权之间的基本区别。所以，明末清初中西文化交流的混乱和冲突是不可避免的。从文化角度来讲，西方列强企图让中国放弃和破坏其遗产而全盘西化，是完全行不通的。

谢和耐教授于他在1972年初版并分别于1988年和1990年再版的《中国社会史》一书中，也设立专门章节论述了明清时入华耶稣会士与中西文化交流问题。他指出，耶稣会士们在天文学、算学和地图学等领域的贡献是不容置疑的，而且耶稣会士们是中国算学于17—18世纪复兴的主要促进人之一，他们在诸如农业和手工业那样的实用知识领域中也产生过影响。但西方在17世纪时，并不比中国占据优势，中西在这个时代有许多相互学习的机遇和内容。例如，当时中国的传统天文学要比利玛窦传入的天文学更为"近代"一些，利氏不了解欧洲天文学的最新成果，依然始终都忠于托勒密的天文学，而托氏理论又与中国人的思想和习惯相矛盾。

谢和耐教授于1979年在《第欧根尼》杂志第105期中，发表了《17世纪基督徒与中国人世界观之比较》一文。文中指出，在入华耶稣会士传入中国的科学问题上，要避免两种错误倾向。第一种错误倾向是把入华耶稣会士们传入中国的科学，看得比它的实际情况要先进得多。第二种错误倾向是认为中国一切都要向西方学习，并把传教士们的布教活动在中国所引起的批评与沉默，都归咎于中国人的愚昧、仇外和狭隘地坚持民族传统诸因素。欧洲有一种根深蒂固的偏见，即误认为起源于西方的定律和原理都是最高明的。欧洲科学从16世纪末起传入中国，这主要不应归功于传教士们的积极性，而应归于中国人自己的需要，中国人对西学表现出了好奇与兴趣。因为传教士们并不是为了讲授欧洲数学和天文学,而是为了传播其宗教才远涉重洋而到达中国的。谢教授于1973年在《宗教社会学》杂志中发表的《入华耶稣会士与中国明末的政治和文化形势》一文中指出,中国人越来越熟悉了基督教教理,最终不再受到利玛窦所采取的策略欺骗了。他们认为传教士们的宗教与佛教具有明显的相似性,而这种相似性后来又成了基督教大论战的基础,即认为基督教仅仅是对佛教的一种粗暴歪曲和变种。利玛窦正是通过佛教与基督教之间的相似性,才在开始阶段于中国获得了成功。他后来被迫通过自己的"西儒"身份,才插足于中国文化潮流的总趋势之中。谢和耐于1976年在《第一届尚蒂伊国际汉学讨论会论文集》中发表的《16—17世纪的中国哲学与基督教之比较》中指出,明末清初的入华耶稣会士与中国文人士大夫之间的对话很困难,他们出于各自传统文化的原因,没有也不准备互相理解。当时,中国人不理解纯属西方思想的抽象逻辑,欧洲对于中国思想也只具有一种肤浅的理解,而且还是仅理解到了那些有碍于基督教传播的思想。所以,从哲学角度讲,明末清初的中西文化交流尚有许多障碍有待于克服。

谢和耐教授在他五十多年的汉学生涯中,涉猎的研究领域相当广泛,基本上是以中国社会史的大学科为中心而展开的。他当然会关注明清之间的中国乃至整个世界范围内大变迁的同步化。入华耶稣会士正好适得其时地充当了中西交流的媒介。他始终不间断地从事这方面的研究并且屡有新作发表。1994年,他的汉学论文集《中国的智慧》出版了。在该书收入的25篇论文中,有关明末清初耶稣会士问题的专题论文共有5篇。他分别从哲学、宗教、政治和观念诸方面,论述了16—18世纪入华耶稣会士在中西文化交流中做出的贡献、遇到的困难和阻力、造成的负面和正面影响等问题。

法国学术界在本领域中的另一位具有代表性的汉学家,是原任教于设在敦刻尔克的海滨大学、现就职于巴黎第八大学的文学博士迪代伊(Jean-Pierre Duteil)教授。他于1994年出版了其博士论文《上天的使命,入华耶稣会士的作用》。全书充分地利用了拉丁、葡、法、意、德、英和荷兰等文字的文献,深入论述了从1552年客死于中国广东上川岛的方济各·沙勿略(François Xavier,1506—1552),到1774年耶稣会被解散的220多年间,入华耶稣会士们在传播宗教和中西文化交流的过程中,曾起过的作用和扮演过的角色。全书共分5编14章,全面、深入、客观和具有独特见解地论述了耶稣会士们入华的历史及其在华活动的梗概。本书具有三大突出特点。其一是书中对于中国礼仪之争所经历的过程,作了详细阐述。这场争论是由于基督教中国传教区中孕育着两种完全不同的观念,即对于中国传统文化,究竟是应该如同西方殖民列强于其殖民地中所实施的那样,采取"彻底摧毁"的政策,还是要运用由教祖依纳爵·罗耀拉(Ignace Royola)于其教谕中提倡,并于16世纪末—17世纪由利玛窦和范礼安等试行的"适应"政策。当然,这种政策获得了某种成功,但却受到了其他修会和教廷的抨击,甚至在耶稣会内部也有不同意见。其二是突出了葡萄牙入华耶稣会士所起的重要作用。迪代伊经过认真而又仔细的探讨,统计出葡萄牙籍入华耶稣会士 16 世纪末有 113 人,1600—1650 年有 94 人,1650—1700 年有 81 人,18 世纪有 108 人。除了 18 世纪,法国以 159 人而胜出外,葡萄牙在人数上始终占据优势,而且他们在文化、贸易和政治方面,也都有过不凡的业绩。其三是资料极其丰富。作者共参阅了近 800 名入华耶稣会士的档案、书简、年度报告和他们有关中国和远东的著作。但令人遗憾的是,作者不如谢和耐先生那样精通汉文、熟悉汉文史料和了解中国的国情,故当他从中国一方着眼论述时,明显有点薄弱。作者于第四和第五编中,分别从军事、外交、官制、科举、司法、婚姻、科学史、天文学、纪年学、语言语音学、舆地地图学、度量衡、医学、动植物学诸领域着眼,论述了耶稣会士们在中西双向交流中所起的桥梁和媒介作用。作者在结论中指出,在 18 世纪上半叶,中国在莱布尼茨、马勒伯朗士、孟德斯鸠和伏尔泰的哲学体系形成中曾起过重要作用。而 1750 年之后,无论是卢梭、狄德罗还是布丰,他们受中国的影响远不如先前那样明显了。欧洲根据耶稣会士们的书简和著述,"重造"了一种中国形象。在旧制度时期(法国 1789 年之前的王朝)的最后几年间,人们理解了中欧之间的差异性超过了其相似性,更多的西方人不再关注归化中国人的事业。在 18、19 世纪之交,中欧之间的互不理解占据了突出地位。无论如何,欧洲的宗教信息是与科学同时传播的,传教士们提供了一个有限时代的中国形象。

  迪代伊教授对于葡萄牙入华耶稣会士有着特殊的好感与偏爱。1996 年,他又推出了葡萄牙入华耶稣会士曾德昭(Avarez Semedo,1585—1658)于 1642 年初版的《中华大帝国通史》的最新译注本。曾德昭的汉名 1620 年之前叫谢务禄。他于 1613 年入华,后与高一志(Alfonso Vagnone,南京教案之前的汉名是王丰肃)一并,于 1616 年受沈㴶策动的南京教案的牵连,被放逐于澳门。1621 年,又以曾德昭的名字返回江西,出任传教区的中国副省会长。曾氏在华共生活 22 年,是利玛窦"适应"政策的坚定支持者和忠诚实施者。他坚信要想归化中国,必须首先归化中国皇帝及其有权势的亲信和心腹,然后才能造成"望风而归"的局面,试图在中国制造一个新的"君士坦丁大帝"。因为君士坦丁大帝(280—337)是使基督教成为罗马帝国国教的奠基人。所以,曾德昭于 1642 年出版了其《中华大帝国通史》一书。此书虽美其名地冠以"通史"的书名,但却是一部晚明史。该书原文用葡萄牙文撰写,但最早却是以卡斯蒂利亚文(中部西班牙文)出版,后来被译成意大利文、法文和英文,其原著始终未以葡文发表。直到 20 世纪 50 年代,在澳门出版的葡文本,仍是从其他语言翻译而来的。该书基本上是以利玛窦的《基督教远征中国史》为模式而写成的,分两大部分。第一部分是有关中国社会的概览,描述了中国的制度、风俗与日常生活,它证明了 17 世纪的西洋人已对中国有了一种明确的概念,它们形成了西方对中华世界之所知的最早总结。第二部分是论述中国的宗教事态的,重新论述了自利玛窦入华后的中国传教史。书中对于明朝皇帝、皇宫及各级官府的记载,尤为详尽和珍贵。

迪代伊于1999年又推出了法国赴华和越南的耶稣会士罗历山(Alexandre de Rhodes,1593—1660)的《交州王国史》一书的最新注释本。罗历山于1624—1645年间先后于广东、澳门和北部湾(交州)传教,但主要是活动于越南北部,是越南文字拉丁化的设计人。《交州王国史》一书是在他返回欧洲后于1650年用意大利文发表的,于1651年被译作法文,1652年又被译作拉丁文。他的其余七部有关中国、越南和远东的著作,也先后于1650—1653年间刊行。《交州王国史》一书共分两卷82章,对于缺乏详细文字记载历史的交州,显得格外珍贵。它是西方研究17世纪中国南部、北部湾和越南的少有的专著之一。

原为巴黎大学比较文学讲座的主持人、学贯西中的法国著名作家、政治评论家和社会学教授安田朴(也译作艾田蒲,René Etiemble,1909—  )先生,也是法国从事中西文化交流与比较的一代宗师。他于1965年就推出了一本《入华耶稣会士与礼仪之争》,成为法国60年代研究明末清初入华耶稣会士与中西文化交流的重要历史性和理论性著作。该书以原始历史文献为基础,对于影响中西关系两个多世纪的中国礼仪之争事件的缘起、发展过程、后果及其影响,均作了颇有见地的探索。作者从这场在中国人自己根本不知道的情况下,于欧陆爆发的以中国为对象的大争论中,得出了一种基本结论,即"宽容的中国"和"不宽容的基督教西方"。礼仪之争的结果是由于控辩双方的激烈争论,一方面使中西文化交流从一开始就遇到了极大的撞击,使之遇到很大的阻力和诸多的障碍;另一方面又在西方催生了大量有关中国的论著,激起了西方17—18世纪的一场"中国热"风潮,使西方哲学家们得以利用中国形象而向守旧派和教权挑战。

多年间安田朴先生在巴黎大学主持中西比较文学和比较文化的讲座,其讲义被编成了一部《哲学的东方》(与"基督教的西方"相对应),最终于1988年和1989年分上下卷,出版了《中国文化西传欧洲史》(此书有笔者中译本,另有中译本名《中国之欧洲》)。在这部洋洋洒洒的两卷54章的论著中,从第13章开始便完全是以入华耶稣会士为主线条展开论述的。作者主要追述了欧洲16—18世纪的"中国热"风潮到鸦片战争之前的"仇华"过程。作者认为其主要原因是:"中国热"风潮完全是以西方学术界对中国的误解和本国需要为基础的,与西方殖民列强日益强盛和中国国势日渐衰落有关。书中特别指出,欧洲大思想家们更多关心的是利用中国为他们的政治哲学增光或作为陪衬,而完全不在纯学术方面。他们对中国所作的评价,同样也取决于他们捍卫的论点和立场之需要,而并不是入华耶稣会士们勾勒出的中国真实形象。入华耶稣会士们自己的言论也受到了约束,他们一方面要维护其身负的福音化职责,另一方面又致力于研究由发现中国而在欧洲激起的冲击波。拉摩特·勒瓦耶、马勒伯朗士、莱布尼茨、伏尔泰、达尔让斯、孟德斯鸠和魁奈以及重农学派(以杜果为代表),都深受中国的影响,他们对于西方接受中国文化起过重要的作用。

入华耶稣会士中有一批宫廷画家,或者称中国皇帝的御用洋画家。他们将西洋画传入中国并向欧洲介绍中国画,在中西绘画和艺术交流中起了不可忽略的作用。法国学者中,研究入华耶稣会士画家们的专家,主要是巴黎艺术博物馆的伯德莱(Michel Beurdeley)教授,他于1971年出版了《中国宫廷中的耶稣会士画家郎世宁》一书。书中首先介绍了意大利入华耶稣会士郎世宁(Giuseppe Castiglione,1688—1766)的生平及其在华活动的历史,接着又分门别类地介绍了郎世宁作为建筑艺术家而在建筑圆明园中做出的贡献、郎氏奉敕命制作的16幅铜版画《乾隆得胜图》(表现乾隆皇帝平定准噶尔盆地及附近回疆的武功图),以及作为宗教画家(南堂的宗教透视画)、作为人物肖像画家(乾隆皇帝及其嫔妃们的画像)和作为山水动物画家(百骏图、飞禽和山水花卉画)的郎世宁,还介绍了郎世宁与其同时代的中国画家(年希尧、张照、于敏中、钱陈群、钱栽、沈德潜、唐岱、邹一桂、吴历等)的交往与学术磋商等。书中发表了郎世宁的书简及其主要绘画,它们现在分藏于法国、意大利、美国、日本、中国北京、承德与台北等地的美术馆、博物馆和图书馆。作者认为,入华耶稣会士画家们所追求的是传播其宗教信仰,而不是将其文化强加于人。入华传教士们清楚地知道,他们将被视为中国皇帝的臣民并且很难再返回欧洲故里,很可能会客死于异国他乡,所以他们极力学习并适应中国文化。正是出于这一原因,入华耶稣会士画家们才在保持和推行其宗教信念的同时,又采纳了中国的绘画技术,还使吴历那样的中国传统文人和画家,变成了一位天主教司铎。但传教士们对于中国画的论著,也有误解和偏见。他们从未将任何中国绘画的汉文论著译成西文或寄往欧洲,而只是热衷于撰写有关历史、文学、音乐、瓷器等方面的论著。

伯德莱于1997年又出版了一部名为《18世纪的入华耶稣会士画家》的新作。全书文图并茂,共分12章文字记述,同时又发表了入华耶稣会士郎世宁、王致诚(Jean-Denis Attiret,1702—1768)、艾启蒙(Ignace Sichelbarth,1708—1780)、蒋友仁(Michel Benoît,1715—1774)以及遣使会士德理格(Téodorico Pedrini)、奥古斯定会士安泰(安若望,Jean Damascdne)等画家,特别是在康乾皇帝宫中充任御画家者的作品。书中发表了他们的130多幅绘画,其重点是论述郎世宁与王致诚在宫中作画、耶稣会士们与大收藏家乾隆合作、热河木兰围场秋狝图、版画《乾隆得胜图》的制作、建筑艺术喷泉、修建西洋楼、耶稣会士们的山水花鸟与人物画。作者最后讲到耶稣会被解散之后,仍有几位原耶稣会士留在乾隆末年的宫中,他们大都是对皇宫有用的人,有的还是画家。其中包括意大利籍入华耶稣会士潘廷璋(Giuseppe Panzani,1734—1812),他因以乾隆皇帝的画像作为《中国杂纂》的卷首插图而驰名于法国。当时留在清宫中的洋画家还有贺清泰（Louis‑Antoine de Poirot，1735—1813）和钱德明等。作者特别研究了在雍乾时代（1723—1795），耶稣会士们作为瓷器装饰图案而绘制的浅灰单色画，尤其是法国入华耶稣会士殷弘绪（François‑Xavier d'Entrecolles，1664—1741）在瓷都江西景德镇的作品。这批绘画证明，18世纪的中国绝不是在西方所流传的那种负面形象：僵化、鄙视经商和利润或国际贸易、拒绝外国最新创造发明等。总而言之，由于这批入华画家耶稣会士主要生活在康雍乾盛世时代，所以他们的绘画活动形成了中西艺术交流史上的一次高潮。

中国艺术图案由入华耶稣会士们传向欧洲。法国17—18世纪的博韦壁毯中就出现了以中国图案作为背景装饰的技艺。欧洲瓷器中也出现了中国式的装饰图案，欧洲经销商也对中国瓷窑提供图案以供在中国生产定向的"订货瓷器"使用。法国圣迪埃（Saint‑Dié）博物馆于1981—1982年间举办了一次"1765—1830年法国东部瓷器制造中的中国式装饰图案"的展览，并为这次展览出版了一本精美的图文并茂的书。书中特别论述了中国装饰图案风靡欧洲的全过程：法国17世纪的异国情调风格绘画、1650—1800年欧洲的"中国式"装饰图案、1650—1830年欧洲采用中国装饰图案的实例统计表、中国装饰图案的断代等，特别是斯特拉斯堡、尼德维耶、阿佩里等地区的中国式图案，最后是有关法国东部瓷器制造作坊中的"中国式"图案等问题。

意大利传教士马国贤（Matthieu Ripa，1682—1745）不属于耶稣会，但他在华期间与耶稣会士们交往甚密和关系甚笃，所以也于此略作介绍。马国贤于1710年1月2日到达澳门，于1710—1723年在清宫为康熙帝做御画家、版画家和地图家，曾著有名为《清宫十三年》的回忆录。法国学者柯孟德（Christophe Commentale）于1983年在台湾欧语出版社出版了该书的法文译注本《马国贤——中国宫廷中的绘画家、版画家和传教士》，此后还在法国和日本发表过多篇有关马国贤的论文。作者认为马国贤实际上是继承了利玛窦、艾儒略及利氏弟子倪一诚（Jacques Niva）和游文辉（Emmanuel Pereira）等传教士画家，特别是宫廷洋画家的世系。马国贤之前的画家耶稣会士们形成了艺术家传教士入华的"第一次浪潮"，以纯传教为目的而关注绘画。"第二次浪潮"则以耶稣会士王致诚和郎世宁为代表，于宫中绘画，同时也注重版画。马国贤正处于这两次浪朝的转折点上。在第二次浪潮中，他们的代表作是1769—1775年的一组版画《中国皇帝开拓图》，本是庆祝清朝皇帝战胜厄鲁特人之武功的。传教士们在此期间，既必须服从皇帝的要求，又要从事归化中国人的事业。马国贤用绘画来表现一切内容，但他更喜欢的是人物画而不是风景画。马氏培养了许多中国弟子，如河北的殷若望、谷文耀、黄巴桐和江苏的吴露爵等，而表现承德避暑山庄36景的铜版画则为其版画代表作。马国贤的《清宫十三年》一书，记述了他在华的全部活动。

在有关入华耶稣会士与中西艺术交流问题上，法国学者对于由入华耶稣会士们协助下，于1747—1768年间在乾隆皇帝的皇家园林圆明园中建造的西洋楼和长春园，作了大量研究，其成绩引起了世人的惊奇。法国由汉学家毕梅雪（Michel - Pirazzoli - tS'erstevens）主持了一个专门研究组，重点研究西洋楼和御花园的建筑年代和建筑术及其用途、考证1783年的西洋楼版画和其他"老照片"、建筑复原、植物鉴定与西洋模式。他们近年来已发表了一大批研究成果。如杜兰和若纳塘的《乾隆皇帝的京西逍遥地》（1987年）和毕梅雪的《西洋楼的历史和传说》（1987年）、《郎士宁与乾隆皇帝的西洋楼》（1989年）、杜兰和萨里耶的《中国皇帝西洋楼版画》（1993年）、蒂里耶的《从1860—1940年的照片看圆明园的西洋楼》（1990年）、杜德兰的《圆明园西洋楼复原》、热耐斯特的《圆明园的西洋楼及御花园中的植物》（1994年）、德罗盖的《乾隆皇帝的西洋楼及其意大利原型》（1994年）等。

入华耶稣会士们曾在自然科学和科学技术领域中从事过许多活动。法国汉学界在谢和耐教授的推动下，从1984年起，组建了一个中国科技史研究小组。他们的研究重点是中国的数学、天文学、生物和动植物学、医学等，同时也包括化学、烹饪学和语言学。因为今天，人们再不能继续像裴化行（Henri - Bernard Maître，1889—1975）那样，只对"耶稣会士们的科学贡献"作简单统计了。他们将重点放在理解中国学者根据借鉴引进的内容和自己固有的传统而形成某些新的科学体系、西方科学改变中国人世界科学观念等问题上了。法国在本领域中的代表人物是法国国家科学研究中心的詹嘉玲（Catherine Jami）和马若安（Jean - Claude Martzloff）教授。詹嘉玲女士于1990年出版了其博士论文《三角速算法与精确圆周率，中国数学的传统与西方的贡献》。作者根据她于1985年在梵蒂冈图书馆找到的法国入华耶稣会士傅圣泽（Jean - François Foucquet，1665—1741）为康熙皇帝撰写的一批几何学与天文学著作手稿，重点论述了促使中国接受欧洲科学的诸因素。她尽力探讨数学观念传入中国的方式，特别是法国耶稣会士们向康熙皇帝授课的方式，进一步确定数学在文化生活中所占的地位。詹嘉玲还于1986年出版过一部《傅圣泽和中国科学的近代化，阿尔热巴拉新法》，"阿尔热巴拉"系法文 algebre 的对音，即代数学。马若安先于1981年出版了《梅文鼎的数学著作研究》，之后于1987年出版了《中国数学史》。它们都涉及到了17—18世纪西方科学著作在中国的传播及其对中国科学发展的促进诸问题。它们使欧洲数学与天文学传入中国的年代进一步精确了，同时也突出了中、欧学者在这些科学领域中的独自工作与互相影响问题。如著名数学家梅文鼎和曾于乾隆时代任钦天监监正的蒙古人明安图（Miangat），都直接或间接地触及到过西方数学与天文学知识，并在此基础上，创建了他们各自的科学体系。

法国在这方面的研究，还有杜牧兰（Doumoulin - Genest）于1994年提交的一部有关由耶稣会士们（也包括商人和旅行家）引入法国的中国植物在法国的风土驯化问题的博士论文——《中国植物于18世纪传入法国及其风土驯化》。于雅尔（Pierre Huard）长期以来从事有关中国科学技术通过入华耶稣会士在法国及欧洲的传播，曾于1966年发表《法国18世纪对中国科学和工艺的调查》等一系列著述。此外，法国学者对于耶稣会士在医学、天文学、舆地学诸方面的活动，都有不少上乘研究佳作。

法国神学界在该领域中从事研究的汉学家中，最具有代表性的人物是原入华耶稣会士荣振华（Joseph Dehergne, 1903—1991）神父，他于1936—1951年间，作为耶稣会士在北京和上海度过15个春秋，主要是在上海震旦大学教授法语、哲学，编辑学刊并著书立说。他归国之后，便在法国尚蒂伊耶稣会档案馆从事入华耶稣会士的研究，于1965年通过了其国家级博士论文《贝尔坦的两名中国人，1764年对中国工业的调查和法中技术合作的开端》。贝尔坦于1753—1780年间先后任法国省长、警察总监、税务稽核总长、国务部长和代理外长等职务。他与曾任法国路易十六的财政部长的法国重农学派主要代表人物杜果（A. R. Jacques Turgot, 1727—1781）等人，利用耶稣会士卜日昇（Jean Baborier, 1678—1752）派往法国的中国修士高类思（Aloys Kao）和杨德望（Etienne Yang）回国的机会，给他们列出提纲，要求他们对中国的工业、科学技术和中国其他国情进行调查，并将资料陆续寄返法国，荣振华的这部长达800多页的打字影印本博士论文，正是论述这段历史的。由于有关这段历史的档案，大都收藏在耶稣会档案馆，所以惟有他这样的耶稣会档案馆的研究人员，才有可能撰写这种具有资料特征的综合著作。

荣振华教授的第二部有关该学科的著作，是他于1973年出版的工具书《1552—1800年在华耶稣会士列传》（详见笔者的中译本，中华书局1993年版）。书中介绍了自耶稣会教祖方济各·沙勿略开始，到18世纪末（1800年），在华的957名耶稣会士（包括少量受归化的中国从教人，特别是澳门人）的列传。每篇小传中都详细列举了传主的诞生、受洗、晋铎、出发赴华、莅华、汉名、在华活动期、主要活动和职务、逝世的时间，同时还介绍了世界范围内直到当时为止有关传主的研究论著目录。书后所附各种资料，更有参考价值：入华耶稣会士中历任明清宫中钦天监监正者、康熙大地图和《乾隆得胜图》的测绘与制作者、参与北京观象台建筑并设计和制造其仪器者、在明清宫中任官者、历任中国副省会长和传教区总会长者、历任传教区司库和巡按使者。此外还有历次教案统计表、入华耶稣会士们的汉名汉姓与教名统计表、不同时代与不同国家的会士统计表。总而言之，这是一部很有价值的工具书。

荣振华的第三部有关著作是他于1984年与澳大利亚国立高等教育学院教授、中国犹太教和伊斯兰教研究专家李度南（Donald Daniel Leislie）联袂出版的《中国的犹太人》（此书有笔者的中译本）一书。自从利玛窦于1605年在北京会见开封犹太举子艾田之后，入华耶稣会士们便自信，中国自周代以来便存在着上帝子民和基督教信仰(有关开封犹太人的清康熙碑中有"教起天竺,周时始传于中国"的记载)。从此,基督教西方知道了在开封存在着一个中国犹太人的社团。这一发现被称为"中国民族史上的一大奇迹"。此外,由于西方基督教世界始终怀疑犹太教徒篡改过现今传世的《圣经》文本,所以他们绞尽脑汁地在寻求最早的,即未被犹太教徒篡改的《圣经》稿本。他们也将这种希望寄托在开封犹太人身上。西方宗教界、学术界、犹太人社团,甚至政界,都极力鼓励对开封犹太人进行调查研究,特别是寻找《圣经》的原始文本。入华耶稣会士们发动了持续两个多世纪的调查研究活动,搜集有关开封犹太人的起源、姓氏、信仰、礼拜、经书、拉比的选择、饮食习惯、仕途、犹太教堂、改宗信仰伊斯兰教的过程等方面的资料,然后写成书简或报告,寄回西方,其中有许多内容始终未刊。此书共发表了意大利入华耶稣会士骆保禄(Giampaolo Gozani,1657—1732)的7封书简、法国入华耶稣会士孟正气(Jean Domenge,1689—1735)的11封书简、法国入华耶稣会士宋君荣(Antoine Gaubil,1689—1759)的8封书简、利玛窦与何大化(Antonio Gouvea,1592—1677)的调查报告等。有关18世纪之前开封犹太人的资料,基本上被尽收其中。

在本学科中,法国神学界的另一位汉学家,是巴黎外方传教会的沙百里(Jean Charbonnier,1932— )博士。沙百里曾先后在我国台湾、香港以及新加坡华人区,学习和工作过近30年,是名副其实的"中国通"。他于1992年出版了《中国基督徒史》(此书有笔者与郑德弟合译的中译本)一书。大凡国内外研究中国基督教史的著作,都侧重于研究基督教传播史。沙百里此书却另辟蹊径,重点研究基督徒本身的历史,即研究自入华耶稣会士们于明末清初开始布道传教以来,传教士与受归化的中国从教人的历史。他对于中国基督徒的基本组成及其在中国历史上的作用,特别是信徒与中国传统文化之间的关系,作了深入阐述。正如作者在为本书的中译本所写的序言中指出的那样:撰写中国基督徒史,还要揭示基督徒们对国家现代化的重要参与。当大清帝国礼法使基督徒们参加科举的行动变得很困难时,注重学习和为其国家服务的许多信徒,都学习了外语并初步学会了近代西方的科学和技术。他们与改革派联手为反对陈规陋习而斗争,为少女们开办学校,使卫生保健机构倍增,从大医院到偏僻乡村的小诊所,样样俱全,甚至在诸如蒙古那样的某些偏僻地区,他们也从事了大规模的大型水利和发展农业的工程。

法国从20世纪70年代起,推出了一套《启蒙时代的中国》丛书,其中绝大部分是有关入华耶稣会士问题的。

这套书中的第一卷是1970年出版的《步中国后尘的亨利·贝尔坦(1720—1792)》,此书由雅克-西尔维斯特·德·萨西(Jacques Silvestre de Sacy)著,由裴化行作序。无论是本书作者萨西家族,还是传主贝尔坦,都值得我们作一番研究,他们在法国汉学史上举足轻重。雅克-西尔维斯特·德·萨西是18—19世纪初叶法国东方学界的代表人物安东尼-伊撒克·西尔维斯特·德·萨西(Antoine-Isaac

Silvestre de Sacy,1758—1838)的后裔。老萨西主要从事阿拉伯研究,长期占据法兰西学院的阿拉伯学讲座席,但也对汉学产生了浓厚兴趣。正是在他的关注下,才得以于 1814 年出版了自 1776 年开始推出的《中国杂纂》第 16 卷,也就是最后一卷。也正是在他的关心下,才使法国教授大会于 1814—1815 年间,将汉学纳入法兰西学院的授课日程。当他在黄经局任职时,获得了宋君荣神父自中国寄回的两部手稿:一部是寄于 1753 年 5 月的《中国唐代历史纲要》,另一部是寄于 1749 年 9 月 27 日的《中国纪年志》。拉普拉斯(Laplace)公爵要求他负责刊布这两种论著。老萨西于是便以此为契机而与当时法国的汉学家雷慕沙(Abel Rémusat, 1788—1832)建立了联系,从而也使他成为 18—19 世纪法国汉学的推动与鼓吹者之一。雷慕沙成为法兰西学院汉学讲座的首位主持人,也得力于老萨西的鼎力推荐。宋君荣的《中国唐代历史纲要》和《中国纪年志》也即《中国杂纂》第 16 卷的主要内容。事实上,老萨西继承了法国路易十五时代崇拜东方与中国的三大明星们的传统,这三个人一是传教士、企业家、法国东印度公司的代表、长期在印度和中国等国居留的远东大旅行家彼埃·普瓦夫尔(Pierre Poivre,1719—1786),正是他将胡椒和肉豆蔻等香料树运往法属非洲,进而销售欧洲,从而使法文中的"胡椒"便以其名而命名;二是路易十六的财政大臣和法国重农学派的代表人物杜果;最后一位便是曾在 20 多年间于法国政府内负责农业问题的法国国务部长贝尔坦,贝尔坦认为发现中国对于法国和整个欧洲都非常重要。卷帙浩繁的 1774—1776 年《中国杂纂》有许多便是出于他与在华耶稣会士们的通信。冯秉正(Joseph M. A. de Mailla,1669—1748)以朱熹《通鉴纲目》的译文为基本线索的《中国通史》也曾由他帮助出版。冯秉正为撰写此书共耗时六载,于 1739 年才寄达法国,但生前此书未能出版。此书直至 1777—1785 年间才分 12 卷本陆续出版。贝尔坦以这些渠道而与法国汉学界建立了联系。此书介绍了贝尔坦的生平及政治与学术活动,特别介绍了贝尔坦于 1793 年之前与北京耶稣会士们的学术通信。其中最重要的内容,是有关高类思和杨德望这两个中国人的:他们赴法的过程、在法接受的培养、回国时所接受的对中国的调查任务之提纲。

《启蒙时代的中国》丛书的第二和第四部,系第一届和第二届尚蒂伊国际汉学讨论会论文集。我们于下文再来论述。

这套丛书的第三部是托玛斯·德·博西埃尔(Yves de Thomaz de Bossière)夫人所著《17—18 世纪中国宫廷中的比利时官吏,安多传》,1977 年出版。据作者声称,她是安多家族的后裔。安多(字平施,Antoine Thomas,1644—1709)是比利时入华耶稣会士,于 1862 年莅华,1686—1694 年间先后在清宫中出任钦天监监副与监正。他在华期间,亲眼目睹了中欧关系史中具有象征性意义的两大事件:其一是通过汤若望和龙华民而与利玛窦派系联系起来的南怀仁神父的逝世,南怀仁获得清朝皇帝特赐的墓地与葬礼,形成了入华耶稣会士们在华地位的一大分水岭;

其二是法国五位"国王的数学家"耶稣会士们到达北京,他们后来几乎主导着中国和宫廷中的耶稣会士们的活动方向与准则。康熙1692年的著名诏书给予了入华耶稣会士们一种正式承认的地位。此书共分7章,分别介绍了安多在比利时和法国度过的青少年时代(1644—1677)、在葡萄牙科英布拉度过的中年时代(1678—1680)、出发赴华和1680—1685年间在中国澳门的生活、1685—1691年在中国内地生活的初期。安多于1686年根据满文文献而编制了中国14个地区的日蚀表,同年又编制了汉满文的《行星运行表》。他自南怀仁逝世之后,又负责审订中国历书并为此而从事大量的天文观察,从而将中国的天文历法知识传向西方。他首次全面而又详细地测绘了北京及其近郊地区的平面图和城墙图,然后又将这些资料寄往法国。安多在礼仪之争期间,以其护教著作而向西方传播了中国的传统文化。最后讲到了他在北京宫廷中继南怀仁而出任钦天监监正一事,特别介绍了康熙与宫中耶稣会士们的关系以及签订《尼布楚条约》等问题。

《启蒙时代的中国》丛书第五部是同样由博西埃尔夫人所著的《殷弘绪与中国对18世纪欧洲的贡献》一书。法国入华耶稣会士殷弘绪于1699年到达中国厦门,1741年逝世于北京,主要是在江西(九江、饶州、南昌、景德镇)和北京活动。他的贡献主要在四个方面:其一是译注中国经典书籍问题,如有关创办义学、造福于民、钱币、习俗、对于中国礼仪之争中四项建议的看法、对于《书经》和《春秋》有关中国人宗教信仰的考释、中国历史、中国传奇方面的著作;其二是作为技术家的殷弘绪,如他有关中国瓷器、丝绸、人造花和珍珠的制造术诸方面的著作;其三是殷弘绪在中医与保健技巧方面的工作,如他节译康熙三十六年出版的《长生》一书,对《本草纲目》的节译,特别是有关《濒湖脉学》的节译,以及关于种痘、人参、茶叶等方面的著作;其四是殷弘绪作为植物学家而搜集的某些中国植物:佛手、柿子、扫帚草、樟树、荔枝、柳絮、竹子等,最后是有关人参、茶叶和中药片剂方面的著作。殷弘绪将中国的这些国家瑰宝、丰富物产、悠久技术和传统科学介绍到欧洲,对于欧洲向现代化的发展做出过贡献。

博西埃尔夫人的第三部入华耶稣会士传是1994年出版的《张诚传》。张诚(Jean-François Gerbillon,1654—1707)是法国17世纪来华的五位"国王的数学家"耶稣会士之一,于1687年经暹罗来华,1707年逝世于北京,曾任法国中国传教区的总会长,他是清朝前期入华的一位地位最高、学术成果最丰和影响最大的入华耶稣会士之一。张诚在华20年,先后八次赴鞑靼地区旅行,也曾参与中俄《尼布楚条约》的谈判,多次陪驾出巡。其中,他两次赴鄂尔多斯;一次赴宁夏、一次赴归化城;一次赴喀尔喀部蒙古人中;另外五次主要是赴东蒙古,特别是赴蒙古喀喇沁、汪古、敖汉和乃蛮诸部之中。此外,该书中还通过张诚与欧洲的通信,介绍了他1690—1700年间在北京的生活;张诚于1690—1705年间,与在华的巴黎外方传教会会士之间维持着友好关系;教皇大使铎罗于1705—1706年出使中国及其与张诚的交往；张诚在北京度过的最后几个月。总而言之，耶稣会士们在北京皇宫中基本上是不间断地存在了近两个世纪，在中国总共存在两个多世纪，教皇克莱芒十四世错误地于1773年7月21日解散了耶稣会，从而结束了他们在中国各地的活动，根本没有考虑耶稣会士们在那里冒着生命危险而作出的努力、坚持的信仰与勇气、经受的苦难和频繁的外交活动，从而造成了中西关系中的一大悲剧。

法国有关入华耶稣会士的另外一部传记是叶利世夫夫人（Danielle Elisseeff-Poisle）于1978年出版的名为《弗雷烈传，18世纪一名人文主义者的中国观》的博士论文。尼古拉·弗雷烈（Nicolas Fréret，1688—1749）是法国18世纪学术界的一位"中国热"风潮的推波助澜者，是法国金石和美文学科学院的常务秘书。他根据入华耶稣会士们（诸如宋君荣等人）向他提供的资料，曾计划与傅尔蒙联手，探索以儒学为代表的中国哲学，研究中国纪年，学习中国语言，特别是计划编写一部法汉词典和一部汉语语法书。他们试图利用由耶稣会士们派往法国的中国福建从教人黄嘉略（Arcade Hoang）而完成这一切。总之，弗雷烈既非神学家，亦非空论家，而是继承了17世纪哲学家们的谱系，更为关心诠释《圣经》中的历史事实。他为此而更受由耶稣会士们介绍的中国古老历史之影响。弗雷烈本人并未从其中国研究中获得很大的名声，其同事傅尔蒙和学生德经（Joseph de Guignes）相反却成为名噪一时的中国问题研究专家。

叶利世夫夫人还于1985年出版了一本以黄嘉略、弗雷烈、傅尔蒙和路易十四为中心内容的小说体裁作品《我是黄嘉略，太阳王的中文翻译》。此书学术价值不高，可读性很强，完全以自述体回忆录的纪实方式，以第一人称介绍了黄嘉略在法国王宫以及与"中国热"学术界名流们的交往关系。作者将深藏档案馆250余年的档案，公布于世，揭示了中法关系在18世纪的一段秘闻，应该说是一大功德。

法国于1992年出版了埃狄纳·迪尔科内（Etienne Durconet）的一部《利玛窦传》。作者开门见山地指出，1982年，利用利玛窦入华400周年之际，东西方对利氏一片赞扬声，他被分别称为"学者"、"人文主义者"、"汉学之父"、"中国教区的缔造人"、"适应政策的先驱"等等，溢美之词不胜枚举。他成了近代世界范围内最大的思想家之一，是中欧文明之间的一座真正桥梁。但人们似乎忘记了，利氏首先是作为传教士而于1582—1610年在华滞留并积极活动的。他的科学知识和技术技巧、神奇的记法、交友的手段，无不受其推动中国福音化事业的主体思想的支配，一切都是推行和维护其宗教信仰的"借口"。他在一切交往与关系中，都不会忽略这一点。至于其"适应政策"，它与今天宗教信仰与文化之间的关系同出一辙。利氏从未真心实意地落实过真正的"适应"，而仅仅是一种"创始"；其文化"适应"尝试仅限于宗教信仰的某些很有限的方面，如上帝的存在与灵魂的不死性等。他由于坚信在中国不可能实现大批归化，所以才采取"适应政策"。利玛窦的真正才能，却表现在他对待儒学的态度和他与儒士们的交往中，他后期一方面与释老二宗为敌,另一方面又清楚地认识到,儒教拥有丰厚遗产并具有表现基督教某些信仰的能力。利玛窦在与儒教士大夫打交道中,能获得最大成功的原因,并非是其《天主实义》,而是他有关伦理哲学的论著。利氏清楚地认识到,在中国传播福音,首先不应通过布道,而是应通过"关系"或"交友"才能实现,所以他于其一切行动中都赋予"交友"一种重要地位。但无论如何,与16世纪的入华耶稣会士们相比,利玛窦总算是实现了一种革新,他采取的方针是在与中国人打交道时首先要使自己成为"中国人":适应中国社会、学习中国语言、沿用中国习俗、了解中国人的思想,他在这方面确为一名真正的先驱。方济各·沙勿略早就预感到了这些必要性,利玛窦终于将它们落实了。利玛窦也受时代的限制,如他在注重对儒教友善时,却粗暴地关闭了与释老宗教建立联系的大门,而罗明坚却始终坚信应对佛教一方寄托更多的希望。利玛窦由此便失去了与中国释老宗教对话的机会,从而很难既全面又深入地理解中国人的心灵,最终也为适应政策设置了障碍。"适应"并非是个别传教士的行为。由于在利氏的一种创新行为和具体实施条件之间存在着差距,所以便造成了一种紧张局面,从而使利玛窦的计划很难如愿以偿地实施。总之,利玛窦在华所面对的是中国明帝国在政治上的统一和经济上的闭关自守、儒释道三教并立的社会背景,又恰逢世界性大转变和欧洲向世界范围内开放的时代,从而造成了他向欧洲介绍博大精深的中国文化之机遇。全书共分四章。第一章是《佛教徒中的一名出家人》。书中主要是介绍利玛窦早期以"洋和尚"的身份在肇庆的传教,最终发现儒教。作者认为利玛窦在韶州与佛教决裂而转向儒教,是他能在中学西渐中扮演重要角色的关键。第二章是《儒林中的一文人》。作者介绍了"西儒"利玛窦与中国儒生结合的过程,全文以利玛窦奠定传信基础、朱熹的理学、利玛窦的儒学、《交友论》、利氏记法、南京的大辩论和北京的教主等为章节,详细地介绍了"西来孔子"利玛窦。第三章是全文译介利玛窦的中文名著《天主实义》八篇。作者首先认为这是一部护教著作,接着又追述了其写作与刊行过程。作者得出的结论是,《天主实义》本为一部试图使不同文化互相适应的著作。第四章是《最后年代》,文中依次谈到了利玛窦于其《基督教教理书》、《二十五言》和《畸人十篇》中的儒教观,特别着笔于徐光启对利玛窦的影响。作者在结论中认为,正是利玛窦的在华传教政策,才造成了中学西渐的局面,从而使利氏在中西双方均受褒扬。

  法国入华耶稣会士的另一部传记性作品,是1970年由勒内·西蒙(René Simon)整理编辑出版,并由荣振华编制年谱和著作目录的《宋君荣北京书简集》这一巨著,全书共1020页,发表了宋君荣342封详加注释的书简,大都是首次刊布。法国入华耶稣会士宋君荣于1722年莅华,曾任法国北京传教区的会长,也曾费大力气归化镇国公苏努一家。他长期与法国的弗雷烈和德斯里尔(Deslile)保持通信,还于1745年筹建法国传教区北京天文台,最后于1759年7月24日逝世于北京。宋君荣一生中研究中国古典文明,曾先后翻译过《易经》、《书经》、《诗经》和《礼经》等中国经典,著有《中国历史纪年》、《中国天文学史》、《中国大唐史纲》和《成吉思汗与蒙古》等传世名著,尤以在天文地理方面的研究更加引人注目。宋君荣的这批大多为未刊的书简,向西方详细地介绍了中国的历史(纪年)、天文(日蚀)、地理(测绘地图)、民族(犹太人)、政治、风俗等方面的知识。

李明(Le Comte,1655—1728)神父是1687年入华的法国耶稣会士。他于1688年2月7日到达北京,作为天文学家、自然科学家和地理学家而留在清宫之中。他后来又先后在绛州、西安、广州和厦门工作。他在华期间,也正是礼仪之争在欧洲发展到白炽化的时代。他为了替入华耶稣会士们辩护,同时也是为了正确地反映中国人的政治、风俗、宗教等方面的实际情况,于1696—1698年写成了一部三卷本的护教性名著《中国现形势志》。此书以书简的形式抨击了当时那些敌视中国的人,捍卫了耶稣会士们的立场并反映了中国的真实情况,促进了中国文化在欧洲的传播。法国学者图布勒-布耶尔(F. Touboul - Bouyeur)于1990年重版了李明此书,并于卷首写了很长的序言,详细地介绍了李明的生平、其书的出版过程以及它为中学西渐所做的巨大贡献。

由入华耶稣会士金尼阁(N. Trigault,1517—1628)翻译整理的利玛窦神父的回忆录《基督教远征中国史》(中译本拟名为《利玛窦中国札记》,似不太确切。因为这是一部史书,而并非是随笔札记)自1615年出版以来被译成多种文字并反复再版,其中包括多种法文版。法国学者贝西埃尔(G. Bossière)重新自拉丁文本翻译了该书,于1978年在巴黎出版。鉴于这部十分重要的著作已有中译本,笔者就不再赘言了,它是有关早期入华耶稣会士与中西文化交流的奠基著作之一。

法国国立东方语言文化学院,于1974年出版了原籍为中国广东的法国学者陈艳霞的《华乐西传法兰西》(此书有笔者中译本)一书。人们一提到音乐,往往只会想到西洋音乐传入中国及其影响问题,对于中国音乐传入西方则所知甚少。事实上,久负"礼乐之邦"盛名的中国,在音乐、戏剧、乐器、乐理及其有关论著方面,也曾为世界文明做出过重大贡献。陈艳霞女士的此书,恰恰弥补了这一空白。全书一共分五章。第一章是西方于18世纪之前有关中国音乐的最早论述。中国古乐通过斡罗思(俄罗斯)人的媒介作用和马可·波罗等西方旅行家的游记而西传,元朝军队的军乐早于13—14世纪时便为西方所知。最令西方感兴趣的是,中国将"乐"纳入到其政府法律和道德的礼仪中了。

在白晋神父于1976年在欧洲掀起"中国热"之前,勒尼雅尔(Regnard)就于1692年在意大利排演了一场名为《中国人》的戏剧,其乐曲并没有多大的中国特色。勒萨热(Le Sage)分别于1713、1723和1729年在圣-日耳曼的集市上演出了《中国皇帝的丑角》、《中国公主》和《卷毛犬、丑角、宝塔和医生》等所谓有关中国的喜剧。入华耶稣会士马若瑟(dc Prémare,1661—1736)最早曾翻译过中国的某些田园牧歌和天主教主祈经唱诗。特别是他根据《元人百种曲》而编辑的《赵氏孤儿》剧本,导致了伏尔泰那名声赫赫的《中国孤儿》的问世。杜赫德(Du Halde)神父1735年于《中华帝国全志》中发表了耶稣会士们对中国音乐的论述,特别是首次介绍了一曲《柳叶锦》,对中国乐器作了初步描述。普雷沃(Prévost)修道院院长于1784年的《游记通史》中,也发表过有关中国音乐的论著。波希米亚入华耶稣会士严嘉乐(Charles Slawiczek)具有渊博的音乐知识,他1735年在致巴耶先生的书简中,详细地记述了中国音乐问题。

该书第二章是讲钱德明(Joseph-Marie Amiot,1718—1793)神父对李光地《古乐经传》的译本。对中国音乐西传欧洲做出的最大贡献的人是钱德明神父。他于1754年将李光地的《古乐经传》的乐理著作译成法文并寄回法国出版,在法国由各种书籍刊物陆续转载并挑起了许多学者之间纠缠不休的辩论和五花八门的评论。其中特别著名的书评分别是由拉莫(Rameau,1760年)、阿尔诺(Arnaud,1767年)、卢梭(Rousseau,1768年)、鲁西埃(Roussier,1770年)、德·拉博尔德(De La Borde,1780年)、格鲁贤(Grossier,1785和1820年)、甘格纳(Ginquené,1791年左右)等人所作。钱德明神父后来又对这些人的批评作了自我辩护。一时间诸家纷注,众说纷纭,十分热闹。这是中国音乐理论著作最早在欧洲的广泛传播,从而也形成了当时欧洲"中国热"中的一个重要组成部分。

第三章是《钱德明神父的论著〈中国古今音乐篇〉》。钱德明神父除了翻译李光地的《古乐经传》之外,还于1776—1779年间写了一部有关中国音乐的论著,寄到法国后再掀轩然大波。书中详细地介绍了中国音乐史之后,又对中国的乐器(8种响体和8种演奏乐器)、律准、古代中国人演奏五弦琴和七弦琴的方式、中国的音乐体系、律吕、律的相生法、三分损益法、七律、谐音等,都作了准确程度不同的论述。

第四章是《钱德明神父有关中国音乐的各种著作与资料》。钱德明神父除了这两部译著和论著之外,还搜集了大量有关中国音乐的文献、乐谱和乐器样品,翻译了中国古代某些与音乐有关的舞蹈著作,从而向欧洲提供了有关中国音乐的宝贵资料。他于1770—1779年写成了《〈中国古今音乐篇〉补遗》,1779—1792年写成了《平定金川的鞑靼——满族赞歌》,1788—1789年写成有关舞蹈和《股肱歌》的两篇论文,1779年搜集了一组中国乐曲,从1890年起将一批中国乐器运往法国。这一切都是华乐西传法兰西的重要途径。

第五章是《18世纪下半叶有关中国音乐的其他著作》。钱德明的著作不仅具有追述既往的意义,更重要的是首次向西方介绍了中国固有的独特音乐体系,打破了当时欧洲盛行的有关中国乐理衍出于埃及的神话。除了钱德明神父外,还有某些入华耶稣会士和学者们也为中国音乐的西传做出过贡献。韩国英(P. M. Cibot,1728—1780)于1780年写了一部《论中国的磬》,载《中国杂纂》第六卷中。德经于1784—1801年在其《游记》中发表了名为《天子万年》的中国乐曲。英使马戛尔尼(Lord Macartney)及其随员巴罗(Barrow)于其入华游记中,也介绍过中国音乐,特别是介绍了歌曲《茉莉花》和六弦琴的乐曲,此外还介绍了一支纤夫曲。

总之,中国音乐在18世纪的法国,虽不及中国造型艺术、古玩文物和孔子的伦理格言那样普遍传播,或者是热极一时,但中国的礼乐文明,也曾使富有浪漫色彩的法兰西人陶醉,成为早期中西文化交流的一个重要领域。

中西双方根据入华耶稣会士们的中国资料,各自形成了对彼此的看法。这一点始终是法国学者们的研究热门。本文仅提及两本书,作为例证而加以介绍。

法国华裔学者丁兆庆的《1650—1750年间法国人对中国的描述》一书,于1986年再版(原版于1928年)。原书由当时法国著名的汉学家马伯乐(Henri Maspero,1883—1945)作序。该书从各种法国著作中辑录了1650—1750年间法国的传教士、政界人物、商人、神学家、旅行家、航海家、自然科学家和社会科学家(尤其是哲学家)们论述中国的言论,实际上是对当时那场"中国热"风潮的一种全面再现。全书共分12章详细论述。

第一章是对1650年之前法国人有关中国知识的综述。其中第一部分论述了1650年之前的中欧关系,从上古时代的"赛里斯"人到汉代的"大秦"、唐代的景教、元代的方济各会士与其他使节、明代的旅行家与航海家,直到法国耶稣会士们于明末入华。第二部分是讲1650年北京第一座教堂的建立以及康、乾、雍三朝时代的中法关系。

第二章是讲1650—1750年法国人论述中国的史料来源,主要是入华传教士们的著述,以及围绕着由他们而引发的中国礼仪之争事件所出现的论战性著作。

第三章是《教俗旅行家论中国》。17—18世纪入华的法国教俗人士很多。传教士们一般都对中国大加赞扬,而那些世俗人却看到一种愚昧和卑微的中国形象。这是由于传教士们在中国生活的时间长,而且又肯下苦功去研究中国文化;世俗旅行家和商人们只是来去匆匆、无文化修养的过客,再加上他们与中国人作交易时难敌精明的中国人,自觉无暴利可图,故而形成了这种差异,造成了他们的中国负面形象。

第四章是《法国人论中国的历史》,主要是罗列了当时法国人撰写、翻译和编译的大量中国史著作。

第五章是《法国人论中国的地理》,主要介绍了法国传教士们奉康熙皇帝的诏令而测绘中国地图的过程,特别是法国的地图测绘家宋君荣神父在华活动的情况。

第六章是《法国人论中国的民族学》,重点介绍了中国的不同民族及其社会伦理状态,特别是巴多明有关"地理和气候形势对人类影响"的著名论断。

第七章是《中国的文学在法国的传播以及博尔蒙研究中国的方法》,详细罗列了当时法国论述中国著作的刊本、在金石和美文学科学院宣读的论文、赫苍碧(J. P. Hervieu,1671—1764)的《古文》译本、马若瑟的《诗经》译本等一大批著作。

第八章是《中国的戏剧在法国》,主要是介绍迪夫雷斯尼(Dufresny)有关中国狐仙鬼怪故事的戏剧以及在集市中上演的那种实际上与中国没有任何关系的所谓"中国戏",特别是有关纪君祥的《赵氏孤儿》和伏尔泰的《中国孤儿》之争。

第九章是《中国的儒教在法国》,主要论述被认为是基督教先驱的孔子和被归于中国学者们的无神论。

第十章是《中国的哲学在法国》,主要论述了中国皇帝对孔子的宠爱、传教士们将中国哲学中的民主和社会思想引入法国、传教士们的职业使他们无法接触中国知识界等。

第十一章是《中国在17—18世纪的法国》,主要论述当时法国获得几乎是完整的中国思想和形成中国形象的全过程。

第十二章是《理想化的中国形象在法国》,主要是论述当时法国遇到了伦理和政治危机,意欲依靠中国例证和受中国启发而引入新思想,从而改造法国社会的美好愿望。总之,此书虽然是寻章摘句,难免有先入为主之嫌,但它毕竟较为全面地介绍了法国17—18世纪的"中国热"之风潮。

华裔法国学者齐安德(André Chih)于1969年出版了《中国人看基督教西方》一书。全书共分五章,详细论述了中国人于近代之前所形成的西方观。它与丁兆庆一书相映生辉,从不同角度论述了中国人通过西方旅行家、传教士与商人而了解到的西方。中国人最早将欧洲人统称为"蛮夷"、"番"、"胡"和"洋人",甚至对于耶稣会士们也一概如此称呼。中国人开始时始终坚持认为中华帝国是文明的中心,而蛮夷人都是残暴和不道德之徒。中国人当时关心并从事调查的西方国情是调查西方的势力、军事技术和装备,对此所采取的对策是师夷之长,即学夷语和译夷书、派遣留学生和使节、学习西方的军事技术;调查西方聚财手段——贸易、交通、采矿、近代经济制度,中国人对此的应对措施是仿效西方,最终认识到了"西方文明是物质文明";调查西方物质文明之源泉——实用科学、西方实用科学发达的原因,中国对此采取的态度是采用西方科学,但又不能因引入西学而在中国教育中引起混乱;调查西方对物质文明的控制手段——官府与组织,中国采取的决策是西方式的改良、改良派或革命派(康有为、梁启超、严复、谭嗣同和孙中山)的西学知识、政治理想与改良思想,最终导致了革命。

第三章讲到了中国因发现西方而爆发的一场大争论:中国是否应"夷化"、中国文明是否具有优越性、西方政治究竟是进步的还是保守的、对西方文明是否应批判、西夷的一切长处是否均源自中华帝国、经典是否具有永久性、西方精神文明与物质文明是否相结合,由此而产生了一种黄金理论——中体西用,但在实施中却有很多困难。

第四章论述基督教在西方物质文明中所起的作用。其中提出了中国是否忽略了基督教以及儒教之成见诸问题;文中接着又讲到了西方生活在中国的影响:宗教生活、思维想象、教派与宗教之争、对待异教徒的态度、迷信教派;中国对西方的恩怨或仇恨、宗教作为西方侵略的工具、传教士们干涉司法并提出了物质要求、中国人对于传教事业的看法、中国政府处理教务的措施、中国新闻界与中国文人有关基督教的观点。

第五章是讲中西方关系:中国人看到的西方日常生活、西方人的相貌、语言、烹饪、衣着、男女关系、舞蹈、婚姻、孝道与离婚、女子教育、住宿、街道、所谓的社会平等、医学、体育、新闻、艺术、戏剧和摄影、西方人的性格、东西方之间的殊同、伦理差异、两种文明的特征。其跋中讲到了民国时代的东西方关系。其结论部分讲到了礼仪之争后中国与西方世界的隔绝、中国寻求一种新文明的结果、西方对于中国的误解之原因、东西方文明的相会等。

德国哲学家莱布尼茨(G. Wihelm Leibniz,1646—1716)是欧洲17世纪末至18世纪初叶极其多才多艺的学者,其学术涉及到了数学、哲学、神学、逻辑学、历史学、法学、力学、地质学、语言学和神学诸领域。莱布尼茨在自然科学和人文科学的诸多领域中都受到了中国影响。研究莱布尼茨与中国的关系,通过莱布尼茨来研究中学西渐始终是一个重要课题。本文仅对法国近年来出版的三本有关莱布尼茨与中国关系的著作作些简介。

法国学者奥里维埃·卢瓦(Oliver Roy)于1972年在巴黎出版了一部《莱布尼茨与中国》。作者认为中国是世界上第一个未曾有蒙昧人居住过的国家。他通过莱布尼茨有关中国的论述,而竭尽一切努力来解释那个时代有关中国的神话。全书在对西方"中国热"的历史作了一番勾勒之后,重点介绍中西方思想的比较问题。然后又论述了中国人的玄学、语言和《易经》以及莱布尼茨对这三个问题作出的答复、莱布尼茨有关西方基督教与中国自然神论之间的吻合性、将汉语作为世界语和世界之政治统一诸问题。

全书分五编二十一章。书末附有研究莱布尼茨与中国的详细书目。第一编是《莱布尼茨时代的中国与欧洲》。下设四章:《明清时代的中国》、《欧人进入中国》、《礼仪之争在远东》和《礼仪之争在欧洲》。这一编主要阐述了莱布尼茨研究中国的历史和社会背景。作者认为17世纪末至18世纪上半叶的中国达到了其鼎盛时期,与经过16世纪之前的"文艺复兴"和17—18世纪的"工业革命"之后的欧洲各自屹立在欧亚大陆的两端,分别代表着东西方两大文明,势均力敌,双方于此时完全可以平等对话,故出现了导致欧洲"中国热"风潮的形成以及一大批研究中国问题专家诞生的环境与氛围。莱布尼茨就是在这样的背景中应运而生。但这两大文明毕竟差异很大,欧洲崇拜中国文明的精英人物层出不穷,敌视中国文明者也不乏其人,故而在欧洲爆发了持续长达两个世纪左右的中国"礼仪之争"。作者认为这场争论主要集中于五大要点上：汉文中 Dieu（上帝、天、天主）的名称、康熙赐给北京耶稣会士们的题额中的"钦天"二字（认为"天"具有物质与世俗之义，与神学不能相容）、中国人的祭祖（迷信色彩）和尊孔问题（孔子与上帝的争宠之战）、祭祖灵牌问题（偶像崇拜）。中国礼仪之争在欧洲挑起了一些重大哲学和宗教问题的辩论，并最终导致了这些学科的发展。

第二编是《莱布尼茨和中国传教区》。主要是论述了莱布尼茨的资料来源和著作、莱布尼茨的世界和平共处论与中国。莱布尼茨获得中国资料的主要渠道是与入华耶稣会士们保持通信关系并在可能的情况下于欧洲会见他们，阅读入华耶稣会士们的著作以及西人根据他们的著作而编写的有关中国的著述。他特别阅读了基歇尔（Kircher）的《中国图志》（1667 年出版）、柏应理的《四书》译本及其《中国的哲学家孔夫子》（白晋于 1707 年寄给莱布尼茨）。另外还有一大批有关中国礼仪之争的著作，如李明的《中国现形势志》、龙华民的《论中国人宗教的某些问题》等。他特别与白晋神父保持着长期的通信关系。莱布尼茨有关中国的著作主要是《就中国哲学问题致雷蒙先生的信札》以及由他负责出版的《中国近事》，但他在诸多书简和各种著作中都谈到了中国。他意欲将其世界共处论运用到中国，以实现其世界统一的美梦。

第三编是《莱布尼茨与中国思想》。下分五章：《什么样的中国思想？》、《龙华民有关中国人岁数的论著》、《莱布尼茨与中国思想》、《莱布尼茨和中国礼仪之争的具体观点》、《莱布尼茨对汉文文献的注释》。当时在欧洲争论最激烈的问题之一就是研究中国思想的参照点。莱布尼茨如同入华耶稣会士们一样，都认为主要应该参照中国的古文献，特别是参照《四书》与《五经》等儒家经典。外方传教会的会士们更偏爱于疏注文而不是原著。耶稣会士们却认为儒家经典的疏注文均遭道教徒和佛教徒所歪曲。所以，莱布尼茨极力推动将《四书》和《五经》等中国儒家经典译成欧文而刊行。这样便有力地推动了中学西渐。龙华民的《论中国人宗教的某些问题》是欧洲出版的第一部比较系统而又准确地论述了中国宗教，特别是中国玄学的著作。但莱布尼茨却需要获得更具体的资料以评价中国的自然神论，他有关中国思想的主要观点都反映在他的《就中国哲学问题致雷蒙先生的信札》中了，该信札的目的是为了对柏应理和利安当的著作作出回答。其主要内容是：什么是第一本原、"理"是否合理、"理"是否为造物主。他虽然经常重复柏应理和利安当都一致同意归予中国人的"唯物论"和"一元论"，但他却又认为中国人既不宣扬物质和精神之间的二元论，也不主张唯物主义的一元论。在礼仪之争中，莱布尼茨于上帝、神灵、精神和物质、精神和力量、神灵和祭祀、人类灵魂等问题上都有自己独特的见解，并对这些名词的涵义都作了与众不同的诠释。

第四编是《莱布尼茨和汉语》。下设六章：《神学的偏见》、《莱布尼茨和世界语》、《莱布尼茨的汉文知识》、《莱布尼茨和可作为世界语的汉语》、《莱布尼茨在汉语世界性问题上的犹豫心态》和《汉语是否为一种哲学语言》。神学家们有一种偏见，认为曾经存在亚当的语言，后来却消亡了，大家都在寻找其踪迹。莱布尼茨也认为存在着一种由上帝或亚当创造的"原始语言"，但他认为这种语言不是世人所说的希伯来语。他通过对汉语、汉字和汉语语法的研究，认为汉字有一种非自然起源，被归于了伏羲的创造。所以他力主汉语可以作为一种世界语。

第五编是《莱布尼茨和〈易经〉》。下分《欧洲对〈易经〉的介绍》、《白晋论〈易经〉》、《莱布尼茨论〈易经〉》和《〈易经〉中的科学》等专题论述。由于莱布尼茨在《易经》八卦与他的二进位数学之间发现了某种共性和联系。所以他才注重对《易经》的研究。

法国学者克雷斯蒂亚娜·弗雷蒙（Christiane Frémont）于1987年主持出版了《莱布尼茨有关中国人自然神学的论述》一书。全书共分三部分，附有详细的注释、莱布尼茨的著作目录和年谱。

其中第一部分是综述，详细论述了莱布尼茨研究中国、中国人的宗教和著作的历史。第二部分是莱布尼茨有关中国神学的论述。其中主要是发表了莱布尼茨为《中国近事》写的序言以及对此书所作的提要、莱布尼茨就中国哲学问题致雷蒙的信札全文。最后是附录，主要是莱布尼茨就中国问题致韦尔朱思（Verjus）神父的七封信札、《论对孔夫子的世俗崇拜》、致白晋神父的两封书简、致德·博斯（Des Bosses）神父书简的节录等原始文献。所有这些著作均为莱布尼茨在欧洲推动传播中国文化的代表作，对于中学西渐起了相当大作用。

莱布尼茨为了获得他研究中国的资料，与入华耶稣会士们长期保持频繁的通信关系。这批书简经里达·维德迈（Rita Widmaier）汇辑和筛选，于1990年出版，这就是《莱布尼茨中国书简集》。该书前面附有维德迈介绍莱布尼茨对中国的研究及其与入华耶稣会士们保持通信关系的背景、书简的内容和它们在西方产生的影响。编者对每封书简都作了详细注释，书末附有研究莱布尼茨与中国关系的书目及详细索引。这批书简大都是用法文写成的，只有少数系用拉丁文所写。

此书搜集了莱布尼茨与入华耶稣会士之间的71封书简，从1689年7月1日起至1714年2月5日止，长达25年之久。这71封书简中只有12封过去曾公布过。与莱布尼茨保持通信关系的有入华耶稣会士闵明我、利国安、白晋、洪若翰、杜德美和刘应等法国会士。此外，该书中也包括莱布尼茨与韦尔朱思、郭弼恩等一代欧洲文化名流们的交往书简。总而言之，这三本书对于莱布尼茨有关中国的研究作了全面考察。它们成为研究17—18世纪中学西渐的扛鼎之作。

在中国文化西传的问题上，哲学方面表现得尤为突出，耶稣会士们也非常注重调查研究高度发达的中国伦理哲学，当时的西方人也爱高谈阔论这一话题。法国在这方面有两本代表作。

法国学者维吉尔·毕诺（又译皮诺特，Virgile Pinot）的名著《中国对法国哲学思想形成的影响(1640—1740年)》(本书有笔者的中译本)于1970年在日内瓦重印。全书共50余万字,分上下两卷。上卷是作者的国家级博士论文,下卷是他为撰写其博士论文而利用的《有关法国认识中国的未刊文献》。全书共分三编六章。现在已经成了一部研究中学西渐的经典著作,在国外享有很高声誉。

该书的上卷第一编是《有关法国认识中国的起源》。其第一章是《耶稣会士和巴黎外方传教会会士》。作者主要论述了17世纪远东的天主教传教区和法国派向暹罗的使节。这是法国认识中国和中学西渐的基本队伍。第二章是《中国礼仪之争》,详细介绍了礼仪之争的起因、发展以及对中西文化交流的影响。这是中学西渐的社会背景。第三章是《耶稣会士们有关中国的著作》,这些著作是法国认识中国以及中国在哲学方面影响法国的基本资料。这是中学西渐的渠道和手段。

第二编是《发现中国和法国哲学思想的形成》。其第一章是《中国历史和纪年的古老性》,这是向《圣经》纪年和基督教提出的挑战,是中国震撼欧洲的一大原因。第二章是《中国人的哲学和宗教》。作者分别论述了法国传教士和神学家、哲学家、"索隐派"信徒对于中国哲学和宗教的不同看法,也就是中学对欧洲不同阶层人物的影响。

第三编是《中国人的伦理和政论》。中学对欧洲影响最多的正是哲学、宗教、伦理和政治。

该书的下卷是入华传教士们与法国人通信的选集,完全是有关法国认识中国和中国对法国哲学思想的形成施加影响的书简。

本文想重点介绍一下毕诺有关中国对法国哲学家们施加影响部分的论述。这些学者们对中国的观点不尽相同,而且还互相矛盾。但他们都受到中国的影响,是中学西渐的重要队伍。

毕诺主要不是由于中国古老的纪年问题,而是出于反对路易十四排斥异己的行为,才转向关心中国问题。他从中国皇帝以最高礼遇接待传教士的决策中看到了中国的宽容行为,认为偏执狂和排他主义并非出自对宗教问题的冷淡,而是基督教的一种必然结果。他于1700年之前主要是关心暹罗而不是中国。由于他是一位博览群书的作家,所以也关心耶稣会与巴黎外方传教会之间的争执,最终认为中国的尊孔并不是一种偶像崇拜。他不仅仅满足于阅读柏应理神父的《实用伦理学》,而且也阅读耶稣会士们三大名著和李明神父的著作。他甚至企图证明无神论要大大优于偶像崇拜,认为反击基督教独神论的最好例证就是中国,因为中国不仅是一个非常古老的民族,而且还具有非常崇高的伦理。中国的无神论使民族繁衍的时间比欧洲要长得多,它与伦理没有任何矛盾。由于中国文人都是哲学家和"活跃的无神论者",所以中国的例证对于批判基督教的独神论至关重要。

马勒伯朗士采用了《一名基督教哲学家与一名中国哲学家的对答录》的标题,这绝非仅为哗众取宠。当时在那些有关东西方哲学家论战的著作中,往往是东方哲学家们获胜。原入华耶稣会士傅圣泽与马勒伯朗士友谊非同一般,并声称惟有其形而上学的理论才能打动中国人。其《对答录》是专为传教士们写的一种指导手册。他认为在斯宾诺莎的不信教论和中国的无神论之间有许多联系。

莱布尼茨是17世纪中最早并以最顽强精神长期关心中国问题的人。他非常钦佩路易十四的财政大臣柯尔贝(J. P. Colbert,1619—1689)的计划,在中国和整个东方寻找上古时代的遗迹,以用来研究民族起源以及世界上更多事物的起源。他对于中国语言问题产生了极大兴趣,认为这是一种原始语言或母语。他要求拉克罗兹(La Croz)学习汉语,认为汉语比亚美尼亚语更利于研究《圣经》。由于中国历史极其古老,中国的智慧是一种不可估量的财富,所以他大力支持向中国派遣数学家耶稣会士并如饥似渴地阅读他们的著述。他甚至认为应该要求中国向西方派遣治国圣贤,向基督教世界传授治国术和自然神学。他最早提出中国哲学更接近基督教神学而不是希腊哲学。

德·布里尼(de Burigny)为了调查中国人的宗教,曾向培尔和雷诺多(Rénaudot)请教,从而也得出了中国人是无神论者的结论。这就证明无神论曾是哲学家中的一种占统治地位的理论,无论是东方还是西方均应该如此。

法国学者马克·克雷本(Marc Crépon)编写的《西方哲学明鉴中反映出的东方》一书于1994年出版。这本文集既具有很高的学术价值,也较为通俗易读,是有关中国哲学在西方的传播及其影响的一部代表作。全书除了长篇序言和丰富的参考书目之外,正文共分三章。第一章是《批判的模式》。其中主要辑录了孟德斯鸠的《论法的精神》、伏尔泰的《风俗论》、阿尔让斯侯爵的《中国人的信札》、重农派学者魁奈的《中国的专制主义》、杜果的《中国问题》、百科全书派作家狄德罗(Denis Diderot,1713—1784)的《两个印度的历史》中有关中国的论述。第二章是《演变关系的研究——探源》。其中主要摘引了德国批评家、哲学家、浪漫主义运动的先驱和狂飙运动的理论家赫尔德(J. G. Herder,1744—1803)在《关于人类历史哲学的思想》中所写的有关中国和印度的几章文字。此人是由于批判启蒙时代的语言哲学和历史哲学,才转向东方学研究的。在他有关人类历史哲学的著作中,中国和印度始终占据着很重要地位,对这些东方地区表现出了极大兴趣,希望用东方哲学来发展西方哲学。

英国的东方学家、思想家、加尔各答亚洲学会的创始人和首任会长琼斯(William Janes,1746—1794)曾于1780年左右,在英国印度总督哈斯汀的支持下从事有关中国和印度等东方国家法律、风俗、制度、宗教和语言的研究。本书节录了他作为加尔各答亚洲学会会长而分别作于1786年2月2日和1792年2月23日的两次讲演稿。其中主要涉及到了东方民族与家庭的起源问题。这种有关人类发展史和伦理道德的东方思想促进了西方有关哲学领域的发展。

德国批评家和浪漫主义的先驱弗里德里希·施莱格尔(Fredrich Schlegel,

1772—1829)是具有浪漫主义的印度狂热崇拜者,当然也涉及到了中国。他长期在法国从事东方学研究,成了欧洲的东方学先驱之一。本书摘录了他的名著《论印度人的语言和智慧》一书中的片段(当时西方人在"印度人"和"中国人"之间很难作出明确区别),实际上涉及到了包括中国在内的整个东亚。其兄威廉·施莱格尔(Wilhelm Schlegel,1767—1845)是德国作家和浪漫主义运动的促进者,以介绍"东方的文艺复兴"而著名,曾于1820—1830年出版过三卷本的《印度文库》。本书摘引了他于1833年11月20日写的《论印度人的起源》一文,其中也大量论述了中国民族起源的问题,意欲"重写"整部人类发展史。

德国哲学家、外交家、教育家和语言学家洪堡(W. von Humboldt,1767—1835,洪堡基金会的创始人)的著作曾被当时的人认为是"通向中国和印度的走廊"。他对于东西方语言的比较研究已超越了语言的范畴,被称为一次酷似"哥白尼式的革命"。他于1826年3月7日自柏林致信法兰西学院汉学讲座(设立于1814年,国外第一个汉学讲座)的主持人雷慕沙,向雷氏请教汉语的语法特征,特别是有关汉语之天才问题。本书全文刊登了这封书信。这是西方最早以真正科学的方法研究汉语语法的论著,为向西方揭开汉语的神秘面纱做出了巨大贡献。

西方哲学家受中国的影响,其媒介依然是入华耶稣会士们,其资料来源始终是入华耶稣会士们的著述。事实上,正是入华耶稣会士们通过这些西方哲学家,而掀起了一场震撼整个欧洲的"中国热"风潮。

法国学者雅克·布罗斯(Jacques Brosse)于1981年出版的《西方发现中国史》一书图文并茂,生动活泼地介绍了西方"发现"中国以及中国在西方影响的历史。其中第一章《中西方最早的接触》,是讲15世纪之前的中西文化交流的。第二章《从瓷器到神学》正是介绍由入华耶稣会士们掀起的16—18世纪欧洲"中国热"高潮。中国瓷器于16世纪传入欧洲,在物质领域中掀起一场"中国热"。最早的瓷瓶是由葡萄牙人于1520年输入欧洲的,欧洲人不明白中国人是怎样从土中得到这种色彩夺目和响声清脆的神奇器皿,认为它是上帝的一种"奇迹"。欧洲君主和达官显贵们都以黄金的价格争购这些异国艺术品。欧洲第一批收藏瓷器的是佛罗伦萨之主美第奇(Medicis)、法王法兰西斯一世(François I)和德国的夏尔·昆特(Charles Quint)等家族。荷兰商人很快就垄断了葡萄牙运往欧洲的中国瓷器,英王雅克一世和亨利四世都是阿姆斯特丹中国瓷器的大买主。荷兰东印度公司于17世纪上半叶就进口近300万件中国瓷器。这一切对欧洲彩釉陶器的发展施加了很大的影响。不仅荷兰德尔夫特的蓝色和白色彩釉器是由于直接模拟中国瓷器才造成,而且法国内韦尔、鲁昂和斯特拉斯堡的彩釉器作坊也深受中国瓷器的影响。荷兰于17世纪末丧失了对中国瓷器的垄断权,英法列强的东印度贸易公司争相从事中瓷贸易。法国于1720年还专辟一个进口中国瓷器的港口洛里昂(Lorient),该名出自法文中指"东方"的Lorient一词。路易十四用带金柄的中国瓷杯喝酒,当时的人都想用中国瓷杯喝热饮料。所以订购成套的中国瓷器成了交易热点,中国瓷窑也严格按照欧洲订货所要求的图案和式样生产,当时出现了带圣母和维纳斯图像的中国瓷器,甚至还印有欧文字母。欧洲的陶瓷专家们积极努力地揭示中国瓷器的奥妙。但他们在两个多世纪期间,分别先用加锡的不透明玻璃来仿造瓷器,后来又制造软胎瓷。17世纪末,一种仿制中国"工艺品"的热潮风行欧洲,以取代中国进口的货物。欧洲人还想方设法地揭示中国瓷器的工艺成分和配方的奥妙。萨克斯国王的囚犯炼丹术士波特格尔(Böttger)于1709年在迈森附近找到了"高岭土",又于1710年在那里生产欧洲第一批硬胎瓷。他对此严加保密,故意使瓷器的生产笼罩着一种炼丹术般的神秘色彩。这种热潮于1745—1755年间经蓬巴杜侯爵推动而达到顶峰。欧洲列强的东印度公司大批进口中国货,中国戏剧也被搬上欧洲舞台,社会名流们专辟"中国工艺品陈列室"。英国著名家具设计师奇彭达尔(Chippendale)模拟中国家具而推出新款式,形成了欧洲珍贵家具名牌,法国的木器工马丹(Martn)模仿中国漆而制成了油漆,根据中国图案而在博韦编织的法国地毯上绘画,又作为重礼进奉乾隆皇帝。中国的园林风格也风靡欧洲,被称为"英国式"的法国园林实际上是受由钱伯斯(W.Chambers)就地研究过的中国园林的影响,钱伯斯模仿广州塔而修建著名的英国丘园塔,舒瓦齐(Choisy)在12年之后于法国香特鲁也建起中国塔。作者论述了这些物质文化的传播之后,又讲到了经入华耶稣会士们的媒介而使中国思想、哲学、伦理和宗教文化西传的情况。

曾在中国工作过数十年的法国白俄裔学者米桓(Constantin Milsky)的法籍夫人于1975年在巴黎高等社会科学研究院通过了其博士论文《法国18世纪的中国的情趣》。该书恰恰是法国波兰裔学者贝勒维奇-斯坦凯维奇(Belvitch-Stankevich)有关17世纪中国热一书的续篇。它主要是通过法国入华耶稣会士冯秉正神父的《中国通史》(他死后于1777—1785年共分12卷出版)一书的530名预订者的名单,全面分析了法国18世纪参与"中国热"高潮的社会基础和地理范畴。从地理范围来讲,巴黎的"中国热"势头最大,在已考证清楚的474名预订人中占326人;其次是波尔多(48人)和南方的马赛、图鲁兹、蒙特利埃等城市,法国北方的预订人则极少。从社会阶层来看,贵族占349名,平民只有140人。所以参与"中国热"的人主要是王室、贵族、官吏、律师、医师、艺术家、学者和富商。在这些人中,军人(佩剑贵族)85人,神职人员69人,金融界41人,商业和产业阶级13人。总而言之,法国18世纪"中国热"的特征是:法国的重农派学者们具有理想和神秘的中国之形象,他们把中国视为"最智慧的国家";商人们具有"遍布珍异物和财富"的中国之理想,他们将中国和整个东方视为财富之源;自由职业者们怀有崇尚"以深厚情趣和雅致而生活"的中国之信念,形成了浪漫中国之形象;学者们却形成了一种有关"文化高度发达"的中国之观点,将中国视为礼仪和文明之邦。

1972年,贝勒维奇-斯坦凯维奇的旧作《路易十四时代的中国热》在日内瓦重版。该书共分两编七章。其中第一编是讲在法国16—17世纪时掀起的"东方探险热"中,热衷于赴中国和远东旅行的情况。第二编第一章是《法院宫廷中的中国珍异物》,详细论述了路易十四国王、王后、太子和宫中其他显贵们均以使用中国家具和其他装饰品为时髦的历史,甚至连路易十四的特里亚农宫也充满了中国情趣,豪华地装饰着中国印花布、织锦和人造花,最受青睐的中国珍品仍是瓷器和漆器。本书第二章是《商人和中国珍异物》。当时欧洲商人以巨额资金采购中国珍异物并以此发财致富。欧洲人在节庆时以用中国瓷器作装饰为高贵,在化装舞会上以穿中国服装为高雅,欧洲不同阶层的人都对中国艺术大加赞美。第三章是《东方服饰风行欧洲》。路易十四时代的法国进口大批中国布帛,欧洲上层和富翁对于中国衣饰如醉如痴,因而导致了某些人为反对以东方为时髦而进行斗争。第四章是《带有中国内容的雕刻图案》,路易十四最早令人将其出使暹罗使节的画像雕版印刷,后来又刻印了带有暹罗和中国内容的历书,基歇尔的《中国图志》便是中国物品雕刻图案的代表作。欧洲人热衷于将耶稣会士和商人们携回的中国珍异物和图案刻版印刷,以使之广为流传。最典型的是康熙皇帝及其官吏们的肖像、文人和仕女图等,其中所谓的"中国人"千奇百怪。那些从未见过真正中国人的画家们都凭各自的想像而杜撰。无论当时流行的中国观念是否正确,路易十四时代的法国确实形成了一股强大的"中国热"浪潮。

法国18世纪出版的《耶稣会士书简集》(1702—1776年,34卷本,后来又出版过许多种改编本)是研究入华耶稣会士与中西文化交流的三大基本著作之一,这是人所共知的事实。这套著作也曾被以不同的形式多次节录再版。法国1979年出版了普罗旺斯大学的微席叶夫妇(Isabella at Jean-Louis Vissière)选编的《耶稣会士中国书简》。其中除了一篇价值很高的序言和有关事件的年谱之外,主要是选编或摘编了一大批耶稣会士中国书简,其中涉及到了中国犹太人、种痘术、宫廷内幕、各种宗教、瓷器生产、工农业、建筑风格、风土人情、苏努一家受归化等内容。此书已有郑德弟、朱静先生的中译本,故不再赘言。

欧洲在17—18世纪的"中国热"风潮中,中国的形象、中国人的日常生活等,则成了一批政客、学者、作家和艺术家们热衷于谈论的话题。入华耶稣会士们在华搜集到了一大批有关中国人的衣食住行、风俗习惯、宗教信仰、伦理道德、婚丧嫁娶、历法节庆、占卜堪舆、神鬼迷信、待客访友、喜怒哀乐等方面生活"琐事"的资料。法国学者在这方面有两部代表作。

法国学者夏尔·科莫(Charles Commeaux)将这批资料辑录起来,于1970年在巴黎出版了一部《清代的日常生活》,列入了法国颇具声望的一套畅销书《日常生活》丛书之中。法国于1982年还出版了由舒特(Joseph Schütte)主编的一部文图并茂的工具书《利玛窦和其他入华耶稣会士论中国的艺术和日常生活》,这部书分门别类地汇辑了入华会士们对中国日常生活方方面面的描述。上述两部著作都介绍了中国人在明末清初的日常生活。当时在欧洲贵夫人们的沙龙和戏剧舞台、文学作品、艺术造型中风靡一时，甚至在某些学术著作中也有反映。当时欧洲的一批政客、学者、艺术家们，为了在欧洲发动"反无耻之战"而借助于中国形象。他们都海阔天空，甚至是云山雾罩地谈论那个连他们自己也根本不了解的中国，把中国人的生活描绘成了一种理想的形象。

葡萄牙耶稣会士们于17世纪上半叶便进入了西藏。法国学者于格·迪迪埃（Hugues Didier）于1996年出版了《葡萄牙人在西藏》一书。其第一部分是讲扎巴让（古格）建立的葡萄牙传教区，主要是译注和介绍了1624—1635年间葡萄牙入藏耶稣会士们的最早记述。书中发表了葡萄牙耶稣会士安德拉德（Antonio de Andrade, 1580—1634）于1624年和1625年的两次入藏记载，主要是在西藏西部的古格境内，特别是在扎巴让（扎达）地区探险。本书发表了他分别于1624年和1627年写成的几篇游记（以书简的体裁写成）。书中还发表了弗朗切斯科·德阿泽维多（Francisco de Azvedo）于1631年的入藏的游记。第二部分是讲在西藏建立的葡萄牙传教区。书中译注了卡塞拉（Estevão Cacela）1627年为寻找契丹（Cathay）和蕃坦（Potente）而入藏旅行、卡布拉尔（Joan Cabral, 1598—1669）于1628年在卫藏的活动。第三部分是历史档案。书中分别论述了欧洲在寻找"外部基督教国家"、福音化与异教—基督教的混合组成、基督徒—穆斯林—佛教徒之间相会的贸易方面。安德拉德是18世纪下半叶之前西方惟一研究西藏的神学权威。除了耶稣会士们的圈子之外，在1624—1626年间，对于西藏现状，欧洲人仅仅知道葡萄牙人安德拉德向他们介绍的情况，虽然他们的资料中有许多错误和不确切处。阿泽维多、卡塞拉和卡布拉尔则向西方揭示了藏传佛教，但却不是扎巴让而是卫藏的佛教。他们四个人开创了一系列葡萄牙传教士们入藏活动的先河。

入华耶稣会士们于18世纪从事了大量对开封犹太人的调查。法国学者纳丁·佩伦（Nadine Perront）于1998年出版了一本《中国的犹太人，开封与上海犹太人社团的神奇历史》。作者于序言中详细地介绍了由入华耶稣会士们首开的对开封犹太人进行调查研究，并由政界、商界、学术界继续的这场运动，持续了三个多世纪。其后，书中介绍了中国犹太人的历史年代、进入中国的路线、在中国最早的居住地。对于开封犹太人，书中介绍了他们的民族和地域起源、到达开封的时间、人数与姓氏集团、犹太教堂、希伯来文抄经、节庆、礼仪与禁忌、语言与相貌、被同化的原因。这一切资料，基本上都是由入华耶稣会士们调查而获得的成果。

法国在主办有关入华耶稣会士与中国文化交流的国际学术讨论会方面，有几项活动具有深远的国际影响，其成绩令人刮目相看。

其一是自1974年以来，由已故的前入华耶稣会士裴化行和荣振华倡导，每三年在尚蒂伊耶稣会档案馆举行的尚蒂伊国际汉学讨论会。现已召开十届，并已出版了历届讨论会的论文集。前四届由法国方面主持,其内容完全是有关入华耶稣会士问题的。但自从美国人介入后,内容已变得广泛得多了。而自第八届起,又基本上出现了恢复老传统的倾向。这套会议论文集集中了世界各国学者们的一批高质量的论文。其二是由谢和耐与许理和于1990年共同发起了一项欧洲计划,叫做"欧洲在中国,17—18世纪的文化、科学和宗教的相互影响",以中国一方为研究中心。他们分别于1991年、1993年、1996年和2000年举行过四次学术讨论会,并已出版了文集。该项计划是谢和耐先生著作的延续,也与许理和先生于其宗教史著作中的观点相吻合,试图将有关这一主题的所有领域(宗教、艺术、科学……)都密切地结合起来。

1995年3月,在巴黎召开了以"学者和政治家徐光启"为主题的国际学术讨论会并出版了文集。会议集中了来自欧洲、美洲和东亚的一批学者,从明史、宗教史和科学技术史诸方面研究了徐光启。它实际上已经超过了过去对徐光启的定位:"科学家"、"爱国者"和"基督教的台柱子"等,而是把他放在明末的政治和文化背景中来研究他。

法国的利氏学社(Institut Ricci,利玛窦研究所)成立于1966年,旨在继续利玛窦及其继承人们所从事的汉学研究。因为利玛窦虽为意大利入华耶稣会士,但法国入华耶稣会士顾赛芬(Seraphin Couvreur,1835—1919)和戴遂良(Léon Wieger,1856—1933)先以河北献县为中心,后来又有法国耶稣会士以上海徐家汇为中心,继承过耶稣会士们的汉学研究事业。利氏学社分别在中国台北和巴黎设立分社。他们在辞典编纂、语言学、甲骨学、中国哲学、儒释道三教、民间宗教、史学和文学领域,做了大量工作并取得了不少成绩。该社于1976年出版了《汉法综合辞典》(俗称《利玛窦小辞典》),于20世纪90年代又出版了《汉法大辞典》(《利玛窦大辞典》)。法国从1892年起就推出了一套《汉学论丛》,到1938年共出版66卷,因故停刊。相隔45年之后,该社从1982年又继续出版该文集了。如尚蒂伊国际汉学讨论会论文集第4—7辑,即被列入这套论丛的第73—76卷。由马爱德、胡国桢和蓝克实(Douglas Lancashir)编译的利玛窦的《天主实义》英汉对照本、塞柏斯(Joseph Sebes)的《尼布楚条约文献集》等,与入华耶稣会士有关的论著,均收其中。

总而言之,对于入华耶稣会士,特别是对于18世纪入华耶稣会士与中西文化交流的研究,法国学者始终都很活跃,且成果显著。

(作者单位:中国社会科学院历史研究所)

# 试论耶稣修会精神与其在华传教政策的一致性

□ 谷 裕

谈到中国近代史中基督教在华传教史以及基督教思想对中国文化的影响,不能不涉及耶稣会士及其代表人物利玛窦、汤若望所做的贡献。① 与方济各会、多明我会等托钵僧会和其他外方传教团相比,耶稣会采取了诸多与众不同的传教政策:首先他们采取了文化适应政策(Akkomodation)。其次,他们注重文化科技,以此作为传教的基本手段。其中,文化适应是其主导思想,也是耶稣会在华传教取得成绩的根本所在。

本文将从阐述耶稣会在欧洲产生的历史背景和作用出发,以其创始人依纳爵·罗耀拉的性格、修会会宪和修会工作范围为依据,彰显其精英精神,解释其在华传教政策及成功之缘由。

一

耶稣会(Compania de Jesu, Societas Jesu,简写 SJ,符号为

---

① 本文涉及耶稣会士在华政策、活动、著述、功绩时,参考费赖之著,梅乘骐、梅乘骏译:《明清间在华耶稣会士列传,1552—1773》,天主教上海教区光启社,1997 年;关于利玛窦则参见 J. H. Herreros, *Matteo Ricci. Den Chinesen Chinese sein. Ein Missionar sucht neue Wege*, Mainz 1990 和 Paul Imhof, *Missionares Wirken. Matteo Ricci im Reich der Mitte*, in GeL(Geist und Leben)63,1990;关于汤若望则参见张奉箴著:《汤若望:耶稣会传教士》,光启出版社,1992 年和 Alfrons Vaeth, *Johann Adam Schall von Bell. Missionar in China*(1592 - 1666), Nettetal 1991。

IHS,希腊字母耶稣的前三字)作为天主教男修会成立于16世纪中叶。1540年由教皇保罗三世(Paul Ⅲ,1534—1549年在位)教谕"服务于征战的教会"(Regimini militantis Ecclesiae)确立其合法地位。1773年由教皇克莱芒十四世(Clemens XIV,1769—1774年在位)发通谕"我们的主与救世主"(Dominus ac Redemptor noster)解散,1814年教皇庇护七世(Pius Ⅶ,1800—1823年在位)发教谕"举世教会之忧虑"(Sollicitudo omnium Ecclesiarum)恢复至今。①

依纳爵·罗耀拉(Inigo Lopez de Loyola,1491—1556)出生于西班牙Kastanien贵族,1521年参加西班牙与法军的战争时受伤,在曼雷萨(Manresa)养伤期间,曾读到德意志卡特尔修会萨克森的鲁道夫(Ludolf von Sachsen)所著《耶稣生平》一书而发生信仰转变,该书凝聚了德意志中世纪晚期基督教虔诚;除此之外,本笃会修院主持辛纳洛斯(Cineros)的现代信仰(Divotio moderna)思想也对其产生深刻影响。依纳爵1523年到耶路撒冷朝拜。1528—1535在巴黎大学学习。1537年第一次谒见教皇保罗三世,随后在威尼斯接受神品。1541—1547年罗耀拉独自起草修会会宪。1551—1556与秘书普朗克(Polanco)共同修改制定修会会宪。1556年,罗耀拉去世时耶稣会已有100所修会所,33个学院;他由教皇保罗五世(Paul Ⅴ,1605—1621年在位)1609年封福,教皇格里高列十五世(Gregor XV,1621—1623年在位)1622年封圣。罗耀拉编著的《神操》(Exercitia spiritualia)一书,成为耶稣会精神统一之依据。罗耀拉的性格通过此书和起草制定会宪融入修会之中,也使中古西班牙骑士精神和16世纪欧洲人文精神融合为一体。② 骑士精神中服从效忠主人,演化为耶稣会宪中对耶稣及教皇的绝对服从;其勇武善战演化为放弃传统修院外在统一形式,时刻准备征战的特点。③ 而耶稣会之人文精神则又表现于耶稣会注重内在修养,开放地对待世俗社会及其他民族的文化传统,改革教育体

---

① 关于耶稣修会参见:Hubert Becher,*Die Jesuiten. Gestalt und Geschichte des Ordens*,Muenchen,1955;Leonard von Matt/Hugo Rahner,*Ignatius von Loyola*,Wuerzburg,1955;Michael Sievernich(Hrsg.),*Ignatianisch. Eigenart und Methoden der Gesellschaft Jesu*,Freiburg,1990(2)。

② 依纳爵·罗耀拉生平参见:Andre Ravier SJ. *Ignatius von Loyola gruendet die Gesellschaft Jesu*,Wuerzburg,1982;A. Falkner/Paul Imhof(Hrsg.),*Ignatius von Loyola und die Gesellschaft Jesu*,1491—1556,Wuerzburg,1990。

③ 就连骑士男性之潇洒及对女人之殷勤也影响了耶稣会士的行动。罗耀拉一生中曾受过几个女人的深刻影响,这对其形成敬崇玛丽亚和对待妇女的骑士精神影响很大。耶稣会士亲近贵族和有教养的妇女,但不允许另建女修会,以保持其男性化的魅力和行动上的灵活性。因此在耶稣会中并未形成男女双修会制度;以罗耀拉会宪为纲领组建的女修会单独存在,并做了许多辅助和补充工作。在对待妇女问题上,耶稣会也显示出矛盾的特性,一方面,罗耀拉坚决不承担妇女牧灵工作(1547年他向教皇提出申请获准),坚决不设立与耶稣会平行的女修会;另一方面,他们又与上层贵族有教养妇女来往,与接近耶稣会的女修会(Anne de Xainctonge,1567—1621,成立的Ursulinengesemeinschaft和Maria Ward的Englische Fraeulein)合作,做女子教育和牧灵工作。参考:Hugo Rahner(Hrsg.),*Briefwechsel mit Frauen.*,Freiburg,1956;Oskar Koehler,*Eine geistliche Liebesgeschichte. Ignatius von Loyola und Isabel Roser*,In:StZ209(1991),pp.494—498.

制,使之成为欧洲人文教育的最高典范。貌似悖论式的性格和谐地统一到耶稣会中。

修会产生的时间与路德宗教改革的时间不谋而合,而且修会创始人罗耀拉与马丁·路德(1483—1546)几乎平行生活在同一时代。但是,耶稣会却并非通常人们所说的为反宗教改革而成立。① 1534年圣母升天节,六位志同道合者莱内兹(Lainez)、萨尔梅龙(Salmeron)、鲍巴迪拉(Bobadilla)、沙勿略(Xavier)、罗德里古(Rodrigues)、法贝尔(Faber)在依纳爵带领下,于巴黎蒙玛特山发愿守贫、贞节和为拯救灵魂到耶路撒冷朝拜,成为耶稣会最初组织,此时,他们对马丁·路德还知之甚少,也许根本闻所未闻。只不过他们以后的行动,起到了维护以罗马教皇为首的天主教、反宗教改革的作用;不仅如此,耶稣会还在天主教内部完成了一次真正的改革,使耶稣会聚集的葡萄牙、西班牙、意大利、英、法和慕尼黑成为罗马天主教革新的阵地。

依纳爵生活在文艺复兴后的欧洲人文精神之中。他自己曾在西班牙巴塞罗那、阿尔卡拉(Alcala)、萨拉曼卡(Salamanca)和法国巴黎大学学习,结识过伊拉斯谟这样16世纪人文主义精神的代表,受到"现代信仰运动"(Divotio moderna)的熏陶。如果说马丁·路德的改革最后违背了这位天主教改良者的初衷,导致了欧洲的宗教分裂,那么耶稣会则在加强天主教内部统一和外部传播的前提下,既维护了教皇的权威,又进行了天主教内部革新。这种革新主要以教育手段在人文领域展开。严密的组织形式和文化精英精神保障了革新的进行。

## 二

耶稣会成立的目的在于"在十字架指引下为主而战,并只为主一人及其世间牧首——罗马教皇,尽职尽忠"。与之相应,耶稣会在一般修会三愿(即守贫、贞节、服从,或曰绝财、绝色、绝意)之外又加上"服从教皇"一大愿。只有发过第四愿后,才可以真正进入耶稣会。"服从教皇"在当时是极不合时宜的,因为16世纪中叶的欧洲正值教皇形象和地位日趋衰落之时。中世纪晚期的公会主义,在宗教改革之前就已动摇了教皇的形象。② 以康斯坦茨公会(1414—1418)为高潮的公会主义以抬高主教团力量与教皇权力对峙,它在解除西方教会大分裂、恢复罗马教会统一中起到积极作用,但间接造成的后果是削弱了教皇威信。以路德为首的宗教

---

① 反宗教改革时期是一个不定时间段,大约从特里安特(Trient)公会(1545—1563)到三十年战争结束(1648)。

② 参见 Giuseppe Alberigo (Hrsg.), *Geschichte der Konzilien. Vom Nicaenum bis zum VK II*, Duesseldorf, 1993; Hubert Jedin, *Kleine Konziliengeschichte. Mit einem Bericht ueber das VK II.*, Freiburg i. B, 1978(8)。

改革,其各宗均以反教会权威为目标,而教皇又为教会权威之标志。但从教团修会法来看,正是这第四愿为耶稣会与其他修会根本区别所在。耶稣会一切活动及其命运沉浮也皆系于此。

"服从教皇"与梵一公会提出的"教皇无误论"之教义中的"教皇"相仿,易令人望文生义而产生误解。其实它并非指某一作为教皇的个体,而是指这一教职。耶稣会所服从者是有明确修饰语规定的:"时刻准备着,毫不迟疑地听从教皇所有为拯救灵魂和传播信仰所发出的旨意。"耶稣会这一基本思想决定了其基本使命是维护罗马教皇的权益,恢复基督教在欧洲的统一,这样,它从客观上自然会做出反宗教改革的姿态。

在天主教内部,耶稣会对教皇的效忠也必然引起它与民族国家的矛盾。各民族国家都把效忠罗马的耶稣会当做自己民族统一的分裂力量和政治中央集权的羁绊。从耶稣会成立至今的四百多年历史里,它经历过辉煌,也遭受过迫害和洗劫。① 纵观历史可以发现这样一个规律,每当耶稣会的存在威胁到王权或政权独立时,它就在世俗权力的影响下被禁止。比如在18世纪的西班牙、葡萄牙、法国和俾斯麦统一时的德国,② 每当教皇与世俗对抗,试图重新恢复天主教信仰力量

---

① 解散耶稣会主要出于以下几个原因:一、耶稣会效忠教皇与民族国家的矛盾,如葡萄牙、西班牙国王欲建立民族国家,视忠于教皇的耶稣会为自由和民众的敌人、祖国的出卖者、教皇的差使、国家异己力量。高卢主义(Galikanismus)、杨森主义(Jassenismus)、约瑟夫主义(Josphinismus)均从国家利益的角度出发,反对耶稣会;二、对耶稣会伦理的批评。耶稣会伦理受到欧洲许多思想家和其他修会、教团的批评。耶稣会提出的为彰显上帝更大荣耀而在手段上表现出的无原则性,比如其著名伦理"目的神圣手段"(Zweck heiligt Mittel)被其反对者(如杨森派、帕斯卡尔)指责为无原则性(Laxismus)和或然论(Probabilismus);三、对耶稣会性格的批评。耶稣会士表现出冷酷、高傲和与世人格格不入的态度,人们称之为"耶稣会士的高傲"。除此之外,爱慕虚荣、贪图安逸、让与其相关的女修会承担传教和慈善工作,也是批评焦点所在;四、与其他修会的矛盾。如耶稣会的特权、别出心裁的会宪和染指于各项事务的做法必然引起与其他传统修会的矛盾(各修会又有其政治或民族矛盾);在神学观点(如与多明我会在上帝恩典与人意志自由间的争执)、教育、牧灵、传教工作中与众不同的策略也成为矛盾焦点。耶稣会解散后,欧洲教育几乎陷入瘫痪,黑非洲和拉丁美洲传教受损。耶稣会的解散意味着启蒙运动的胜利,民族国家政权对教会权力的胜利,是以后即将进行的全欧世俗化的前奏。参见 K. Krammelsberger, "Dominus ac Redemptor", *Die Aufhebung des Jesuitenordens im 18. Jhdt.* In: GuL 63(1990),第 373 页以下;B. Schneider, *Die Aufhebung des Jesuitenordens vor 200 Jahren.* In: StZ 191(1973),第 443 页以下;H. Hoffmann, *Friedrich II. Von Preussen und die Aufhebung der Gesellschaft Jesu*, Rom,1969。

② 指19世纪中期西班牙、葡萄牙、瑞士对耶稣会的破坏和驱逐以及俾斯麦文化革命(Kulturkampf)中的耶稣会政策(Jesuitengesctz,普鲁士丁1872年7月4日颁布帝国法,将耶稣会及相关教团驱逐出境,停止修会的教会、学校和传教工作;耶稣会法延续至1917年)。

时，它就被重建，尤以法国大革命和拿破仑世俗化之后的第二次设立最为明显。①

耶稣会服从教皇的基本特征和充满张力的基本性格源自依纳爵《神操》中基督中心论的思想。他在文字著述中几乎没有谈到过三位一体，他信仰的出发点是耶稣，也因此他命名修会为耶稣会。教皇作为耶稣基督在世间的代表，对教皇的服从也由此演绎而来。《神操》转向教会中的基督耶稣，面向了属于耶稣的"尘世"。因为"耶稣生平"使得人们能够认识上帝意志的存在，这种可及性给世人以安慰。对于依纳爵来说，精神与世间的教会是统一的整体。正是这种无可避免的辩证关系塑造了他特殊的灵性精神，也解释了耶稣会绝对服从与个人意志自由、冷静与勇武、强力与从容隐忍、清醒与激动等充满张力的基本性格。

## 三

1539年依纳爵呈递教皇的第一个宪章（prima Formula Institui）是耶稣会会宪的雏形。经过反复修改和适用，终于在依纳爵逝世两年后，即1558年通过修会会议审批，正式开始启用。耶稣会在管理制度上采取中央集权和严格的等级制度。会长（惟耶稣会长特殊称谓 Praepositus generalis）享有无限的最高权力并直接任命各级修会会长。会长助理分别掌管若干修会省，充当顾问，但无决策权。会长由助理和修会省会长及两名修会省代表组成的修会会议选举产生，入选后终生在职。会长为修会惟一决策人，由他本人直接向各级修会布置工作，各级修会定期向会长本人汇报工作。修会省每三年向会长汇报一次工作。会长召集会议，商讨大事。中央集权制使每一位修士服从会长，整个修会服从教皇，目的在于"随时随地为教皇和教会事务而战"。②

与众传统教团修会不同，耶稣会放弃了修院集体生活、共同祈祷和统一服装这些最基本外在形式，认为它们只是手段，而非目的。放弃外在统一形式，才可以"随时听从教皇命令，做任何工作"，即为保持一种招之即来、来之能战的灵活备战状态。耶稣修会既然取消了以修院生活、共同祈祷和统一服装为标志的外在一致性，既然会宪也只能给修会一个外在的整合结构，那么修会依靠什么统一起来？

---

① 1814年8月7日曾经给拿破仑加冕的教皇庇护七世恢复当时仅剩下六百修士的耶稣会。时值启蒙运动在全欧洲确立，法国大革命胜利，拿破仑实行普遍世俗化，天主教会受到了历史上最为沉重的打击。欧洲经历的社会、政治变革、工业革命和科学技术进步标志着"现代主义"的开端。它是教会至此所面对的最大对抗力量，因此耶稣会重新设立可谓受难于教会危机之中。

② 依纳爵·罗耀拉1542—1556担任了第一任会长。到修会解散前出现了几位著名会长，如 Diego Lainez（任期为1558—1565），Franz Borgia（任期为1565—1572），Everard Mercurian（任期为1573—1580），Claudio Aquaviva（任期为1581—1615），Muzio Vitelleschi（任期为1615—1645），Vizenco Carafa（任期为1646—1649），Lorenzo Ricci（任期为1758—1773）。他们曾根据各自当时历史情况，对耶稣会进行过部分结构和政策的调整。

依靠内在统一,即依靠精神的统一。罗耀拉《神操》一书以及围绕它的灵修生活是修会内在精神统一的基础。修会形式上虽无统一行动,但因精神上统一使其内在联系得更加紧密。

耶稣会宪之所以在所有修会会宪中最完备、最丰富,还在于它对于入会、退会和会士的教育给予了明确规定。精英精神贯穿了对其会士的择选和塑造。耶稣会择选会士需要长时间考察,要分几个步骤完全接纳修士加入修会。第一级为见习修士(Novizien),要求年满18岁,两年后发三愿,期间了解修会会规,在医院、工厂中实习,通过初级考试,进行4个星期神操。但见习修士仍不算作会士,修会可随时将其除名。第二级为学习修士(Scholastiker),规定在哲学、神学领域完成历时至少7年的学业,学习期间要进行实习和授课活动,结业后可安排做修会初学院授课教师。学习修士可进入世俗大学学习,耶稣会强调对修士的神学和哲学教育,同时又提倡对数学、天文学、语文、地理等各门学科的学习,根据个人才智进行引导,支持修士在每一门学科中发挥天分。在接受神品后需再习修一年(tertiat,第三个见习年)成为第三级,即助理神父(Koadjutoren)。助理神父要经过对在修会学到知识和掌握经验的综合考察。大神操是这一级的顶峰。第四级方为耶稣会正式会士(Professen),即再经过一段考察后发第四愿。只有第四级正式会士才是耶稣会核心组成人员,并有资格承担修会中职位。在择选会士时,如此长时间、严格地对信仰和学识的考察,本身就体现出修会的精英意识。耶稣修会并非一个广纳信众的教团,它宁可做最小修会(minima Societas),也要保障每一位会士经受信仰和学识的考察,达到精英要求。①

精英式教育必然会导致个性的自由,即个人意志的自由和决策的自由。这与修会的外在形式自由一同构成了与其"绝对服从"和等级制度的矛盾。一方面是完全消灭个人欲望,做到完全的服从;另一方面是组织形式的自由和行动的自由,突出人的个性。这便是耶稣会士性格中的基本张力。《神操》中的精神修炼将其融合为一体:"主,请采纳我的全部自由,我的记忆,我的悟司,我的整个意志,及我所享有,所占有的一切。主啊!凡此种种,皆你所赐,今愿归还与你,属你所有,让你任意安排布置。求你赐我你的爱及你的恩宠,我心已足。"(《神操》)在这种对最高的服从和完全的自我放弃中,耶稣会士成为基督救助世人顺从的工具;在完全放弃自己判断的同时,享受融入基督、跟从其踪迹的自由,这也许就是依纳爵"超性逻辑信念"(J. De Guibert SJ)的解释。森严的等级制度与择选的无情仿佛与

---

① 关于耶稣会教育和其学校教育参见 Helmut Holzapfel, *Das katholische Schulwesen in der nordischen Mission. Zur Geschichte der norddeutschen Diaspora nach der Glaubensspaltung*, Paderborn, 1973; Helmut Karl Hengst, *Jesuiten an Universitaeten und Jesuitenuniversitaeten. Zur Geschichte der Universitaeten in der oberdeutschen und Rheinischen Provinz der Gesellschaft Jesu im Zeitalter der kofessionellen Auseinandersetzung*, Paderborn Mainz Wien Zuerich, 1981.

人文精神相背，但正是这种作风和精神保障了修会的功能性和决策能力，使其在特里安特公会后的传教、慈善、教育和传播信德各项事务中取得成就。

## 四

各修会教团产生历史背景不同，会宪不同，其专从的工作重点也不尽相同。耶稣会成立之初也承担救济穷人、看护病人的慈善事业以及监狱和军队的传教工作。随后罗耀拉曾从教皇保罗三世得到允许，免去耶稣会教区传教工作，将精力集中于教育、听诸侯告解、阶层牧灵和传教上。① 1538年教皇保罗三世在其诏书中委派耶稣会士承担所有学校宗教课程，并在皇帝、国王、诸侯和地位显著的家族、贵族等政治上层人物中做传教工作。耶稣会士因此也得到诸侯的保护和支持。耶稣会在欧洲奉行的是一条自上而下的道路，从一开始宗教就与世俗联系在一起，会士们成为联系教皇和世俗政权、上层社会的纽带。

耶稣会在天主教内部进行的人文改革和它对欧洲文化的深远影响主要依靠高级人文教育来完成。其教育目的是塑造年轻一代罗马天主教徒，从性格、科学、宗教上超越平庸的水平，成为精英式人才。欧洲教育在宗教改革后出现困惑和空缺，耶稣会在教学方法、形式和材料上进行改革，采用现代教育手段，在从信仰上严格区分的前提下，吸取了宗教改革者、人文主义者的教育方法，使教育体制现代化，符合时代精神。耶稣会1599年制定的学制(Ratio Studiorum)在17世纪初是一个很大进步。学制由30条规定组成，其中18项涉及教学和监察，12项为考试规定。学制严格规定了学习科目、时间和学制管理。学制把学校教育分为初级和高级：初级学习语文，包括拉丁语、希腊语、希伯来语语法、诗学和修辞；高级教育学习哲学和神学，包括亚里士多德的逻辑、物理、数学、形而上学和伦理学，托马斯的经院神学、教会法和释经学。② 学制将天主教中学现代化，将人文主义以学校人文主义形式建立起来。实际上，耶稣会制定的系统的人文教育体系为欧洲以后人文主义和启蒙运动的进一步发展奠定了基础。

---

① 参见 *Evangelisches Kirchenlexikon. Hrsg. v. E. Fahlbusch u. a. 2. Bd.* ，第818—824列，3. Neubearb. Aufl. Goettingen 1989。

② 1832年学制根据现代教育要求而有所变更。1933年制定了新学制，1986年推出"耶稣会教育纲要"。参见 Hengst 前揭书。

除此之外,耶稣会教育主要还有大学教育①、成立耶稣会公学院(Kollegium)②、组织青年宗教团体和以耶稣会戏剧③形式传播信仰和文化。④ 其中与耶稣会有关的大学以其参与程度不同分为受耶稣会影响的大学和耶稣会大学。前者耶稣会士只在大学中担任其宗教和哲学课程,后者则由耶稣会组建并主持教务。耶稣会不设小学教育,而设人文中学和耶稣会学院,在学院学习不缴纳费用,对女生耶稣会启用与其相关的女修会联合教育。耶稣会第一所学院1542年设在印度果阿(Goa),到亚洲传教的会士都在此接受进一步教育。1549年耶稣会建立罗马学院(Gregoriana),1552年在罗马成立了各种民族学院,培养年轻神学家和神职人员。耶稣会视语言为欧洲文化和文化一体性的载体,因此特别重视学院中语言的教育和学习并统一使用拉丁语。1565年成立的圣洁贞母团为耶稣会组织的宗教团体,与学院相同,它吸收各阶层,尤其是贵族子弟加入,并通过他们影响其父母,辐射到周围宗教信仰。耶稣会戏剧在欧洲文化史上,从16世纪中叶至巴罗克顶峰时期持续150年之久,形成耶稣会戏剧的历史和风格。它起先在人文中学上演,后扩展到城市戏剧中心。戏剧以取材宗教为主,也有以警告君主和弑君为主题的政治教育剧。戏剧主要使用拉丁语,均配有音乐;作为非赢利性戏剧,它充当了大众文化生活的载体。耶稣会将这些机构和设施设立在人口密集的城市,以便产生更广泛的影响。它们以青年人为重点教育对象,以此将天主教信仰根植于下一代,截断新教在未来的影响。

耶稣会因而又被称为"教育修会",其学校教育受到教皇、教皇派驻特使、主教、诸侯和城市政府支持。17、18世纪欧洲整个大学教育长时间掌握在耶稣会士手中,受教育者中一大部分接受过耶稣会教育。耶稣会的精英式教育方针渗透和塑造了其教育体制,营造了一代代年轻人,以至于新教各派或政治上反对者也不

---

① 比如在德国与耶稣会联系密切的大学:Mainz, Ingolstadt(慕尼黑大学前身), Koeln;与神权联系密切的大学有Trier, Wuerzburg, Mainz;大学中设有神学系、哲学系但与世俗权力联系密切的有Freiburg, Erfurt, Heidelberg;耶稣会大学有Dillingen, Paderborn, Muenster, Osnabrueck, Bamberg。耶稣会长期担任大学哲学系和神学系教职,与其他执行传统教育的修会产生很大矛盾。参见Hengst前揭书。

② 参见Hengst前揭书。

③ 参见Johannes Mueller, *Das Jesuitendrama. In den Laendern deutscher Zunge. Vom Anfang 1555 bis zum Hochbarock 1665*, Augsburg, 1930。

④ 除此之外,还有所谓耶稣会艺术,表现在建筑、教堂建筑和绘画中,以巴罗克式为主,目的为彰显上帝和信仰的荣耀,开启人们感官,感受上帝存在。依纳爵·罗耀拉曾经特别注重感官效果,提出要调动和活跃人们所有感官,即视觉、听觉享受,这就构成了与路德新教简朴和强调内心与上帝沟通的对比,也是对启蒙运动提倡理性、遏制感官的反动。耶稣会的学校、戏剧、唱诗、宗教节日的庆祝和教堂绘画都汇聚到巴罗克的天主教虔诚信仰里。参见Peter Hawel, *Kloester. Wie sie wurden, wie sie aussahen und wie man in ihnen lebten*, Muenchen Zuerich, 1982。

得不承认其教育体制的科学完善性。①

因耶稣会士对教皇的效忠和才能的卓越,他们还在欧洲充当教皇特使或随行人员②、帝王和各层统治者的告解神父和良心顾问。耶稣会士的外交才能使天主教从波兰、俄国、斯堪的纳维亚、萨克森、霍亨索伦领地和奥地利重新夺回领地。在葡萄牙、马德里、慕尼黑和维也纳的宫廷中,耶稣会士担任告解神父。良心告解与政治告解在实践中不是总能分开,尤其在反宗教改革时期,宗教良心问题与宗教政治问题混淆在一起,告解神父常常要在政治上做出选择和决断。这样,耶稣会间接参与欧洲政治,做出决策便成为必然。

耶稣会的福音传布分为欧洲之内的内部传教和欧洲以外的外方传教,其外方传教集中于日本、中国、拉丁美洲和非洲。至其解散的二百年时间里,耶稣会共派出近一千五百名教士,他们来自葡萄牙、德意志(莱茵地区、巴伐利亚)、奥地利、瑞士、意大利、荷兰、比利时和法国。③ 15、16世纪葡萄牙、西班牙开辟新航线、新大陆,为耶稣会传教提供了可能。"适应政策"是耶稣会外方传教的主导思想。"适应"(Akkomodation)在传教学中指传教主体适应传教客体,包括对传教客体的民族精神、生活习惯、艺术形式在一定程度上的适应,重点为在宗教仪式、慕道、艺术、哲学、伦理和法律上的适应;其基本原则在于融神性于人性。④ 与其修会基本精神相一致,耶稣会为了传播基督教信仰,对传教国家和民族实行宽松的适应政策。17、18世纪拉丁美洲的耶稣会士在当地印第安部落中实行了"归结法"(比如在巴拉圭的Guarani族中),针对原始部落特殊性,将其组织成共同耕作、共同分享劳动成果、共同进行宗教生活的集体。耶稣会士试图以此使当地土著居民与欧洲,尤其是西班牙的殖民者隔绝开来,拒绝经济侵略,保护本土文化,并将欧洲文明以人道、和平方式传入异族文化。耶稣会士因将土著人生活归结为信仰和文明的生活,所以称"归结法"(Reduktion, ad eccllesiam et vitam civilem essent reducti)。这种方法持续150年之久,抵制了西、葡殖民者对印第安人的奴役和对其文化的破坏,使当地印第安人第一次,也是最后一次在和平中学习和感受到西方文明的存在和基督教的存在。⑤

---

① 因为其教育中的特殊功绩,耶稣会被解散后仍然可以在弗里德里希二世为君的新教普鲁士和叶卡特林娜的东正教俄国继续生存,因两国君主意欲以耶稣会的工作分别来建构或维护波西米亚和原属白俄罗斯的波兰的学校教育。

② 如教皇格里高列十三世(Gregor XIII,1572—1585年在位)所有特使都选用了耶稣会士,且在出访时随从中一定要有一名耶稣会士。参见Becher前揭书。

③ 参见Becher前揭书。

④ 参见P. Johannes Bettray, *Die Akkomodationsmethode des P. Matteo Ricci*,前言部分,Rom,1955。

⑤ 参见Johannes Meier, *Die Missionen der Jesuiten bei den Guarani-Voelkern in Paraguay-eine unterstueckte Alternative im Kolonialsystem*, In: Ders. (Hrsg.): Wem gehoert Lateinamerika? Mainz,1998。

## 五

由以上对耶稣会会宪及其重点工作领域的描述和分析来看,耶稣会士在华传教的方针政策、其所作所为以及他们成功和失败之缘由便更为彰显,即耶稣会在亚洲的传教既是1552—1773年间四百多名会士塑造的历史,[①]更是耶稣会精神塑造的历史。身居东方的会士,其宗教思想、传教策略方针,乃至渊博学识皆为修会精神之体现。耶稣会在"礼仪之争"中失利,同样来源于修会政策以及修会在欧洲所面临的危机。

耶稣会在华传教这一行动本身,成为修会在欧洲成立目的和作用的延伸,它一方面传布福音,捍卫罗马教皇,扩大天主教在世间影响;另一方面也将天主教内部改革的气息带到海外,表现在开放的人文思想,对科学技艺的注重以及对其他民族文化的认同和适应。耶稣会东亚传教的组织者范里安将东亚传教的基本原则和方法定为"适应",[②]它与耶稣会外方传教基本原则相一致,并非亚洲传教中的首创和独有。耶稣会在拉丁美洲运用"归结法"适应当地原始文化,面对东亚文明会士们采取了不同的文化适应。与利玛窦同时代的耶稣会士诺比利(Robert Nobili)在印度以其社会最高阶层婆罗门僧侣形象出现,与之相左,利玛窦以士大夫形象结交官宦文人。以利氏为例的文化适应可以分为外在适应、语言适应、审美适应、社会适应、知识适应和宗教适应。[③] 他以儒家士大夫形象着装,采用中国传统姓名,使用文人交往礼仪,这些外在形象之适应可谓外在适应;他学习中国语言、文字,编译中文传教书籍,采用本土语言传教,可谓语言适应;利玛窦及其后继者按中国建筑风格建造教堂及礼拜堂,按照中国审美习惯装饰圣堂内部,可谓审美适应;与政治社会中享有权力的各级士大夫交往,尊重其生活方式和思想主张,根据中国中央集权的特点采取一条"由上而下"的道路,此谓社会适应;尊重亚洲精神文化,翻译、编辑字典、书籍,互通知识有无,培养本土神职人员,均属知识适应;与孔教相沟通,允许宗教礼仪中保留中国传统形式,此谓宗教适应。耶稣会在拉丁美洲的"归结法"和在东亚的"文化适应"两者虽然外在形式不同,但其原则和基本结构是一致的,即传播信仰目标的绝对性决定了手段的灵活性和宽容性。

耶稣会士在华的传教政策和活动,以书信形式直接听命于身居罗马的会长或

---

① 456名神父、修士,其中153名葡萄牙人,31名德国人,其他还有意大利、荷兰、法国人。参见 Ludwig Koch SJ, *Jesuiten Lexikon. Die Gesellschaft Jesu einst und Jetzt*, Paderborn, 1934。

② 参见 Koch 前揭书。

③ 参见 Battray, Klaus Schatz SJ, *Inkulturationsprobleme im ostasiatischen Ritenstreit 17./18. Jhdts*, In: StZ (Stimme der Zeit) 197(1979),第593—608页。

其亚洲巡察员,至禁教为止,传教士均由会长直接派送,会长根据会士书面汇报来局部调整政策,因此修士的思想和行动与修会精神紧密相连。① 耶稣会对入会修士择选的严格、灵性塑造和知识教育,使得在华耶稣会士不仅信仰虔诚,性格刚毅,而且在科学、技术、文学、艺术领域才华出众,有资格担当中西文化交流的使者。与修会在欧洲视语言为文化载体,视教育为媒介思想相一致,在华耶稣会士学习汉语,互译中西典籍,建构了语言适应和文化交流的基础。耶稣会在欧洲奉行的"自上而下"的道路,在中国演变为与士大夫结交、进入京城、皈依皇帝的思想。与以后入华的托钵僧会修士不同,耶稣会并不注重民间传教,也不注重一时皈依之人数,而更侧重在与中国完善的民族文化体系的融合中根植信仰:"上帝向我们清楚地显示,大规模皈依(中国人)为基督徒并不太困难。但这样做的危险在于,它会引起民众运动,因为传教士在中国根基不稳,且不被皇帝知晓。"②从利玛窦起耶稣会士力图适应中国大一统的政治制度,取得皇帝和官吏的支持和保护,并适应中国儒教文化传统,宽容对待宗教仪式中儒教之影响。适应政策一方面促进了基督教融入中国文化,另一方面也促进了文化间的转换,有益于在一定程度上打破中国的闭关自守。③

文化适应的传教政策使基督教于16、17世纪,从明末到清王朝统治前期近一百年,得以在中国传播,虽然只在小范围里,但其影响却十分深远。因为耶稣会士向上直接进到皇宫,掌握要职,被封臣、赐地、赐圣堂。他们编辑的文献被纳入钦定典籍,他们所作所为在中国政治、外交、科技、文化领域留下记载。耶稣会士上承13、14世纪,但后来间断了两个世纪的方济各会的传教尝试,下接19、20世纪近代新传教高潮,构造了中西真正意义上文化交流的时代。利玛窦、汤若望实属一代精英,然而他们首先是耶稣会士,④他们在中国的传教政策和所作所为不仅是个人的首创,而且更是耶稣修会精神的体现。

虽然有一致的政策,但远在东方的会士却经常面临陌生情况和复杂环境,需要他们随时依靠自己的判断解决疑难。从利玛窦和汤若望神父身上可以看到,精英式教育、绝对服从的精神和从中获得的决策的自由、塑造的力量是如何帮助他们审时度势,随时做出益于福音传布的灵活选择。"礼仪之争"对耶稣会不利的结局结束了耶稣会士在中国的传教尝试,也结束了文化宽容政策的尝试。

(下转第12页)

---

① 参见 Koch 前揭书。
② 参见 Battray 前揭书,XXV。
③ 参见 Klaus Schatz SJ 前揭书,第603页。
④ 利玛窦1571年入耶稣会,在罗马按会规学习5年,1578—1582年在果阿学习神学,1597年起总管中国传教;汤若望1611年入耶稣会,1623年经里斯本、澳门到达北京,1628年发愿。

中西文化交流史

# 简论北京中法大学

□ 葛夫平

**内 容 提 要**

北京中法大学是20世纪20年代在留法勤工俭学运动中酝酿成立的一所私立大学，在近代中国教育史和中法文化交流史上都曾产生过一定的影响。本文利用北京市档案馆所藏档案和文献资料，对北京中法大学的历史沿革作了系统扼要的介绍，并对北京中法大学的办学风格和特点、规模、地位，以及它在促进近代中法文化交流中所起的作用，作了具体的考察和探讨，同时分析了北京中法大学自身存在的问题，指出模仿法国的大学区制、管理和计划不周、校长李麟玉缺乏教育家的素质等是妨碍中法大学更好发展的三个主要原因。

在近代中法文化交流史和中国留学史上，留法勤工俭学运动曾写下绚丽的一章。对此，已有不少论著作了专门的研究。然而，在留法勤工俭学运动中酝酿成立并存在30年之久的北京中法大学却几被遗忘，迄今尚无专文论述。本文利用档案和文献资料，拟对北京中法大学的概况作一初步探讨，从中展示北京中法大学在中国近代教育史上的意义以及它在促进近代中法文化交流中所起的作用。

# 一

1918年第一次世界大战结束后,留法勤工俭学运动领导人李石曾、蔡元培、吴稚晖等为动员法国退还庚子赔款,进一步推动留法教育,加强中法文化交流,联络中法两国人士,发起成立中法大学。中法大学由北京中法大学、广东中法大学和海外中法大学三部分组成,并由国立北京大学、广东大学、法国里昂大学负责筹备。其中,北京中法大学在西山碧云寺法文预备学校的基础上扩充为文理两科,于1920年最先成立,首任校长为蔡元培①。

经过四年的工作和努力,到1925年北京中法大学便初具规模,大学部发展为分别以法国文学家、哲学家和科学家名字命名的四个学院,即服尔德学院、孔德学院、居礼学院和陆谟克学院。服尔德学院即文学科,于1925年秋从西山碧云寺法文预备学校移至北京城内东皇城根39号,并改称服尔德学院。该院分甲乙两部,甲部为中国学生而设,乙部设于京西金山,为中国教员和法国教员而设,以便中国教员研究法国文学,法国教员研究汉学。孔德学院即哲学科,承1917年成立的孔德学校而起,于1924年正式成立,以法国哲学家孔德之名名之,院址设在东华门北河沿。该院设立当时有两个意图,一、以便孔德学校教员从事教育研究和试验以及编辑教科书,二、开设哲学讲座,以备孔德学校学生或中法大学其他学院学生听讲。居礼学院即数理化科,成立于1924年,校址初设于西山,1925年移至北京后门外吉祥寺,以法国化学家居礼之名名之。陆谟克学院即生物学科,发起于1918年在西山碧云寺设立的生物研究所(内附设天然疗养院),1922年开设讲座,并添设农场、天文台测候所等,1925年以法国生物学家陆谟克之名名之,并扩充为甲乙两部:甲部设于北京东皇城根,有生物学讲座和试验室;乙部仍设于西山,包括医院、农场等②。1926年1月22日,北京中法大学奉教育部第112号指令,正式得到认可③。

除大学部外,北京中法大学还设有中小学部。中学部包括以下四所学校:一、

---

① 蔡元培作为北京中法大学校长,虽然参与了北京中法大学初期的一些创办工作,但校长一职在1928年之前实际由李书华代理,1928年之后则一直由李麟玉担任。此外,在20年代初期,由于蔡元培的关系,北京大学曾给予中法大学以很大的支持和帮助,除为中法大学捐助10万法郎外,北京中法大学的筹备处开始时也借用北大房屋,两校的关系十分密切,但在1928年蔡元培与中法大学的另一位重要创办人李石曾之间出现矛盾后,北京中法大学与北大的关系也明显趋于冷淡,到1949年讨论北京中法大学的去向时,中法大学的教员强烈反对并入北大。

② 《私立中法大学民国十五至十七年概要、概览》,北京市档案馆,全宗号J26,案卷号10,张号4—6。

③ 《私立中法大学民国廿年呈请立案的报告、报表及北平教育局批复》,北京市档案馆,全宗号J26,案卷号3,张号15。

孔德学校,成立于1917年,校址在北河沿54号;二、西山中学校,成立于1925年,校址在西山碧云寺;三、温泉女子中学校,成立于1924年,校址在京西温泉;四、温泉中学校,成立于1923年10月,校址在京西环谷园。小学部包括以下三所学校:一、孔德学校,校址在东华门大街33号;二、碧云小学校,成立于1921年,校址在西山煤厂村28号;三、温泉小学校,成立于1924年,校址在京西温泉村。截至1926年,北京中法大学大学部和中小学部学生合计约1000余人[①]。

1927年南京国民政府成立后,北京中法大学得到进一步的发展,并根据南京国民政府颁布的《私立学校董事会条例》、《大学组织法》、《大学规程》和《私立学校规程》等一系列条例和法规,对学校的设置作相应的调整。1929年在上海设立药学专修科;1930年3月15日奉国民政府教育部第651号指令,暂准备案[②],并于同年遵令停办各学院预科,改设附属高级中学甲乙丙三部:甲部附属北京中法大学文学院,旨在救济志愿升入文学院和社会科学院的学生,课程安排以文科为主;乙部附属北京中法大学理学院,旨在救济志愿升入理学院或医学院的学生,课程安排以理科为主;丙部附属北京中法大学社会科学院,旨在救济志愿升入社会科学、文学、理学、医学各院的学生,课程安排文理并重[③]。1931年春设立镭学研究所和高级中学商业专科,同时成立由中法两国人士共31人组成的校董会[④],负责经营北京中法大学的教育事业[⑤],并改各院名称,将服尔德学院改称文学院,居礼学院改称理学院,陆谟克学院改称医学院,孔德学院改称社会科学院。文学院下设中国文学、法国文学、经济学三系;社会科学院下设哲学、社会学两系(原还设有文艺系);理学院下设数学、物理学、化学、生物学四系。以上三院各系修业年限均为四年。医学院则不分系,修业年限为5年,期满后实习一年。是年12月奉教育部第2110号训令,正式获准立案。1932年成立药物研究所。1934年又成立理工调查所,并于同年8月奉教育部令,将社会科学院两系并入文学院办理[⑥],称文学分

---

① 《私立中法大学民国十五至十七年概要、概览》,北京市档案馆,全宗号J26,案卷号10,张号4—6。
② 《私立中法大学民国廿年呈请立案的报告、报表及北平教育局批复》,北京市档案馆,全宗号J26,案卷号3,张号4。
③ 《私立中法大学附属高级中学呈请立案报告及北平教育局批复》,北京市档案馆,全宗号J26,案卷号6,张号1—6,10。
④ 校董会31名成员为:韦尔敏(法国驻华公使)、蔡元培、李煜瀛、王宠惠、孔祥熙、贝熙业(法国)、沈尹默、李书华、李麟玉、吴敬恒、班乐卫(法国)、周作民、胡若愚、高鲁、常耀奎、彭济群、张人杰、张继、张嘉、爱理友(法国)、雷宾(法国)、褚民谊、齐致、刘锡昌、熊希龄、郑毓秀、穆岱(法国)、萧瑜、韩德卫(法国)、魏道明、铎尔孟(法国)。见《私立中法大学民国廿年校董会呈请立案报告及北平教育局批复》,北京市档案馆,全宗号J26,案卷号5,张号7—11。
⑤ 《私立中法大学校董会章程》,北京市档案馆,全宗号J26,案卷号8。
⑥ 《校史概略》,《北京中法大学毕业同学录》,中华民国二十四年。

院,同时结束商业专科学校。1935年兴建理学院理科大楼。1936年9月将社会科学院各系及高中丙部移入文学院及高中甲部,取消文学分院。

1937年7月7日卢沟桥事变爆发后,北京中法大学的发展遭中断。虽因与法国的关系,北京中法大学得以维持至年底,但到第二年北京中法大学便因日伪的压迫,既不能招收新生,也无法公开上课,是年6月8日,伪北京特别市公署社会局因北京中法大学附属高级中学及附属西山温泉初级中学拒绝参加庆祝徐州陷落活动,便以"不服从地方主管教育机关命令"为由,发布第572号公函,要求中法大学将该两附中主任撤换,即日离校,不得转入校内其他部门;同时又颁布第2273号训令,勒令停学。在日伪的一再压力下,中法大学附属学校于7月20日被迫停课①。有鉴于此,校方派代表潜行南下,请示教育部,建议学校南迁,并在昆明成立中法大学驻滇办事处,作为学校南移的联络机关,同时成立昆明附属中法中学,为大学南移做准备。1939年7月间北京中法大学得到教育部的批准,率先将理学院迁往昆明,以便为抗战培养所急需的人才。是年11月27日,中法大学理学院在昆明北门街59号正式开学。1941年8月,中法大学又呈准教育部,将文学院也迁至昆明招生上课,同时在西郊黄土坡建筑校舍150间,将理学院迁入,而文学院则留在北门街。

北京中法大学自停课南迁后,校长李麟玉和其他数位教授坚持留守北京,一边照管校产,一边从事研究工作②。1941年7月10日和16日,伪华北政务委员会教育总署先后发布督办周作人签发的第344号公函和1370号训令,以中法大学及附属高中自1938年9月以后即中止授课,校舍悉数空闲为由,勒令校长李麟玉务必在8月1日之前将校舍全部移交伪北京大学法学院和伪北京女子师范学院接收应用,中法大学被迫迁至镭学研究所(即国立北平研究院理化部)工作③。1945年7月镭学研究所复被日伪部队强占,中法大学再迁至所属铁工厂,在此过程中,学校的仪器和化学药品等损失颇巨④。同年8月抗战胜利后,中法大学开始筹备复员工作,先后将校产收回。1946年暑假,大学部由昆明迁回北京,所有在北京的附属高中及温泉男女初中也均筹备复员,昆明附中则应当地的需要,仍留黄土坡原址。

---

① 《北京特别市公署教育局关于撤换中法大学附属高级中学和西山温泉中学校主任的训令及两校的复函》,北京市档案馆,全宗号J26,案卷号243,张号1—6。

② 《私立中法大学和中法大学医学院概况》,北京市档案馆,全宗号J26,案卷号260,张号2—3。

③ 《华北政务委员会教育总署关于将中法大学和附中房屋拨给北大法学院使用给中法大学的函》,北京市档案馆,全宗号J26,案卷号244,张号1—2。

④ 有关北京中法大学抗战期间遭受损失的详细情况见《教育部关于申报抗战期间所受损失给私立中法大学函及私立中法大学呈报表》、《私立中法大学各附属机构损失情况的报告》,北京市档案馆,全宗号J26,案卷号456、457。

1949年北平和平解放后,北京中法大学因经费困难,由私立改为国立,6月16日,中国人民解放军北平市军事管制委员会发布第152号令,派周扬、张宗麟、恽子强为军管会代表,接管中法大学①。9月23日,华北高等教育委员会发布第1475号令,决定自即日起撤销军管代表和接管小组,由校长、教务长、秘书长、总务长、教职联代表和学生代表共九人组成校务委员会筹备委员会,协助校长处理校务②。1950年10月6日,中央人民政府教育部下发由部长马叙伦盖印的第811号令,决定中法大学于1950年暑假终了后停办,该校原有之文史系、法文系合并于北京大学;经济系、生物系合并于南开大学;数学系、物理系、化学系合并于华大工学院,以上三系学生如有不愿去华大工学院者,可去北京大学就学③。至此,北京中法大学正式停办。

## 二

北京中法大学虽然只存在了30年,但它在中国近代教育史上却是一所颇有特色的私立大学,且有相当的规模和影响,不乏可记之处。

首先在学制上,北京中法大学一方面依据中国学制,同时又受法国大学区制的影响,大学不只限于高等教育,而是包括大中小学三级教育,互相衔接,所在校区,城内城外,远及数十里。北京中法大学附属的中小学部是大学的一个有机组成部分,完全纳入大学的管理之下。根据《北京中法大学章程》规定,中小学部各校设主任一人,由校长聘请,代理校长主持校务;各中小学的教务主任、教员、监学、事务员也均由主任推荐,校长聘请。北京中法大学的校长不但负责大学事务,同时也全权负责各中小学事务,这与当时国内一些大学附设的中小学是有所不同的,充分体现了法国大学区制的精神④。北京中法大学的创办人李石曾就十分重视这一点,曾明确指出:"法国大学分为十七学区,每区有一大学,即包含文理医法等科与中小学,此即中法大学所欲采其长以行之者。于此言之,不仅关于一校,实亦一种学制之试验也。"⑤

在校风和学风上,北京中法大学受李石曾、蔡元培等创办人思想的影响,提倡

---

① 《中国人民解放军北平军管会关于派周扬等代表接管中法大学的令及中法大学的布告》,北京市档案馆,全宗号J26,案卷号275,张号11。

② 《华北高等教育委员会关于成立中法大学校务筹委会的指令及该校的呈文》,北京市档案馆,全宗号J26,案卷号282。

③ 《中央人民政府教育部对中法大学1950年停办及合并到华工、南开、北大的命令、方案、会议记录》,北京市档案馆,全宗号J26,案卷号293,张号1—2。

④ 《私立中法大学民国十五至十七年概要、概览》,北京市档案馆,全宗号J26,案卷号10。

⑤ 李石曾:《中法大学概况》,《中法大学半月刊》第1期,第26页。

互助、勤劳、节俭,强调本校在德育方面,除普通德育外,特别重视以下两点:积极方面注重互助;消极方面注重节俭。在体育方面,除普通体育外,特别强调工作勤劳、接近自然的重要性。在学风上,则重视自然科学,重视实践和应用,北京中法大学组织大纲第一条即规定"本大学以研究高深学术、养成专门人才,——并注重实习、致力应用为宗旨"①。为此,北京中法大学不但在城内设有物理实验室、化学实验室、生物实验室、标本室和铁工厂,而且在西郊设西山学院,西山学院除陆谟克学院乙部、服尔德学院乙部、西山温泉各中小学外,还设有西山天然疗养院甲部(病后疗养,位于西山碧云寺)和乙部(肺痨病,位于西山玉皇顶)、温泉天然疗养院(皮肤、神经等病),第一、第二、第三农林试验场,以及测候所和天文台等,供学生试验和实习,强调西山学院的宗旨就是私淑中国东晋诗人陶渊明和法国思想家卢梭的主张,接近自然,同时也突出自然科学的重要性,树立"于高深及应用学术,皆以自然科学为基础"的思想②。

其次,北京中法大学也是中国近代一所颇有实力的大学。对一所大学来说,经费是其生存和发展的前提。在近代众多的私立大学中,北京中法大学的经费是较为充裕和稳定的。据北京中法大学1931年《学校收支金额及项目表》所载,学校的经费收入为680,894.00元。经费的来源包括以下四项:一是息金70,000.00元;二是学费10,894.00元;三是补助费(来自中法基金之息金)450,000.00元;四是法国庚子赔款补助费150,000.00元③。北京中法大学的这一经费远远高于当时国内的其他私立大学(不包括教会大学)。1931年国内各私立大学和各教会大学的经费情况见以下两表:

### 表一 1931年度国人自办私立大学经费情况表

(单位:元)

| 校名 | 大同大学 | 大夏大学 | 中法大学 | 光华大学 | 武昌中华大学 | 厦门大学 | 南开大学 |
|---|---|---|---|---|---|---|---|
| 经费 | 131,017 | 424,400 | 680,894 | 278,446 | 426,276 | 252,520 | 355,366 |
| 校名 | 复旦大学 | 广东国民大学 | 广州大学 | 中国公学 | 上海法政学院 | 上海法学院 | 福建学院 |
| 经费 | 196,476 | 241,638 | 264,004 | 116,250 | 89,841 | 108,580 | 93,352 |
| 校名 | 中国学院 | 正风文学院 | 民国学院 | 持志学院 | 南通学院 | 朝阳学院 | |
| 经费 | 175,742 | 41,696 | 103,568 | 78,901 | 310,034 | 143,924 | |

---

① 《私立中法大学组织大纲》,北京市档案馆,全宗号J26,案卷号7,张号2。
② 《北京中法大学章程》,见《私立中法大学民国十五至十七年概要、概览》,北京市档案馆,全宗号J26,案卷号10。另参见李石曾《组织陆谟克学院之经过与希望》,《中法大学半月刊》第2期,第2—5页。
③ 《私立中法大学民国廿年呈请立案的报告、报表及北平教育局批复》,北京市档案馆,全宗号J26,案卷号3,张号18。

## 表二　1931年度全国教会大学经费情况表

(单位:元)

| 校名 | 东吴大学 | 金陵大学 | 辅仁大学 | 震旦大学 | 沪江大学 | 岭南大学 | 齐鲁大学 |
|---|---|---|---|---|---|---|---|
| 经费 | 208,734 | 689,254 | 495,823 | 393,810 | 318,064 | 872,940 | 401,511 |
| 校名 | 燕京大学 | 之江文理学院 | 金陵女子文理学院 | 协和医学院 | 夏葛医学院 | 湘雅医学院 | 武昌华中大学 |
| 经费 | 1,025,660 | 270,947 | 128,553 | 3,552,217 | 162,050 | 192,250 | 201,403 |

表一、二资料来源:《第一次中国教育年鉴》,丙编,第87—140页。

从以上两表我们看到,北京中法大学的经费在当时国人自办的私立大学中是最高的;与教会大学相比,也只是在协和医学院、燕京大学、岭南大学和金陵大学四所学校之下。此外,中法大学曾为北京大学代还借款一事,也从一个侧面反映了中法大学经费的充裕和稳定。1923年底因北洋政府拖欠教育经费,北京大学无法偿还为修建第一院校舍向一家外国银行借的20万借款,北京中法大学便与北京大学签订协议,每月替北京大学代还3000元,年利八厘行息,"俟北大经费充裕时当陆续归还中法大学"①。至1936年底,扣除中法大学租用京西玉泉山北京大学田地每年应付租金576元,北京大学共欠中法大学本息168,510.97元②。

就办学条件来说,中法大学也可与当时国内的一些著名学府相媲美。据1931年统计,北京中法大学的房地产(包括中小学部及农场、疗养院等)按原购入价格计,值洋130万元③;大学部图书共计65,263册,其中外文14,307册,中文50,956册,购入价格为233,275.75元④;仪器设备购入价值为55,520.25元;标本购入价值为10,880.50元;校具价值58,727.53元⑤。为便于比较,兹将1931年国立大学和私立高等学校的仪器设备、图书状况分别列表如下:

---

① 《私立中法大学与北京大学订租用房屋、土地的协议书》,北京市档案馆,全宗号J26,案卷号120,张号1—2。
② 《私立中法大学关于催还欠款给北京大学的公函》,北京市档案馆,全宗号J26,案卷号131,张号50。
③⑤ 《私立中法大学民国廿年校董会呈请立案报告及北平教育局批复》,北京市档案馆,全宗号J26,案卷号5,张号5、20。
④ 《私立中法大学民国廿年呈请立案的报告、报表及北平教育局批复》,北京市档案馆,全宗号J26,案卷号3,张号193—195。

### 表三  1931年度国立高等学校仪器设备及图书状况表

| 校名 | 中央大学 | 北平大学 | 中山大学 | 武汉大学 | 清华大学 | 北平师范大学 | 浙江大学 |
|---|---|---|---|---|---|---|---|
| 图书册数 | 104,460 | 92,279 | 243,800 | 94,046 | 29,200 | 76,728 | 44,122 |
| 设备价值(元) | 436,342 | 105,350 | 186,084 | 910,070 | 511,096 | 48,140 | —— |
| 校名 | 北京大学 | 暨南大学 | 同济大学 | 交通大学 | 四川大学 | 山东大学 | |
| 图书册数 | 227,879 | 41,162 | 4,476 | 48,907 | 47,145 | 47,000 | |
| 设备价值(元) | 30,917 | 102,463 | 110,460 | 46,439 | 49,150 | 185,884 | |

### 表四  1931年度私立大学仪器设备及图书状况表

| 校名 | 燕京大学 | 岭南大学 | 中法大学 | 金陵大学 | 辅仁大学 | 武昌中华大学 | 齐鲁大学 |
|---|---|---|---|---|---|---|---|
| 图书册数 | 238,514 | 104,878 | 65,263 | 149,881 | 59,417 | 31,052 | 101,100 |
| 设备价值(元) | 172,850 | 293,094 | 88,052 | 55,437 | 154,860 | 64,700 | 143,710 |
| 校名 | 震旦大学 | 南开大学 | 沪江大学 | 光华大学 | 广东国民大学 | 广州大学 | 厦门大学 |
| 图书册数 | 65,768 | 2,245 | 54,229 | 19,000 | 19,302 | 17,419 | 65,337 |
| 设备价值(元) | 65,010 | 115,520 | 49,813 | 32,445 | 53,424 | 32,291 | 12,550 |
| 校名 | 东吴大学 | 复旦大学 | 武昌华中大学 | 大夏大学 | 大同大学 | | |
| 图书册数 | 74,245 | 32,923 | 46,876 | 26,264 | 19,677 | | |
| 设备价值(元) | 37,752 | 46,388 | 56,000 | 73,871 | 27,244 | | |

表三、四资料来源:《第一次中国教育年鉴》,丁编,第34页。

从上表来看,1931年中法大学的仪器设备、图书等条件虽不能说是一流的,但已在中上之列。到1937年,经过六年的发展,中法大学在校舍、仪器设备和图书等方面的办学条件又有了较大的改善,进一步缩小了与国内一流大学的差距。截至1937年,中法大学共有房屋1,794.5间,土地2,282亩,价值1,619,860元[1],其中大学部房屋667间,包括理科大楼197间,理科实验室57间,理科研究室18间,煤汽厂6间,化学工厂23间,礼堂28间,图书馆82间,文科教室53间,水井房2间,铁工厂47间,其他154间,总计建筑费578,284.27元(包括运动场10,341.00元)。仪器设备、标本、模型等价值总计259,566.13元(包括体育用具3,050.35元)。理科设立了较为完备的实验室,如物理系设有普通物理第一、第二、第三、第

---

[1]《私立中法大学民国廿五至卅年房屋土地现状登记表》,北京市档案馆,全宗号J26,案卷号117,张号9。

四、第五实验室,电磁、电工、近世物理、无线电实验室,表演仪器室,无线电研究室,X光研究室,抽空室;生物系设有动物组织和胚胎学实验室、动物生理学实验室、动物系统学和比较解剖学实验室、动物标本室和植物形态解剖学、植物系统实验室,以及植物标本室;化学系设有定性分析、定量分析、有机制造、物理化学、电化学、无机制造、工业化学、高等分析、有机分析等实验室,以及天平室、预备室、暗室、蒸馏搅烫室、玻璃仪器修制室和第一、第二、第三研究室。图书总计154,952册,其中中文58,114册,外文96,838册,杂志3,066册①。

再者,北京中法大学的师资力量也比较雄厚。在教职员人数和学生人数之比上,北京中法大学始终保持在一个较高的水平上,兹将北京中法大学各年教职员人数和学生人数列表如下:

### 表五　北京中法大学历年教职员及学生人数统计表

| 年份 | 教员人数 | 职员人数 | 学生人数 | 备　考 |
| --- | --- | --- | --- | --- |
| 1925 | 39 | 13 | 152 | 其中文学院教员22人,职员7人,理学院教员17人,职员6人;文学院学生131人,理学院学生21人。 |
| 1926 | 43 | 14 | 149 | 其中文学院教员26人,职员8人,理学院教员17人,职员6人;文学院学生114人,理学院学生35人。 |
| 1927 | 35 | 12 | 117 | 其中文学院教员23人,职员6人,理学院教员12人,职员6人;文学院学生87人,理学院学生30人。 |
| 1928 | 64 | 21 | 178 | 其中文学院教员23人,职员5人,理学院教员15人,职员6人,社会科学院教员26人,职员10人;文学院学生124人,理学院学生32人,社会科学院学生22人。 |
| 1929 | 77 | 25 | 243 | 其中文学院教员27人,职员10人,理学院教员17人,职员5人,社会科学院教员33人,职员10人;文学院学生141人,理学院学生47人,社会科学院学生55人。 |
| 1930 | 102 | 33 | 232 | 其中文学院教员32人,职员11人,理学院教员25人,职员8人,社会科学院教员45人,职员14人;文学院学生130人,理学院学生41人,社会科学院学生61人。 |
| 1931 | 83 | 39 | 202 | 其中文学院教员34人,理学院教员15人,医学院教员10人,社会科学院教员24人;文学院学生106人,理学院学生29人,医学院学生6人,社会科学院学生61人。 |

---

① 以上资料均见《私立中法大学民国廿七至廿八年度概况报告》,北京市档案馆,全宗号J26,案卷号145,张号1—8。

续表

| 年份 | 教员人数 | 职员人数 | 学生人数 | 备考 |
| --- | --- | --- | --- | --- |
| 1934 | 107 | 51 | 178 | 其中文学院教员47人,理学院教员24人,医学院教员13人,社会科学院教员23人;文学院学生83人,理学院学生47人,社会科学院学生38人,医学院学生10人。 |
| 1935 | 110 | 45 |  | 其中文学院教员42人,理学院教员24人,医学院教员12人,文学分院教员32人。 |
| 1936 | 84 | 44 | 168 | 其中文学院教员33人,理学院教员22人,医学院教员13人,文学分院教员16人;文学院学生54人,理学院学生76人,医学院学生11人,文学分院学生27人。 |
| 1937 | 81 | 27 | 168 | 其中文学院教员40人,理学院教员34人,医学院教员7人;文学院学生68人,理学院学生80人,医学院学生20人。 |
| 1938 | 45 |  | 111 | 其中文学院教员15人,理学院25人,医学院5人;文学院学生55人,理学院学生42人,医学院学生14人。 |
| 1948 | 78 | 49 | 476 | 教员78人包括兼任教员48人,职员49人包括工警27人;文学院学生229人,理学院学生244人,医学院学生3人。 |
| 1949 | 87 | 53 | 469 | 教员87人包括兼任教员47人,其中理学院专任教员23人,兼任教员16人,文学院专任教员17人,兼任教员31人;职员53人包括工警26人;文学院学生237人,理学院学生232人。 |
| 1950 | 36 | 56 | 441 | 文学院教员16人,理学院教员20人;职员56人包括工警26人;文学院学生225人,理学院学生216人。 |

资料来源:《私立中法大学民国廿年校董会呈请立案报告及北平教育局批复》、《私立中法大学民国廿七至廿八年度概况报告》、《私立中法大学1949—1950年各类人数统计》、《私立中法大学民国卅五一卅八年学生名册》,见北京市档案馆,全宗号J26,案卷号5、145、302、343;《第一次中国教育年鉴》丙编,第93页,以及1934年《中法大学毕业同学录》、1935年《北京中法大学毕业同学录》、1936和1937年《私立中法大学教职员、同学录》。

从上表来看,北京中法大学教员人数与学生人数之比除1950年之外,大体保持在1∶1.61—1∶5.4之间,在大部分的年代里都要远远高于其他私立大学和国立大学。以1931年为例,当时私立大学教员与学生的平均之比大体为1∶6.3,国立大学为1∶5,而中法大学教员与学生之比为1∶2.4,在私立和国立大学中是最高的。不但如此,北京中法大学教员的素质也不错,在教师队伍的构成中,教授始终占一定的比例:1934年,文学院教员47人,教授13人,讲师34人,理学院教员26人,教授12人,讲师7人,助教5人,医学院教员13人,教授4人,讲师7人,助教2人;1937年,文学院教员40人,教授14人,讲师26人,理学院教员34人,教授13人,讲师11人,助教10人,医学院教员7人,教授3人,讲师2人,助教2人①。并且,在这些教员中不乏一些国内著名学者,曾在中法大学文学院和社会科学院执教的有刘半农、沈尹默、沈士远、沈兼士、钱玄同、周作人、李宗侗、张若名、范文澜、杨堃、商鸿逵等学人,法籍教员有穆雅礼、铎尔孟;理学院和医学院的教员不少曾在法国留过学,如李书华、李麟玉、严济慈、朱广才、朱广相、朱洗、吴文潞、周发歧、苏弗第,等等。此外,北京中法大学还实行资送毕业生赴法留学制度,规定每年各院系学生毕业考试满70分、名次在前五名者,由本校资送法国里昂中法大学留学,由本校发给三等船票一张、治装费100元,并由学校每月津贴国币10元②。

最后,在课程的设置上,北京中法大学至30年代也基本趋于完备。以1938年为例,文学院和理学院各系每一学期的课程基本都有具体的安排。文学院文学系和经济系一年级课目相同,自二年级开始即各自开设课程,有关文学系和经济系各年级的课程安排详见下表③:

### 表六　1938年北京中法大学文学院课程表

| | 文学系、经济系一年级 | | | | | | | |
|---|---|---|---|---|---|---|---|---|
| 课目 | 历代散文 | 法文选文 | 哲学大意 | 西洋史文艺复兴与以前 | 法国文学史大意 | 心理学大意 | 法文练习 | 修辞作文翻译 |
| 学分 | 4 | 6 | 4 | 6 | 6 | 4 | 4 | 6 |
| 学时 | 2 | 3 | 2 | 3 | 3 | 2 | 2 | 3 |
| 课目 | 伦理学 | 中国近世学术 | 法文选文 | 文艺通论 | 新闻文学(选) | 东亚语言与历史(选) | | |
| 学分 | 4 | 4 | 4 | 4 | 2 | 2 | | |
| 学时 | 2 | 2 | 2 | 2 | 1 | 1 | | |
| | 文学系二年级 | | | | | | | |
| 课目 | 现代法国文学 | 中国文法 | 18世纪法国文学 | 西洋史文艺复兴与以后 | 近代戏剧 | 历代散文 | 英文(选) | 日文(选) |
| 学分 | 10 | 4 | 6 | 4 | 4 | 4 | 4 | 4 |
| 学时 | 5 | 2 | 3 | 2 | 2 | 2 | 2 | 2 |

---

① 根据《中法大学毕业同学录》(中华民国二十三年)及《私立中法大学教职员同学录》(中华民国二十六年)统计。
② 《毕业生资送留学简章》,《私立中法大学民国十九年服尔德学院要览》,北京市档案馆,全宗号J26,案卷号11,张号14—15。
③ 《私立中法大学民国廿七年至廿八年度概况报告》,北京市档案馆,全宗号J26,案卷号145,张号15—16。

续表

| 课目 | \ | \ | \ | \ | \ | \ | \ | \ |
|---|---|---|---|---|---|---|---|---|
| 文学系三年级 ||||||||||
| 课目 | 世界文学名著 | 译书练习 | 中国修辞学 | 拉丁文 | 17世纪法国文学 | 18世纪法国文学 | 19世纪法国文学 | 文明史 |
| 学分 | 4 | 0 | 4 | 2 | 4 | 2 | 6 | 4 |
| 学时 | 2 | 2 | 2 | 1 | 2 | 1 | 3 | 2 |
| 课目 | 法文 | 历代散文 | 欧美文学史 | 法国诗学 | 诗及诗史 | 艺术史 | | |
| 学分 | 4 | 4 | 4 | | 4 | | | |
| 学时 | 2 | 2 | 2 | 1 | 2 | 2 | | |
| 文学系四年级 ||||||||||
| 课目 | 词及词史 | 历代散文 | 译书练习 | 中世纪文学 | 16世纪法国文学 | 17世纪法国文学 | 法文 | 中国戏曲 |
| 学分 | 4 | 4 | 0 | 4 | 4 | 8 | 4 | 4 |
| 学时 | 2 | 2 | 2 | 2 | 2 | 4 | 2 | 2 |
| 课目 | 中国小说 | 骚赋(选) | 希腊神话(选) | 拉丁文(选) | | | | |
| 学分 | 4 | 4 | 4 | 2 | | | | |
| 学时 | 2 | 2 | 2 | 1 | | | | |
| 经济系二年级 ||||||||||
| 课目 | 世界经济地理 | 经济学原理 | 经济名著选读 | 现代法国文学 | 历代散文 | 英文(选) | 日文(选) | |
| 学分 | 4 | 6 | 4 | 10 | 4 | 4 | 4 | |
| 学时 | 2 | 3 | 2 | 5 | 2 | 2 | 2 | |
| 经济系三年级 ||||||||||
| 课目 | 商业政策 | 经济思想史 | 财政学 | 中国经济地理 | 译书练习 | 法文 | 历代散文 | |
| 学分 | 4 | 6 | 4 | 4 | 0 | 4 | 4 | |
| 学时 | 2 | 3 | 2 | 2 | 2 | 2 | 2 | |
| 经济系四年级 ||||||||||
| 课目 | 商法 | 货币银行学 | 劳动法 | 商业簿记 | 银行会计学 | 工场管理 | 译书练习 | 经济学演述 |
| 学分 | 4 | 6 | 4 | 4 | 4 | 4 | 0 | 0 |
| 学时 | 2 | 3 | 2 | 2 | 2 | 2 | 2 | 2 |

有关理学院数、理、化和生物四系各年级的课程则如下表①：

---

① 《私立中法大学民国廿七年至廿八年度概况报告》，北京市档案馆，全宗号J26，案卷号145，张号17—19。

## 表七 1938年北京中法大学理学院课程表

| 数理化生系一年级 ||||||||||
|---|---|---|---|---|---|---|---|---|---|
| 课目 | 普通物理 | 物理实验 | 有机化学大意 | 定性分析 | 初等微积 | 解析几何 | 方程式论与微分方程式 | 弧三角与天文学大意 | 法文 |
| 学分 | 6 | 2 | 6 | 2 | 8 | 6 | 4 | 2 | 13 |
| 学时 | 3 | 2 | 3 | 2 | 4 | 3 | 2 | 1 | 6 |
| 课目 | 法文 | 普通植物学 | 普通植物实验 | | | | | | |
| 学分 | 4 | 6 | 2 | | | | | | |
| 学时 | 2 | 3 | 2 | | | | | | |

| 数理化系二年级 ||||||||||
|---|---|---|---|---|---|---|---|---|---|
| 课目 | 普通物理 | 物理实验 | 物理化学 | 定量分析 | 微分方程式及积分 | 初等理论力学 | 近世几何 | 高等解析几何 | 法文 |
| 学分 | 6 | 2 | 6 | 2 | 8 | 4 | 4 | 8 | 4 |
| 学时 | 3 | 2 | 3 | 2 | 4 | 2 | 2 | 4 | 2 |
| 课目 | 法文 | 英文(选) | | | | | | | |
| 学分 | 4 | 4 | | | | | | | |
| 学时 | 2 | 2 | | | | | | | |

| 数学系三年级 ||||||||||
|---|---|---|---|---|---|---|---|---|---|
| 课目 | 无穷级数 | 数论 | 图画几何 | 近世代数 | 微分几何 | 解析力学 | 热力学 | 电磁学 | 光、声学 |
| 学分 | 4 | 4 | 6 | 6 | 6 | 6 | 4 | 4 | 4 |
| 学时 | 2 | 2 | 3 | 3 | 3 | 3 | 2 | 2 | 2 |
| 课目 | 物理实验 | 法文名著选读 | 法文作文 | 英文(选) | | | | | |
| 学分 | 3 | 4 | 2 | 4 | | | | | |
| 学时 | 3 | 2 | 1 | 2 | | | | | |

| 物理系三年级 ||||||||||
|---|---|---|---|---|---|---|---|---|---|
| 课目 | 热力学 | 电磁学 | 解析力学 | 光、声学 | 物理化学实验 | 物理实验 | 法文名著选读 | 法文作文 | 无穷级数(选) |
| 学分 | 4 | 4 | 6 | 4 | 2 | 3 | 4 | 2 | 4 |
| 学时 | 2 | 2 | 3 | 2 | 2 | 3 | 2 | 1 | 2 |

| 化学系三年级 ||||||||||
|---|---|---|---|---|---|---|---|---|---|
| 课目 | 高等无机化学 | 有机化学 | 热力学 | 有机化学制造 | 物理化学实验 | 法文名著选读 | 法文作文 | 解析力学(选) | 英文(选) |
| 学分 | 6 | 10 | 4 | 2 | 2 | 4 | 2 | 6 | 4 |
| 学时 | 3 | 5 | 2 | 2 | 2 | 2 | 1 | 3 | 2 |

续表

| 数学系四年级 ||||||||||
|---|---|---|---|---|---|---|---|---|---|
| 课目 | 向量解析 | 商数通论微分方程式 | 绝对微分 | 质射性学 | 理论物理 | 材料力学 | 无线电学 | 光、声学 | 光学实验 |
| 学分 | 4 | 10 | 4 | 4 | 4 | 4 | 4 | 4 | 3 |
| 学时 | 2 | 5 | 2 | 2 | 2 | 2 | 2 | 2 | 3 |
| 课目 | 法文名著选读 | 法文作文 | | | | | | | |
| 学分 | 4 | 2 | | | | | | | |
| 学时 | 2 | 1 | | | | | | | |

| 化学系四年级 ||||||||||
|---|---|---|---|---|---|---|---|---|---|
| 课目 | 煤膏、颜料化学 | 工业化学 | 电化学 | 高等有机化学 | 光、声学 | 质射性学 | 有机化学分析 | 工业化学实习 | 高等分析 |
| 学分 | 6 | 8 | 4 | 4 | 4 | 4 | 2 | 2 | 2 |
| 学时 | 3 | 4 | 2 | 2 | 2 | 2 | 2 | 2 | 2 |
| 课目 | 光学实验 | 法文名著选读 | 法文作文 | | | | | | |
| 学分 | 3 | 4 | 2 | | | | | | |
| 学时 | 3 | 2 | 1 | | | | | | |

| 生物系二年级 ||||||||||
|---|---|---|---|---|---|---|---|---|---|
| 课目 | 动物比较解剖学 | 植物形态解剖学 | 普通物理 | 法文 | 法文 | 动物比较解剖实验 | 植物形态解剖实验 | 物理实验 | 定量分析 |
| 学分 | 6 | 4 | 6 | 4 | 4 | 2 | 2 | 2 | 2 |
| 学时 | 3 | 2 | 3 | 2 | 2 | 2 | 2 | 2 | 2 |

| 生物系三年级 ||||||||||
|---|---|---|---|---|---|---|---|---|---|
| 课目 | 动物比较解剖学 | 动物生理学 | 植物生理学 | 法文名著选读 | 法文作文 | 动物比较解剖实验 | 动物生理实验 | 植物生理实验 | 英文(选) |
| 学分 | 4 | 4 | 4 | 4 | 2 | 2 | 2 | 2 | 4 |
| 学时 | 2 | 2 | 2 | 2 | 1 | 2 | 2 | 2 | 2 |

表六、七资料来源：《私立中法大学民国廿七至廿八年度概况报告》，北京市档案馆，全宗号J26，案卷号145，张号15—19。

医学院的课程，北京中法大学鉴于本校师资和设备力量有限，只开设一年级和二年级的课目，其中二年级的课目有医学概论、动物比较解剖学、无脊椎动物学、植物形态解剖学、普通物理、法文、动物比较解剖实验、无脊椎动物实验、植物形态解剖实验、物理实验、定量分析。医学院其余学年的学业，则由北京中法大学送学生到法国里昂大学医学院肄业至毕业[①]。

---

① 《私立中法大学和中法大学医学院概况》，北京市档案馆，全宗号J26，案卷号260，张号6。

总之,北京中法大学由于经费比较充裕,并有法国方面的合作,发展至30年代,已成为国内一所有声誉的大学之一。30年代的北京中法大学诚若李书华所说:"规模宏大,人才众多,校舍图书仪器均极完备,堪称国内优良大学之一。"[1]在自1920年创办至1950年停办的30年里,北京中法大学共有569名学生毕业,其中理学院225人,文学院281人,医学院11人[2],为我国培养了一批自然科学、医学、社会科学和文史方面的人才。此外,北京中法大学在抗战期间还在昆明与空军军官学校及国际无线电台合作,于1941年12月至1946年7月共举办四期无线电人员训练班,训练通讯人员400名,机务人员300名,为抗战培养了一批专门技术人才[3]。

## 三

北京中法大学作为近代中法文化交流的产物,它除为我国培养学术方面的研究人才之外,反过来也积极致力于促进中法两国的文化交流。《北京中法大学组织大纲》开宗明义第一条就提出"本大学以研究高深学术养成专门人才,沟通中西文化"[4]为宗旨。北京中法大学设计的校旗和校徽,也突出体现中法两国文化的交流与合作。中法大学的校旗以青、白、红三色为底色,便是取中法两国国旗的颜色;校旗的图案为在旗中央双环交加,青居左,红居右,以表示中法合作,中间复贯以紫黄两色,紫色代表自然科学,黄色代表社会科学[5]。中法大学的校徽则取孙中山的三民主义和法国的自由、平等、博爱思想为内容,以双手象征民族和博爱,以天平象征民权和平等,以嘉禾象征民生,以飞鹰象征自由,并明确指出北京中法大学校徽的图样,其用意就在于"融汇中法两国民族文化之精神"[6]。

北京中法大学为促进中法两国文化交流所做的一项重要工作是,广泛介绍法国的科学、哲学、文学和艺术。在这方面,北京中法大学校刊——《中法大学》半月刊/月刊起了重要的作用。《中法大学》半月刊于1925年10月创刊,共出三期,至1926年10月改名为《中法教育界》,至1931年9月出至第45期后,改办为《中法大学月刊》。《中法大学月刊》一直出至1937年8月第11卷第4、5期合刊停办,发表启事,宣布自9月1日(即下一学年)起改为季刊。中法大学校刊除报道与中

---

[1] 李书华:《中法文化与中法大学》,载《中法文化交流》第1卷第1期,第2页,民国三十四年25日出版。
[2] 据《中法大学历届毕业同学录》统计,北京市档案馆,全宗号J26,案卷号360。
[3] 《私立中法大学和中法大学医学院概况》,北京市档案馆,全宗号J26,案卷号260,张号3。
[4] 《私立中法大学组织大纲》,北京市档案馆,全宗号J26,案卷号7,张号2。
[5] 《中法教育界》第40期插图,1931年2月1日出版。
[6] 《中法大学月刊》第10卷第2期插图,1936年12月。

法教育有关的消息、刊载一些研究文章外,大部分的文章都与介绍法国的学术有关。在自然科学方面,中法大学校刊除介绍法国生物学家陆谟克和居里夫人的生平和学说外,还介绍了其他一些著名的法国科学家,如 1926 年诺贝尔物理奖获得者毕汉(Marce Boll)、著名化学家博德罗(Marcelin Berthelot)的生平及各自在该领域所作的贡献。同时,校刊也译载一些法国科学家的论文,如巴黎理科大学教授、著名数学家宝海(Emile Borel)的《纯理的科学和应用的科学》、天文学家多瑞尔(C. Dauzere)的《大气中的放电》、鲁塔兰桥(G. Rutledge)和道格拉斯(R. D. Douglass)的《几个定积分之求值法》、法国科学研究院会员、物理学家法勃莱(Ch. Fabry)的《原子之蜕变》、富莱(R. H. Fowler)的《平面曲线》、米诺(Henri Minot)的《爱因斯坦宇宙观的新阶段》、乌勒维格(L. Houllevigue)的《今日对于物质内部机构的认识》、穆勒(Henri Moureu)的《量子之危机》、吉约蒙(M. A. Guilliermond)的《关于酵母菌的生殖性及其系统来源上的新观察》,等等。此外,对应邀来校演讲的法国科学家的生平,校刊均作简要的介绍,并将演讲稿予以译载。

  在哲学和社会科学方面,中法大学校刊也译载了不少法国学者的论著,如社会学家布格尔(C. Bougle)的《社会主义与社会学》、巴黎大学名誉教授欧乐(Aulard)的《服尔德与中国》,富耶(Alfred Fouillée)所著《哲学之历史》一书的第九、十二章《十九世纪法国的哲学》和《十九世纪下半叶法国之哲学》,唐内(Paul Tanet)的《圣西门与圣西门主义》一书第二、三节的《圣西门社会哲学的普通精神》和《圣西门的社会组织计划》,莱维—布律尔(L. Lévy-Bruhl)的《笛卡尔的哲学》和《社会改革家——孔德》、《孔德的一生及其哲学》、《法国现代哲学运动》、《服尔德之哲学》、《占卜术》、《初民心灵对于第二因的冷淡》、《神的判决》,史学家古郎绥(Fustel de Coulanges, 1830—1889)的《欧洲古代的家庭》,巴黎大学教授勒菲尔(Le Fur)的《国际公法小史》等等。同时,校刊也译载法国一些著名思想家的文章,如柏格森的《可能与现实》、美学家居友的《艺术中个人生活及社会生活的表现》。此外,校刊还发表了一些中国学者介绍法国哲学和社会科学的文章,如杨堃的《在法国如何学社会学》和《法国民族学运动之新发展》、萧子升的《孔德论人类知识进化律》、彭相基的《笛卡尔哲学述略》、郑子修的《卢骚的教育思想》、胡鉴民的《涂尔干氏的社会心理学说》、萧石君的《法国大革命与国民美术的起源》、王来庭的《蒲鲁东之经济主张》等等。

  在文学方面,中法大学校刊所作的介绍大体分为两个部分,一是大量译载法国作家的作品,二是译载和发表与研究法国作家和作品以及文学思潮相关的论著。就前者来说,中法大学校刊译载了自中世纪至 20 世纪各个不同时期法国作家的作品,涵盖的范围很广。据不完全统计,中法大学校刊先后译载了二十余名法国作家的作品,共计 63 篇,这些作品既有诗歌、小说,也有剧本。有关中法大学校刊译载的法国作家作品的篇目详见下表:

## 表八　中法大学校刊译载的法国文学作品篇目表

| 作　　家 | 作　　品 |
| --- | --- |
| 无名氏(13世纪) | 《法国古恋歌六首》 |
| 雷尼耶(Henri de Regnier) | 《恶夕》、《短歌》、《复生》、《秘密》、《回忆》 |
| 缪塞(Alfred de Musset) | 《赠M夫人》、《别了素笙》 |
| 西尔韦斯特(Anmand Silvestre) | 《爱的悲哀》、《如若你以为是我不爱你》 |
| 戈蒂埃(Théophile Gautier) | 《最后的心愿》、《蝴蝶》、《渔人之歌》 |
| 米斯特兰尔(F. Mistrel) | 《马格丽》 |
| 拉马丁(Lamartine) | 《写在一位少妇的相册上》 |
| 福尔(Paul Fort) | 《哦！月明》、《毛里塔尼亚的妇女》 |
| J. Ajalbert | 《从前有个》 |
| 吉耶尔(Pierre Guillard) | 《无用的死》 |
| 雨果(Victor Hugo) | 《歌》、《当一切都睡了的时候》、《与一妇人》、《巴尔扎克的死》 |
| 古尔蒙(R. Gourmont) | 《暴雨中的玫瑰》 |
| 魏尔兰(Paul Verlaine) | 《安慰者》 |
| 瓦凯莱(M. Valcaire) | 《何必对你诉苦》 |
| 白里欧(Eugéne Brieux) | 《我既爱你》(独幕喜剧) |
| 多尚(Auguste Dorchan) | 《海滨乐音》 |
| 拉·封丹(Jean de La Fontaine) | 《死神与樵夫》、《蝉与蚁》 |
| 波舒埃(Bossuet) | 《人生》 |
| 阿尔诺(Arnault) | 《孩子与栗壳》 |
| 韦尔斯(H. G. Wells) | 《八十万年以后的世界》 |
| 诺迪埃(Charles Nodier) | 《布列斯格的狗之故事》、《绅士的义女》 |
| 福尔热(Henri Forge) | 《死者的冲锋》 |
| 贝尔纳(Tristand Bernard) | 《阁潮》 |
| 厄德蒙塞(Edmond Sée) | 《泄漏》(三幕话剧) |
| 尼翁(François de Nion) | 《公园里》 |
| 康卡(Ivan Cankar) | 《孩子与老人》 |
| 莫洛亚(André Maurois) | 《因了巴尔扎克先生底过失》 |
| 莫泊桑(Guy de Maupassant) | 《归来》、《诺尔曼戏弄》、《门闩》、《月光》、《春天》、《溲哇惹妈妈》、《非非小姐》、《脱救者》 |
| 都德(Alphonse Daudet) | 《坏的若亚夫兵》、《弹子台》、《小间谍》、《乡下人》、《阿尔洛女子》、《神女》、《阿尔萨斯》、《执蘩小尉》、《历史的教训》 |
| 左拉(Emile Zola) | 《铁匠》 |
| 伏尔泰(Voltaire) | 《单眼》、《鼻子》、《黄粱梦》 |
| 孟德斯鸠(Montesquieu) | 《波斯人信札》 |

与此同时,中法大学校刊还译载和发表了不少介绍法国作家和作品以及文艺思潮的文章,如介绍法国作家的文章有沈则明的《法国第一诗人维永》,虞斌恕的《诗人缪塞及世纪病》、《七星诗社及其重要之社友》,法盖(Emile Faguet)著、罗塎译的《夏多布里安评传》,罗莫辰的《诗人舍曼》,沈宝基的《鲍特莱尔爱情生活》和《纪德》,宗临的《查理波得莱尔》和《巴斯加尔的生活》,霍夫定(Hoffding)著、历阳译的《孟田与卡隆》,侯毅的《比叶尔·娄弟》、《Chateaubriand(夏多勃里昂)在法国十九世纪文坛上的贡献》,张若名的《法国象征派三大诗人:鲍德莱尔、魏尔莱诺与蓝苞》。关于雨果的则有傅雷的《雨果的少年时代》,沈宝基的《可怜人研究》和《雨果学书目》,张宗孟的《雨果与法国戏剧》,许跻青的《雨果性格及思想》和《雨果年谱》,曾觉之的《维多雨果》,罗莫辰译的《波特莱尔论雨果》。研究法国作家作品的有曾觉之的《阿达剌研究》,罗北平译的《关于"泄漏"的话》。介绍和研究法国文艺思潮和文学史的有孙春霆的《法国文学上的世界主义》,郭麟阁的《法国文学中灵与肉之冲突》,德国评论家居士伊斯(E. R. Curtuis)著、罗莫辰翻译的《文学与思想生活之在法兰西》,马西斯(Henri Massis)著、岑时甫译的《小说与自传》,贝热(A. Berge)著、君舒译的《法国现代文学的精神》,萨拉(Denis Saurat)著、罗大纲译的《战后法国文艺思潮》,法盖著、董希白译的《法国近代文学概论》以及蒂若的《一九三三年的法国文坛》,等等。就中法大学校刊的内容来看,可以说它是民国时期国内惟一一份专门介绍法国学术文化的刊物,确乎为中法学术文化的沟通起了桥梁的作用。

1945年8月第二次世界大战一结束,在昆明的北京中法大学的一些教员又热心创办《中法文化月刊》,继续致力于中法两国学术文化的交流和沟通。该刊主编陈仓亚在"前言"中阐述创办本刊的动机时这样说道:"域外的文化为我国目前所急需输入者,当然是西洋文化;在西洋文化中,法国文化是站在前列的,甚至有人说法国是西洋近代文化之源。所以本刊打算把法国的文化陆续介绍给我国人士认识,以应我国之需求;同时也打算把我国的文化陆续介绍给法国人士知道(高郎节教授将把本刊所载关于中国文化的重要作品译成法文,寄往巴黎发表),因为他们也急欲认识我国文化的优点,以期有所借镜。总而言之,我们希望中法两大民族由互相认识而互相了解,由互相了解而互助合作,共同为世界和平而努力。"[①]在"稿约六章"中,《中法文化月刊》在第一条里就规定,投寄本刊的稿件,内容"必须与中法文化有关"[②]。

《中法文化月刊》共出12期,刊址设在昆明中法大学文学院法国文学系办公室内。从出版的12期的内容来看,《中法文化月刊》主要介绍了一些法国的文学

---

[①][②] 《中法文化月刊》第1卷第1期,第13页。

作品和作家,如译载阿波里奈尔的狱中诗《密纳波桥》、纪德的《"赝币制造者"写作日记》、波德莱尔的《恶之花》;所介绍的法国作家则有蒙田、伏尔泰、孟德斯鸠、卢梭、狄德罗、古尔蒙、艾略特、梵乐希、拉·封丹、圣狄瑞披里等人。此外,《中法文化月刊》还发表了一些与介绍中法文化交流有关的文章,如《中法文化与中法大学》、《国立云南大学医学院之概况》、《巴黎大学》、《中法文化交换之回顾与前瞻》、《纪念法国汉学家马伯乐教授》,等等。《中法文化月刊》所传播的学术内容显然不如《中法大学月刊》广泛,但由于撰稿人大多为当时国内知名教授和学者,如卞之琳、林文铮、王佐良、王了一、闻家驷、吴达元、夏康农、陈定民等,因此《中法文化月刊》所发文章的品位要高于《中法大学月刊》。对于《中法文化月刊》在沟通中法两国文化中的作用,有关人员曾寄予很高的期望,林文铮在第二期"编后漫谈"中就曾这样富有诗意地写道:"本刊此刻虽然形似原始的独木小舟,在东西思潮上荡漾,也许将来在国际学术的航程上,慢慢地变成一艘文化巨轮。从此天涯比邻,地无分东西,人无分彼此,而同归于真善美的本体。发了这种愿望,目前这一叶孤舟又何妨试航一番?"并指出:"我们所期望的,不仅是舍短取长,互通有无,不仅是他山之石,切磋于一时,我们更乐于站在人的本位,借深挚的认识,若谷的虚怀,扩大彼此的精神领域,在智悲双融的光明大道上,并驾齐驱。"①

北京中法大学在促进中法文化交流过程中所做的另一项重要工作是邀请法国学者来华讲演。据不完全统计,在1926年至1937年的十多年里,北京中法大学先后邀请了十余名法国学者来校演讲。1926年10月1日,巴黎大学教授、考古学家富歇(M. A. Foucher)在服尔德学院作题为《印度佛学之传述》的演讲,并由学校招待,陪游西山②。10月14日,法国电学家白兰(M. Edouard Belin)在代理校长李书华的亲自陪同下来校演讲,介绍他发明传递图像电报的经过,讲解发信机和收信机的构造和用法,并放映幻灯图片,加以说明③。同年12月14日,巴黎博物学院教授、著名地质学家、法国科学院终身秘书拉夸(M. Lacroix)在北河沿服尔德学院演讲《倍雷(Mont Pelée):火山喷火的各种现象》,并用幻灯放映了67张照片,以具体说明当时的情形④。1927年11月,巴黎自然博物院成员、法国鸟类保护会会长德拉鼓(J. Delacour)来校演讲,题目为《中国和印度支那的哺乳类及鸟类》⑤。1930年5月27日,法兰西学院教授沃伦诺夫(Voronoff)博士在北京中法大学礼堂进行返老还童术手术实验,取狗两只,当众解剖,观众约千人。次日,又由校长李麟玉亲自作陪,作题为《人类接腺与兽类接腺》的演讲,听众近2000人。6月4日,法国文学博士马古烈(Margoulies)在孔德学校礼堂作题为《文化之交换》的演讲,前往听讲的学生约500人。6月28日,巴黎大学教授杜马斯(George Dumas)来校

---

① 《中法文化月刊》第1卷第2期,第14页。
②③④⑤ 《中法教育界》第2、5、11、13期。

参观,由校长李麟玉和前代理校长李书华招待,并摄影留念①。1931年10月9日,法国论文家与美术批评家爱里霍(Elie Faure)先生在本校礼堂讲演,题目为《世界艺术的演进》,由本校教授曾觉之先生翻译,听众400余人②。同年10月16日,巴黎理化专门学校校长兼法兰西学院教授郎之万(Paul Langevin)在本校礼堂作题为《太阳热之起源》的演讲,由著名物理学家严济慈教授翻译③。1933年12月6日,天文学家法叶(M. Fayet)来校作题为《时刻之测定与国际经度之重测》讲演,并放映子午仪、等高仪及天文钟等影片,加以说明④。同年12月11日,上议院议员、前法国教育部长和欧华(M. Honnorat,另译欧乐纳)应邀来校参观,作题为《巴黎大学城之意义》的演讲,放映了有关巴黎大学城的影片,并代表巴黎大学与北京中法大学互赠礼品。巴黎大学赠送的礼品计有:巴黎大学纪念章;巴黎大学校长手签巴黎大学礼堂壁画影片一幅;法国著名艺术家作品相片一册,计25幅;法国国家赛佛磁厂出品的天青磁缸一件;书籍30余种,计58册。北京中法大学回赠和氏的礼品有素底彩绘古磁瓶一座,另宋锦描金砾绢对联一副,其文曰:"教世界不让其教国民心,共见大同无我;公天下断当自公学术始,君是第一解人。"⑤1935年9月7日,巴黎大学教授、法国国家医学会会员勃伦特(Brumpt)来校作题为《非洲之睡病》的讲演,并放幻灯片,加以说明⑥。1936年4月16日,安南巴斯德院院长慕兰(Morin)来校讲演,介绍有关巴斯德院的情况⑦。

在邀请法国学者来校演讲的同时,北京中法大学也积极派遣中国学生到法国留学。据统计,在1926年至1939年的十余年里,北京中法大学先后资送93名(其中5人因故未出国,实为88人)毕业生赴法留学,其中文学院44人,理学院32人,医学院12人⑧。另外,陆谟克学院于1926年前也派出34名学生赴法留学⑨。这些留学生到法国后,所学专业十分广泛,既有学文学、美术和心理学的,也有学政治、法律和经济的,既有学医学、生物学、地质学、动植物学和机械学的,也有学数

---

① 《中法教育界》第33期。
②③④ 《中法大学月刊》第1卷第1、2期,第4卷第4期。
⑤⑥⑦ 《中法大学月刊》第4卷第3期,第8卷第5期,第9卷第2、3期合刊。
⑧ 《私立中法大学留法学生名册及学位记载》,北京市档案馆,全宗号J26,案卷号338,张号1—8。
⑨ 《私立中法大学民国十三至十八年毕业生资送里昂中法大学人数一览表》,北京市档案馆,全宗号J26,案卷号61,张号1;《西山陆谟克学院关于办理本院学生赴里昂中法大学学习经费给中法大学函》,北京市档案馆,全宗号J26,案卷号111,张号9。

学、物理学、化学的①。他们大多在欧战爆发后回国②,在教育界、科技界、医学卫生界任职任教,其中不少归国留学生成为国内知名的专家、学者和教授,为传播法国学术作出了重要的贡献。

此外,北京中法大学还积极参加和支持一些有益促进中法文化交流的活动,如1927年法国方面发起博得罗诞辰百年纪念大会,并筹建巴黎世界化学院,北京中法大学自始至终积极响应,在国内做了大量的组织和联络工作,为巴黎博氏百年纪念会总秘书处转发邀请函,先后两次单独举办讲座,刊出博得罗一百周年纪念专号,介绍博得罗的生平及学说,委派代表出席10月24—26日在巴黎召开的博得罗百年纪念大会,另为筹建巴黎世界化学院捐赠华币1500元,并设立博得罗奖学金,每年拨出1000元,奖给两名中国留法学生,一个奖给留法专攻化学的北京中法大学学生,另一个奖给留法学习科学的中国学生③。1934年经中法两国有关文化团体的努力,拟在法国第一次举办中国画展,北京中法大学又积极襄助,在得知画家徐悲鸿遇到经费困难后,立即电汇2000元,帮助徐悲鸿和夫人蒋碧微携作品赴法出席画展④。1935年为纪念法国作家雨果诞辰一百周年,北京中法大学在校刊刊出专号,介绍雨果的生平和作品。此外,北京中法大学还曾为巴黎博物院转请北京历史博物馆帮助鉴定玉器的名目、年代及用途。总之,在中国近代历史上,北京中法大学诚如中法大学校长李书华所说,它是"沟通中法两种文化之高等教育机关"⑤,是"中法文化交流最重要的中心"⑥。

## 四

作为一所私立大学,北京中法大学虽曾达到相当的规模,但它的地位和影响最终不如南开、厦门、复旦等私立大学,这除一些客观因素外,与北京中法大学自

---

① 有关北京中法大学留法学生所学专业情况见《私立中法大学留法大学生历年成绩表》,北京市档案馆,全宗号J26,案卷号62,张号47—49。

② 据统计,截至1939年2月,在北京中法大学1931—1938年资送的88名学生中,已归国的49人,未归国的39人。见《私立中法大学历届留法学生出国归国人员人数统计表及民国廿九年在法国留学生名单》,北京市档案馆,全宗号J26,案卷号199,张号1—2。

③ 在1927—1934年的8年里,获得博得罗奖学金的人员计有周发歧、刘为涛、李文祥、赖维勋、刘慎谔、郭庄猷、林镕、张玺、张德禄、郑大章、汪德耀、朱洗、杨杰、李枢、范秉哲、马士修等16人;见《私立中法大学民国十六至廿三年获得博得罗奖金人员名单》,北京市档案馆,全宗号J26,案卷号18,张号1。有关北京中法大学参与博得罗纪念大会的一些具体活动见《中法教育界》第8、9、10期。

④ 刘厚:《巴黎中国画展之经过》,《中法大学月刊》第4卷第5期。

⑤ 《中法文化与中法大学》。

⑥ *Li Shou Houa au Secrétaire Général du Comité du Centenaire de Marcelin Berthelot*, le 3 Juin 1927,《中法教育界》第10期。

身存在的问题也不无关系。笔者以为,就自身来说,以下的一些问题妨碍了北京中法大学更好地发展:

第一,法国的大学区制不适合当时中国的国情。法国的大学区制度将全国划分为若干个大学区,大学区的大学校长全面负责区内从中小学到大学的一切教育事宜,这一制度在摆脱中世纪宗教对教育的控制、最大限度地争取教育独立方面具有进步意义,并在一定程度上避免了教育官僚化,而北京中法大学模仿法国的大学区制虽然在学制上具有创新意义,但在当时却是不大适合中国国情的。首先,北京中法大学并不具备同时办好初等、中等和高等教育的物质条件。比较而言,北京中法大学的经费虽然还算充裕,但以它的财力同时发展初等和中等教育,这是远远不够的,其结果只能是妨碍大学更好地发展。以 1930 年为例,北京中法大学下属各中小学的经费开支就占了相当的比例,为 126,581.07 元,这一数字尚不包括高级中学甲乙丙三部的开支①。此外,北京中法大学自身也缺乏如何管理大学区的经验。其次,北京中法大学在国内单独实行大学区制,一方面固然形成自己的特色,如重视应用,重视法语,但另一方面也造成一定的封闭性,不能广泛吸收各类人才。北京中法大学长期以来生源狭窄,主要来自河北,就与它在国内单独实行大学区制有很大关系。

第二,管理和计划不周,造成资源的浪费。如前所述,北京中法大学教员与学生之比长期以来保持在一个很高的水平上,这一方面固然反映了中法大学师资力量的雄厚,但同时这一过高的比例又是极不合理的,造成经费的虚耗。对一所大学常年经费的开支来说,教职员工薪所占的比例往往最大,北京中法大学的情况也不例外。以 1937 年度北京中法大学的经费开支为例,总开支为 337,946.52 元,教职员工的工薪为 111,587.00 元(其中教员薪金 92,426.00 元,行政人员薪金 11,069.50 元,工饷 8,092.14 元),占总开支的三分之一,其次为购地费 80,000.00 元,再次为各学科设备费 63,556.78 元②。北京中法大学在管理上没有充分利用本校的师资力量,设法扩大招生规模,这不但造成人力和财力的浪费,影响学校的发展,同时也限制了北京中法大学在国内的影响力和地位。此外,北京中法大学在学科的设置上也缺乏严密科学的论证,如在 1930 年前后,北京中法大学已计划设立医学院,急需投入财力,教育部在批准北京中法大学立案的同时也责令医学

---

① 《私立中法大学民国廿年校董会呈请立案报告及北平教育局批复》,北京市档案馆,全宗号 J26,案卷号 5,张号 18。

② 《私立中法大学民国廿七至廿八年度概况报告》,北京市档案馆,全宗号 J26,案卷号 145,张号 4。另,1930 年度北京中法大学四学院(包括附属高级中学甲乙丙三部在内)教职员工的薪金开支为 152,837.26 元,北京市档案馆,全宗号 J26,案卷号 5,张号 18;1931 年度教职员工预算薪金为 187,788 元,其中职员俸给 54,220 元,教员俸给 122,668 元,校役工食 10,900 元,北京市档案馆,全宗号 J26,案卷号 3,张号 17。

院从速添设附属医院,充实设备,北京中法大学在呈请立案的报告中也承诺在1931年度筹资32万元①,用于医学院的建筑和设备费用,但在实际上北京中法大学并没有去完善医学院的办学条件,相反却在远在北京之外的上海设立药学专修科,成立中法大学上海筹备处,1931年又盲目地设立高级中学商科(不到四年便停办),等等。这些举措都是不利于学科建设的,反映了北京中法大学在学科规划上的随意性。

第三,校长李麟玉缺乏教育家素质。近代中国的教育发展史表明,一所成功的学校,往往是与有一位出色的校长分不开的,这对近代中国的私立学校来说,更是如此。近代中国一些有名的私立学校,如南开大学、燕京大学、复旦大学、震旦大学以及晓庄学校和中华职业学校等,它们在国内的地位和影响,都是与有一位既懂教育又热心教育事业的校长联系在一起的。而长期担任北京中法大学校长的李麟玉,虽然受过高等教育,早年就学于南开中学,1910年即赴法留学,先后就读于巴黎雷外克中学、昂西化学院、杜鲁芝化学院、巴黎大学理学院,1921年归国,有相当的专业知识,但对教育问题并无研究。北京中法大学的学科建设长期来停留在最初的水平上,有些甚至出现倒退,这无疑与校长李麟玉不懂教育有很大关系。并且,在行政方面,校长李麟玉的能力也是有欠缺的。在治校过程中,他不但作风保守,固执专制,既不与学生接触,也拒绝听取其他教员的一些不同意见,而且搞封建宗派,学校的行政系统长期来几乎清一色地由河北籍人员把持。以1937年为例,校务处职员17人,河北籍14人,外省籍3人,文、理、医三院职员22人,河北籍15人,外省籍7人,附属第一、二、三农林试验场职员5人和温泉、西山天然疗养院7名职员,全为河北人;北京中法大学各级学校的教员,除孔德学校之外,也以河北籍居多,附属碧云小学的7名教职员和附属温泉小学的9名教职员全为河北人,附属西山温泉初中20名教职员除一人为浙江籍外,其余均为河北人,附属温泉女子中学的20名教职员除2名北京人和1名天津人、1名浙江人外,其余16名均为河北人,在附属高级中学甲乙部的22名教职员中,河北籍占了一半,计11人,在大学部文理医81名教员中,河北籍占四分之一,计有23人②。这一情况最后又连锁地导致北京中法大学大学部的生源长期来以河北籍为主,占在校生的三分之一以上③。此外,李麟玉的一些亲属也在中法大学执教,并任要职,如妹夫吴文潞任数学系主任,子婿马士修任物理系主任。校长李麟玉的封建宗派作风对学

---

① 《私立中法大学民国廿年呈请立案的报告、报表及北平教育局批复》,北京市档案馆,全宗号J26,案卷号3,张号17。
② 以上数据均根据对1937年5月出版的《私立中法大学教职员、同学录》所作的统计。
③ 兹列举北京中法大学各年度河北籍学生与在校学生人数之比如下:1934年,77/111;1936年,55/168;1937年,67/168;1938年,54/111;1947年,112/344;1948年,153/476;1949年,144/469。

校所产生的不良影响是显而易见的,它严重地妨碍了北京中法大学对优秀教员和富有潜能的学生的吸收,造成极强的封闭性,对此,中法大学的许多教职员和学生深感失望,明确表示"不相信他会把中法办好"①。笔者以为,北京中法大学在发展过程中除存在管理和规划等问题之外,缺乏开放性则是它的一个最致命的缺陷。

(作者单位:中国社会科学院近代史研究所)

---

① 《国立中法大学情况调查表》,北京市档案馆,全宗号 J26,案卷号 297,张号 297。

欧美汉学史研究

# 剑桥汉学的形成与发展[①]

□ 阚维民

> **内容提要**
> 
> 剑桥汉学,由剑桥大学的汉学与剑桥所在地的汉学所组成,是英国汉学的重要组成部分。19世纪英国汉学的崛起是剑桥汉学产生的历史背景,剑桥驻华外交官员与入华传教士是剑桥汉学的历史根基,剑桥大学首任汉学教授威妥玛是校方内定的名誉教授,剑桥大学汉学的研究特色是"中国语言与历史",剑桥汉学的学术地位稳固于20世纪30年代中期,剑桥汉学文献资料库以剑桥大学图书馆中文部为核心,剑桥汉学在西方汉学研究中具有举足轻重的影响,主要表现在威氏汉字拼音系统和《剑桥中国史》两个方面。目前,剑桥汉学的研究方向正在走向多元化。

---

① 笔者曾获取英国学术院2000年度王宽诚研究基金,于1999年11月至2000年5月赴英国剑桥大学访学。本文的撰写曾得到剑桥大学伊曼纽学院贝克(Alan R. Baker)教授、剑桥大学东方研究院东亚研究所麦大维(David McMullen)教授、剑桥大学图书馆中文部艾超世(Charles Aylmer)主任、李约瑟研究所——东亚科学史图书馆莫弗特(John P. C. Moffett)馆长等人的帮助,在此向他们表示诚挚的谢意。

剑桥汉学,由剑桥大学的汉学与剑桥所在地的汉学①所组成,是英国汉学的重要组成部分。尽管有学者认为近几十年来英国汉学是如何地受到"出奇的漠视(singular Listlessness)"②,但仍然不断有著述关注剑桥汉学,它们分别是以欧洲汉学研究为背景的叙述③、以英国汉学为背景的简论④、全面介绍剑桥汉学研究的文章⑤以及中国学者利用剑桥大学图书馆收藏的汉学资料所撰写的学术论文⑥等等。此外,作为剑桥汉学研究重要学术成果之一的多卷本《剑桥中国史》,已有数卷汉译本⑦问世,也有一些编译稿和评述⑧,其中第十卷《剑桥中国晚清史》备受中国学术界的关注,其评述文章有的侧重于文化观⑨,有的注重传统文化的双重影响、经世

---

① 剑桥大学是英国的主要汉学研究中心(包括伦敦大学、牛津大学和大英博物馆等汉学研究中心)之一,但坐落于剑桥的李约瑟研究所(Needham Research Institute)是独立于剑桥大学之外的一个汉学研究机构,所以"剑桥大学汉学"与"剑桥汉学"非同义词。

②④ 巴雷特:《出奇的漠视——汉学著述与英国汉学家简史》(T. H. Barrett, *Singular Listlessness: a Short History of Chinese Books and British Scholars*, London, Wellsweep Press), 1989年。

③ H.费兰克:《中国研究:欧洲汉学史概述》, M.威尔逊与J.凯利主编:《欧洲汉学》[Herbert Franke: "In Search of China: Some General Remarks on the History of European Sinology", in Ming Wilson & John Cayley (Eds.), *Europe Studies China*, London, 1995]。

⑤ 麦大维:《剑桥的汉学研究》,载《剑桥社会杂志》,1995—1996年第37卷,第62—66页。(David McMullen: "Chinese Studies at Cambridge——Wide-Ranging Scholarship from a Doubtful Start", *The Magazine of the Cambridge Society*, Vol. 37, 1995—1996, pp. 62—66);艾超世:《威妥玛先生与剑桥汉学百年(1888—1988)》,[Charles Aylmer, "Sir Thomas Wade and the Centenary of Chinese Studies at Cambridge(1888—1988)"],载《汉学研究》,1989年12月,第7卷第2期,第405—422页。

⑥ 王庆成:《英国起草的"中日北京8条"及与正式本的比较》,载《近代史研究》,1986年第4期,第79—85页;王庆成:《从剑桥大学收藏的刘丽川告示论太平天国与上海小刀会起义军的关系》,载《近代史研究》,1994年第3期,第1—15页。

⑦ 杨品泉、张书生等译:《剑桥中国秦汉史(公元前221年—公元200年)》,中国社会科学出版社,1992年;杨品泉、张言等译:《剑桥中华民国史(上)》,中国社会科学出版社,1993年;刘敬坤等译:《剑桥中华民国史(下)》,中国社会科学出版社,1993年;谢亮生、杨品泉等译:《剑桥中华人民共和国史(革命的中国的兴起):1949—1965》,中国社会科学出版社,1998年;《剑桥中华人民共和国史(中国革命内部的革命):1966—1982》,中国社会科学出版社,1998年。

⑧ 郝华译:《〈剑桥中国史〉第三卷导论》,载《中国史研究动态》,1980年第8期,第1—9页;陈书梅译:《〈剑桥中国史〉第三卷导论》,载《中国史研究动态》,1980年第8期,第9—10页;黄巨兴编译:《〈剑桥中国史〉第十卷出版》,载《中国史研究动态》,1979年第1期,第29—31页;杨品泉编译:《〈剑桥中国史〉第三卷简介》,载《中国史研究动态》,1988年第1期,第29—31页;约翰·罗林森著、杨品泉译:《书评:〈剑桥中国史〉第十卷》,载《中国史研究动态》,1980年第2期,第28—30页(原载《美国历史评论》,1979年10月号);张廷友、唐纯良:《对〈剑桥中华民国史〉一则"史料"的订正》,载《中共党史研究》,1999年第5期。

⑨ 冯天瑜、唐文权、罗福惠:《评〈剑桥中国晚清史〉的文化观》,载《历史研究》,1988年第1期,第87—95页。

致用的历史地位和传教活动及其文化影响①,也有的强调档案利用与晚清史研究②。

上述著述比较广泛地展现了剑桥汉学研究的历史与现状,但可能由于种种原因,在涉及剑桥汉学发展的历史过程方面,人们尚未完整有效地分析和利用剑桥大学档案文献中有关剑桥汉学的资料;尤其是中国学者有关剑桥汉学的撰述,并未以剑桥大学的历史档案文献③为基础,往往叙述有余,考证不足④。有鉴于此,本文即以《剑桥大学报告》等剑桥大学档案文献为基础,结合其他相关的英语文献,对有关剑桥汉学的几个问题略作剖析,以正教于同好。

## 一、19 世纪英国汉学的崛起是剑桥汉学产生的历史背景

剑桥汉学的产生,有其深厚的历史基础,从总体上讲,是 19 世纪英国汉学研究迅速发展的必然产物;具体地讲,是剑桥学人与中国的联系不断增多、对中国的认识逐渐积累的必然结果。

18 世纪末以前,英国朝野对中国的历史、文化和风情几乎没有什么直接的认识。自英国政府于 1793 年派遣马嘎尔尼(George MaCartney,1737—1806)特使访华⑤以后,中英两国的交往才开始逐渐频繁。第一次鸦片战争结束时,中英两国于

---

① 李兴华:《它山之石,可以攻玉——评〈剑桥中国晚清史〉》,载《历史研究》,1988 年第 2 期,第 18—32 页。

② 孔祥吉:《档案利用与晚清史研究——评〈剑桥中国晚清史〉》,载《历史研究》,1988 年第 3 期,第 184—192 页。

③ 剑桥大学的基本档案文献在剑桥大学图书馆至少藏有两套,基本书库和阅览室各一。但以图书馆主楼塔书库第四层所藏最全,本文即以此藏为准。主要有以下四种:(1)《剑桥大学报告》(Cambridge University Reporter),不定期校刊,第一期始于 1871 年 10 月 19 日。1876 年 3 月 17 日的第 148 期第 328—329 页,第一次出现有关设立中文教授职位的报告。(2)《剑桥大学布告》(Ordinances of the University of Cambridge),一般每三年一卷,但并非定期,1882 年创刊,1946 更名为《剑桥大学布告与规章》(Statutes and Ordinances of the University of Cambridge)。(3)《剑桥大学年鉴》(The Cambridge University Calendar),每年一卷,创刊于 18 世纪末。(4)《剑桥大学与学院学生手册》(The Student's Handbook to the University and Colleges of Cambridge),每年一卷,创刊于 18 世纪末,自 1967 年起,更名为《剑桥大学手册》(The Cambridge University Handbook)。

④ 现任剑桥大学汉学教授麦大维于 1975 年编著的"汉学资料研究服务中心系列丛书的第 34 种"《汉学文献索引》(D. L. McMullen Ed., Concordances and indexes to Chinese texts. Chinese Materials and Research Aids Service Center Occasional Series;34,San Francisco,1975),是剑桥大学图书馆基本藏书,馆藏书号为 FB. 21. 53,存放在中文部底层开架书库。张国刚译为《中国文献工具书》(张国刚:《剑桥大学中国学的历史与现状》,《中国史研究动态》,1995 年第 3 期,第 2—8 页);王小甫说"我在剑桥大学图书馆都没有查到这本书"(王小甫:《对〈剑桥大学中国学的历史与现状〉一文的补正》,《中国史研究动态》,1995 年第 10 期,第 20—24 页);张国刚认为"在剑桥大学图书馆里没有找到这本书,当另有其他原因"。(张国刚:《关于剑桥大学中国学研究的若干说明》,《中国史研究动态》,1996 年第 3 期,第 22—27 页)未知两位先生在叙述此著前,是否真正阅读过此著?

⑤ 多马斯当东:《大英王国特使进见中国皇帝的真实陈述》,伦敦,1797 年,2 卷本(George Thomas Staunton, An Authentic Account of An Embassy from the King of Great Britain to the Emperor of China, London, 1797. 2 vols. )。

1842年8月29日签订了不平等的《江宁条约》(即《南京条约》)①,其中有"开广州福州厦门宁波上海五口与英人通商"(第二款)②和"在五口任命英国总督或领事"(第三款)③的条款,1858年6月26日签订的不平等条约中英《天津条约》④中,又写入了两国互派使臣驻京的条款⑤,逐步建立起中英外交使领制度。随着英国在华势力的逐渐增强,英国的汉学研究也后来居上,并于19世纪下半叶至20世纪初,迅速崛起为欧洲汉学的一支生力军。

高第(Henri Cordier,1849—1925)的法文《汉学文献目录》⑥是1924年之前西方汉学文献的权威目录,共辑录16世纪至1924年以欧洲语言著述的汉学著作、印刷品和文章共70000余种,几乎涵括了1924年以前西方汉学研究中所有专题的必备文献。该《汉学文献目录》在第四卷和增补卷的卷末,列有目录,但未备索引,查阅较为不便。1926年,中国汉口图书馆在该馆编制的《中国文献目录》中曾附录了一份《汉学文献目录》的简明索引,共14页⑦。此后,美国哥伦比亚图书馆东亚分部于1953年又编制了一份详细的《〈汉学文献目录〉索引》(油印本),共84页,并

---

① 《江宁条约》,时称《江宁和约》,原名《万年和约》,又名《白门约》(昵远社编《中外新旧条约汇刻》,民国间刻本)。

② 《中英和平、友谊、贸易、保障等条约》(即《江宁条约》或《南京条约》)第二款(Article Ⅱ,"Canton, Amoy, Foochowfoo, Ningpo, and Shanghai opened to British Subjects and their Trade","Treaty of Peace, Friendship, Commerce, Indemnity, &c., between Great Britain and China—Signed at Nanking, 29th, August, 1842.")《中英及中国与列强条约汇集》卷1,伦敦,1896年,第5页。(Treaties, &c., *Between Great Britain and China; and between China and Foreign Posers*, Vol, I. London, 1896, p. 5)。

③ 《中英和平、友谊、贸易、保障等条约》(即《江宁条约》或《南京条约》)第三款《中英及中国与列强条约汇集》卷1,第6页。

④ 《天津条约》,时称《天津和约》,一名《戊午约》(昵远社编《中外新旧条约汇刻》,民国间刻本)。

⑤ 《中英和平、友谊和贸易条约》(即《天津条约》)第二款。(Article Ⅱ,"Appointment of Ambassadors, &c", Treaty of Peach, Friendship, and Commerce, between great Britain and China—Signed, in the English and Chinese Languages, at Tien-tsin, 26th June, 1858.)《中英及中国与列强条约汇集》卷1,第17页。

⑥ 高第的《汉学文献目录》,最初陆续出版于1878、1879、1881、1883、1884和1885年,该著的页面排版为一页两列,当时的目录容量达1408列(column)("Preface", Henri Cordier, Bibliotheca Sinica Vol. I.),即704页。1904—1908年的第二版增补至四卷,1922—1924年又出版了增补卷,在此后的其他文献中,一般称为"二版五卷"。[Henri Cordier, Bibliotheca Sinica: Dictionaanire Bibliographique Des Ouvrages Relatifs A L' Empire Chinois, Paris: Librairie Orientale & Americaine, Vol. I (1904) (col. 1—763), Vol. Ⅱ (1905—1906) (col. —1574), Vol. Ⅲ (1906—1907) (col. —2379), Vol. Ⅳ (1907—1908) (col. —3252; with "Table des Matieres" for Vol. Ⅰ—Ⅳ), Supplement et Index (1922—1924) (col. —4439; with "Table des Matieres" for Supplement et Index) (Paris: Librairie Orientaliste Paul Geuthner)]

⑦ 汉口图书馆编:《高第〈汉学文献目录〉索引》,汉口,1926年[Hankow Club, Library, Hankow: *Bibliography of China*, being a rough index to Cordier's "*Bibliotheca Sinica*", Vol. 1—4428, Hankow, 1926, p. 14 (Its "China Class." Appendix vii. 1926)]。

从法文翻译成英文①,满足了以英语为国际通用语言的广大读者的查阅需求,虽然此份《索引》一直没有正式出版,但它在西方国家的各大图书馆中均有所藏,剑桥大学图书馆还将此与《汉学文献目录》列为同一编号,事实上已经成为《汉学文献目录》不可分割的组成部分。为了研究西方汉学的需要,中国学术界于1938年(北平)和1966年(台北)曾有过两次重印。②

据美国哥伦比亚图书馆的《〈汉学文献目录〉索引》统计,从16世纪至1924年,西方汉学家共有7737位,其中113位至少发表或出版了20篇(部)以上论文(著作)③,笔者称他们为多产西方汉学家,其中英国为37人,法国29人,德国12人,美国9人,其他国家7人,不明国籍者19人。而在所有37位英国高产汉学家中,仅有2位逝世在1850年之前、6位逝世于1925年之后,在华时间和汉学研究最佳年龄时段均在19世纪的占极大多数。这一事实在某种程度上已经说明,19世纪的英国汉学研究队伍已经成为左右西方汉学研究的主导力量之一。

据高第《汉学文献目录》,19世纪以前的汉学文献绝大多数为非英语著述,自1800年、特别是1850年之后,英语汉学文献量激增,这一现象可以从《汉学文献目录》"通论著述"一章的英语汉学文献在所有语种文献中所占百分比值的历年变化中得到证明。其图表如下:

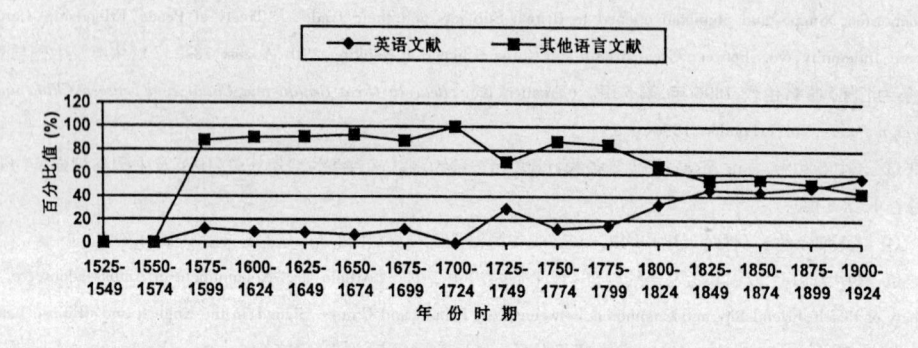

**高第《汉学文献目录》"通论著述"中英语汉学文献历年所占百分比值**

---

① 美国哥伦比亚图书馆东亚分部:《〈汉学文献目录〉索引》,1953年[Author Index to the Bibliotheca Sinica of Henri Cordier(2nd edition,4 vols.,Paris,1904—1908. Supplement,1 vol.,Paris,1924),Compiled,issued, and distributed by The East Asiatic Library,Columbia University Libraries,New York 27,New York,1953]。

② 曾传信(音译)编:《汉学文献评注》,1978年第13页[TSUEN-HSUIN TSIEN (compile), *China an annotated bibliography of bibliographies*, In collaboration with JAMES K. M. CHENG, George Prior Publishers,London,England,1978,p. 13]。

③ 《〈汉学文献目录〉索引》反映每一位汉学家在《汉学文献目录》中所录其著述的页码,一篇文章和一本书均作一次记录计,而且一位汉学家在一个页码中可能有不止一篇文章或一本书被记录。但由于统计标准对所有人一视同仁,其数量就低不就高,只能降低高文献量者人数,而不会遗漏低文献量者,所以此项统计仍然具有参考价值。

上述英国高产汉学家人数与英语汉学文献历年百分比值的两项统计结果,明确地反映出英国汉学在 19 世纪迅速崛起以及在西方汉学界所居重要地位的历史事实。这是剑桥汉学产生的两项重要历史背景。

## 二、剑桥驻华外交官员与入华传教士是剑桥汉学的历史根基

剑桥学人与中国的历史联系,从笔者目前所知所阅的材料看,最早可上溯至 19 世纪初的曼宁(Thomas Manning,1774—1840)。曼宁毕业于剑桥大学凯厄斯(Caius)学院,获数学硕士学位,从 1798 年起,他开始向往神秘的中国。在耶稣教徒中,曼宁是具有科学学位的物理学家,因此被教会推荐并派往中国去觐见清朝的嘉庆皇帝,但 1802 年签订的英法《亚眠条约》(Treaty of Amiens),使他被阴差阳错地派往已与英国联盟的法国,从而完全中断了汉语学习。几年之后,英法再度交恶,曼宁被拿破仑准许自由地离开法国,终于使他有赴中国的机会。当他于 1806 年从海路抵达广州时,却被拒绝入境,最后只能雇人带路进入西藏并见到了达赖喇嘛。1817 年曼宁作为由阿美士德特使率领的英国访华特使团的成员,以外交官员的身份访问北京。回英后,他以其奇特的处世方式获得了声誉。虽然曼宁没有写过任何有关中国的学术著述,但他的西藏探险日志却得到妥善保存并出版发行。该日志反映出他在他所生活的时代里是一个很有远见的人,但他的一些观点和认识却不为他的国人欣赏。他没有出版研究中国的著述,可能是他领悟了一句汉语名言:世人皆醉惟我醒。他曾经想开通中国与英国东印度公司之间经过不丹王国的商贸之途,但没有成功[1]。曼宁不是最优秀的英国汉学家,却是 19 世纪初期知名的英国汉学家之一。

英国驻广州领事馆的首任领事李太郭(George Tradescant Lay,1800—1845),早年是剑桥的一位家庭教师。他精通拉丁语、希腊语和希伯来语,据说还学过医学,一度想从医,他还曾参与了音乐百科全书的编辑工作。1825—1828 年,他以自然科学家的身份,参加了一支环绕太平洋地区的探险队,第一次接近中国沿海一带。由于擅长东方语言,他被推荐为英国圣书公会(British & Foreign Bible Society)的东亚代理人,1836—1839 年被派往澳门学习中文,回国后出版了《中国人写实:他们的道德、社会与文字特征》[2]一书。此书的出版,加之他拥有较强的汉语口语能力,遂于 1841 年被任命为英国赴华特使璞鼎查的翻译,并成为英国驻广州领事馆的首任领事,以后又于 1844 年 7 月和 1845 年 7 月分别被任命为福州领事和

---

[1] 《出奇的漠视——汉学著述与英国汉学家简史》,第 58—60 页。
[2] George Tradescant Lay, *The Chinese as They Are: Their Moral, Social and Literary Character*, 1841.

厦门领事。①

19世纪英国驻华领事官员的录用和任命制度是逐步完善的。在最初的1843—1860年,各级领事官员无须考试即可被任命录用。自1861年起,则须经考试择优录取。被录取后的考生即转为驻华公使馆翻译学生,然后须经两年的汉语学习合格后,方可任命上岗。但考试生源来自多种推荐途径,其中也包括由剑桥大学推荐的考生,如琼斯(E. D. Jones, 1838—1882)、阿赫伯(Herbert James Allen, 1842—1942)和阿连壁(Clement Francis Romilly Allen, 1844—1920)等人②。其中阿赫伯先后被任命为淡水署理领事(1873年)、芜湖领事(1877年7月)、镇江领事(1878年3月)、营口领事(1879年和1881年);阿连壁先后被任命为镇江署理领事(1868年8月)、镇江领事(1873年)、营口领事(1880年7月)、北海领事(1886年)、九江领事(1887年12月)、烟台领事(1891年)和福州领事(1895年12月)③。

剑桥城内外分布着许多中世纪的教堂,剑桥大学的每一所年代悠久的重要学院内都建有礼拜小教堂,宗教气氛十分浓厚,对历次宗教运动都很有影响,被人总结为"剑桥运动(A Cambridge Movement)"④,其中"剑桥七教士(Cambridge Seven)"运动与19世纪末的中国有着直接的联系。

自1807年伦敦会(London Missionary Society)传教士马礼逊(Robet Morrison, 1782—1834)入华传教以后,在19世纪派遣传教士入华的英国各教会组织已多达20家⑤。随着英国在华势力的增强,英国在华教会势力范围也随之扩大,逐渐从沿海向内地拓展。至19世纪80年代,英国在华教会势力范围的扩大与传教士人数的不足构成了强烈的反差,于是,在英国国内掀起了一场向中国选派年轻传教士的全国性宗教运动,这场宗教运动在剑桥大学显得尤其狂热,以"剑桥七教士"达到高潮,成为全英国的楷模。

所谓"剑桥七教士"运动,是指七位年轻的(中国)内地会(China Inland Mission)传教士于1885年2月从剑桥出发赴中国传教的一次重要历史事件。为了欢

---

① P. D. 科茨:《驻华领事——英国领事官,1843—1943》,牛津大学出版社,1988年,第14—15页(P. D. Coates, *China Consuls—British Consular Officers*, 1843—1943, Oxford University Press, 1988, pp. 14—15);中国第一历史档案馆、福建师范大学历史系合编:《清季中外使领年表》,1985年10月第1版,1997年1月北京第2次印刷。

② 附录二"历年驻中国领事馆任职成员表",(《驻华领事——英国领事官,1843—1943》,牛津大学出版社,1988年),第489—490页。

③ 中国第一历史档案馆、福建师范大学历史系合编:《清季中外使领年表》,1985年10月第1版,1997年1月北京第2次印刷。

④ J. C. 波洛克:《剑桥运动》,1953年(J. C. Pollock, *A Cambridge Movement*, London, 1953)。

⑤ 季理斐编著:《在华基督传教士百年录:1807—1907》,上海,1907年(D. MacGillivray ed., *A Century of Protestant Missions in China*:1807—1907, Shanghai, 1907)。

送"剑桥七教士",1885年2月2日在位于剑桥市中心的市政厅大楼(Guildhall)举行了剑桥欢送会,2月4日又在伦敦市中心著名的斯特兰德(Strand)大楼的埃克塞特大厅(Exeter-hall)举行了伦敦欢送会,《剑桥评论》①、《剑桥大学编年志》②和《泰晤士报》③等报刊杂志对此都作了详细的新闻报道。50年乃至100年以后,这场运动的影响力仍然未衰,并有纪念著作问世④。七位年轻传教士的姓名是:章必成(Montage Harry Proctor Beauchamp,1860—1939)、盖士利(William Wharton Cassels,1859—1925)、何斯德(Dixon Edward Hoste,1861—1946)、普洛希尔—特纳(Arthur Twistleton Polhill-Turner,1863—?)、普洛希尔—特纳(Cecil Henry Plohill-Turner,1860—?)、司米德(Stanley Peregrine Smith,1861—?)和斯塔德(Charles Thomas Studd,1860—?)。其中除何斯德毕业于非剑桥大学的皇家军事学院外,其余六人均毕业于剑桥大学。

从目前所掌握的资料分析,在剑桥汉学产生之前与中国有联系的剑桥学人中,除极个别外[如毕业于剑桥大学的皮纳尔(James Pearse Napier,1849—1935)曾为侵华海军舰长⑤],以驻华外交官员和入华传教士为主。这一结论也在剑桥大学前三任汉学教授的个人身份上得到了显而易见的印证,第一任威妥玛(Thomas Francis Wade,1818—1895)与第二任翟理斯(Herbert Allen Giles,1845—1935)为英国驻华外交官员出身,第三任慕阿德(Arthur Christopher Moule,1873—1957)出生于中国杭州,是剑桥入华传教知名世家的成员之一。因此,剑桥汉学的诞生,是在19世纪英国汉学随着英国在华势力的增强而逐渐成为西方暨欧洲汉学主流的历史背景下,由退休的英国驻华外交官员创建、并由退休的入华传教士继承和巩固的,其历史基础是剑桥学人入华人数逐渐增多以及由此与中国社会联系的不断深入与广泛。

## 三、剑桥大学首任汉学教授威妥玛是校方内定的名誉教授

剑桥汉学的产生以剑桥大学设置汉学教授职位作为标志,其设置过程以及历

---

① 《内地会》,《剑桥评论》,1885年2月4日,第188页("China Inland Mission",*The Cambridge Review*,February 4,1885,p.188)。

② 《内地会》,《剑桥大学编年志》,1985年2月6日,第3页(*The Cambridge Chronicle and University Journal, Isle of Ely Herald, and Huntingdonshire Gazette*. Cambridge,Friday,Feb. 6,1885,p. 3,col. 4—5)。

③ 《赴华传教士》,《泰晤士报》,1885年2月5日,第6页("Missions to China",*The Times*,Thursday,February 5,1885,p. 6,col. D)。

④ J. C. 波洛克《剑桥七教士》,1985年(John Pollock,*The Cambridge Seven*,Marshalls,1985)。

⑤ 《英国名人录:1929—1940》,1967年,第999页(*Who Was Who*,1929—1940,A & C Black London,1967,p. 999)。

任汉学教授的任免,均有剑桥大学的档案文献记载。

剑桥大学首任汉学教授职位设置于1888年,但早在13年之前,此事就已经列入剑桥大学校董事会的议事日程。1875年5月13日,校董事会建议东方研究院(Faculty of Oriental Studies)①讨论剑桥大学的学科建设问题,经过调研,东方研究院于1875年11月6日提交了一个方案,认为应该考虑设置叙利亚语、古埃及语和汉学的教授职位②。

1887年12月12日,校务委员会作出了在东方研究院设置汉学教授职位的决定,并制定了相应的5条规则:"1.该教授职位称汉学教授职位,被选汉学教授自被选日起即上岗;2.汉学教授的职责是讲授汉语原理、在校内倡导学习汉语与中国文学;3.汉学教授被指定的专业研究会是东方研究专业委员会;4.汉学教授职位不能由本校其他教授兼任;5.除校方另有规定外,汉学教授没有工资。"③

1888年3月24日,剑桥大学副校长泰勒(C. Taylor)公布:汉学教授的选举日期定在4月21日星期五,地点在圣·约翰学院会议室④。1888年4月21日又公布:今日举行的选举会一致推选威妥玛爵士为汉学教授⑤。就这样,以威妥玛被选任为首任剑桥大学汉学教授为标志,剑桥汉学于1888年正式宣告诞生。

乍看上述档案材料,剑桥大学首任汉学教授的选任似乎是通过一系列的决议和程式而公开竞争产生的,但检阅其他材料,发现情况并非如此。1897年6月7日,剑桥大学校务会在其公布的有关汉学教授职位的报告⑥中回顾了首任汉学教授的设置经过:"1887年,校务会通报董事会,威妥玛爵士将无偿地担任汉学教授一职;校务会建议应当设置汉学教授一职,首任教授将实行终身制。这一决定于1888年2月9日制定,威妥玛爵士随即担当此职直至1895年逝世为止。"此报告披露了以下事实:剑桥大学在选举第一任汉学教授之前,校方早已内定由威妥玛

---

① 王小甫认为"作为一个教学单位能与之联系的,无论在剑桥大学内还是对外,都只是东方系(Faculty of Oriental Studies)"(《中国史研究动态》,1995年第10期,第20—24页),但Faculty of Oriental Studies印刷发行的中文宣传册《剑桥大学东亚研究所中国研究中心规划与展望》(*University of Cambridge East Asia Institute China Research Centre Plans and Prospects*,1999)中,自译为"东方研究院",本文译名遵从主人。

② 《剑桥大学报告》,1876年3月17日,第328—329页(*Cambridge University Reporter*, March 17, 1876, pp. 328—329)。

③ "1887年12月12日报告",《剑桥大学报告》,1887年12月13日,第248页("Reports, December 12, 1887", *Cambridge University Reporter*, December 13, 1887, pp. 248—249)。

④ 《1888年3月24日,汉学教授职位》,《剑桥大学报告》,1888年4月17日,第561页。["Professorship of Chinese; March 24, 1888", *Cambridge University Reporter* (Published by Authority), No. 729, April 17, 1888, p. 561]。

⑤ 《1888年4月21日,汉学教授职位》,《剑桥大学报告》,1888年4月24日,第610页。

⑥ 《校务会有关汉学教授职位的报告》,《剑桥大学报告》,1897年6月8日,第1078—1079页["Report of the Council of the Senate on a Professorship of Chinese", *Cambridge University Reporter* (Published by Authority), No. 1169, (Vol. XXVII. No. 41) June 8, 1897, pp. 1078—1079]。

出任。

再分析1887年公布的有关汉学教授的5条规则,虽然第1至第3条适用于所有竞争者,但第4条排除了剑桥大学在校教授兼任汉学教授的可能性,而第5条则完全是为威妥玛设立的。试想,当时有谁能有威氏这样的条件和身份:既具有较高汉学造诣,又无所谓工资报酬的高级驻华外交退休官?如此苛刻的条件,首任汉学教授自然非威氏莫属了。

威妥玛,1818年8月25日出生于伦敦,韦德(Thomas Wade,?—1846)上校之子,家中排行老大。1832—1837年,他就读于哈罗(Harrow)和剑桥大学的三一(Trinity)学院,1838年11月2日成为英军81步兵团的掌旗手,1839年为第42步兵团的掌旗手,参加了侵华的鸦片战争。1841年11月16日升为尉官,服役于第98步兵团,并第一次有机会接触汉语。中英签订不平等的《南京条约》以后,威氏被任命为英国驻香港军队的翻译。1847年6月22日,威氏退伍从政,旋任使馆汉文副使。1852年升任上海领事馆副领事,1855年7月6日被任命为英国驻香港使馆汉文正使,1862年1月27日被任命为香港驻中国公使馆汉文正使兼翻译,1864年6月23日至1865年11月30日,以及1869年11月2日至1871年7月22日,任英国驻华署理公使。[①] 1871年8月1日至1876年11月6日,以及1879年6月29日至1882年8月14日,任英国驻华全权公使。[②] 威氏在担任英国驻华外交官期间,编辑了汉语学习教材《语言自迩集》和《文件自迩集》,作为英国驻华使馆翻译学生的汉语教材,并翻译(汉译英、英译汉)了大量的中英官方文件。1876年9月13日,他又与李鸿章签订了不平等的中英《烟台条约》。威氏无论是作为英国侵华军队的低级尉官,还是作为英国驻华的高级外交官员,他的汉语天赋、汉学研究以及悉心收集的汉籍资料,在主观上是为英国在华谋利效劳,但在客观上成为剑桥大学汉学研究的孕胎。

威氏于1883年7月1日卸任英国驻华公使一职,旋即返国定居剑桥,随身带回了大量在中国收购的汉籍。从剑桥大学图书馆所藏威氏未发表的信件档案中

---

① 鲍斯:《现代英国人名志》,1901年第3卷(Frederic Boase, *Modern English Biography*, 1901, Vol. Ⅲ, Cols. 1123—1124);维恩《剑桥大学校友录》第二卷,1954年,第303页(J. A. Venn, *Cambridge University Alumnicantabrigienses*, Part Ⅱ, 1752—1900, 1954, p. 303);高第《威妥玛》,《通报》卷6, 1895年,第407—412页(Henri Cordier, "Thomas Francis Wade", *T'oung Pao*, Vol. Ⅵ, 1895, pp. 407—412);《讣告:威妥玛爵士》,《地理杂志》卷6,第3期,1895年9月,第288页("Obituary: Sir Thomas Wade, K. C. B., G. C. M. G.", *The Geographical Journal*, Vol. Ⅵ, No. 3, Sept. 1895, p. 288);高第:《威妥玛爵士》,《英国皇家亚洲学会杂志》1895年第911—916页(Henri Cordier, "Sir Thomas Francis Wade, G. C. M. G., K. C. B.", *The Journal of the Royal Asiatic Society of Great Britain and Ireland*, 1895, pp. 911—916)。

② 《清季中外使领年表》,第33页"英国驻华公使年表"。

可知,威氏早在1877年即有意将其私藏汉籍捐赠给母校①,但直至1886年底才正式完成此愿,不过剑桥大学图书馆保存威氏所捐图书的库房钥匙仍由威氏保管②。在捐赠图书的同时,威氏于1886年10月11日给剑桥大学副校长写了详细的说明信③。1886年11月3日剑桥大学图书馆还专为接收此捐赠向校方提出了4条建议:"(1)校方应当感谢威妥玛爵士捐赠的珍贵汉籍;(2)将此批捐赠登记入编为校图书馆藏书;(3)授予威妥玛爵士馆藏汉籍荣誉负责人称号;(4)除了图书馆董事会与捐赠者的安排外,所捐汉籍没有校方的准许不得出借。"④1888年11月25日校务会随即批准了图书馆董事会第(2)、(3)、(4)三条建议⑤,并将第(1)条建议升格,授予威氏剑桥大学荣誉博士称号⑥。至此,校方已为威氏出任汉学教授一职铺平了道路。由于威氏当时在英国的声望很高,因此《学术》杂志⑦、《英国皇家亚洲学会杂志》⑧和《泰晤士报》⑨分别就此刊发了报道。

然而,威氏的汉学教授一职,在很大程度上,只是一种荣誉性职位,并没多少实际的教学研究任务。从1888年4月21日任命起至1895年7月31日威妥玛逝世,"据说学生不到二三名"。⑩据剑桥大学档案记载,仅有1894年11月3日在王子学院礼堂举行的一次题为《中国、朝鲜和日本:远东局势》的全校性讲座。⑪ 而第二任教授翟理斯在其长达35年任期的前两年(1898年1月—1899年12月)的四

---

①⑩ 艾超世:《威妥玛爵士与剑桥大学汉学研究一百年(1888—1988)》,载《汉学研究》(台湾),1989年,第7卷第2期,第405—422页。

② 《报告的讨论》,《剑桥大学报告》,1888年1月31日第375页("Discussion of Reports", *Cambridge University Reporter*, January 31,1888,p.375)。

③ 威氏给副校长的信件全文,载《剑桥大学报告》,1886年10月19日,第43—44页(*Cambridge University Reporter*, October 19,1886, pp.43—44)。

④ 《图书馆董事会关于威妥玛爵士捐赠汉籍的报告:1886年11月3日》,《剑桥大学报告》,1886年11月9日第129页("Report of the Library Syndicate on the gift of Chinese Books by Sir Thomas Wade, K.C.B.", *Cambridge University Reporter*, November 9,1886,p.129)。

⑤⑥ 1886年11月25日"校务会公告"第7、2号,《剑桥大学报告》1886年11月30日第209、208页("ACTA:November 25", No.7 and 2, *Cambridge University Reporter*, November 30,1886,p.209,p.208)。

⑦ 《学术》第30卷第759期,1886年11月20日,第344—345页(*The Academy*, Vol.30, No.759, Nov.20, 1886,pp.344—345)。

⑧ 《本季要事》,《英国皇家亚洲学会杂志》,1887年第14卷,第179页("Notes of the Quarter", *The Journal of the Royal Asiatic Society of Great Britain and Ireland*, New Series, Vol.XIX,1887,p.179)。

⑨ 1886年10月20日和11月26日"大学信息",《泰晤士报》,1886年10月21日第10页,1886年11月27日第11页("University Intelligence", *The Times*, October 21,1886,p.10,col.d;November 27,1886,p.11,col.e.)。

⑪ 《汉学教授的讲座》,《剑桥大学报告》,1894年10月23日,第79页("Lecture by the Professor of Chinese", *Cambridge University Reporter*, Oct.23,1894,p.79)。

个学期内也就仅有7名研习汉学的学生。①可见万事开头难,当初的剑桥汉学堪称举步维艰。

1895年6月7日,在威氏临终前50多天,校务会讨论了汉学教授的继任人选问题,希望有其他的杰出汉学家以同样的条件继任该职,继任规则仍然有5条,与1887年12月12日制定的5条规则相比,第1、第3和第5条规则不变,第2条在原有规则的基础上,增加了"……但1885年6月18日校务会制定的对于本校教授的一般规定,不适用于汉学教授。"第4条规则改为"汉学教授职位不能由本校或任何外校的其他教授兼任"。②

由于暂时没能找到合适人选,故副校长希尔(Alex Hill)于1897年11月1日公布:"我宣布:汉学教授一职暂时空缺。"③直至1897年12月3日翟理斯正式出任此职后,剑桥大学汉学教授一职的空缺状况才告终止。

## 四、剑桥大学汉学的研究特色是"中国语言与历史"

自威妥玛首任剑桥大学汉学教授后,被聘任为剑桥大学汉学教授的汉学家迄今为止共有八位。历任剑桥大学汉学教授姓名及其任期与待遇如下表所示:

**剑桥大学历任汉学教授任期与待遇表**

| 汉语姓名 | 英文姓名 | 名称 | 任期 | 工资待遇(英镑/年) |
| --- | --- | --- | --- | --- |
| 威妥玛 | T. F. Wade | 汉学教授 | 1888.04.21—1895.07.31 | 0.00 |
| 翟理斯 | H. A. Giles | 汉学教授 | 1897.12.03④—1932.12.06⑤ | 200⑥ |

---

① 《新增开支报告:1899年5月10日》,《剑桥大学报告》,1899年5月16日,第872—875页("Report of the General Board of Studies on New and Increased Expenditure", *Cambridge University Reporter*, May 16, 1899, pp. 872—875)。

② 《校务会有关汉学教授的报告:1897年6月7日》,《剑桥大学报告》1897年6月8日,第1078—1079页("Report of the Council of the Senate on a Professorship of Chinese;7 June 1897",*Cambridge University Reporter*, June 8,1897,pp. 1078—1079)。

③ 《汉学教授职位》,《剑桥大学报告》,1897年11月2日,第154页["Professorship of Chinese",*Cambridge University Reporter* (Published by Authority), No. 1184, (Vol. XXVIII. No. 8) November 2, 1897, p. 154.]。

④ 《被选汉学教授:1897年12月3日》,《剑桥大学报告》,1897年12月7日,第270页("Professor of Chinese elected",*Cambridge University Reporter*, December 7, 1897, p. 270)。

⑤ 《汉学》,《剑桥大学历史记录,增订本,1931—1940》,1942,第5页("Chinese",*The Historical Register of the University of Cambridge*, *Supplement*, 1931—1940, Cambridge:at the University Press, 1942, p. 5)。

⑥ 《教授职位》,《剑桥大学年鉴1899—1900》,第501—517页("Professor",*Cambridge University Calendar*;1899—1900,pp. 500—517)。

· 203 ·

续表

| 汉语姓名 | 英文姓名 | 名称 | 任期 | 工资待遇(英镑/年) |
|---|---|---|---|---|
| 慕阿德 | A. C. Moule | 中国语言与历史教授 | 1933.05.26①—1938.09.30② | 1000③ |
| 哈隆 | Gustav Haloun | 中国语言与历史教授 | 1938.10.03④—1951⑤ | 1000⑥,1150⑦ |
| 蒲立本 | E. G. Pulleyblank | 汉学教授 | 1953.10.01⑧—1966.11.21⑨ | 1950⑩ |
| 崔瑞德 | D. C. Twitchett | 汉学教授 | 1968.10.01⑪—1981⑫ | ? |
| 杜德桥⑬ | Glen Dudbridge | 汉学教授 | 1985⑭—1988 | ? |
| 麦大维 | D. L. McMullen | 汉学教授 | 1989⑮— | ? |

引人关注的是,"汉学教授(Professor of Chinese)"的名称在第三、第四任时曾称"中国语言与历史教授(Professor of the Chinese Language and History)"。但无论在西方汉学界还是在中国学术界,均忽视了这一细节,如科茨(P. D. Coates)的《驻华领事——英国领事官,1843—1943》一书附录二"历年驻华领事馆任职成员表"⑯中有关翟理斯从驻华外交官退休以后的生平即记载为"剑桥大学汉学教授"。又如张国刚《剑桥大学中国学的历史与现状》⑰一文,称慕阿德为"中国学教授阿·

---

① 《中国语言与历史教授的选任,1933年5月26日》,《剑桥大学报告》,1933年5月30日,第1119页("Professorship of the Chinese Language and History:Election:26 May 1933", Cambridge University Reporter, 30 May 1933, p.1119)。

② 《教授职位预期空缺的通知,1937年11月8日》,《剑桥大学报告》,1937年11月9日,第271页("Notice of prospective vacancies of Professorships, 8 November 1937", Cambridge University Reporter, 9 November 1937, p.271)。

③ 《中国语言与历史教授职位的通知:1933年4月17日》,《剑桥大学报告》,1933年4月18日,第890—891页。

④ 《中国语言与历史教授的选任:1938年10月3日》,《剑桥大学报告》,1938年10月7日,第130页。

⑤ 《1951年哈隆教授逝世后空缺》,《汉学》,《剑桥大学历史记录,增订本,1951—1955》,1952,第4页("1951 Vacant on the death of Prof. Haloun", "Chinese", The Historical Register of the University of Cambridge, Supplement, 1951—1955, Cambridge: at the University Press, 1952, p.4)。

⑥ 《校务会有关汉学教授的报告:1938年4月19日》,《剑桥大学报告》1938年4月26日,第829—830页。

⑦ 《大学教职—1、教授职位》,《剑桥大学年鉴:1947—1948》第23—29页。

⑧ 《汉学教授:选任》,《剑桥大学报告》,1953年5月20日,第1314页。

⑨ 《汉学教授:通知,1966年11月21日》,《剑桥大学报告》,1966年11月23日,第486页。

⑩ 《汉学教授职位的通知:1952年12月1日》,《剑桥大学报告》1952年12月3日,第438页。

⑪ 《汉学教授:选任,1967年9月30日》,《剑桥大学报告》,1967年10月4日,第269页。

⑫⑭ 《汉学》,《剑桥大学历史记录,增订本,1981—1985》,第5页,1991年。

⑬ 杨国桢《牛津大学中国学的变迁》(《中国史研究动态》,1995年第8期,第4—9页)一文,有较多篇幅述及先任剑桥大学汉学教授(1985—1989)、后任牛津大学汉学教授(1989— )的杜德桥(Glen Dudbridge)。

⑮ 《汉学》,《剑桥大学历史记录,增订本,1986—1990》,第4页,1999年。

⑯ 附录一"英国驻华领事馆"(Appendix I: British Consular Establishments in China),附录二"历年驻华领事馆任职成员表"(Appendix II: Chronological List of Members of the China Consular Service), (P. D. Coates, China Consuls——British Consular Officers, 1843—1943, Oxford University Press, 1988, pp.489—542)。

⑰ 张国刚:《剑桥大学中国学的历史与现状》,载《中国史研究动态》,1995年第3期,第2—8页。

克·穆尔",又称哈隆为"汉学教授"①。探讨剑桥汉学的历史与发展,也应当留心这一重要细节。

1952年10月13日公布的剑桥大学"校务会关于延续中国语言与历史教授职位的报告"中指出:牛津大学的"汉学教授在讲授中国语言与文学时特别地述及宗教与哲学。伦敦大学的汉学教授一职与中国艺术与考古相关,而剑桥(汉学教授)所侧重的是中国语言与历史"。② 这一简洁的陈述点明了牛津、伦敦和剑桥三地汉学研究的各自特色。显然,剑桥"汉学"的内涵不局限于"中国语言与历史",却又以"中国语言与历史"为核心。而剑桥大学"汉学教授"曾称"中国语言与历史教授"的现象,从一个侧面真实地反映了剑桥汉学有别于英国其他汉学研究中心的这一研究特色。

剑桥大学汉学研究的内涵,主要包括汉语语言研究和中国历史研究,这从剑桥大学历任汉学教授的学术研究成果上可以得到比较客观的反映,例如:威妥玛的主要著作是《语言自迩集》③、《文件自迩集》④和《汉字习写法》⑤;翟理斯的代表著述是《英汉字典》⑥、《字学举隅》⑦和《嶰山笔记》⑧;慕阿德的主要论著是《1550年之前中国的基督教徒》⑨、《中国景教》⑩和《行在所(杭州)》⑪;蒲立本有《中国史

---

① 张国刚此文不仅误认"中国语言与历史教授"为"中国学教授",而且称呼前后不统一,先称"中国学教授",后呼"汉学教授";此外,张国刚也应该知道 A. C. Moule 的中文姓名是慕阿德,而不是"阿·克·穆尔"。

② 《校务会关于延续中国语言与历史教授职位的报告:1952年10月13日》,《剑桥大学报告》,1952年10月15日,第231—232页("Report of the Council of the Senate on the continuance of the Professorship of the Chinese Language and History:13 October 1952",*Cambridge University Reporter*,15 October 1952,pp. 231—232)。

③ T. F. Wade,*Yu-yen Tzu-erh Chi:a progressive course designed to assist the student of colloquial Chinese*,London,1867.

④ T. F. Wade,*Wen-chien Tzu-erh Chi:a series of papers selected as specimens of documentary Chinese*,London,1867.

⑤ T. F. Wade,*Han Tzu His Hsien Fa,A Set of Writing Exercises,Designed to Accompany The Colloquial Series of the TZU ERH CHI*,London,1867.

⑥ H. A. Giles,*Chinese-English Dictionary*.(Vols. 1—3),London,1892;(Vols. 1—2),1912.

⑦ H. A. Giles,*Synoptical Studies in Chinese Character*,Shanghai,1874.

⑧ H. A. Giles,*Adversaria Sinica*,Shanghai,Messrs. Kelly & Walsh Ltd. 1914.

⑨ A. C. Moul,*Christians in China before the Year* 1550,London,1930.

⑩ A. C. Moul,*Nestorians in China:Some Corrections & Additions*,"Sinological Series No. 1",The China Society,London,1940.

⑪ A. C. Moul,*Quinsai,with Other Notes on Marco Polo*,Cambridge at the University Press,1957.

与世界史》①和《安禄山叛乱的背景》②等著述;崔瑞德著有《唐代的官方史文书》③、《中世纪中国的印刷与出版》④,并参与主编《剑桥中国史》;杜德桥撰述有《西游记》⑤、《李娃的传说》⑥和《妙善传记》⑦等著作;现任汉学教授麦大维先后编著了《汉学文献索引》⑧和《唐代的州与学者》⑨。具体而言,剑桥大学前两任汉学教授主要研究汉语语言,后几任则偏重于中国历史,尤其是中国唐代史研究。

## 五、剑桥汉学的学术地位稳固于20世纪30年代中期

剑桥汉学的地位并非伊始即稳,而是经历了较长的渐进过程。衡量剑桥汉学地位的稳固程度如何,可以从多方面加以考察,而其中一个比较理想的量化指标,即剑桥大学汉学教授的报酬金额。笔者认为,历届汉学教授职位所得的工资额及其增长幅度,以及与其他教授职位工资额的历年差距比较,能够从一个侧面比较确切地反映剑桥大学汉学地位的稳固程度。

据《剑桥大学年鉴:1899—1900》中"教授职位"一节记载,共有38类学科的教授职位明确载有年工资数额,最高额教授职位为神学、考古学教授(1000英镑),最低额为希伯来语教授(40英镑),汉学教授仅为200英镑,排名倒数第三位。⑩

据《剑桥大学年鉴:1933—1934》中"大学教职—1、教授职位"一节记载,在几十种教授职位中,共有13种教授职位有年工资记载,中国语言与历史教授以年工资1000英镑列倒数第一,但其余均为1200英镑,差距不大。⑪

分析上述两项剑桥大学各学科教授职位年薪的记载,可以判定,剑桥汉学自产生之后的50年内,在剑桥大学各学科中始终不占主导地位,但与其他学科的差

---

① E. G. Pulleyblank, *Chinese History and World History*, Cambridge University Press, 1955.

② E. G. Pulleyblank, *The Backgrounk of the Rebellion of An Lu-Shan*, London: Oxford University Press, 1955, 1966.

③ D. Twitchett, *The Writing of Official History under the T'ang*, Cambridge University Press, 1992.

④ D. Twitchett, *Printing and Publishing in Medieval China*, London: Wynkyn de Worde Society, 1983.

⑤ G. Dudbridge, *The His-Yu-Chi*, Cambridge University Press, 1970.

⑥ G. Dudbridge, *The Tale of Li Wa: Study and Critical Edition of a Chinese Story from the Ninth Century*. London: Ithaca Press for the Board of the Faculty of Oriental Studies, Oxford University, 1983.

⑦ G. Dudbridge, *The Legend of Miao-Shan*, London: Ithaca Press for the Board of the Faculty of Oriental Studies, Oxford University, 1978.

⑧ D. L. McMullen, *Concordances and indexes to Chinese texts*, Chinese Materials and Research Aids Service Center Occasional Series: 34, San Francisco, 1975.

⑨ D. L. McMullen, *State and Scholars in T'ang China*, Cambridge University Press, 1988.

⑩ 《教授职位》,《剑桥大学年鉴:1899—1900》,第501—517页。

⑪ 《大学教职—1、教授职位》,《剑桥大学年鉴:1933—1934》,第18—25页。

距在逐渐缩小,至 20 世纪 30 年代中期,其差距已经不太明显。据此说明,在前三任汉学(中国语言与历史)教授的努力下,剑桥汉学在剑桥学术界的地位至此时才趋于稳固。

## 六、剑桥汉学文献资料库以剑桥大学图书馆中文部为核心

作为欧洲暨英国汉学研究中心之一的剑桥,有丰富的汉学文献资料库藏。主要有剑桥大学图书馆中文部、剑桥大学东方研究院图书馆、李约瑟研究所(Needham Research Institute)——东亚科学史图书馆、剑桥菲茨威廉博物馆以及剑桥大学相关院系图书馆。其中以剑桥大学图书馆中文部为核心。

目前的剑桥大学图书馆大楼,建造于 1934 年①,其主楼塔是剑桥市区最高的建筑,中文部设于东亚阅览室(East Asian Reading Room)或称奥依馆(Aoi Pavilion),该馆由日本商人投资并在图书馆大楼南部拓伸而建,开馆于 1998 年,中文部于该年从旧址迁入此馆。

剑桥大学图书馆馆藏史可上溯至 14 世纪中期的校属书柜,但剑桥大学图书馆最早的一批图书是 1416 年 3 月接受的两批遗嘱捐赠②。关于中文馆藏书,最早一本是于 1632 年入藏的③。但有些早期中文馆藏书的记载有误,如 1853 年"犹太基督教促进会"赠送给剑桥大学图书馆一卷 17 世纪的羊皮书卷,有人言其为中文手书《旧约全书》首五卷④。此书卷现藏剑桥大学善本部,由羊皮缝制成一长卷,全长约 38 米,宽约 60 厘米,其手书文句排列为竖式,自右往左共 239 列,每列 48 或 49 字,笔者从头至尾查阅此书,在其手书一万一千多字中,无一汉字,疑为中亚阿

---

① 《图书馆简史》,《剑桥大学图书馆读者手册(8)》("Brief history of the Library", *Cambridge University Readers' Handbook*, 8)。

② J. C. T. 奥特斯:《剑桥大学图书馆简史》(J. C. T. Oates, *Cambridge University Library: A Historical Sketch*, Cambridge University Library, 1975, p. 1)。

③ "The 86 manuscripts, written in Arabic, Persian, Turkish, Syriac, Hebrew, Judaeo-Arabic, Coptic, Javanese and Malay, together with one printed Chinese book, duly arrived in June 1632, and were not unworthy of the strenuous and diverse efforts made to acquire them." S. C. 雷夫《剑桥大学图书馆赫伯鲁手稿述导》,"剑桥大学东方出版丛书第 52 种"(Stefan C. Reif, *Hebrew manuscripts at Cambridge University Library——A description and introduction.*, "University of Cambridge Oriental Publications 52", Cambridge University Press, 1997, p. 9)。

④ "…One of the few manuscripts to be given (the Baumgartner papers apart) came through the generosity of the Society for Promoting Christianity among the Jews, who in 1853 presented a seventeenth-century Pentateuch roll written in a Chinese hand." D. 麦基特里克编《剑桥大学图书馆 18、19 世纪史》(David McKitterick, ed. *Cambridge University Library, A History, The Eighteenth and Nineteenth Century*. Cambridge University Press, 1986, p. 597)[原注:MS. Add. 283(Schiller-Szinessy no. 6)]。

拉伯文字①。

尽管有零星的早期入藏汉籍,但目前剑桥大学中文库藏的基础是 1886 年由剑桥大学第一任汉学教授威妥玛捐赠的 883 种共 4304 卷中文著作,由翟理斯加以整理成《剑桥大学图书馆威氏文库汉、满文书目录》②。威妥玛此次捐赠除汉学中文著作外,还有由非华人用英、法或其他语言撰写的汉学著作,内容包括旅行、历史,满、蒙和藏语言的语法和字典等等③。

威妥玛不仅捐赠了中文著作,而且还捐赠了许多中文手稿、私人信件和官方文件,至今尚未全部整理和公开。剑桥大学中文部现任主任艾超世(C. Aylmer)④在其发表的研究论文中,已经公布和引用了其中的个别材料,如威妥玛于"光绪八年(1882 年)七月初十日"给"大清钦命总理各国事务和硕恭亲王"的"照会"⑤等。又如中国社科院近代史研究所王庆成先生于 1984 年赴剑桥大学访问时,曾在剑桥大学图书馆中文部查阅汉籍文献,包括没有公开的"未编号箱文件",并在《稀见清世史料并考释》⑥一著中引用了 22 份馆藏"未编号箱文件"⑦。

威妥玛的捐赠时间不仅 1886 年底一次,以后还有多次,如馆藏的麦都思所编

---

① 善本手稿室该书卷书号为: Add. 283。有简略描述: "White roeskin; 38. 1m \* 59; scroll; 239 cols; 48—49 lines; slightly stained; Oriental (Chinese?) square; 17—18c. Pentateuch. Fully described in SS1, pp. 8—9. Presented in 1853 by the London Society for Promoting Christianity amongst the Jews. SCR 6 HL 6 SS6."(University of Cambridge Oriental Publications 52; *Hebrew manuscripts at Cambridge University Library—A description and introduction* by Stefan C. Reif., Cambridge University Press, 1997, p. 48)。

② 翟理斯:《剑桥大学图书馆威氏文库汉、满文书目录》(H. A. Giles, *A Catalogue of the Wade Collection of Chinese and Manchu Books in the Library of the University of Cambridge*, Cambridge at the University Press, 1898)。

③ "…I have added some works by foreign hands in English, French, or other languages, of which the University Library may not impossibly contain duplicates; books of travel or history; grammars and dictionaries of Manchu, Mongolian, or Tibetan;…"见 1886 年 10 月 11 日威妥玛给剑桥大学校方的一封信,《剑桥大学报告》(*Cambridge University Reporter*, October 19, 1886, pp. 43—44)。

④ 中国社会科学院文献信息中心、外事局合编:《世界中国学家名录》(社会科学文献出版社,1994 年)第 252 页,有"艾超世"名录。但伦敦大学责任汉学教授杜德桥和剑桥大学现任汉学教授麦大维在该书中均无名录。

⑤ 艾超世:《威妥玛先生与剑桥汉学百年(1888—1988)》,[Charles Aylmer, "Sir Thomas Wade and the Centenary of Chinese Studies at Cambridge(1888—1988)"],载《汉学研究》,1989 年 12 月,第 7 卷第 2 期,第 405—422 页。注:目前该"照会"已经转列入电脑查询目录之中。

⑥ 王庆成:《稀见清世史料并考释》,武汉出版社,1998。

⑦ 2000 年 3 月 28 日星期三下午,当我就"未编号箱文件"问及艾超世先生并要求查阅时,他明确告诉我,他也不知道"剑桥大学图书馆未编号箱"的文件藏在何处,如果需要查阅,我须先提供作者、年代和文件题目,方可便于索查。

《汉英字典》①，其扉页有威妥玛的字迹："1887年6月威妥玛捐赠剑桥大学图书馆"②；又如馆藏马礼逊的《五车韵府》③，其扉页有威妥玛手书："赠剑桥大学图书馆，1889年4月"④；再如馆藏《厦门方言—英语字典》⑤，题页有威妥玛题字："威氏，1873年，作者捐赠"⑥。上述三著的题迹说明，威妥玛在1886年底首次捐赠之后，还陆续捐赠了一部分汉学书籍。

自1898年翟理斯为威妥玛的首批中文捐赠整理编目后，鉴于市场上又出现了大量中文著作，图书馆及19位私人捐助者（包括翟理斯和威妥玛遗孀）于1908年捐款设立了一项基金，专款购买中文著作共达1300种，不仅填补了当时中文库藏的许多空白，而且还获得了一些善本和珍本，翟理斯为此又编了《剑桥大学图书馆威氏文库汉、满文书续编目录》⑦。

1945年二战结束后不久，剑桥大学图书馆又收到了由中国南京国立图书馆、成都四川博物馆等单位捐赠的一批珍贵的中文图书与拓碑文献⑧。此后，该馆即开始系统收藏中文文献资料，至今不辍。收集到的重要中文库藏包括近3000种中国国家图书馆馆藏善本书和敦煌史料的缩微胶卷，此外，金璋（J. C. Hopkins，1854—1952）捐赠的800多片甲骨文，是剑桥大学图书馆年代最早的馆藏文献。迄今为止，剑桥大学图书馆中文馆藏印刷著作（最早为12世纪）、手稿和拓碑共有10万卷。目前新增的中文库藏涉及中文目录和分类、历史和传记、地理和地方史、考古学和金石学、社会科学和法律、语言、文学、哲学和宗教、艺术休闲、科学与技术等学科。它还拥有中文期刊1000多种⑨，包括中国大陆各地以及香港、台湾出

---

① 麦都思：《汉英字典》(W. H. Medhurst, *Chinese and English Dictionary*, Vol. Ⅰ, Batavia, 1842)。馆藏号为 CRC. 84. 9。

② "Cambridge University Library, June 1887, Pres by Wade".

③ 马礼逊：《五车韵府》(R. Morrison, *Dictionary of the Chinese Language*, Part Ⅱ-Vol. Ⅰ, Macao, China, 1819)，馆藏号为 CRB. 81. 11。

④ "For presentation of the University Library Cambridge, Apr. 1889"

⑤ 《厦门方言—英语字典》(*Dictionary of the Vernacular or Spoken Language of Amoy*) 馆藏号：CRB. 87. 10。

⑥ "Wade, 1873, From the Author".

⑦ 《前言》，翟理斯：《剑桥大学图书馆威氏文库汉、满文书续编目录》("Prefatory Note", H. A. Giles, *A Supplementary Catalogue of the Wade Collection of Chinese and Manchu Books in the Library of the University of Cambridge*, Cambridge at the University Press, 1915)。

⑧ 《捐赠剑桥大学图书馆的中文图书》，《剑桥大学报告》("Presentation of Chinese Books to the University Library," Clare College Lodge, 15 July 1946, *Cambridge University Reporter*, 16 July 1946, pp. 1046—1047)。

⑨ 《东方馆藏》，《剑桥大学图书馆读者手册（D6）》("Oriental collections", *Cambridge University Readers' Handbook*, D6)。

版的各种中文期刊,而在东亚阅览室开架的期刊就有110种①。

在剑桥大学图书馆中文部查阅1900年以后出版的中文文献极为方便,读者可径入书库自行查阅;1900年以前出版的中文文献,入藏于不开放书库,读者须填写索书单交由工作人员提取。但在东亚阅览室目录柜中无检索卡片或在剑桥大学图书馆电脑查阅目录库中未输入信息的馆藏汉学文献,则无从查阅。

除剑桥大学图书馆中文部外,剑桥大学图书馆其他部门以及剑桥大学相关院系的图书馆,也都散藏着中外文汉学著述,可在剑桥大学校内联网上查阅目录,东方研究院图书馆的汉学文献较其他院系相对丰富一些。郑德坤先生于1951—1974在剑桥大学讲授中国考古和美术时,以其字号"木扉"为名,建立了"木扉图书馆"②。笔者于2000年4月底拜访剑桥大学现任汉学教授麦大维时,曾问及"木扉图书馆"的下落,麦教授告知该图书馆目前已不存在。但从东方研究院图书馆收藏较多中国考古与美术文献来看(其中包括郑德坤的自编教材),"木扉图书馆"已经并入东方研究院图书馆。

落址于剑桥的李约瑟研究所属东亚科学史图书馆与剑桥菲茨威廉博物馆虽然都不隶属于剑桥大学,但仍然是剑桥汉学文献资料库的两个集中点。剑桥菲茨威廉博物馆藏有少量中国古籍和较多的历史或考古实物,如中国玉器与青铜器③。而东亚科学史图书馆的汉学藏书,内容涉及中国科学技术史的各个方面,主要以李约瑟个人资料库为主,包括他收集的各类剪报,其中不乏珍贵手稿。

## 七、剑桥汉学在西方汉学研究中具有举足轻重的影响

剑桥的汉学虽然不能代表英国的汉学,更不能代表西方的汉学,但剑桥的汉学在英国乃至西方的汉学研究中具有举足轻重的影响,主要表现在以下两个方面。

### 1. 威氏汉字罗马拼音系统是剑桥汉学对西方汉学研究的特殊贡献

威氏汉字罗马拼音系统,准确地讲应该是威—翟氏(Wade/Giles)汉字罗马拼音系统,因为,该拼音系统虽由威妥玛创立,却是由翟理斯加工定型的。

---

① 《东亚阅览室未装订中文期刊目录》,《剑桥大学图书馆馆藏中文书阅览指南》("List of unbound Chinese serials in East Asian Reading Room", *CAMBRIDGE UNIVERSITY LIBRARY GUIDE TO THE CHINESE COLLECTION*)。

② 麦中成:《访郑德坤教授》,载(香港)《明报月刊》(注:此份材料来自剑桥"东亚科学史图书馆"手稿室,为李约瑟私藏,有其手迹:"Professor of Cheng Te-Khun",该期《明报月刊》的具体发行年、月份,因此份材料上没有注明,故不详,但据文中内容可知,该刊发行于20世纪80年代)。

③ 《中国玉器与青铜器》,《剑桥菲茨威廉博物馆参观手册》("Chinese Jades and Bronzes", *The Fitzwilliam Museum Cambridge Handbook and Guide*, Cambridge,1954)。

自西方汉学兴起以后,中国汉语固定用词(如地名、人名等)的汉字罗马拼音西译,是汉学研究的学术基础之一。在威氏汉字罗马拼音系统创立之前,曾经出现过多种多样、甚至拼法迥异的汉字罗马拼音系统,这些拼音系统的差异,一方面是由于西方汉学研究者各自母语的差异所造成,另一方面是因为中国各地方言的差异而导致,给后人研治汉学带来一定的障碍。

　　威妥玛在中国担任英国驻华外交领事官员期间,编辑了《语言自迩集》①和《文件自迩集》②,作为培训英国外交学生翻译(Student Interpreter)③(即英国驻华预备外交官员)的语言交往与公文处理教材。在归纳分析多种汉字罗马拼音系统的基础上,威妥玛总结出自己的一套汉字拼音系统,即威氏汉字拼音系统。

　　继威妥玛创立威氏汉字罗马拼音系统之后,翟理斯经过多年的汉学研究,尤其是在中国语言文字方面的深入研究,终于编撰完成了巨著《汉英字典》(A Chinese-English Dictionary)④,在《汉英字典》中,他承袭、修改并最后定型了威氏汉字罗马拼音系统,为在西方汉学界推广和规范地运用威氏汉字罗马拼音系统,奠定了语言学基础。自20世纪20年代以后,威氏汉字罗马拼音系统在西方汉学研究的汉语固定用词的罗马拼音翻译方面,逐渐占据主导地位,影响了西方的几代汉学研究者。

　　威氏汉字罗马拼音系统不仅影响着西方汉学界,而且还影响了中国学术界。例如20世纪70年代末期,中国派出了"中华人民共和国图书馆界访英代表团"访问英国,该代表团出国前印制的名单手册上,其成员姓名的汉字拼音,即采用威氏汉字罗马拼音⑤。而中国于1987年12月2日颁发的《关于地名标志不得采用"威

---

① 《语言自迩集(YU-YEN TZU-ERH CHI: A Progressive Course Designed to Assist the Student of Colloquial Chinese)》1867年第一版,1886年第二版,共三卷,第一卷为1—8章(Part Ⅰ—Ⅷ),第二卷为3—8章的练习作业,第三卷是附录1—4(Appendix Ⅰ—Ⅳ);另附作业解答集(Key to the TZU ERH CHI,1867)。

② 《文件自迩集》(WEN-CHIEN TZU-ERH CHI: A Series of Papers Selected as Specimens of Documentary Chinese, Designed to Assist Students of the Language as Written by the Officials of China; In Sixteen Papers with Key, London: TRUBNER & CO., 60, PATERNOSTER ROW. 1867, Second Edition, Shanghai, Hongkong, etc. 1905)。

③ P. D. 科茨:《驻华领事——英国领事官,1843—1943》,牛津大学出版社,1988年(P. D. Coates, China Consuls—British Consular Officers, 1843—1943, Oxford University Press, 1988)。

④ H. A. Giles(ed.), Chinese-English dictionary. (Vols. 1—2), London, 1912[(Vols. 1—3), London, 1892]。

⑤ 中华人民共和国图书馆界访英代表团(The Delegation of Librarians of the People's Republic of China),团长:刘季平(Liu Chi-ping),北京图书馆馆长。团员:关懿娴[(Miss) Quan Yee-han],北京大学图书馆学系副教授;陈光祚(Chen Kuang-tso),武汉大学图书馆学系副教授;徐仁茂(Hsu Jen-mou),上海图书馆顾问;陈春生[(Ms) Chen Chun-sheng],天津人民图书馆科技部主任;李镇铭(Li Chen-ming),北京图书馆期刊组馆员;邵长宇[(Ms) Shao Chang-yu],北京图书馆秘书。[英国剑桥大学图书馆手稿善本部藏:《剑桥大学图书馆访问者签名本1895—1985》("University Library Cambridge VISITORS' BOOK 1895—1985"),馆藏号:Add. 6370,第335页]。

妥玛式"等旧拼法和外文的通知》①,从一个侧面反映了中国大陆的地名标志,至20世纪80年代,仍然受到威氏汉字罗马拼音系统的影响。

笔者认为,尽管威妥玛创立了威氏汉字罗马拼音系统,但如果没有翟理斯因编撰《汉英字典》而对之加以修改定型并推广运用,威氏汉字罗马拼音系统就不可能成为20世纪西方汉学界占主导地位的汉字罗马拼音系统。故西方汉学界已明确地定义为威—翟氏(Wade/Giles)汉字罗马拼音系统,更直接称此为翟氏汉字罗马拼音系统者,如《字意类集》。②

即使中国汉语拼音系统将逐渐取代威氏汉字罗马拼音系统,并最终成为汉字罗马拼音的主导系统③,但目前威氏汉字罗马拼音系统仍然与汉语拼音系统并行使用着,并有两种拼音系统的索引表可供相互对换④。而且,威氏汉字罗马拼音系统的工具作用可能永远无法取消,因为在20世纪问世的西方汉学研究文献中,充满着大量以威氏汉字罗马拼音系统为据拼写的中国人名和地名,研读和利用这批近代西方汉学文献,非知威氏汉字罗马拼音系统不可,其理与现代学者研读中国历史文献必懂古代汉语如出一辙。由此可知,威氏汉字罗马拼音系统在西方汉学界的影响之深之远。

## 2.《剑桥中国史》是国际性的汉学研究成果

近几十年来,剑桥大学出版社出版了许多有关中国历史文化研究的汉学著作,有些散见于各种研究系列丛书之中,如"剑桥中国历史文献与制度研究丛书(Cam-

---

① 中国地名委员会、城乡建设环境保护部、国家语言文字工作委员会"中地发[1987]21号"联合颁布文件。

② "The representative characters in this Index are arranged in the English alphabetical order of their Mandarin pronunciation as Romanized by Dr. Giles in his dictionary", in "Note" of A. G. Jones, *Collection of Chinese Synonyms*, Shantung, 1904.

③ 如《中国:历史文化字典》[Michael Dillon ed., *China: A Historical and cultural Dictionary*, Surrey: Curzon Press, "Durham East Asia Series", 1998]的汉字罗马拼音即使用"汉语拼音系统"。

④ 在西方,有《泰晤士中国地图集》[P. J. M. Geelan, D. C. Twitchett eds., *The Times Atlas of China*, Times Books, 1974]附录《音标注释》(Notes on Transcription)中的"威—翟氏拼音系统/汉语拼音系统对照表"(WADE-GILES/PINYIN);《剑桥中国百科词典》[Cambridge Encyclopedia of China (Cambridge University Press, New Edition 1991) pp. 462—463]附录"汉语拼音/威—翟氏拼音对照表"(PINYIN/WADE-GILES)等;在中国,有北京外国语学院英语系编《汉英词典》(吴景荣主编,商务印书馆,1981年,第957—959页)附录三"汉语拼音和威妥玛式拼法音节对照表";北京外国语大学英语系编《汉语词典》(修订版,外语教学与研究出版社,1995年,第17—21页)附录"威妥玛式拼音和汉语拼音音节对照索引"表;《汉英明清历史档案词典》(A Chinese English Dictionary of the Historical Archives in the Ming and Qing,中国铁道出版社,1999年)也加注汉语拼音和威妥玛式拼法(参见《书讯》,载《历史研究》,2000年第1期,第92页);等等。

bridge Studies in Chinese History Literature and Institution）"①、"剑桥历史政治、经济与社会研究丛书（Cambridge Studies in Population, Economy and Society in Past Time）"②、"环境与历史研究丛书（Studies in Environment and History）"③、"经济与社会史新研究丛书（New Studies in Economic and Social History）"④和"近代资本主义研究丛书（Studies in Modern Capitalism）"⑤等等。而有些则自成体系，主要有两套丛书，一是李约瑟主编的《中国科技史》，一是《剑桥中国史》，而以后者更具国际性。

《剑桥中国史（The Cambridge History of China）》是由剑桥大学退休的第六任汉学教授崔瑞德（Denis Twitchett）⑥和美国哈佛大学汉学教授费正清（John K. Fairbank）联袂主编的多卷本中国历史研究丛书，计划出版15卷。据剑桥大学出版社《1999年亚澳太地区出版物目录》⑦以及剑桥大学图书馆计算机网显示，至1999年底止，已出版11卷（第1、3、6—8、10—15卷），其余4卷[第2、4、5、9（上下卷）]待出。

此外，剑桥大学的资深汉学讲师鲁惟一（Michael Loewe）与美国芝加哥大学的肖内西（Edward L. Shaughnessy）合著、并由剑桥大学出版社出版的《剑桥中国先秦史（文明起源至公元前221年）》⑧，在所述内容的年代上可与《剑桥中国史》第一卷前后衔接，填补了《剑桥中国史》在先秦史内容方面的空白，完全可以列入《剑桥中国史》的研究系列。

《剑桥中国史》各卷出版情况如下表所示：

---

① 如：David Pong, *Shen Pao-chen and China's Modernization in the Nineteenth Century*, Cambridge University Press（Cambridge Studies in Chinese History Literature and Institution），1994；J. Y. Wong, *Deadly Dreams：Opium, Imperialism, and the Arrow War（1856—1860）in China*, Cambridge University Press,（Cambridge Studies in Chinese History Literature and Institution），1998；Norman Kutcher, *Mourning in Late Imperial China——Filial Piety and the State*, Cambridge University Press,（Cambridge Studies in Chinese History Literature and Institution），1999.

② 如：James Lee & Cameron Campbell, *Fate and Fortune in Rural China——Social Organization and Population Behavior in Liaoning 1774—1873*, Cambridge University Press,（Cambridge Studies in Population, Economy and Society in Past Time 31），1997.

③ 如：Robert B. Marks, *Tigers, Rice, Silk, & Silt——Environment and Economy in Late Imperial South China*, Cambridge University Press,（"Studies in Environment and History" edited by D. Worster & A. W. Crosby），1998.

④ 如 Philip Richardson, *Economic Chang in China*, c. 1800—1950, Cambridge University Press,（New Studies in Economic and Social History），1999.

⑤ 如 Timothy Brook and Gregory Blue（eds.）, *China and Historical Capitalism——Genealogies of Sinological Knowledge*, Cambridge University Press,（Studies in Modem Capitalism），1999.

⑥ 现定居剑桥，除《剑桥中国史》外，崔瑞德还与人共同主编了《泰晤士中国地图集》[P. J. M. Geelan, D. C. Twitchett ed., *The Times Atlas of China*, Times Books, 1974]等著。

⑦ Cambridge University Press, *Asia, Australasia & Pacific 1999*, Nov. 1998.

⑧ Michael Loewe, Edward L. Shaughnessy, *The Cambridge History of Ancient China, from the Origins of Civilization to 221 BC*, Cambridge University Press, 1999（Hardback）.

## 《剑桥中国史》出版情况一览表

| 卷次 | 标题 | 出版年份 | 主编姓名 | 国籍与单位 | 定价(镑) |
|---|---|---|---|---|---|
| 一 | 剑桥先秦史(文明起源到公元前221年)(The Cambridge History of Ancient China, from the Origins of Civilization to 221 BC) | 1999 | 鲁惟一(Michael Loewe) | 英国剑桥大学 | 80 |
| | | | 肖内西 Edward L. Shaughnessy | 美国 芝加哥大学 | |
| | 秦汉帝国史(221 BC—AD200)(The Ch'in and Han Empires 221 BC—AD 200) | 1987 | 崔瑞德(Denis Twitchett) | 英国剑桥大学 | 100 |
| | | | 鲁惟一(Michael Loewe) | 英国剑桥大学 | |
| 二 | — | | | | |
| 三 | 隋唐中国史(589—906)卷上(Sui and T'ang China 589—906 Part 1) | 1979 | 崔瑞德 | 英国剑桥大学 | 100 |
| 四 | — | | | | |
| 五 | — | | | | |
| 六 | 五胡政权与边境邦国(907—1368)(Alien Regimes and Border States 907—1368) | 1995 | 弗兰克(Herbert Franke) | 德国 慕尼黑大学 | 85 |
| | | | 崔瑞德 | 英国剑桥大学 | |
| 七 | 明代中国史(1368—1644)卷上(The Ming Dynasty 1368—1644, Part 1) | 1988 | 莫特(Frederick W. Mote) | 美国 普林斯顿大学 | 100 |
| | | | 崔瑞德 | 英国剑桥大桥 | |
| 八 | 明代中国史(1368—1644)卷下(The Ming Dynasty 1368—1644, Part 2) | 1998 | 崔瑞德 | 英国剑桥大学 | 80 |
| | | | 莫特 | 美国 普林斯顿大学 | |
| 九 | 前清中国史(1644—1800)① | 2000 | ? | ? | ? |
| 十 | 晚清中国史(1800—1911)卷上(Late Ch'ing 1800—1911, Part 1) | 1978 | 费正清(John K. Fairbank) | 美国哈佛大学 | 100 |
| 十一 | 晚清中国史(1800—1911)卷下(Late Ch'ing 1800—1911, Part 2) | 1980 | 费正清 | 美国哈佛大学 | 100 |
| | | | 刘广京(Kwang-Ching Liu) | 美国加州大学戴维斯分校 | |
| 十二 | 中华民国史(1912—1949)卷上(Republican China 1912—1949, Part 1) | 1983 | 费正清 | 美国哈佛大学 | 100 |
| 十三 | 中华民国史(1912—1949)卷下(Republican China 1912—1949, Part 2) | 1986 | 费正清 | 美国哈佛大学 | 100 |
| | | | 费惟恺(Albert Feuerwerker) | 美国 密歇根大学 | |
| 十四 | 中华人民共和国史(1949—1965)卷上(The People's Republic, Part 1: The Emergence of Revolutionary China 1949—1965) | 1987 | 麦克法夸尔(Rocerick MacFarquhar) | 美国哈佛大学 | 95 |
| | | | 费正清 | 美国哈佛大学 | |

---

① 剑桥大学出版社《1999年亚澳太地区出版物目录》第14页,仅列"第九卷",未标书题、主编及价格等信息,表中标题为笔者根据上下文填入。

续表

| 卷次 | 标　题 | 出版年份 | 主　编 姓　名 | 主　编 国籍与单位 | 定价（镑） |
|---|---|---|---|---|---|
| 十五 | 中华人民共和国史(1966—1982)卷下 (The People's Republic, Part 2: Revolutions within the Chinese Revolution 1966—1982) | 1992 | 麦克法夸尔 | 美国哈佛大学 | 100 |
|  |  |  | 费正清 | 美国哈佛大学 |  |

《剑桥中国史》是一套具有世界性影响的汉学系列研究著作,来自英国、美国、德国、加拿大、法国、荷兰、瑞士、澳大利亚、日本、香港、台湾、马来西亚、新加坡等国家和地区的 105 位中国历史研究者①,参加了《剑桥中国史》已出版各卷各章的撰写工作。在作者的国籍构成中,以英国和美国的汉学研究者占绝大多数,但也包括港台中国学者和外籍中国学者共十多名。参加人数如此众多、地域分布如此广泛的各国各地区汉学研究者们,在标以"剑桥"②的旌旗下共撰中国史,足以表明《剑桥中国史》学术性质的世界性,也从一个侧面反映出西方汉学界一个不可否认的学术现象,即剑桥汉学论坛已不惟剑桥学人所专有。

## 八、剑桥汉学正在走向多元化的研究方向

剑桥的汉学研究,主要由以下四个阵营所组成:剑桥大学东方研究院(Faculty of Oriental Studies),剑桥大学图书馆中文部,剑桥大学管理研究学院(Judge Institute of Management Studies)和李约瑟研究所。

剑桥大学东方研究院集中了剑桥最主要的汉学研究力量,历任汉学教授均属该院。开放型的国际间交流合作是东方研究院汉学研究的特色,1999 年又规划成立了"剑桥大学东亚研究所中国研究中心"③。剑桥大学汉学研究的史实证明,东方研究院是剑桥汉学暨剑桥大学汉学研究的传统核心与主体。

剑桥大学图书馆中文部以丰富的汉学文献库藏为其特色,学术研究力量以艾超世为帜,艾超世曾于 1977—1979 年在北京大学哲学系与历史系进修,主攻中国历史与考古,与中国大陆学术界联系较多,并为中文部每年从中国大陆进口大量学术著作与期刊,中国重要的政界与学界人物访问剑桥,必参观剑桥大学图书馆中文部。

在剑桥的四个汉学研究阵营中,惟李约瑟研究所独立于剑桥大学。李约瑟是

---

① 此据已出版各卷《剑桥中国史》各章所署撰稿者名单统计。
② 此处的"剑桥"应当包括英国的"剑桥"与美国的"剑桥"。
③ 《剑桥大学东亚研究所中国研究中心规划与展望》(*Plans and Prospects of East Asia Institute China Research Centre*, University of Cambridge, 1999)。

中国学界甚至中国普通百姓熟知的中国国际友人,他的学术经历及其《中国科技史》①一直为中国学界所称道,他在中国大陆的声誉远高于剑桥大学的其他汉学家,学界内外就此现象有一些或谨慎或随意的评论,如有学者曾如此阐述:"世知剑桥李约瑟,未必知剑桥大学中文系的汉学家。"②但不论评价如何,学问与声誉,总是既相关又独立的孪生兄弟。李约瑟研究所成立于1983年6月,包括东亚科学史图书馆,其前身是1968年8月成立的东亚科学史托拉斯(East Asian History of Science Trust)。李约瑟研究所办有不定期出刊的《李约瑟研究所通讯》,自1987年1月出刊第一期以来,至1999年7月,共出刊18期。③

剑桥大学的汉学研究,曾经获得各方捐资而设立了一些奖学基金,以支持和鼓励剑桥大学的汉学研究。1946年至1951年,国民党"中华民国政府"在剑桥大学设立了每年360英镑的"中国政府奖学金",共有8名(其中1946年3名,1947年2名,1948、1949年各1名,1950年空缺,1951年1名)研究汉学的外国学生获得该项奖学金。④ 1982年剑桥大学获得捐助而设立了"中国研究基金",由东方研究院的教授出任该基金会董事长,分配基金用于颁发"中国研究奖金"及邀请来访

---

① 据剑桥大学出版社《1999年亚澳太地区出版物目录》(Cambridge University Press, Asia, Australasia & Pacific 1999, Nov. 1998.)第15—16页记载,李约瑟(Joseph Needham)主编的《中国科技史(Science and Civilisation in China)》,最初计划是一卷600—800页的著作,但随着研究的进展而逐渐扩展,李约瑟逝世前主编了17册,余为继任者卡伦(C. Cullen)执行主编。目前已出版七卷21册,具体各卷册数为:第一卷《导论(Introductory: Orientations)》(1册,1956年),第二卷《科学思想史(History of Scientific Thought)》(1册,1956年),第三卷《数学与天文地学(Mathematics and the Sciences of the Heavens and the Earth)》(1册,1959年),第四卷《物理学与自然科学技术(Physics and Physical Technology)》(3册,出版年份依次为1962、1965和1971年),第五卷《化学与化学技术(Chemistry and Chemical Technology)》(第1—10、13册,出版年份依次为1985、1974、1976、1980、1983、1995、1987、2000、1988、2000和1999年,第11、12两册未出),第六卷《生物学与生物学技术(Biology and Biological Technology)》(3册,出版年份依次为1986、1984和1996年),第七卷《社会背景(The Social Backgroud)》(1册,1998年,另尚有未出册数)。

② 张国刚:《剑桥大学中国学的历史现状》,载《中国史研究动态》1995年第3期,第2—8页。

③ 《李约瑟研究所通讯》半年刊(East Asian History of Science Trust, Needham Research Institute Newsletter)所出期刊时间分别为:No.1(January 1987), No.2(June 1987), No.3(January 1988), No.4(June 1988), No.5(January 1989), No.6(June 1989), No.7(January 1990), No.8(June 1990), No.9(January 1991), No.10(June 1991), No.11(January 1992), No.12(July 1992), No.13(January 1993), No.14(April 1994), No.15(September 1996), No.16(February 1998), No.17(December 1998), No.18(July 1999)。

④ "中国政府奖学金",《剑桥大学历史记录补编,1941—1950》,剑桥大学出版社,1952年,第54—55页("Chinese Government Scholarships", The Historical Register of the University of Cambridge, Supplement, 1941—1950, Cambridge: at the University Press, 1952, pp.54—55)。

汉学研究学者的费用。①

　　1997年由台湾信义房地产公司总裁周先生为董事长的"信义基金会"出资1500万英镑,在剑桥大学管理研究学院设立了"信义管理研究基金",由此设立了"信义中文管理教授"职位,这是剑桥大学汉学研究的新阵营、新职位。"中文管理"为新创词,尚无一部词典或百科全书收列这一词条,仅在剑桥大学"关于设立信义中文管理教授职位的校务会报告"中对"中文管理"研究作了如下陈述:"此研究课题包括中华人民共和国、台湾、香港以及海外华人聚居地区工业与经济发展的相关问题与管理,研究在一系列的或主要管理实践中出现的传统中国文化和哲学影响。"②但其内涵和定义将有待其研究成果的问世方能最后结论。

　　剑桥大学的汉学在1940年之前,一直以中国经典(如《三字经》和"四书五经")为基础,如历年剑桥大学《学生手册》所载中文入学试卷所考内容,即此明证③,1940年以后,《学生手册》就不再反映中文考试的内容,说明剑桥大学的汉学研究从此开始脱离"四书五经"的羁绊,转而侧重历史研究。

---

①　"中国研究基金——1982年10月13日第6号",《剑桥大学布告与规章,1985》,剑桥大学出版社,1985,第825页("Chinese Studies Fund, Grace 6 of 13 October 1982", *Statutes and Ordinances of the University of Cambridge* 1985, Cambridge University Press, 1985, p. 825; 1988, p. 868; 1991, p. 934; 1995, pp. 724—725; 1996, p. 705; 1997, p. 705; 1998, p. 711; 1999, p. 682)。

②　"The subject combines the study of management and related aspects of industrial and economic development not only in the People's Republic of China, but also in Taiwan, Hong Kong, and the areas of overseas Chinese settlement; it is concerned with the influence of traditional Chinese culture and philosophy on the emergence of a major and successful set of management practices","关于设立信义中文管理教授职位的校务会报告",《剑桥大学报告》1997年2月19日("Report of the General board on the establishment of a Sinyi(信义) Professorship of Chinese Management", *Cambridge University Reporter*, No. 5690 Vol. CXXVII, No. 18, 19 Feb. 1997, pp. 436—437);"1997信义中文管理教授与管理研究,1997年3月12日第一号决议",《剑桥大学布告与规章,1997》("Sinyi Professor of Chinese Management. 1997. Management Studies[151], Grace 1 of 12 March 1997", *Statutes and Ordinances of the University of Cambridge* 1997, Cambridge University Press, 1997, p. 666)。

③　"中文试卷方案(6页)","东方语言荣誉学位考试——附录",《剑桥大学布告,1908》,剑桥大学出版社,1908年,第130页["Scheme of Examination in Chinese. (Six papers)", "Oriental Languages Tripos——Appendix", in *Ordinances of the University of Cambridge* 1908, Cambridge University Press, 1908, p. 130.];"(剑桥大学文学学士学位)初考,第10章",《剑桥大学与学院学生手册,1910》,第276页("Chapter X, The Previous Examination", in *The Student's Handbook to the University and Colleges of Cambridge* 1910, p. 276; 1911—1912, p. 278);"(剑桥大学文学学士学位)初考,第10章",《剑桥大学与学院学生手册,1911—1913》,第289页("Chapter X, The Previous Examination", in *The Student's Handbook to the University and Colleges of Cambridge* 1912—1913, p. 289; 1913—1914, p. 298; 1914—1915, p. 306; 1915—1916, p. 307; 1916—1917, p. 306; 1917—1918, p. 296; 1918—1919, 1919—1920, p. 302; 1920—1921, p. 308; 1921—1922, p. 308; 1922—1923, p. 308(注:该页被人撕走); 1923—1924, p. 290; 1924—1925, p. 291; 1925—1926, p. 289; 1926—1927, p. 293; 1927—1928, p. 293; 1928—1929, p. 295; 1929—1930, p. 288; 1930—1931, p. 291; 1931—1932, p. 287; 1932—1933, p. 288; 1933—1934, p. 289; 1934—1935, p. 296; 1935—1936, p. 298; 1936—1937, p. 302; 1937—1938, p. 308; 1938—1939, p. 307; 1939—1940, p. 308)。

近年来,剑桥暨剑桥大学的汉学研究正呈现出专题多元化、时代趋近化的趋势,在坚持纯粹历史研究的同时扩大研究范围,如20世纪90年代,剑桥大学东方研究院中文专业的宣传册中,已将"语言与历史"扩述为"语言与文化":"中国的语言与文化对于人类历史和现代世界的评价是极为重要的,因为中国的语言与文化体现了人类主要的累积经验与创造性成就。"[1]并逐渐关注与现代社会发展相关的其他研究领域,如东方研究院东亚研究所2000年颁发的招生广告即题为"现代中国研究",学生必修课题涉及"商业法、经济管理、人文地理学和政治学"等学科,学生的毕业趋向是从事"商业、法律、新闻、金融职业或博士研究"。[2]

在两千年世纪之交时期日益呈现的全球知识经济时代,剑桥暨剑桥大学的汉学研究已经走出森严壁垒的学术城堡,开始主动地接触并融入当代国际社会,努力以其本身的学术魅力,对现实世界的社会经济发展施加反映人类文明发展规律的学术影响。

(作者单位:浙江大学历史系)

---

[1] "the language and civilisation of China are central to any appreciation of human history and the modern world, because they embody the cumulative experience and creative achievements of a major part of the human race."转引自麦大维:《剑桥的汉学研究》,《剑桥社会杂志》1995—1996年,第37卷,第62—66页。

[2] "Two-year course in the fields of Commercial Law, Economics & Management, Human Geography or Political Science as applicable to China; aiming to prepare students for professional careers in Business, Law, Journalism, Finance or Doctoral Research.",剑桥大学东方研究院东亚研究所,《现代中国研究哲学硕士(招生广告)》,剑桥大学出版社印刷服务部,2000年(East Asia Institute, Faculty of Oriental Studies, University of Cambridge, *M. Phil. In Modern Chinese Studies*, Printed by University Printing Services, Cambridge University Press, 2000)。

# 俄国汉学史[①]（至1917年前）

□ [俄] B. C. 米亚斯尼科夫  A. C. 伊帕托娃
□ 柳若梅 译

随着俄罗斯国家同其邻国——中国的初期交往，现实的需要使得两国之间的关系得到了确定和发展，于是在俄国开始了关于中国问题和俄中关系问题的研究。早期的旅行家、外交特使为同远东邻国建立商贸联系或在两国之间建立外交关系而踏上中国的土地，毫无疑问，他们的游记、报告中关于中国的资料被认为是俄中关系史上的第一手文字资料。其中最有研究价值的是伊万·佩特林的《手稿》（1618—1619）、费奥多尔·伊万诺维奇·巴依科夫（1654—1657年间所写）和尼古拉·加夫利洛维奇·斯帕法里（1675—1677年间所写）的《明细资料》、伊兹布朗德·伊杰斯和阿达姆·布朗德（1692—1695年间所写）的日记。这些文件包含了关于中国及其相邻的国家和民族的多种多样的资料，可以称得上是外交史上的里程碑，俄国对中国的了解就是由这些资料开始逐步积累起来的，其中重要的

---

① 近年来，有学者开始关注、介绍、研究俄罗斯汉学，但是显然国内学界对于俄罗斯这个汉学大国的了解和研究非常不充分。为此本刊邀请俄罗斯科学院院士 B. C. 米亚斯尼科夫和中国问题专家 A. C. 伊帕托娃女士撰写此文，概括地介绍1917年以前俄罗斯汉学发展的历史（——译者注）。Демидова Н. Ф., Мясников В. С. Первые русские дипломаты в Китае. 《Роспись》И. Петлина и 《Статейный список》Ф. И. Байкова. – М., 1966; Спафарий-Милеску Н. Г. Сибирь и Китай. Кишинев, 1960; Избрандт Идес и Адам Бранд. Запики о русском посольстве (1682—1695). Вст. Статья, перевод и комментарий М. И. Казанина. М., 1967 и др.

发现——从欧洲经西伯利亚、蒙古和满洲而进入中国的道路的发现,丰富了世界地理学知识,俄国最早的关于中国和进入中国的路线的描述引起了人们的巨大兴趣,早在17世纪时这些资料就以英语、德语、法语和拉丁语在西欧大部分国家一版再版。

在长达几十年的时间里,由于没有翻译,从北京带回来的汉语或满语的外交公文的内容几乎无人知晓,伊万·佩特林从中国带回的明朝皇帝所写的国书就是如此,这份文件在多年以后的1675年才得以解读。俄国的特使们在同清朝的外交使臣进行谈判时经历了巨大的困难,为克服语言障碍而不得不请蒙古人和生活在中国的西方耶稣会传教士做口头翻译。换言之,对于17世纪来说,研究中国的角度在很大程度上是实用性的。正是在这一时期俄国政府意识到请专门的、首先是懂汉语和满语的人处理东方事务的必要性。

所以,在俄国和中国发展的每一个历史时期都留下了一些有价值的资料,这些资料对于解决现实的问题十分重要,同时也在一定程度上影响了对实际材料的解释、对一些论点的研究。

在18世纪初叶,彼得大帝所进行的几乎涉及俄国生活的所有方面的改革也涉及到了俄国的汉学,为俄国汉学建立了坚实的学术基础和组织基础。在彼得大帝1700年6月18日令中,提出"选派2—3名年纪不太大的、好的学者学习汉语和蒙语"①。

1724年科学院的建立和1727年俄中《恰克图条约》的签订对于俄罗斯汉学的形成产生了巨大的作用,在《恰克图条约》中,明确规定俄国向北京派驻传教士团(传教士团成立于1715年),其中可以带6名学习汉语、满语和蒙语的学生。北京传教士团长期以来一直从学术的角度研究中国,由此俄国开始对中国进行深入研究。传教士长期(10年甚至更长时间)生活在北京,得到了同他们的以汉语、满语、蒙语、西藏语为母语的教师一起研究汉语、满语、蒙古语甚至西藏语的难得机会,学习汉语和满语从第一届传教士团(1715—1728)起就是他们的任务,而克服语言障碍又为他们的研究开辟了更广阔的空间。

传教士团首先是从其俗家成员——学生(后来是大学生)中培养翻译,其中很多人后来都成了中国通、汉学家,回国后他们在外务委员会任职,后来是在俄国外交部的亚洲司任职、去大学执教或在边境当翻译。

俄国传教士团在中国尽管遇到了各种困难,但正是传教士团培养出了18世纪第一批俄国汉学家,其中名望最大的是伊拉里昂·加里诺维奇·罗索欣和阿列克塞·列昂季耶维奇·列昂季耶夫。北京传教士团的汉学家们的著作成为俄国

---

① Русско-китайские отношения в XVIII веке: Материалы и документы. Т. 1, 1700—1725, М., 1998, С., 50.

汉学的发端,并为 19 世纪学术飞跃发展的俄国汉学奠定了坚实的基础。遗憾的是,18 世纪俄国汉学家们翻译和撰写的著作,尽管其中很多作品完全可以成为世界汉学的珍贵文献,但大部分却都未能发表而以手稿的形式保留着①。值得注意的是,18—19 世纪俄国汉学的中心是在北京,即它所研究的国家的首都,这一时期俄国汉学的特点是实用性强,与现实关系紧密,并推动了俄国的外交活动。

与北京传教士团相对应,俄国科学院从成立时起便开始了对中国的研究。与传教士团不同的是,科学院不是从中国着手对中国进行学术研究,而是从西方。毫无疑问,这使其价值大打折扣。当时俄国科学院请来了致力于汉语语法整理、在已有资料基础上完成了一系列关于中国的著作的著名的德国东方学家戈特里布·西格弗利德·拜耶尔(1694—1738),尽管科学院的章程有着明确的规定,拜耶尔却并没有在俄国创立学术研究的学派,甚至没能培养学生和学术后继者。并且,他虽多年生活在俄国,却没有一个俄国朋友,甚至没尝试学习俄语。

1741 年,外务委员会把从中国回来的第二届传教士团(1729—1735)的学生——天才的汉学家罗索欣派到了科学院。当时科学院有一位东方学院士米勒,1747 年起罗索欣在米勒的领导下工作。但米勒只是利用罗索欣,而从不为罗索欣大量珍贵的著作和译稿的出版给予任何帮助。德国学者只是把罗索欣当成一个翻译,并大量地使用他的译著和研究成果。科学院图书馆中国馆的形成同罗索欣的名字紧密相连。

1757 年,北京传教士团的另一名很有天分的学生列昂季耶夫来到了科学院。因为 18 世纪科学院对中国的研究尚无系统性,列昂季耶夫为科学院保存的汉语、满语、蒙语和日语手稿做了目录。

在俄国,教授汉语、满语始于 18 世纪中期。第一个满语学校创办于 1739 年,学员来自斯拉夫—希腊—拉丁语学校,教师则是中国人周戈。这个学校只存在了两年,它的 4 名学生在具备了满语的初级水平后便作为第三届传教士团(1736—1743)的学生被派往北京,上文提到的阿列克塞·列昂季耶夫便是其中之一。与这个学校同时的还有俄学院在圣彼得堡开办的、存在了 10 年的汉语满语学校(1741—1751),学校的领导者就是罗索欣。1762 年,汉语和满语教学实行整顿,领导学校的重担就落到了列昂季耶夫肩上。

这样,17 世纪至 18 世纪初叶的俄罗斯汉学,是积累有关中国资料和形成关于中国的地理、政治大概认识的阶段,到 18 世纪 30 年代汉学作为一个学科开始成形。它以大量的汉语、满语文献翻译为基础,开始尝试对中国人、满族人以及清政府辖区内各民族的历史、语言、文化的研究。18 世纪在俄罗斯发表的关于中国的

---

① 18—19 世纪俄国汉学家的详细名单和手稿遗产描述详见 П. Е. Скачков《Очерки истории русского китаеведения》. М., 1977. Приложение 2. С. 363—459。

120部著作和论文,证明当时的俄罗斯社会对中国抱有浓厚的兴趣。

在19世纪初叶,俄罗斯汉学发展进入了一个新时期。1804年一些教授东方学课程的大学的章程得以通过。这一时期还出现了几个新的从事中国研究的东方学中心。其中首屈一指的是在圣彼得堡的科学院亚洲博物馆(即东方部的前身)。亚洲博物馆建于1818年底,首任馆长(1818—1842)是曾在喀山工作、为俄罗斯的东方古钱币学的建立奠定了基础的著名汉学家、圣彼得堡的科学院院士赫里斯季安·达尼洛维奇·弗伦(1782—1851)。

19世纪亚洲博物馆的主要工作是收集、整理包括汉语在内的东方语言的收藏品和书籍。博物馆吸引了一些东方的爱好者和行家,他们慷慨地把一些手稿、书籍、钱币赠送给博物馆。同时科学院也为博物馆投入很大,把科学院图书馆的279部中文书籍送给了博物馆。当时建立起来的一些重要的部门现在都保留在现代的俄罗斯科学院东方研究所圣彼得堡分部——手稿部、图书馆、东方学家档案馆。

遗憾的是,尽管博物馆馆藏丰富,但由于缺少专业人员,在19世纪,亚洲博物馆的学术流派并没有得到发展。大汉学家大都供职于其他机构:外交部、一些大学和北京传教士团,他们只是偶尔参与亚洲博物馆的工作。所以,在不同的时期,先后邀请了19世纪初从中国归来的第八届传教士团的学生П.И.加缅斯基和С.В.里波夫采夫、Н.Я.比丘林(第九届传教士团团长亚金夫神父)、З.Ф.列昂季耶夫斯基(第十届传教士团学生)、К.А.斯卡奇科夫(第十三届传教士团学生)为博物馆整理中文图书和编目。

到1856年,亚洲博物馆图书馆中国部已藏书1369册,这些馆藏不仅为俄国学者使用,一些外国学者也前来查阅。

100年间,成立一所研究东方语言的高等学府或隶属于圣彼得堡大学的专门的系的条件已经成熟,这一时期尽管有时传教士团的大学生的修养水平不尽人意,但北京传教士团还是保证了俄国在翻译人员和取得关于中国时局消息等方面的需求。

1837年,在喀山大学开设汉语教研室是在俄国本土直接培养本国汉学家所迈出的第一步,之后随着满语教研室的开设,喀山大学成为俄国研究汉语和满语的中心。在俄国汉学这项事业中做出巨大贡献的有喀山学者们(Казанский учебный округ)的支持者米哈依尔·尼古拉耶维奇·穆辛—普希金,还有为在喀山大学组织全面深入地对东方进行研究而做出了很多努力的喀山大学的校长、著名数学家尼古拉·伊万诺维奇·洛巴切夫斯基。汉语教研室的开设对于整个俄国学界是一个重要事件,使得研究中国的中心从一些独立零散的学校转入大学,曾为第十届传教士团(1821—1830)成员的达尼尔·西维洛夫被邀请来主持汉语教研室,而一些具体的事务,则由同为该届传教士团大学生的阿列克塞·伊万诺维奇·索斯尼茨基负责(1839年)。

在喀山大学,西维洛夫不仅把比丘林的汉语语法和自己编写的一些教学资料、特别是《中国文选》(比丘林对之评价很高)教授给学生,同时还给学生开设中国历史课,同时他继续进行早在北京时就已开始的《道德经》、《诗经》和《孟子》的翻译。1855年他将这几部译好的书籍寄往外交部亚洲司,接着在1840—1842年间他在喀山翻译了《四书》。在喀山大学工作期间西维洛夫发表的著作只有一本《中国通史》和他在北京时翻译的《资治通鉴》一书的少部分。

1844年 Д. 西维洛夫因病离开了教研室和汉语教学,曾为第十届传教士团医生的奥西普·彼得罗维奇·沃依采霍夫斯基应邀接替了他的工作,在此进行汉语和满语教学。在喀山,沃依采霍夫斯基完成了3卷本的《满汉词典》的编纂。

与喀山大学同时进行汉语教学的还有喀山第一中学,当时西维洛夫在此无偿地授课,1839年,精通汉语口语的 А. И. 索斯尼茨基应邀前来帮助 Д. 西维洛夫,他使用自己在北京时翻译的作品上课。1850年12月,蒙古文艺学硕士、一系列中国著作的译者、曾随第十二届传教士团前往中国并在中国生活10年的瓦西里·帕夫洛维奇·瓦西里耶夫返回了喀山大学,并立刻就被任命为这所大学的汉语和满语特聘教授。1850年12月10日瓦西里耶夫为东方系学生开办了"东方的意义与中国的意义"的讲座。看到甚至在俄国的教育界也存在着关于中国的知识不足的现象,瓦西里耶夫说:"我们对身边的巨人全然不觉,不仅现在、甚至在将来都否认其纳入教育范围的可能性……否认其是人类的强有力的巨大推动者,这是令人深感羞愧的。"①

喀山大学东方系汉语教研室一共存在了18年,在这个短短的时期中它证实了大学中教授汉语和满语的可能性和必要性,特别是当时北京传教士团已无法全面满足日益增长的对于中国问题专家的需要,每届传教士团中只有3—4名大学生。政府决定不是停止大学中满语和汉语的教学,而是将之集中在圣彼得堡,在科学院和外交部的指导之下进行。

所以,1855年,喀山大学东方系停办,所有教学人员和一部分学生以及图书馆、古钱币部的一部分都转入圣彼得堡。在圣彼得堡大学设立东方语言系(或东方系),任命 А. К. 卡齐姆贝克为系主任,汉语和满语教研室由瓦西里耶夫主持。在俄罗斯汉学史上开始了一个新时期,即圣彼得堡时期,这一时期同 В. П. 瓦西里耶夫的名字密切相关。

圣彼得堡大学开设东方系后,科学院汉学和大学汉学之间的学术联系逐渐建立起来,但在19世纪后半期亚洲博物馆在东方学领域的科研活动仍处于酝酿的状态。与18世纪一样,19世纪所有的著名汉学家都在科学院之外工作着。

---

① П. Е. Скачков 《Очерки истории русского китаеведения》. М. , 1977. С. 198.

在19世纪最后的15年间,北京传教士团在研究中国方面仍起着主要作用。北京传教士团多年在北京研究中国,中国的历史、经济文化、国家体制、居民、人名学、孔夫子传统在社会中的作用、外交、中国人占卜术、宫廷用语、外交礼仪、相邻国家和民族的历史,这些毫无疑问也是俄罗斯的学术成就,把19世纪俄国汉学推向了世界东方学的先进行列。

一些为汉学献身、为俄罗斯汉学带了荣誉的杰出学者在19世纪众多的汉学家中占有特别的地位,他们是 Н. Я. 比丘林(1807—1821年的第九届传教士团团长)、П. И. 卡法罗夫(修士大司祭帕拉蒂,第十二届传教士团成员,1850—1858年的第十三届传教士团和1865—1878年的第十五届传教士团团长,在中国生活了近30年)和 В. П. 瓦西里耶夫。

比丘林的名字是俄罗斯汉学史上一个时代的象征,在中国生活的14年间,他全身心地投入到中国的汉语、历史、地理、习俗、现状和与中国相邻国家和民族的历史的研究上。他深信,对中国历史的全面研究只能在中国相邻国家历史的研究、结合中国文化与其邻族文化互动的研究中进行。这位知识渊博、研究兴趣广泛的天才学者在研究东方国家方面所做出的贡献,超过了很多同时代的西欧汉学家,其研究成果包括研究著作、文章、中国史地哲著作的翻译等有一百多种。比丘林使俄罗斯和欧洲社会认识了中国相邻国家和民族的历史,他出版了《清宫前四汗的历史》(1829)、《15世纪至今厄鲁特人或卡尔梅克人的历史回顾》(1834)、《公元前2282年至公元后1227年西藏和呼胡诺尔的历史》(1833),1851年又出版了《古代起生活在中亚的民族材料汇编》,以此完成了这一系列的研究。

与此同时,比丘林还从事中国国情和历史的研究,发表了专著《中国,其居民、道德风尚、习俗、教育》(1840),后来又发表了他多年来对中国起源的研究成果《中国王朝纵观》(1842),以及《中国的耕作学》(1844)、《中国的民众及意识形态》(1848)。

科学院对比丘林给予了很高的评价:1828年,在他的第一部专著《蒙古札记》发表时,他被推举为科学院通讯院士。正是由于他,已经形成一个学科的俄罗斯汉学才得以纳入世界的学术范围,并在一定程度上改变了世界学界。他的著作曾4次获得科学院的最高奖——杰米多夫奖。

比丘林打破了19世纪初在欧洲和俄罗斯盛行的认为关于中国的著述已经很多、再难研究出什么新东西的观点。

在19世纪下半叶的杰出的俄罗斯汉学家中,卡法罗夫和瓦西里耶夫占有特别的地位,他们为汉学的不同方面注入了新的内容,同时探索世界东方已取得的一系列关于中国的知识的高峰。正是他们的著述开始了分析研究性的俄罗斯汉学,出现了俄罗斯汉学中的这样一些学派,如对于中国的社会经济历史的研究、对于中国思想的研究,撰写了一些语文学著作,使中国历史起源的研究成为一门独立的学科。

卡法罗夫的研究兴趣极为广泛。现在他的为所有汉学工作者熟知的《汉俄词典》，已成为19世纪后半叶中国语文学的经典之作。卡法罗夫在深入研究中国的源头的基础上对于蒙古历史的研究以及他在1847年至1859年间经蒙古旅行的个人观察也十分重要，卡法罗夫是第一个作为探险队长前往乌苏里地区并介绍这一地区的古代史的汉学家。

中国道教史和中国穆斯林文学也是卡法罗夫注意的目标，对于欧洲人关于中国历史研究的分析论证也是他的研究内容。在卡法罗夫的提议下，革命前的俄罗斯惟一的一份从学术角度研究中国的汉学专辑《俄国北京传教士团成员的著作》得以定期出版，这份4卷本的著作中收入了卡法罗夫的所有论著，集中了在此之前俄国汉学家所取得的所有成果。这份专辑无论对于俄国汉学还是对于欧洲汉学，都有着重大的意义，1858年两卷本的德文版在柏林出版。

作为喀山大学的学生，瓦西里耶夫有着10年的北京传教士团的经历，是一名有东方生活体验、同时又有着良好教育的东方学家，他学术创作道路的主要阶段与圣彼得堡大学是分不开的。瓦西里耶夫一边用《四书》、中国报纸以及各类古典文献的俄译本授课，同时教授中国历史、中国文学、儒教史，并教授满语、满族文学和历史。东方系所进行的主要研究方向即古典汉学（东方哲学和宗教，中国文学、历史和人种学，相邻国家史、教学资料）和教学，都是瓦西里耶夫的学术兴趣和著作内容的所在。培养了一代杰出汉学家的瓦西里耶夫教学工作量繁重，以至于影响了他作为一个学者的研究，一些在他学术创作道路之初就拟好的计划，都没能来得及实现。

瓦西里耶夫的学术遗产是巨大的，汉语、满语、蒙语、西藏语和闪含语的深入广博的知识，不仅使得他的研究视野开阔，同时也使得瓦西里耶夫的著作中的原始资料都绝无仅有。[1]

在19世纪50年代初、60年代末，瓦西里耶夫撰写了一系列汉语和满语的教学材料，在他所编纂的《汉俄词典》中首次在世界上使用的汉字排列体系，后来被很多字典所接受。这一时期，瓦西里耶夫发表了很多关于中国及其相邻国家的历史领域的基础性研究的成果，其中包括《10世纪至13世纪中亚东部古代史》（1859）、《元、明之前的满族人》（1863）、《中国的伊斯兰教运动》（1867）、《清前期蒙古臣服》（1868）。

1837年，瓦西里耶夫出版了在北京时就着手撰写的《东方的宗教，儒、释、道》，

---

[1] 参见 Смолин Г. Я. Академик В. П. Васильев как исследователь источниковедения история Китая. -Восток-Россия-Запад. Исторические и культурологические исследования. К 70-столетию В. С. Мясникова. Сб. статей. М., 2001. С. 329—359.

这本书成为进行很多问题的研究所必读的入门性著作。瓦西里耶夫后来撰写的、1880年问世的《中国文学史概要》也是如此。瓦西里耶夫在欧洲第一次讲授中国历史和满洲文学的课程。

瓦西里耶夫在教学中的助手总是有一些过去的北京传教士团的成员，如К. А. 斯卡奇科夫、Д. А. 佩休罗夫、И. И. 扎哈罗夫。在俄罗斯汉学中第一次提出把汉学作为一门科学、同时也是研究儒家学说、中国历史和文化的专家С. М. 格奥尔吉耶夫斯基、满学专家 А. О. 伊万诺夫斯基以及在东方系时间不长的 Д. С. 波兹涅耶夫都是瓦西里耶夫在圣彼得堡大学的后继者。瓦西里耶夫学派后来造就出了很多著名的东方学家、外交家、翻译。

19世纪俄罗斯的中国研究使俄国汉学取得了很多世界性成就，而20世纪初则在很大程度上停滞下来了。取得了很多有益成果的18—19世纪汉学家留下了巨大的学术遗产（包括手稿），这些学术遗产包括一些翻译作品、古典文献研究、关于中国历史的一些事实性知识的积累、与中国相邻的国家和民族的哲学宗教学说的研究。

然而19世纪与20世纪之交的社会生活却赋予学术研究以一些新的课题，不是对以语言研究和历史文献分析为基础的古典汉学提出要求，而是出现了一些能揭示中国所发生的事件性质的一些学科提出要求，形成了对于中国社会发展规律的研究，针对当时的实际，一些长期积累的关于中国的知识都得到了应用。

在对俄国汉学的命运深感忧虑并试图进一步发展汉学的汉学家中 С. М. 格奥尔吉耶夫斯基、В. М. 阿列克谢耶夫等都是瓦西里耶夫的学生。圣彼得堡大学东方系教授格奥尔吉耶夫斯基极为明晰地分析了俄罗斯汉学的现状，确立了其实践目标。俄国汉学也同当时的欧洲汉学一样，在 С. М. 格奥尔吉耶夫斯基看来，远不能顺应生活给他提出的任务，他说："汉学同简单的译介、同把汉语翻译成这种或那种欧洲语言是交织在一起的。"他认为，摆脱这种状况的出路在于汉学的分化，"汉学（现在这个概念很模糊）不应是一个学科，而应是一些学科的总和"。① 他相信，汉学家应帮助社会得出一个看待中国的、新的、许多世纪以来大多数人达成共识的观点。"这种观点以友谊之胶把我们联系在一起，而在未来，友谊之胶能够为了生活在世界上的所有民族的利益而保障整个世界的和平。"②老一辈学者所得出的结论非常及时、实际，但遗憾的是，没有得到政府的反应（这种事并不鲜见）。

沙皇政府联合远东的其他帝国参与了分割中国的尖锐争斗，中国成为这场争斗的主战场。20世纪初中国发生了一些伟大的巨变：义和团运动和辛亥革命，清政府被推翻和中华民国成立，这一切都深深地吸引了世界的目光，人们对于中国

---

① Георгиевский С. М. Граф Л. Толстой и《Принципы жизни Китая》. СПб., 1889. С. 6.
② Георгиевский С. М. Важность изучения Китая. СПб. 1890, С. 271.

的看法发生了全新的变化。

在这一系列的事件的影响下,汉学作为一个学科向何处发展、汉学要解决一些实际的任务,培养中国问题专家不应只是学者,还应有一些实干家,这些问题都尖锐地凸现出来。

现代中国的现实逐渐成为俄国学者的研究对象。为了实现这一目标,在 19 世纪与 20 世纪之交,俄罗斯成立了几个东方学其中包括汉学研究中心,这些中心有别于亚洲博物馆和圣彼得堡大学东方系,其研究任务是对于东方的语言——汉语、日语、朝鲜语、蒙语和满语进行实际性的研究。

于是,在 1899 年,在符拉迪沃斯托克成立了东方学院。俄罗斯人在远东的活动日益活跃,同中国、朝鲜、日本交往的扩大,日益复杂的国际局势和政府地方机构都需要成立这样一个学院。正是在俄罗斯的这一地区汉语、日语、朝鲜语、蒙语和满语翻译匮乏日渐明显,圣彼得堡大学已无力承担这些人员的培养。蒙语、卡尔梅克语博士 А. М. 波兹涅耶夫被任命为东方研究学院院长。1899 年 10 月 21 日在东方研究学院成立大会上,他说东方学院的任务是培养"东方政治、工商活动的人才"。① 东方学院的学制为 4 年。

为培养教学人才,1896 年圣彼得堡大学东方系将两名毕业生派往中国进修,他们是彼得·彼得罗维奇·施密特和阿波利纳里·瓦西里耶维奇·鲁达科夫。1899 年,他们登上了讲坛。

在不同时期,东方学院的院长分别为:А. М. 波兹涅耶夫(1899—1903)、Д. М. 波兹涅耶夫(1904—1906)、А. В. 鲁达科夫(1907—1917)。П. П. 施密特和 А. В. 鲁达科夫教授汉语,А. В. 格列宾希科夫、施密特和两名中国教师教授满语和作为选修课的藏语。汉语为各系、部的必学课程。Н. В. 屈纳从中国回国后主持历史教研室,藏学家、蒙学家 Г. 齐比科夫也是东方学院的人员之一。

东方学院的毕业生形成了一支翻译、俄罗斯汉语教师、中国俄语教师的队伍,学院还出版了很多现代中国的汉语、历史、经济和文化的教学资料。

然而由于两所大学——圣彼得堡大学和东方学院是完全分离的,它们没有统一的教学大纲、教学方法和教学材料,这一点对于俄国汉学的发展、青年专家的培养很是不利。

由于一些青年教师的加盟,圣彼得堡大学东方系的状况根本好转起来,在 20 世纪初叶,在东方系出色工作的有 П. С. 波波夫、А. И. 伊万诺夫、А. Е. 留比莫夫、В. Л. 科特维奇,В. М. 阿列克谢耶夫也是在这里开始其学术创作的道路的。这些教师把教学过程变得生动、新鲜,他们的汉语教学和汉语研究方向不仅达到了西

---

① Серов В. М. Восточный институт ( 1899—1909 гг. ) - Известия Восточного института Дальневосточного государственного университета. Владивосток. 1994, № 4. С. 15.

欧大学的水平,而且涉猎问题的面更宽,惟一的实质缺陷是缺乏汉语口语的实际应用技能。从 1910 年起,口语教学开始由中国先生承担。在东方系进行重大改革的重要人物之一是东方系过去的毕业生,瓦西里耶夫的学生,1909 年由西欧的汉学中心和中国回国的瓦西里·米哈依洛维奇·阿列克谢耶夫。

  尽管在 1912 年前阿列克谢耶夫还不是博物馆的编内人员,但 1910 年他已开始在亚洲博物馆工作。阿列克谢耶夫来亚洲博物馆后,博物馆开始对中国馆藏进行系统整理和编排,并对藏品进行了大量的补充,П. К. 科兹洛夫在 1907—1909 年间的中国之行、С. Е. 马洛夫在 1909—1911 年间的中国之行、С. Ф. 奥尔登堡在 1909—1910、1914—1915 年间的中国之行都进行了大量的藏品收集工作,其中最为著名的是唐古特藏品和中国 5—11 世纪的敦煌古代手稿。这两类藏品成为很多俄罗斯学者和外国学者专门研究的对象。

  阿列克谢耶夫特别注意汉语图书馆的学术配套。1912 年 В. М. 阿列克谢耶夫从中国南方地区回国后被任命为亚洲博物馆的学术保管员,他将许多中国版画送给博物馆,在博物馆建立了版画部,并为之编排了目录;他还将一些书籍、中国之行收集的树皮画送给了博物馆。年轻的学者开始为整个一代汉学家准备了学术研究的基本条件。与此同时阿列克谢耶夫开始研究中国文学史和文化史,在俄罗斯宣传中国文化,把中国的文学作品译成俄语。

  其他较著名的东方学机构还有实践东方学院和东方学协会。

  1909 年在圣彼得堡以一些培训班(1906—1909)为基础成立了实践东方学院,这个学院在 1917 年十月革命前一直存在,东方系的 А. И. 伊万诺夫、Г. Ф. 斯梅卡洛夫在这里教授汉语,口语则由俄中银行(1910 年起更名为俄亚银行)的中国雇员任课。

  东方学协会成立于 1900 年(1900 年 2 月,财政部确定了其章程,其宗旨是:使俄罗斯接近一些东方国家,在俄罗斯境外境内作为俄罗斯文化和东方民族的连线)[1]。后来在布拉戈维申斯克和哈巴罗夫斯克又成立了协会的分部。

  1909 年,66 名工作在北京和天津的圣彼得堡大学东方系和符拉迪沃斯托克东方学院的毕业生成立了远东东方学家联盟。1909 年,远东东方学家联盟和东方学协会合并成俄罗斯东方学家协会,中心设在圣彼得堡。在俄国远东地区和哈尔滨设立分部,哈尔滨分部出版杂志《亚洲通讯》(1909—1926)。

  这一时期俄罗斯汉学在中国地理学、人种学、古文献学、清朝边疆的研究上取得了巨大成就。Н. М. 普热瓦利斯基、Г. Е. 波塔宁、Е. М. 亚德林采夫、П. К. 科兹洛夫、В. И. 罗布罗夫斯基、Д. А. 克列缅茨的中国之行为整个学科揭开了以拥有伟

---

[1] П. Е. Скачков《Очерки истории русского китаеведения》. М., 1977. С.279.

大的历史和悲壮的现在的亚洲为中心的世界。

但无论是汉学的范围的扩大,还是地理学、古文献学领域的世界性发现都不能够克服 19 世纪末就已显现出来的俄国汉学的内部危机,因为这种危机的起因与其说是在学科内部,不如说是存在于处于伟大的革命性变革的前夜的俄罗斯社会的总的危机之中。在大名鼎鼎的或默默无闻的汉学先驱者们的努力之下,革命前汉学所积累起来巨大的学术潜能,不仅把俄国汉学推向了国际学界的高度,而且为在俄罗斯从学术的角度研究中国提供了广泛、坚实的基础,使得下一代汉学家可以继续系统地研究中国的过去和现状。

最为可贵的是,俄国汉学的先驱者们开创的对中国人民和中国文化抱有热情、友好的态度这个坚定的传统,在 20 世纪和现在已经到来的 21 世纪,汉学家们一直为之感到骄傲,并在努力将之发扬光大。

(译者单位:北京外国语大学海外汉学研究中心)

欧美汉学史研究

# 美国传教士卢公明眼中的清末科举

□ 林立强

**内容提要**

清代科举盛行。一位来华传教士——卢公明,以其自身见闻和亲身感受,在其著述中对晚清科举考试制度(主要为福建省福州地区)作了大量的渲染和相关的评论。由此,我们得以从外国传教士的视野考察晚清科举考试的详情及其得失。本文从这一角度阐述了美国传教士卢公明对当时中国考试制度的描绘和揭露,进而引发这一问题对于国人的思考和启示。

卢公明(Justus Doolittle,1823—1882),美国美部会(The American Board of Commissioners for Foreign Mission)传教士,汉学家,1850 年 5 月 31 日与妻子抵达福州。① 在榕期间,卢公明对福州人的社会生活产生了极大的兴趣。通过与福州文人的交往和接触、亲自参加民间举办的各种习俗活动以及到社会各阶层进行访问和调查,掌握了大量有关福州人的社会习俗、宗教活动及其感情的详尽而可信的资料。在此基础上,他于 1868 年回国后完成了其代表作《中国人的社会生活》(*Social Life Of*

---

① Rev. Justus Doolittle, *Justus Doolittle's Diary*, p. 50, Burke Library, Hamilton College.

the Chinese)。这部著作从社会风俗、宗教、教育、民间信仰等方面对晚清时期中国(主要为福州地区)社会生活情况进行了详实的描绘,其中有相当部分之篇幅对当时中国科举考试制度作了全方位的介绍。通过这些鲜为人知的资料,我们得以从一个外国传教士的视野领略晚清科举考试制度之详尽情形。与国内学者和其他传教士不同的是,卢公明对晚清科举考试制度的描述并不系统,也非泛泛而谈,而是为人们勾勒了一幅关于晚清科举的精细画卷。其中不仅有考生从参加考试直到考试结束整个流程的记录,还对考试中各种不良风气作了深刻的揭露,甚至细及考试中点点滴滴的"有趣"现象。可以说,卢公明在其著述中向人们展示的,是对晚清科举考试制度生动详实、淋漓尽致的描绘和刻画。

卢公明到达福州时正处于清代晚期,科举考试制度已达其巅峰之态。福建是近代的科举大省,作为省会的福州,在科举方面有着尤为突出的地位和表现。例如,在清代福建举人地区分布中,福州府中举人数一枝独秀,共有4607人之多,占清代全省举人总数10364人的44.5%。[①] 福州科举风气十分浓厚,长期以来形成了高度重视科第的社会风尚。祖先曾联翩登科的福州人郭公泽谈道,"科举时代社会崇拜科名的心理非常浓厚,(他的)二哥进了学(中秀才),二哥二嫂都喜喜欢欢;大哥榜上无名,则气得要死,还搬到福州西禅寺住了半个月,大嫂也半个月不出房门"[②]。由此可见,正是晚清科举考试在福州的盛行和影响,给卢公明留下了极为深刻的印象,激起了他的好奇心并在其著述中记录下了这种与自己国家的教育制度迥然不同的现象。

一

卢公明对晚清科举考试制度的描述,主要集中于福州府的童试和乡试。归结起来主要有三个方面的内容:层级上的递进、程序的复杂、规则的繁多。

**1. 科举考试特点之一——层级递进**

卢公明在介绍科举考试时主要涉及三个等级,他在《中国人的社会生活》中使用的是first、second、third degree这样的字眼,翻译过来就是第一、二、三等级,而实际上就是童试(包括县试、府试和院试)、乡试、会试这三个过程,他对这种考试制度所作的理解是一种由低到高、一层一层、一级一级往上递进的制度化模式。

卢公明对这三级考试的观察相当精确。例如,他在介绍第一等级考试(童试)时,认为它是由县令主持的考试(县试)到由知府主持的考试(府试)再到由学政[③]

---

[①][②] 刘海峰、庄明水:《福建教育史》,福建教育出版社,第214页,1996年。

[③] 学政:学官名,负责主持院试考试的官员,一般由侍郎、京堂、翰林、科道及部属等进士出身的官员担任,三年一任。

主持的考试(院试)这三个过程构成的。首先县令会发布通知,辖区内所有想参加由他主持的考试(要是他们还想继续参加由知府主持的考试)的考生按规定要与他见面。为了获求考试资格,学生必须参加由县令主持的考试,县令会重复考试2—3次或4次,到最后一场考试结束后,考生的名单会被列出来,由县令推荐给学政,参加高一级的考试,即接下来由知府主持的考试,通过了知府主持的考试后考生们就可参加由学政主持的考试了,通过后即成为秀才,就可以向更高等级的考试迈进了。就如卢公明所概括:社会所有阶层的考生们必须按顺序先后参加由县令、知府、学政主考的考试。①

**2. 科举考试特点之二——程序严格复杂**

中国科举考试有着一套代代沿袭下来的程序。考试必须严格按照程序进行,否则将受到惩罚,如取消考试资格、考试成绩等,对此卢公明都作了细微的考察:

(1)填写表格。考生在考试前必须到各级衙门填写表格以提供个人的详细资料,相当于今日考生的"档案"。例如在县试时,"考生在指定的三天前到县衙门某一办事处交钱,从办事员手中获得一张空白的表格。这张纸上盖有县令的印章,考生将这张表格带回去,填上关于自己的必需事项,并标明自己的名字和年龄、身材大小、长相、是否有髯胡以及住址等。填好后考生必须将表格交给某位第一等级毕业生,他们被指定为该考生的见证人。作为主要的证明人,还要在文件上签名盖印,同时还必须有另一位同一等级毕业生作为第二证明人并盖印。获得所有证明后,考生将这份文件交还给官吏,官吏会将时刻表交给这位考生,他还会将另外一份标有申请人(考生)名字及其申请书(表格)号码的文件交给申请人(为了便于在考试时与规定试卷纸上粘贴的申请人姓名及申请书号码相对应)……"②。在府试、院试等考试中也要经过上述的填表过程,这一程序实际上就是为了便于考试中的对号入座及对考生人事档案的集中管理,十分类似于我们今天填报考表信息和准考证的性质。

(2)进考场。考生进考场后,"考官会用准备好的点名册开始点名,谁的名字和号码被点到谁就要回应,上前上交那份从官吏那儿拿到的最后一张纸(记录申请人姓名和申请书号码)。这样,他也可以分到一卷指定的纸(试卷),官吏早已将他的名字和号码写在一张纸条绑在这张试卷上,上面写有考生的名字、分配给他的座位的位置范围编号及其他的座位号。考生必须收好这张纸条供日后校对,考生在卷宗的最后一页写上自己的名字及座位的位置,把它翻下来粘上,这样除非纸被撕开,否则是看不到里面内容的。……所有考生都进入考场后,他们就会被

---

① Rev. Justus Doolittle, *Social Life of the Chinese*, Vol I, pp. 390—391, New York, Harper & Brothers Publishers, 1867.

② *Social Life of the Chinese*, p. 386.

关起来,门也关闭了。在考试结束前,任何人不得出入,除非有考生完成考试交卷回家,门才会被打开"①。从这里,我们可以看出卢公明在着墨对考试过程描写时,明显地注意到考试还是基本上严格按程序进行。换句话说,至少在形式上,这套考试程序对广大考生来说是严格且公平的,是按照规定的步骤进行的。

（3）考卷的评阅及公布报送。如在县试时,考生在交卷之前,会将写有名字、号数的纸条从卷宗上撕下来带走,他还得将名字和号码写在卷宗的背面角落上,翻过来粘贴,这样名字和号码就看不到了,除非将封住的地方撕开。这样做的目的是为了防止在选出好文章和诗之前,评卷的官员知道考生的名字和号码(这一做法至今仍在沿用,由此可见科考阅卷工作的严密性)。县令会从卷宗中选出较好的作品,将该作品作者的姓名和号码公布于衙门前让大家看,最后将成绩送报到上级去。再如,在乡试结束后,通过的考生的手稿会被收集起来,送至北京,接受皇帝的检查。而且这些试卷还须经过耐心的修正使其看起来整洁。如果没做好,特派官员将会受到严厉的责备甚至可能被降级。可见,在报送考卷这一过程还是必须谨慎小心的。关于这一点,卢公明也觉察到中西方之间存在的差异。他说:"中国写作的纸张,只能将作文写在一边,这样才可以进行'清洁和修正',如果在外国纸张上写诗和文章,是不可能修改的……"②这字面上是说中西方考试在内容或形式上各行其道,大相径庭,也流露出卢公明对中国考试中矫揉造作现象的轻蔑。

**3. 科举考试特点之三——规则繁多**

科举考试作为一种制度化的考试模式,形成了许多详细的规则,这些亦体现于卢公明的笔下。

关于科举考试规则,卢公明主要介绍了考前、考间及考后存在的一些长期形成了的习惯了的明确的规定或原则。例如,在考前考生填表格时就必须声明:"他不代替别人、以他人名义去参加考试;不以老师的名义帮助别人;而且他不去参加设在另一个县市的考试等"③。这表明清廷对考生参加考试有严格的规定,这些规则规定了考生必须亲自参加考试以及不得跨地区报考等事项。又如,考试时考生不得与外界联系,也不得看书。每个考生必须独立成文。考生不得与别人交头接耳,不得提问,而考生吃的食物也是在进考场时就一起带进来的等。可见,在考场上也有着一套严格的考试规则,违反规则将会受到考官的处罚。

值得一提的是,卢公明在介绍乡试时,发现了一个违反考试规则后采取的解决对策:"在乡试第一场考试中,由于部分考生违反了考试规则,他们的文章没有在墙上向公众展示。这些学生在十号晚上的某一时间又进入考场。八月十一号

---

①②③ *Social Life of the Chinese*, p. 386, p. 387, p. 411.

三更始,考生们开始点名就座,休息时间不超过一天,门被封上,题目给出,所有事项的程序都和第一场考试一样,但这次有五个题目而不是四个了,这五个题目不是从《四书》中抽出的,而是出自《五经》。四个题目是定给散文的,一个是诗的……"①在这里,卢公明注意到了有些考生在违反考试规则后必须重考,基本程序不变,但考试的内容却相应地变化了,不过变动不是很大,基本上也是考生常读的内容。这就涉及到中国考试制度的灵活性。有时考试会遇到突发因素,若没有事先准备必定会导致混乱,但负责考试的官员们早已明了其中的万千变化情况,科举考试在他们的监控下一般不会出现什么问题。

## 二

中国考试制度形成了一整套完善的政策和规定,从外在形式上看,具有绝对的权威和约束力,是不容许任意破坏和侵犯的,而在内部实行过程中,从总体上来讲可以说是沿着外在的规定来执行的(否则中国考试制度也无法长期延续)。然而,制度是制定了的,但人事却总是活的,著名学者钱穆说过:"人事比较变动,制度由人创立亦由人改订,亦属人事而比较稳定……制度虽像勒定成文,其实还是跟着人事随时有变动。"②科举中同样存在一些不合法的手段,无论是在考场之内还是之外。同时,也有一些相应的措施产生。接下来,卢公明为我们掀开了科举考试不良风气的面纱。

### 1. 防止考生作弊

科举考试中不可避免地会存在作弊现象,尽管统治者对作弊者施以严刑峻罚,然而"科举前途的荣耀辉煌仍刺激着士子冒险作弊"③。卢公明在论及这一问题时,并没有从正面描述考生如何作弊,而是以介绍防止考生作弊的方法为切入点揭示之:"在考题给出的一两小时内,考生们正忙于整理思路,把文章抄正,这时考官会拿着一个印,走到各个考生的座位去,把印盖在最后一个字后面,如某一行的末尾,视情况而定。如果考生在规定的卷宗没有放开头,印就盖在外面,只有将印盖在散文或诗完成的地方,主考官才能确定考生没有作弊,除非是他偷带纸张、书本进来抄写或参考。"④这样防止作弊的方法可谓相当到位,究其根源,却不能不为中国考生作弊花样之多之奇感到惭愧。卢公明就像把我们引领进了一个真实的情境,使我们如同切身感受了考试一般,更加深刻地领略了当时考场上千奇百怪的现象。同时,卢公明在作了一番深入的观察和体验后认为,官员在考试中为

---

① ④ *Social Life of the Chinese*, pp. 409—410, pp. 423—424.
② 钱穆:《中国政治制度得失》,第 4—5 页,三联书店,2001 年。
③ 焦润明、苏晓轩编著:《晚清生活掠影》,第 112 页,沈阳出版社,2002 年。

了防止欺骗和作弊的方法尤其多,想要对其中细节有非常明晰的了解是挺困难的(可能涉及保密的因素)。

**2. 贿赂与受贿现象**

晚清科举考试场上的徇私腐败现象泛滥,考生贿赂考官、考官收受贿赂的现象相当普遍,卢公明著述中有多处直接对考场上这种不良现象进行了揭示,从中可窥见晚清科场黑暗之一斑。例如:"可以确定的是,学政和特派官员常常会接受贿赂,将等级颁给某些考生,有时贿赂这些官员需要很大一笔钱。……在特派官员到达这座城市行使职能之前,每件事都已经安排好了,让考生没有后顾之忧。"①"一般来说,主考官是不会去拒绝接受贿赂来通融某些考生的。有时,他们自己也想要帮助某些考生回报之前受过的恩惠,或是帮助一位朋友或亲戚。"②由此可见,"考生贿赂"与"考官受贿"呈互动关系,各级官员也基本能达成共识,一起接受贿赂。此外,官员们还常常利用特权徇私舞弊,使一些考生通过钱礼、人情而获得功名,这些现象在卢公明看来都是极不合理、不公平的。他所刻画出的,正是一幅栩栩如生的考场内外官员们腐败的情景。

**3. 考生采取的不正当手段**

晚清科举考试中,考生们采用的各种"非法"手段可谓五花八门,令人瞠目结舌。这些不良风气不仅扰乱和破坏了正常的科举秩序,更增加了考试的不公平性。关于其表现,卢公明亦刻画得入木三分。例如,当时"农村的考生,如果有钱,可以去雇一位城市的学者,当然,必须是一位拥有不错的名声,能够快速正确写出文章和诗的学者。他会被雇去以农村考生的名义去参加某些考试。这种方法很普遍,因为农村的考生通常不如城市长大的学者在做文章或做诗时显得那样有才华和技巧。但对于同县的其他考生来说,这是明显不公平不平等的,因为雇佣一位比他自己强的学者,就会提高他成功的可能性,同时也就降低其他考生成功的可能性……"③,上述现象即是一种"替考"行为,在讲求公正的美国传教士眼中,这一行为是不诚实的表现。

卢公明还提到了一个有趣的现象,是关于"马舍"和"马"的④,通俗地讲这一现象就是一些毕业生帮助花钱买文章的考生写文章。在开考前一段时间,一些商人会在考场附近准备若干房间,并请一些有才华的人来这里,为有钱的考生提供某种"服务"。有钱的考生会选择这些人帮助其写文章,然后去参加考试,这实际上就是一种变相的考试答案的买卖现象。通过这一情况的反映,很难想象晚清科场上到底还存在多少这类非法的手段!

---

①②③④ *Social Life of the Chinese*, pp. 426—427, p. 428, p. 431, p. 434.

## 三

卢公明在详细介绍了晚清科举考试制度的全过程以及深刻揭露科场不良风气现象后,更涉猎于科举考试制度的点点滴滴。

**1. 关于武举**

卢公明所接触的考试制度基本上都是文举,即他自己所述的 literary test(文学考试),而较少提及武举。关于武举(军事考试)他只作了较为粗略的介绍,但其中的一些评论令人回味。他认为,中国的武术考试有一个特点,那就是"怪"。他提到:对于实战一窍不通的文职官员,在中国居然会被认为完全有能力去监督武术考试,并决定出较好、较有才能的考生,这在习惯于西方思想的人们看来,实在难以理解。还有一件怪事,在一个使用火药几个世纪的土地上,居然在武术考试中不要求学生使用枪炮,而"箭术的技巧和强壮的体能则被视为任何与战争有关的能力中是最重要的"①。中国武术考试的这种状况在一个传教士乃至大多数外国人眼中,称之为怪,确不为过,他们并不了解中国战争史上的经验及技术的影响。然而换个角度来看,却让人感叹晚清时期中国在军事技术、军事思想上落后于西方的程度,这也从一个侧面解释了清政府自鸦片战争以来屡战屡败于外国列强的原因。

**2. 关于考生生病**

科举考试中有时会发生考生病倒去世的事件。卢公明在观察到这一现象时,对当中的一些现象感到惊讶。他记述道:"在(乡试)三场考试中,常出现一些人在考试未结束前就病倒去世了。中国的法律和习俗是不允许将尸体从高大的前门搬运出考场的,只能从后门或是东、西面,'穿墙而过'。这么做不是对死者的不敬,而是为了不让前门受到尸体的晦气。把尸体从前门搬出去,在中国人看来,是非常不吉利的预兆……"②在这里,卢公明的观测角度可谓刁钻独到,也是他极为细心观察的结果,这类记载即便在清代相关文献中亦较难见诸,而卢公明的细心正好可以补充这方面的不足,为我们提供了不少闻所未闻却又十分珍贵的文献资料。中国人不将尸体从前门搬出并不是说对死者表示不敬,而是为了避免晦气。科举考试本是凭客观实力,中国人在考试时却顾虑于征兆、迷信,这对于不屑于迷信行为的外国传教士卢公明来说,有着一种难以言状的惊讶。

**3. 考试结束后的庆祝**

卢公明叙及晚清科举考试制度并非仅限于考场之内,考试结束后远离考场之

---

①② *Social Life of the Chinese*, p. 439, p. 411.

外的庆祝行为也被他详细地记录下来。概括来说有四方面内容：办酒席、拜访老师、出席宴会和建荣誉牌匾。

（1）办酒席。卢公明注意到，"考生成就功名后的几天里，各考生家中会办一场酒席来庆祝这件事……"①在酒席之中，考生要拜天地、祖先，跪拜父母，以此表示感激之情。这一现象时至今日依然广为流行，在卢公明看来，中国人沉浸于喜庆热闹的氛围确实是颇具民族特色，晚清社会习俗之纷繁复杂，竟可以从科举考试这项教育措施中体现出来，令他不得不叹为观止。

（2）拜访老师。尊师之风在中国源远流长，卢公明发现拜访老师还有一定的仪式。如秀才去拜访老师学政时，要"按顺序排好站在他面前，司仪一说出口令，他们就要一齐跪下，接着就磕三次头"②。这个庆典是为了表达他们对"恩师"的深深谢意。拜访老师拘谨于礼节并形成一种习惯，这也是中国考试制度中一个特殊的现象。不过，在卢公明笔下却透露出他视这一现象为冗余做作。

（3）出席宴会。卢公明注意到，那些中了举人的毕业生被邀请出席在巡抚衙门举行的宴会。参加宴会的前几天，这些新举人会收到一套衣物，但是质量低劣，卢公明认为毕业生接受这些东西只是因为它们的形式和名号，这也说明科举考试中人们更为关注的是谋取功名及相应而来的头衔，而不在意身边短暂的、浅薄的损失。卢公明对宴会也作了描述，总的来讲，他认为这场宴会简直是一场可笑的闹剧，很多地方都不合情理，从中表明了宴会只是一种政府笼络新人才的形式，其中并无具体内容可言，但也或多或少暗示了统治者对于新选拔的人才还是十分重视的。

（4）建荣誉牌匾。科举考试成功的考生往往会建牌匾，卢公明也观察到了这一现象的存在，并记录下了这一方面的情况。他详细记述了谁建立牌匾，牌匾位置、大小、题字以及建牌匾之意图等内容。他认为建立牌匾最主要的内涵是为了显示荣耀，并从中发现，中国人重名誉、爱面子，建牌立匾不仅为个人，更为整个家族带来荣耀，不同的牌匾还代表不同的意义。卢公明细致的眼光，揭示了科举考试与获求荣誉之间的紧密关系，这正是科举考试中一个极为重要的价值取向。

关于科举各方面的情况，在卢公明著述中还有不少，本文不一一赘述。总之，卢公明在观察晚清科举考试制度时采取的角度、涉及的内容多有以往文献和他人未言之处。

## 结　　语

中国的考试制度，历来是西人关注的问题，无论是明末来华耶稣会士利玛窦

---

①② Social Life of the Chinese, p. 413, p. 414.

还是近代来华新教传教士,都不例外。但能像卢公明这样运用了大量篇幅和语言描绘当时中国科举之全景,实不多见。他虽然描述的是当时福州这一科举大城的考试状况,但人们可以通过对区域科举的了解,看到全国的总趋势和整体特征。其对考试中黑暗面的刻画、揭露和评论,也为今日学者研究中国科举制度提供了不可多得的史料,以窥视当时考试之实情。然而,要指出的是,中西方文化的差异使得卢公明对中国科举制度的描写充其量只能停留在客观的再现上,科举制度背后隐藏的中国封建社会的深层次问题,对他来说永远都只能是个谜。因此,他只好向西方读者发出这样的感叹:"要将世界闻名的中国考试说个清楚,详细地讲述一些学生为获得文学等级所采取的手段,还需要花上几章的篇幅。如果考试有公平真实的管理,毕业生将不会只有一般的记忆和能力。"[1]虽然卢公明看不到中国科举制度的本质问题,但他总算看到了科举制度的弊病:晚清科举考试的细繁已无法从管理上来约束,最终归宿必然走向衰亡,其所培养出来的人才,已不具有教育意义上的素质和能力。

(作者单位:福建师范大学社会历史学院)

---

[1] *Social Life of the Chinese*, p. 383.

# 汉语普通话第3声的特征

□[日]久保修三

汉语中包含四种高低不同的音调,它们和音质成分一样有区别意义的作用。这种音的高低不同一般用类似图1中的五度制标调表示。

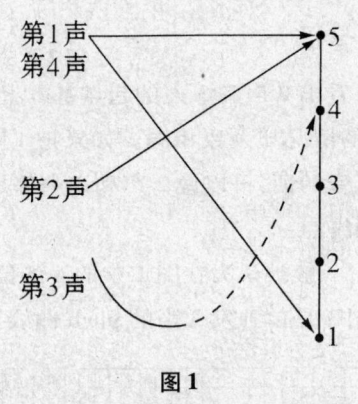

图1

对于学汉语的外国人来说,最难学的是第3声,因为与其他的声调相比,只有第3声的声调在下降一会儿之后又开始上升,而起点和终点的位置也都不高不低,学习起来自然是很难掌握的。但是,这里有一个疑点。仅仅为了区别四种不同的高低,这样复杂而不高不低的曲线有必要吗?到底图1中的第3声的曲线是不是正确的呢?如果是正确的话,是什么原因使它成为这种形状的呢?抱着这些疑问,我想试着来探讨一下。

调查的方法:1.收录北京人男女各五名的两个音节的组合发音。2.用声音分析软件来观察它们的 pitch 曲线。

## 1. 第3声的起点

在后面的声调相同的情况下,比较2声和3声。也就是2声+1声和3声+1声,2声+2声和3声+2声,2声+4声和3声+4声,还有2声+轻声和3声+轻声,就这四种情况作比较。从10人中选出效果比较好的2人(A和B)的发音图作介绍。如图2所示。

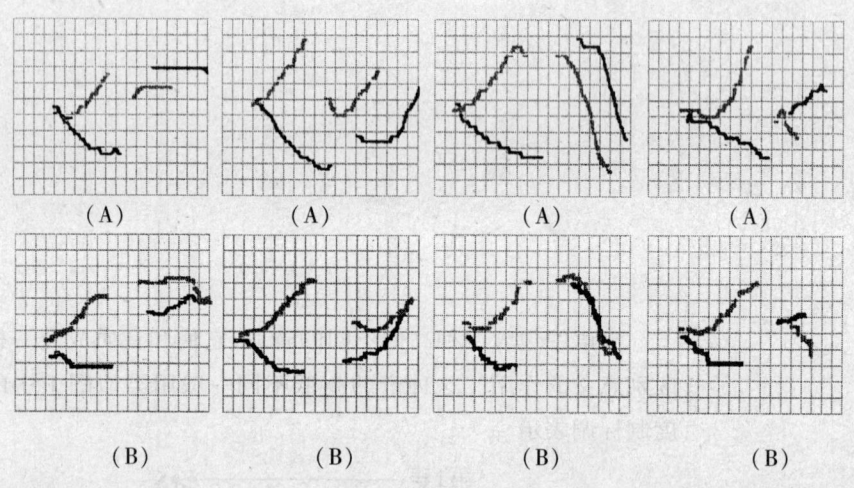

2声+1声　　2声+2声　　2声+4声　　2声+轻声

3声+1声　　3声+2声　　3声+4声　　3声+轻声

　　(A)　　　　(A)　　　　(A)　　　　(A)

　　(B)　　　　(B)　　　　(B)　　　　(B)

**图2**

从图中可以看出2声和3声的起点基本上相同,其他的8人的发音虽然各有些差异,但显示的情况却大致相同。如果把1声、4声起点叫高音,把3声的低点和4声终点叫低音的话,可以说2声和3声都是从中音开始的。

## 2. 第3声的终点

3声的终点,一般被认为在图1中的4的位置上。

请看图3,图3是单独发3声的pitch曲线。

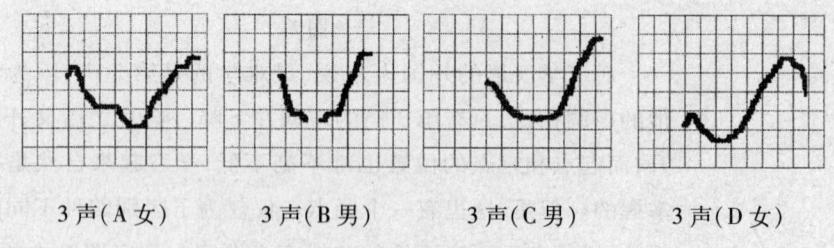

　3声(A女)　　3声(B男)　　3声(C男)　　3声(D女)

**图3**

图3表示3声的确是先下降一会儿,之后又上升到相当高度的位置,终点的高度大约在图1中的4的位置。那么我们应该怎么确定这个位置呢?

请继续看图4和图5。图4是和图3相同的人发的3声+轻声的pitch曲线。图5是图3和图4的重叠图。

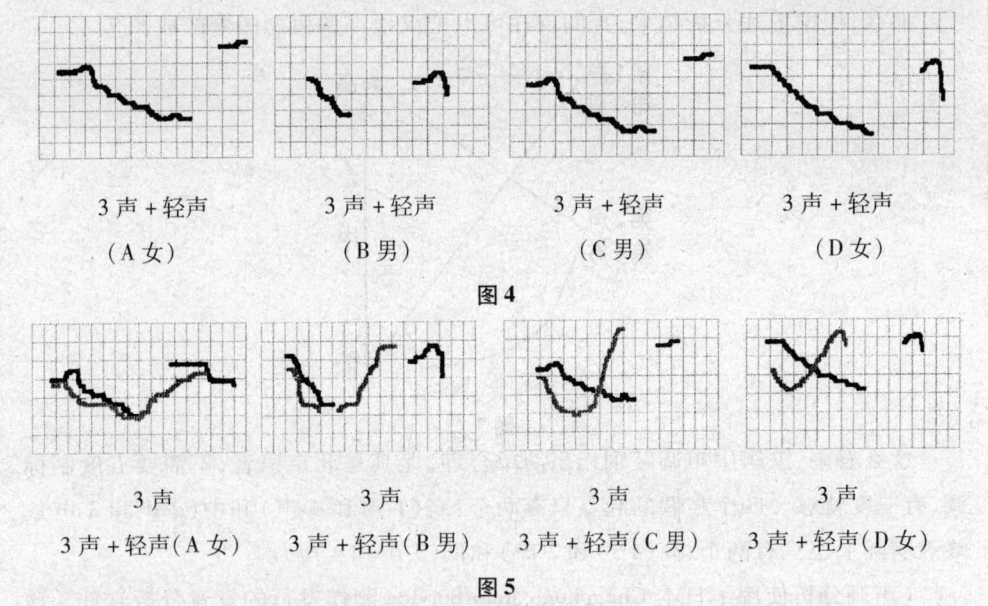

3声+轻声　　　3声+轻声　　　3声+轻声　　　3声+轻声
（A女）　　　　（B男）　　　　（C男）　　　　（D女）

图 4

3声　　　　　　3声　　　　　　3声　　　　　　3声
3声+轻声（A女）　3声+轻声（B男）　3声+轻声（C男）　3声+轻声（D女）

图 5

从图 5 可知，3 声的终点和 3 声+轻声的轻声的位置大致相同。我们是不是可以这样推测说，3 声的后半的升音部分实际上是在发完前半部分音后，在停止用力时自然而然地发出来的音。

图 6 显示了 1 声、2 声、4 声各声调后所带的轻声的高度。可以发现，1 声、2 声后的轻声都比它们的终点低，4 声后的虽然比它的终点高，但还是相当低，只有 3 声明显反弹上升。3 声的反弹现象表明 3 声的前半部分的发音并不是像 4 声那样单纯地向下落的音，而是一种向下压的音。只有向下压，压完之后才会向上反弹。它也不是单纯的底平音，从上往下压，压得用力，松开力气后，音才这么反弹上升。

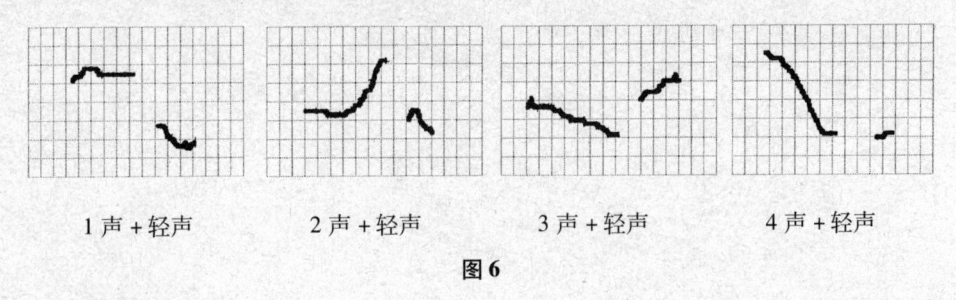

1声+轻声　　　2声+轻声　　　3声+轻声　　　4声+轻声

图 6

## 3. 结论

3 声的起点和 2 声在同一高度，是从中音开始的，然后 2 声向上升，而 3 声向下降，降到最底音。但是并不像 4 声那样落下，而是向下压。它后半部分的发音是，前半向下压降后反弹到带有轻声时轻声的高度，也就是说，学生不需要管后半部分的高度，只要学会把前半部分压音压好就行，正如发 3 声加轻声一样。这或许也说明 3 声的后半部分不是构成 3 声的主要部分，而不过是自然而然带上的余音。

那么，根据上述分析结果，我们现在可以把汉语声调概念图修改成图7。

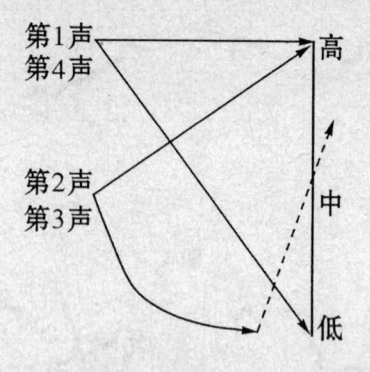

图7

这么看来，汉语中声调区别相当简单合理，尤其是北京语音，不需要五度制标调，有三度就够。四个声调的起点只有两个：高（1声和4声）和中（2声和3声）。终点实际上也只有两个：高（1声和2声）和低（3声和4声）。

（声调分析使用了日本 Chugokugo Joho Service 制作发行的发音分析软件。该软件除了 pitch 曲线以外，还能看 spectrogram。该公司为了学者进行语音分析，免费提供该软件使用权。有意者可向 E-mail：cjserv@kt.rim.or.jp 报名索取。）

（作者单位：日本中国语情报中心）

# 侯芝(1764—1829)：
## 女诗人兼弹词小说家

□［美］E. 魏德默
□胡晓真　译

侯芝,字如芝,号香叶阁主人。对现代学界来说,其人的重要性建立在她对弹词小说发展的贡献上。侯芝是陈端生《再生缘》一书最早刊本(1821年)的编订者,此外,她也编订或甚至写作了另外四部弹词小说——《锦上花》(1813年)、《金闺杰》(1824年;此书为《再生缘》的改写本)、《再造天》(1826年序;1828年出版)以及《玉钏缘》。其中《玉钏缘》的原刊本已不可见,出版年亦不详,惟一可确定的是,侯芝在出版《再生缘》以前已经处理过《玉钏缘》。证据是,侯芝在她为《再生缘》写的序(1821年)里,曾经提到上述四部弹词小说,同时指出自己在弹词小说上已经花了大约十年的时间。如果我们采信其说,则侯芝与弹词小说的渊源就至少可以上推至1811年。

胡士莹曾为侯芝作过一篇考证详赡的小传,他利用弹词小说的序文、地方志资料等材料来建构这位女性文学先驱者的一生事迹。[①] 笔者在本文中将次第提出胡氏未曾得见的资料,从而对他的发现加以补充并修订。笔者使用的材料主要有:侯芝约在1811年为女诗人江珠的《小维摩诗集》所写的序,该书现藏北京图书馆;她写给骆绮兰的诗与信件,皆见于骆绮兰编、署1797年的《听秋馆闺中同人集》,该书现藏南京图书馆;以及王

---

① 胡士莹:《弹词女作家侯芝小传》,载《文献》15,第87—93页,1983年。

豫于1811年出版的《群雅集》及相关资料,该书藏于内阁文库。同时,笔者也间有引用法式善《梧门诗话》①提及侯芝之处,以及王琼为女诗人金若兰之《花语轩诗抄》所作的序,②该序署于1811年。至于法式善的集子,其年代难以精确判定,但作者既没于1813年,则该书之成书必早于此。以下,笔者将先依次介绍上述三种主要资料,再讨论侯芝为何选择创作弹词以及她如何出版弹词等问题。

在上述三种材料中,侯芝为江珠的《小维摩诗集》所作的序因为带有自传的成分,透露不少相关的资讯。③江珠是"吴中十子"④之一,来自苏州,工诗,亦兼擅诸学。她是学者江藩(1761—1831)之妹,同时名列袁枚的随园女弟子之一,只是因多病而无法时常参加随园聚会。⑤

就目前所知,侯芝与江珠一生始终悭一面。或许这正可以解释侯芝的序为何以自叙的成分居多。据该序所云,虽然侯芝的父亲拥护女子无才为德的古训,但她仍由其"二兄"(实为堂兄)侯云锦授读。侯芝婚配梅冲,其人家贫但文名颇盛,⑥婚后多年她一直为家务所困,"无暇于韵语"。其子梅曾亮(1786—1856)就是在侯芝文学生涯里这段漫长的沉寂时日中出生的。1794年侯芝一病几危。她发现写作有养痾却疾之效,因为她一向喜爱文墨,只要开始写作,就可以减轻病中寒热之苦。通过侯云锦与其他兄弟的协助,侯芝与"上下江女史"开始赠答往还,在鱼雁之间于是得闻江珠之名。之后,侯芝对江珠的去向少有所悉。十年后,其季弟⑦携来江珠的遗稿,嘱侯芝为之序。此事的起因,乃是由于江珠之夫吾学海正是侯芝季弟的友人。

侯芝的序最后提到她本人与江珠乃同岁而生。这个巧合使她想到,江珠之早夭,或者是多才而遭造物所忌之故。根据吾学海在《小维摩诗集》的跋语所述,则江珠生于1764年,没于1804年。对照侯芝与江珠同岁而生的自述,则她的生年亦

---

① 沈云龙编:《近代中国史料丛刊续编》第20辑,198号,台北:文海出版社,1975年。
② 金若兰原书题《花语轩诗抄》,署1807年。该书藏于美国国会图书馆。另存该书之选集《花语轩诗选》一部,今存北京中国社科院图书馆(文学部),该书署1811年。
③ 江珠的《小维摩诗集》另有其兄江藩、陈燮、徐煜以及女诗人归懋仪为之序。
④ 吴中十子的姓名与著作可参见胡文楷:《历代妇女著作考》,上海:古籍出版社,1985年。高彦颐(Dorothy Ko)对吴中十子也曾作过讨论,参见其"A Man Teaching Ten Women: A Case in the Making of Gender Relations in Eighteenth-Century China",载《柳田节子先生古稀记念:中国の伝統社会と家族》,第65—93页,东京:汲古书院,1993年。
⑤ 合山究:《袁枚と女弟子たち》,载《文学论辑》31,第113—154页,1985年8月。感谢高彦颐教授提供此一材料。
⑥ 梅冲为举人。根据胡士莹的资料,梅家世代家贫但人才辈出。见《弹词女作家侯芝小传》,第89页。
⑦ 侯芝以"庆庭"之名称此"季弟"。据胡士莹的说法,侯芝有弟二,名学者云松(1765—1853)与云石。此二人或有以庆庭为别名者,但缺乏其他佐证。

应为1764年。胡士莹推断侯芝生于1760年,乃由其夫的年纪反推而来。① 而我们由江珠相关材料中实可得到更多确切的证据,断定侯芝生于1764年,没于1829年,卒年66岁。②

侯芝之父为进士侯学诗,居于江宁(南京),其夫梅冲虽祖居新安,③但自己也住在江宁。也就是说,侯芝本人一生都住在南京,所以没有机会与住在苏州的江珠会面。她和骆绮兰的关系就幸运多了。骆绮兰是当时最著名的女诗人之一,行迹甚广。因早寡之故,她游踪四处,寻求男性文人的支助,她的交游包括王文治(1730—1802)、曾燠(1760—1831)以及袁枚(1716—1798)。骆绮兰于1797年编成《听秋馆闺中同人集》,让她的女性文友有机会发表自己的作品。④ 这个集子收录了侯芝给骆绮兰的十几首诗以及一封信。相反地,骆绮兰1795年出版的选集却完全不曾提过侯芝。⑤ 如果侯芝开始与闺秀文友往还,的确如其在江珠诗集之序中所述,是在1794年病后,这就可以解释为何骆绮兰1795年的集子里完全不曾提到她。《听秋馆闺中同人集》所收侯芝给骆绮兰的信中,提到两人在两载神交之后才有机会见面。根据信中所述,侯芝借偕其夫梅冲返新安祖居之便,假其堂兄侯云锦,代呈"小诗四章"于骆绮兰。骆绮兰于是复信,并亲访侯芝于南京。当时她可能住在镇江。初会之后,两人便以诗作、画作、信件彼此赠答,此后数年间一直维持联系。

由《听秋馆闺中同人集》来看,骆绮兰的闺秀文脉多半都是袁枚或王文治的弟子。集中也曾提到骆绮兰拜访某些闺友,或者与她们共游扬州等名胜之地。这些证据指出这批闺秀已然形成一种社群(community),或许就是以骆绮兰为中心,而男性文人虽然也扮演穿针引线的重要角色,但是这个闺秀社群却也有自己独立的组成与运作方式。例如,侯芝给骆绮兰的诗有些是其他女诗人作品的"和作",比如王文治女孙、袁枚弟子的丹徒王琼就是其中一个例子。⑥ 奇怪的是,侯芝本人却不认识袁枚,虽然两人都住在南京,而且其夫还是袁枚的大弟子之一。⑦ 侯芝与闺秀文友的来往开始得相当晚,这或许可以解释她为何与1798年去世的袁枚没有联系;不过,也可能是侯芝自己选择与袁枚保持距离。法式善就指出侯芝的诗作

---

① 《弹词女作家侯芝小传》,第93页。
② 某些材料将侯芝的卒年定在1830年。不过,胡士莹确切指出,梅曾亮在1832年提到其母乃没于三年以前。参见梅曾亮:《柏枧山房文集》5,载《中华文史丛书》154—155,第208页,台北:华文书局,1969年。
③ 参见《弹词女作家侯芝小传》,第87、89页。
④ 该书有序说明此书缘起。参见《历代妇女著作考》,第939—940页。
⑤ 这个集子题为《听秋馆诗集》,现藏于美国哈佛大学燕京图书馆。
⑥ 关于王琼的资料,参见合山究前引文,第131—132页。
⑦ "(梅冲)为随园高弟,香叶诗随园卒未一见,其品诣可知。"见《梧门诗话》,第600页。梅冲之身为袁枚门人,可以其名列袁枚的《续同人集》为证(宴集类3b—4a)。参见《随园全集》,上海:文明书局,1918年。

中洋溢着强烈的儒家气息,①这在她的弹词作品中亦昭然可见。由儒家道统看来,袁枚的名声自然颇有可议之处,所以侯芝虽然与骆绮兰往还,却可能不愿与她的支助者牵上关系。

　　胡士莹的侯芝小传提到侯芝曾参与女诗人的雅集,但是没有指出她与江珠或骆绮兰的关系。胡士莹特别提出的侯芝女性友人是王乃德,现在根据我们掌握的第三种材料,就可以把侯芝的这一层关系做一番更精细的爬梳。第三种材料包括:《群雅集》,此为王乃德之父王豫(1768—1826)于1807年及1811年所编,其中的第二集收有关于侯芝的传记资料以及她的八首诗;《爱兰轩诗选》,此为王豫之妹王琼的诗选,侯芝为其作序;②以及王乃德自己的诗选《竹净轩诗选》,此部选集与《爱兰轩诗选》以及其妹王乃容与表姊妹季芳的诗选共同出版。③王琼与王乃德的作品中都有给侯芝的诗。这部四人合选集附在内阁文库所藏《群雅集》第二集之后,但是其他的《群雅集》本子并无收录。最后一项资料是1806年在王琼书斋附近所举行的一次闺秀诗人聚会中的诗作。此书题《曲江亭唱和诗》(有1808年序),正是法式善诗话之所本。④

　　由上述资料可知,王琼——而非王乃德——才是最早认识侯芝的人。王琼是一位颇为重要的闺秀诗编选家。她与其兄王豫合作,编了《群雅集》中的七卷闺秀诗。此外,她还出版过自己独力完成的批评之作《名媛诗话》,此书已佚,但《群雅集》中颇有征引。王琼从事编选使她在邻近地区的闺秀群中声名卓著,也使更多人邀请她为闺秀诗集作序。她支持王乃德、王乃容、季芳等人组织各种闺秀诗人的聚会,《曲江亭唱和集》所记录的正是其中的一次盛会,这次聚会的起因是阮元(1764—1849)的妻妾造访王琼。据王琼在序中的说法,此集所收录的仅是当时时相往还的部分闺秀,因为其中有许多人已经仙逝或移居他地。曲江亭之会,侯芝与骆绮兰都在缺席之列(但两人时仍在世)。

　　除了都跟以骆绮兰与王琼为中心的闺秀诗人社群相关之外,侯芝与王琼还有私人关系。她们至少见过一面,很可能就是在曲江,而且两人的友谊持续了相当长的时间。侯芝为王琼的《爱兰轩诗选》所作的序中提到两人已有多时未见,而王琼给侯芝的诗也提到彼此虽然"十年不得见",但仍然情意殷勤。同时,两人也通过侯芝的堂兄侯云锦进行接触,因为侯云锦与侯芝的丈夫梅冲在镇江和王琼之兄王豫共学。侯芝初见王琼的诗集并为之作序,就是通过侯云锦的介绍。经过这样

---

① 法式善:《梧门诗话》,第598—599页。
② 此书其他的几篇序分别为张芬(吴中十子之一)及金逸(袁枚著名的弟子)所作。
③ 王乃容的诗选题《浣桐阁诗选》,季芳的诗选题《环翠阁诗选》。原书署1807年,参见《历代妇女著作考》,第853页。
④ 《梧门诗话》,第596页。

的接触,以及信件、诗作、画作等等的互相赠答,王琼对侯芝的健康状况十分了解并颇引以为忧。她跟几位侄女的诗中都一再提到对侯芝的挂念。

很明显地,在她交往的四五十位闺秀诗人中,王琼将侯芝视为闺秀所当师法的典范。① 《群雅集》中的传记资料特别提及侯芝"淹贯经史",而且其诗作"足敦风教"。另外,王琼为女诗人金若兰的集子所作的序中,也以侯芝和另一位女诗人为闺秀共宗的典范。法式善也认为她的作品既足以显其博学,又有助于教化:

> 本朝闺秀之盛,前代不及……其中能以学胜,不徒缔章饰句者……不多觏也。近日江宁侯香叶,淹贯经籍,学守程朱,所谓理而不腐,朴而不陋,诵其韵语,足敦风教,宜王碧云(按:即王琼)名媛诗话以女宗推之。②

侯芝与闺中友人的赠答之作多半无甚可观之处,法式善评价之所本,可能是她写给时常远游的丈夫的作品。这些作品详细记述她如何含辛茹苦地奉养翁姑、教养子女,贫困中甚至要典当裙来维持家计。例如下面这首题《答外》的诗:

> 作妇从来在事亲　敢将菽水语辛勤　奉匜养缺无兼馔　种秫家贫只薄醅
> 负米自难余担石　典钱犹幸有衣裙　闺中细事皆如此　忍把穷愁说与君

下面这首诗则写在其夫由苏州返家之时:

> 双亲且喜俱强健　儿女粗能谙简篇　俭以养廉家有训　文常憎命事由天
> 身无疾病须知福　座列诗书即是仙　但得韭盐无缺日　春风也算到门前③

胡士莹的侯芝小传并未引用这些诗,但是胡氏由侯芝的儿子梅曾亮的记录,也同样得出侯芝家境困窘,以及其夫长年在外等推论。

笔者还在侯芝的兄弟侯云松给侯芝女儿的一首诗中发现对侯芝本人的评价,因为这首诗的重点就是女儿何其肖似其母。侯云松提到侯芝母女共有的特点包括不辞劳苦、贤德有才以及节俭持家:

> 汝既备文福　性尤似母氏　事能务其大　睦族联其迩
> 用财酌丰俭　御下肃纲纪　劳瘁百不辞　德怨两俱弭
> 人人谓贤能　侪辈恶可比④

以上引述的材料中,没有任何一项提到侯芝与弹词的关系,虽然这才是现代学者最关切的问题。如上文所述,今日所知侯芝最早出版的弹词出现于1813年。假

---

① 王琼在她为金若兰的诗集所写的序中提到她个人交游的人数。
② 《梧门诗话》,第598—599页。
③ 《群雅集》237:2a,1b。陈诗编:《皖雅初集》一书也录有半首类似的诗,该书是安徽诗人的选集,参见《皖雅初集》,19:29b 上海:Lujiang Chenshi,1932年。侯芝之所以被收入此书,是因为她嫁入梅家的关系。有点反讽的是,梅冲本人却没有作品收录其中。
④ 《弹词女作家侯芝小传》,第90—91页。

设一部长篇弹词小说约需两年左右的写作时间,①则侯芝开始以弹词的形式创作就跟写诗给王琼的时间相重叠,或者紧接在后。这个时间也很可能与给王琼的《爱兰轩诗选》以及江珠的《小维摩诗集》写序的时间重叠。

在1821年版《再生缘》的序中,侯芝解释自己在放弃作诗十年后才开始写弹词的理由是写弹词更易成名。除上述几篇序以外,笔者掌握的资料无一反证侯芝在1811年之后不再热衷作诗。她与骆绮兰、江珠以及王琼交游关系的资料全部集中在这一年以前。侯芝的弹词之一《锦上花》(1813)录有文友的赞词,其中两首可能出于骆绮兰与王琼之手,另一首则出自孙云凤,她是袁枚的女弟子,也是王琼的文友。② 如果这些赞词果然出于骆、王之手,那么就表示侯芝转向写作及出版弹词虽然对她的诗作有所影响,却并未使她与重要的闺秀文友断绝交游关系。

不但侯芝的弹词中出现传记资料,她的序文跟诗作也提供吾人进一步探索的切入点,例如她与弹词小说出版商的关系,她如何与商业出版商折冲,使自己能光明正大地以作者的姿态出现,并且将作品付梓流传。

上文已经提及,侯芝在《再生缘·序》中解释自己决定创作并出版弹词,是因为她认为这个形式比诗词更可能让她成名。侯芝的自负与坦然当然足以说明她为何做此选择,但是还不足以解释她如何克服闺秀的生理空间限制,得以与出版商公开联系。她既然对自己恪尽妇道的道德角色如此沾沾自喜,又怎么可能亲自出面与商业出版商接触?本文所提到的传记资料或许可以缓解这其中的冲突,因为她兄弟们既然一向鼓励她的文艺活动,当然也可以成为她接触外界的媒介。侯云锦的角色尤其重要,他不但对侯芝早年的学习有重大影响,更疏通了侯芝与骆绮兰、王琼等闺中文友的往来。胡士莹的侯芝小传显示侯云锦对侯芝还提供过其他的帮助,他担任侯芝儿女的教师,在侯芝年老多病之际,还替她出版诗集以慰其老怀。除此之外,在侯芝身后,他还计划为她再出一部诗集,只是后来并未实现。③ 终侯芝一生,侯云锦对她文学追求的支持从未稍减。职此,很可能是侯云锦为侯芝穿针引线,让谨守闺仪的她不必抛头露面,也可以与出版商联络。

侯芝与弹词出版商的关系,正好与多数闺秀诗集词集的家族式出版做对比。出版侯芝弹词作品的有时是老字号的商业出版商;而且,由侯芝的反应看来,这些出版商的动机与方式都跟家族式出版迥然不同。侯芝在《金闺杰·序》中抱怨当她处理《再生缘》的稿子时,在她准备好之前就被书商取走:

---

① 《玉钏缘》弹词的写作过程即历时两年左右。参见 Siao-chen Hu(胡晓真),"Literary *Tanci*: A Woman's Tradition of Narrative in Verse", p.53, unpublished doctoral dissertation, Harvard University,1994.

② 赞词中出现的"佩香"与"碧云"两个名字正是骆绮兰与王琼的笔名。关于孙云凤的材料,可参见合山究前引文,第115—116页。

③ 《弹词女作家侯芝小传》,第93页。

未及告成而坊中以原本索序,予不欲扯人求,乃为缀数言卷首,不料梓出阅之,盖更有好事者添续……①

单单这条资料就可以显示书坊将《再生缘》视为炙手可热的商品,换言之,书坊之所以对此书有兴趣,乃是因觉得有利可图罢了。侯芝本人对此也有所体认,例如她在《金闺杰》夹插的评论中就说过:"只要闺中三复看,必能坊梓一朝传。"②相反地,侯云锦之所以决定替侯芝出版诗集,乃是为了欢慰病中的堂妹,或是在她身后留下纪念。就好像现代人可以为了完成虚荣的心愿而自费出版一样,闺秀诗人的作品出版是出自作者的主观意愿,而非源于所谓"阅读大众"的需求。

弹词小说理论上享有较大的读者群,所以侯芝才会认为这是成名的捷径。然而弹词的这个特点却不能解答我们的另一个疑问——文名在她心目中的地位。以闺秀诗人的文化来说,谦卑自抑是很重要的,所以侯芝公开承认自己成名的野心就更显得突兀了。"女子无才便是德"的明训使得闺秀作家必须采取谦退的姿态。不过,侯芝与这类闺训周旋,显然是个中老手。在她给江珠的诗集写的序中,就提到自己幼年时如何不顾女子无才的庭训,而随侯云锦读书习作。之后,同样借着侯云锦的协助,她又努力教女成才,可见她对女子无才的保守观念其实不甚信服。③ 然而,她所创作的弹词本身,以女性读者为标的,所传达的讯息却大为不同,时常公开鼓吹女子无才的主题。④ 我们很可以说这就是侯芝为自己的文学追求正名的方式——她在作品中宣扬妇德无才的主题,借以掩盖自己在现实中相反的经验。无论如何,侯芝不顾保守观念的限制,为识字妇女创作读物,这个举动比起她公开承认自己追求名声,其实反而不显得那般惊世骇俗了。

在侯芝的例子中妇德教条与实践之间似乎出现了裂痕。我们不妨将此与弹词小说的作者问题等量齐观。闺秀诗人在作品中力图抹灭自己作为作者的存在,而弹词小说的女性作者与编者却显得大胆得多。《玉钏缘》的作者虽然姓名不可考,但是她在作品中也清楚表陈自己借写作以成名的欲望。⑤ 就传记资料来看,侯芝很可能的确比同时的许多闺秀作家更有野心,而如她所自述,正是这种成名的野心使她由作诗转向作弹词。但是我们也可以反过来说,可能是转向弹词带动了她的野心,而不见得是怀有野心才使她转向弹词,因为弹词本来的修辞策略就有所不同。例如,诗词通常短小,而弹词小说却长篇巨幅,使得作者在作品中必须恒

---

① 《金闺杰·序》,原本藏清华大学图书馆。
② 《金闺杰》卷八卷尾部分。
③ 《金闺杰》卷八卷尾部分,第 90 页。
④ 有关弹词小说与女性读者的关系,可参见胡晓真前引文,第 4—5 页;亦可参见郑振铎:《中国俗文学史》,第 370—381 页(北京:作家出版社,1957 年)中有关弹词的部分,以及谭正璧:《中国女性文学史话》,天津:百花文艺出版社,1984 年。
⑤ 胡晓真前引文,第 60—64 页。

常展现组织架构的用心。同时,诗词属于菁英文类,弹词小说却属于通俗文学,而且还是与女性作者紧密联系的一种形式。就此看来,弹词小说很可以视为女性专有的形式。女性在创作弹词时,也许比较不必像写诗的时候,总觉得自己逾越了本分。弹词的这两种特色都可以解释女性在利用这种文类写作时为何较为大胆而直接。

由文类的观点来考察,则传记资料中侯芝长年的病史也就有了其他解释的可能性。有关闺秀诗人的讨论中,女性的文才与早逝总是相提并论,一般的说法是才女总是夭逝。这种观念多少跟小青及叶小鸾等人的故事有关,人们相信这些半虚构的佳人才女之所以天不假年,全是因为她们天赋异才的关系。侯芝在谈到江珠的早逝时,其实也用了相似的推理。她推论女性的文才很容易引起"造物"之忌,盖造物对男性有才略不介意,但偶见女子有才则难以释怀。在侯芝的例子里很可注意的是,她与江珠根本从未谋面,却自动认定江珠必然貌美,这更强调了世人面对女性从事男性掌控的文类时所产生的迷恋情怀以及强烈的禁忌感。

侯芝的多病之躯对她作诗也有助益。在1794年之后,病体支离使得侯芝有借口暂卸家务,也促使侯云锦急着将她的作品介绍给骆绮兰、王琼等闺秀。不过,侯芝的诗才不高似乎反而是好事。正如她自己的谦词,因为她的"菲才",造物不忌,才会留她迟迟在人间。然而在弹词的领域中,女子的文才和早夭似乎牵不上什么关系。相反地,侯芝开始编写弹词,据云反而使她病情减轻,至少在病中还有事可做。我们还没有见到其他弹词女作家提到弹词可以促进健康,这两者之间的关连或许是侯芝专有的吧。同时,缠绵病榻的情况也可以解释侯芝为什么有这么多时间用来写作。侯芝从事弹词编写工作大约是在她47岁到60岁之间,这个年纪的妇女本来应该是困于妇职的。但是她长年生病,而又病不至死,这恰好给了她绝佳的掩护,甚至她是故意强调自己的病情,也不无可能。有些女诗人才气纵横而早逝深闺,但侯芝却利用写作来稳定本来飘摇的健康,又利用欠佳的健康状况——至少她说自己健康欠佳——来说明自己与弹词十余年来的密切牵连。

本文处理侯芝诗作及序言的方式未必能解决所有的问题,尤其是她如何兼容儒家妇德与文学事业的问题。个人的野心与卧病的状况可以说明她从诗词转向一种更倾向于叙事的写作风格,但是实际状况与修辞策略的分界究竟在何处,恐怕还是模糊不清的。笔者发现的新材料最能说明的是侯芝与"女子无才便是德"论的关系。侯芝的父亲既然抱持此一观念,她幼承庭训,显然早已练就与之周旋应对的能力,可以既谨守闺训,又违反闺训,而竟不相关碍。正因为她综合了保守与激进,才得以在创作中发挥女性无尽的幻想,又可以鼓吹传统价值,虽然这些价值观本来应该阻止她写作弹词小说的。在这个折冲的过程中,侯芝的堂兄侯云锦显然扮演着中介支柱的角色。一位男性文人在为江珠的诗集写序时曾说道:"余最憎世俗之论曰女子以无才为德。"①侯云锦谅必也有同感。他先教侯芝读书，又教其女读书，并且不断支持侯芝的写作，实可谓侯芝一生最大的支柱力量。

如此，则侯芝的文学事业中最大的创新，即修订编写弹词并加以出版，极可能也与侯云锦有关。侯芝的自述中提到兄弟对其文学教养的影响，但是有关她与出版商的接触是否通过侯云锦或其他兄弟，则无只字半语的线索可寻。不过，既然侯云锦对侯芝的创作如此关心，他绝不可能不知道侯芝转向弹词的决定，毕竟弹词的编写占了侯芝十年以上的时间。所以，侯云锦很可能扮演为侯芝联系商业出版商的角色，只是我们无法判断这是否一开始就是他的主意。对这一问题，笔者至今尚未取得实证，但就现存的资料线索看来，这也是目前最可能的推论了。

## 参 考 书 目

王豫：《群雅集》，第二集，1811 年。
王琼：《爱兰轩诗选》，1807 年。
江珠：《小维摩诗集》，1811 年。
法式善：《梧门诗话》，载沈云龙编：《近代中国史料丛刊续编》第 20 辑，198 号，台北：文海出版社，1975 年。
金若兰：《花语轩诗抄》，1807 年。
侯芝：《金闺杰》，1824 年。
胡士莹：《弹词女作家侯芝小传》，载《文献》15，1983 年。
胡文楷：《历代妇女著作考》，修订版，上海：古籍出版社，1985 年。
袁枚：《续同人集》，载《随园全集》，上海：文明书局，1918 年。
梅曾亮：《柏枧山房文集》5，《中华文史丛刊》154—155，台北：华文书局，1969 年。
陈诗编：《皖雅初集》，上海：Lujiang Chenshi，1932 年。
郑振铎：《中国俗文学史》，北京：作家出版社，1957 年。
骆绮兰：《听秋馆闺中同人集》，1797 年。
骆绮兰：《听秋馆诗集》，1795 年。
谭正璧：《中国女性文学史话》，天津：百花文艺出版社，1984 年。
合山究：《袁枚と女弟子太ち》，载《文学论辑》31，1985 年 8 月。
Ko, Dorothy, "A Man Teaching Ten Women: A Case in the Making of Gender Relations in Eighteenth-Century China", 载《柳田节子先生古稀记念：中国の伝统社会と家族》，东京：汲古书院，1993 年。
Siao-chen Hu, "Literary *Tanci*: A Woman's Tradition of Narrative in Verse", unpublished doctoral dissertation, Harvard University, 1994.

---

① 此乃徐煜序的开场。

"当代儒学与西方文化"专题

> **编　者　按**
>
> 　　台湾中央研究院中国文哲研究所自 1993 年 8 月起推动长期的"当代儒学主题研究计划"。在第三期计划进行的最后阶段,该所于 2003 年 1 月 15—16 日在台北举行了一场"当代儒学与西方文化国际研讨会",会上有二十余位学者发表论文,这里刊登两篇,期待广大读者的回应。

# 墨子刻的儒学观

□黄克武

## 一、前　　言

在西方汉学界有关儒家思想的研究是一个持续受到关怀的主题。在此一领域中,哈佛大学博士、加州大学圣地亚哥分校名誉退休教授,现任美国斯坦福大学胡佛研究所资深研究员的墨子刻教授(Professor Thomas A. Metzger, 1933—　　)是个中翘楚。他所撰写的《清代官僚的内在组织》(*The Internal Organization of Ch'ing Bureaucracy*)①、《摆脱困境》(*Escape from Predicament*)②,即将出版的 *A Cloud Across the Pacific*:*Essays on the Clash between Chinese and Western Political Theories Today* 一书(香港中文大学)与中文的论文集(收入郑家栋主编,"新传统主义丛书"),以及大量的学术论文、书评,对中国的官僚组织、

---

① Thomas A. Metzger, *The Internal Organization of Ch'ing Bureaucracy*:*Legal, Normative, and Communication Aspects*(Cambridge, Mass.:Harvard University Press, 1973).

② Thomas A. Metzger, *Escape from Predicament*:*Neo-Confucianism and China's Evolving Political Culture*(N.Y.:Columbia University Press, 1977).

· 252 ·

儒家传统的连续性与非连续性、乌托邦主义与现代化、新儒家思想的时代意义等课题有深入的探索。

儒家思想的研究可谓墨先生学术关怀之核心。在中外典籍之中，他最喜爱的一本书是《论语》。① 他觉得这本书比《圣经》更能打动他的心弦。对墨先生来说，儒家思想乃至中国文化，不只是学术研究的客体，更是一种贴近生命的学问与智慧，这种"儒者"的志向使他沉浸优游于中国的思想世界而怡然自得。

本文将略述墨氏生平与从事儒学研究的渊源，并从墨氏与史华慈(Benjamin Schwartz,1916—1999)、狄百瑞(Wm. Theodore de Bary,1919—  )等学者的对话，一窥其对"儒家是个人主义还是集体主义"、"儒家思想与西方自由主义的关系"等议题的看法。这两个主题虽只是墨先生儒学观的一部分，然颇能显示其论学之要旨。至于墨先生近年来用力最深的，有关唐君毅(1909—1978)思想的研究，拟于日后再行介绍。②

## 二、墨子刻生平与思想略述③

墨子刻教授于1933年生于德国柏林的一个犹太家庭，祖父是一位富有的商人，父亲Arnold Metzger(1892—1974)为哲学家，曾师事倭伊铿(Rudolf Eucken, 1846—1926,1908年获得诺贝尔文学奖)与胡塞尔(Edmund Husserl, 1859—1938)，深通康德哲学与存在主义。Arnold Metzger的博士论文的题目是：《论现象学与新康德主义的差异》(1914)。因为受到希特勒迫害犹太人的影响，Arnold Metzger于1938年举家迁徙到法国，再辗转到英国，最后移居美国，于波士顿的Simon's College教书，并在耶鲁、哈佛与哥伦比亚等大学演讲。④ Arnold Metzger的主要学术著作均以德文撰写，其中有一部分被译为英文，例如 *Freedom and Death*（《自由与死亡》）。这本书将死亡描写为人生之中的基本因素，并企图在一个科学

---

① 墨子刻先生在台湾师范大学任客座教授时，我在他的书架上看到他所读过、毛子水注释的《论语今注今译》(商务印书馆出版)，这一本书可以用两个句子来形容，一是"丹黄殆遍"，一是"韦编三绝"。

② 墨先生有关唐君毅的研究除了《摆脱困境》之外，有"T'ang Chün-i and the Conditions of Transformative Thinking in Contemporary China", in *American Asian Review* 3:1 (1985), pp. 1—47. "The Thought of T'ang Chün-i (1909—1978): A Preliminary Response"，载《唐君毅思想国际会议论文集》(香港:法佳出版社,1992年)，第1册，第165—198页。以及："Tang Jun-i and the Chinese Response to the Great Modern Western Epistemological Revolution"，载刘述先主编：《中国文化的检讨与前瞻：新亚书院五十周年金禧纪念学术论文集》(纽泽西：八方文化，2001年)，第565—621页。

③ 本节的部分内容采自拙著《墨子刻先生学述》，载《清华大学学报(哲学社会科学版)》(北京)，总第58期(2001年12月)，第67—70页。

④ Arnold Metzger于二次大战之后返回德国定居，并任教于慕尼黑大学。

掌控的世界中来界定个人自由的意义。作者从柏拉图的本体论、康德的先验的主体性等思想背景来讨论此一课题，并与休谟的实证主义与弗洛伊德和海德格有关死亡的学说来对话。除了精通哲学之外，Arnold Metzger 也酷爱音乐，这样充满德意志风情的生命情调，对墨子刻一生有重要的启发。

墨氏从小受父亲的耳濡目染，不但精于大提琴演奏，也对西方哲学史有深刻的体会。他家中书房的墙壁上，还挂有一幅其父所遗留下来的康德画像。他曾说年轻时多次听到他的父亲谈到康德与休谟的对话在西方哲学史上具有关键的意义[①]、黑格尔可能是西方哲学史上最聪明的人等。墨先生家传的哲学背景，后来影响到他以中西比较的视野从事思想史、哲学史的研究。

在政治方面墨先生也受到父亲的影响。Arnold Metzger 一方面从文化渊源的观点批判希特勒现象，另一方面亦接受马克思主义与斯大林思想，墨先生早期的思想发展与此相关。他回忆20世纪50年代初期在芝加哥大学读书的时候，颇为左倾，醉心于毛泽东的革命。他又深受斯诺（Edgar Snow）《红星照耀中国》（Red Star Over China）一书的感动，因而痛恨资本家对下层民众的剥削。这一种同情贫苦大众的菩萨心肠一直到今日仍然存在，每次在街上看到乞丐，他总要慷慨解囊；在旅馆或餐厅给服务生小费之时，亦绝不吝啬。当时芝大有一个同学不同意他对中国问题的看法，为了与这个同学辩论，墨先生开始学习中文，想要更深入地了解中国。在此同时，他又受到亚里士多德政治哲学的影响，开始反对他父亲所采取的马克思、黑格尔的思想取向。

芝加哥大学毕业之后，墨先生曾在美国陆军乐队服役（1956—1959），其后进入华盛顿的 Georgetown University 攻读硕士，他受到拉铁摩尔（Owen Lattimore）著作的启发，[②]对中国的边疆问题颇感兴趣，硕士论文是关于中国对蒙古的政策。

为了进一步研究中国历史，墨先生再进入哈佛大学攻读博士，其间有一年多的时间（1966—1967）曾在台北斯坦福中心学习汉语。在这期间他曾认识殷海光，并协助当时受国民党监控的殷先生与美国联系，商议赴美事宜。[③]

---

[①] Arnold Metzger, "The Dialogue between Kant and Hume", *Freedom and Death*（London: Human Context Books, 1973）, pp. 94—116.

[②] 拉铁摩尔在1941—1942年间曾任蒋介石的顾问，见 *China Memoirs: Chiang Kai-shek and the War against Japan*（Tokyo: Tokyo University Press, 1991）。拉氏是共产主义的同情者，在麦卡锡主义时期与费正清类似，受到整肃，被迫离开 John Hopkins 大学。见张朋园：《郭廷以 费正清 韦慕庭》（台北：中央研究院近代史研究所，1997年），第62页。

[③] 当时墨夫人在台北花旗银行服务，同事之中有人与美国海军有关，墨先生乃通过军方管道协助传递邮件。余英时谈到1967年台大要解除殷海光教学任务，费正清与他商量，如何由哈燕社出面邀殷海光去美国访问，应该指的就是这一件事。见余英时：《费正清的中国研究》，载傅伟勋、周阳山编：《西方汉学家论中国》（台北：正中书局，1993年），第32页。亦见黎汉基：《殷海光思想研究》（台北：正中书局，2000年），第36—37页。

在美国汉学界,墨先生为哈佛大学费正清教授的第一代弟子,在费正清的指导之下,他开始研究清代制度史,如陶澍的改革、两淮的盐法,并进而探索官僚制度的运作,最后以《清代官僚的内在组织》一题撰写博士论文(1967)。该论文于1973 年由哈佛大学出版。这时他深入研析《大清会典》、《处分则例》等史料,了解到清代的官僚组织,不像许多人所说是一个腐败、无能的机构,反而是一个有效、具改革动力的组织,其革新方案或是激进的全盘改革,或是温和的渐进改良,而改革的源头是官员们战战兢兢、毅然以天下为己任的儒家精神,他称为"probationary ethic"。

墨先生虽为费正清的学生,但是当他逐渐建立起自己的观点而与费氏展开长期的辩论时,则表现出"当仁不让于师"的精神。墨、费之间的差距有些是比较政治性的,有些则涉及比较学术性的议题。在政治方面,在亚里士多德精神影响之下,墨先生逐渐放弃了他左倾的、同情共产革命的想法。六七十年代,中国情势亦发生较大的变化,据他说,在一个偶然的机会之中,余英时告诉他一些有关"文革"的惨况,因而改变了他以往的观点,不再肯定毛泽东的革命,并转而欣赏台湾在政治、文化方面的努力。同时,他又在杜维明的介绍之下,开始接触新儒家思想,认识到五四运动对中国传统的看法是偏颇的(下详)。这几方面的转变促使他对于以费正清为主流的美国有关中国近、现代史的研究有所不满。

1979 年墨先生与马若孟(Ramon Myers)合撰《汉学的阴影:美国现代中国研究近况》(1979)一文,他们不同意费氏在 The Great Chinese Revolution: 1800—1985 (《伟大的中国革命:1800—1985》)一书中,将近代中国视为一个"革命"的过程,而此一革命的顶点是毛泽东思想与政策的成功。① 两位作者反而强调 1949 年之后台湾所走偏离革命的政、经发展路向是值得赞许的。1981 年该文被译为中文在《食货月刊》上发表。②

墨、费政治观点的歧异与他们不同的学术取向相关。诚如余英时所说,费正清"比较重视人口、制度、社会经济结构之类有形的东西;对于精神层面的因素如宗教、思想、文学、艺术之类则视之为派生的,次要的"③。墨先生则受到韦伯的影响,从制度着手,走向精神的层面。再者,费正清对儒家的看法几乎完全接受五四

---

① Thomas A. Metzger and Ramon H. Myers, "Sinological Shadows: The State of Modern China Studies in the U.S.", In *Australian Review of Chinese Studies*, vol. 4 (1980), pp. 1—34, and in *The Washington Quarterly*, *A Review of Strategic and International Issues*, spring issue (1980). Also published in Amy Auerbacher Wilson, Sidney L. Greenblatt, and Richard W. Wilson, eds., *Methodological Issues in Chinese Studies*(New York: Praeger Publishers, 1983).

② 墨子刻、马若孟著,刘纪曜、温振华译:《汉学的阴影:美国现代中国研究近况》,载《食货月刊》,1981 年第 10 卷第 10 期,第 445 页。

③ 余英时:《费正清的中国研究》,载傅伟勋、周阳山编:《西方汉学家论中国》,第 11 页。

运动的观点,以为它是维持专制体系的思想工具。墨先生则倾向新儒家肯定中国传统、主张"继往开来"的观点。

在哈佛大学期间他除了受到费正清影响之外,还受到其他四位老师的启发。第一位是著有《德川宗教》(*Tokugawa Ideology*)与《心的习惯》(*Habits of the Heart*)等书的贝拉(Robert N. Bellah)。贝拉的学术倾向是将社会科学与人文关怀结合在一起。在这方面墨先生也有类似的特点,他接受费正清所提倡的以科际整合的方法来治史的研究取向,所以熟读韦伯(Max Weber)与帕森斯(Talcott Parsons)等人的著作(特别是帕森斯等人所编的两册 *Theories of Society*,墨先生曾花了一个暑假很仔细地读这一套书),然而又不受社会科学之眼光所限,能将分析与体会相结合。墨先生人文的素养与他的哲学、音乐的背景自然也有关系。再者,贝拉强调一个文化不是一个静态的系统,而是一个动态的"对话"(conversation),这一观点也促使墨先生对所谓思想光谱的探究。《摆脱困境》从此观点探讨宋明理学;*A Cloud Across the Pacific* 也是从同样的角度探讨当代中西学界有关"政治理性"的各种观点。

在《心的习惯》一书中,贝拉指出美国现代的价值取向与欧洲轴心文明有密切的关系。轴心文明意指一个转折点,认为在孔子、苏格拉底、释迦牟尼等人的时代,人类在思想上有一突破,意识到理想与现实世界的区别。贝拉以为美国文化的渊源是欧洲轴心文明中的希腊思想与圣经传统,而当代问题的解决方法是回到上述的传统。此书的研究视角在于探讨道德意义问题及文化形成传统(formative tradition)对道德意义的决定性影响。受到此书的启发,墨先生关注中国传统与现代化的关系,亦即探究中国近代思想史上的连续性与非连续性。他有好几个作品(包括《摆脱困境》、《中国近代思想史研究方法上的一些问题——一个休谟后的看法》[1]、"Some Ancient Roots of Modern Chinese Thought: This-Worldliness, Epistemological Optimism, Doctrinality, and the Emergence of Reflxivity in the Eastern Chou"[2])都环绕着探讨中国文化的固有预设,以及这些预设与中国现代思想的关系。

另外两位对墨先生产生影响的老师是杨联升与刘广京教授。这两位中国教授帮他奠下扎实的汉学基础。杨联升治学尤其广博而严谨。墨先生常说他在文献解读与行文用字上的谨慎,直接渊源于此。他还记得有一次问杨联升一个问题,杨先生很小声地说:"你连这个也不知道!"他深受震撼。后来为了避免此一窘境,他在治学上变得极端谨慎与小心。此外刘广京也时予解惑,刘先生送他一本麦金太尔(Alasdair Macintyre)的《德行之后》(*After Virtue: A Study in Moral Theory*)

---

[1] 《近代中国史研究通讯》,1986 年第 2 期,第 38—52 页。

[2] *Early China*, No. 11—12 (1985—1987), pp. 61—117.

的书,这一本书所触及"西方认识论大革命"与西方当代道德危机之关系,墨先生近年来的研究,特别是当代中国知识分子对西方认识论大革命的反应,部分渊源于此。①

最后一位影响墨先生的哈佛老师是主要从事思想史研究的史华兹。他与史华兹也有许多的辩论,特别是有关传统与现代之间的连续性与非连续性的议题,墨先生对史华兹比较倾向传统与现代的断裂,以及近代化过程中的"动力"主要来自西方的看法不表赞同。② 在 Ideas Across Cultures 这本为表达对史华兹之敬意所编辑的论文集中,墨先生撰写"Continuities between Modern and Premodern China: Some Neglected Methodological and Substantive Issues"即有其寓意,③这一部分下文还会再作讨论,在此先略过不谈。

离开哈佛之后,墨先生曾赴以色列教了一年的书(1968—1969),1970 年至加州大学圣地亚哥分校任教,1990 年在该校退休,转至胡佛研究所服务迄今。当时因为圣地亚哥图书馆的中文资源较差,无法继续进行依赖繁复史料的制度史研究,他乃转而从事思想史。

在这方面我们不得不再一次提到新儒家思想对他的影响。1972 年在杜维明的介绍之下,他开始阅读唐君毅的《中国文化的精神价值》,此后唐氏的作品成为他心灵的重要支柱。他曾反复地阅读《中国哲学原论》、《哲学概论》、《人文精神之重建》、《生命存在与心灵境界》等书,甚至一直到今天对这些作品仍爱不释手。在《汉学的阴影:美国现代中国研究近况》一文中,墨先生指出:

> 从 50 年代开始,一群很杰出的中国学者居于香港,如唐君毅、牟宗三、徐复观等人,出版了一系列有关儒家思想的著作。他们指出,不应将儒家思想的人文主义价值观,与公认阻抑中国现代化的传统制度模式混淆在一起。儒家人文主义价值观,对一个不仅需要现代化且更需要整合的精神生活的社会,是仍有其意义的。④

总之,唐君毅以及其他新儒如牟宗三、徐复观的著作(如牟著《政道与治道》,

---

① 这一思路也使墨氏与他父亲对"自由"有不同的认知。相对于其父对自由与死亡的关注,墨子刻更为强调人类的自由受限于从历史而来的思想规矩。

② 史华兹在有关严复的书中认为西方"浮士德—普罗米修斯式"的动态崇拜,与儒家"消极而禁制性的伦理"之间有某种矛盾存在。

③ "Continuities between Modern and Premodern China: Some Neglected Methodological and Substantive Issues", in Paul A. Cohen and Merle Goldman eds., *Ideas Across Cultures*: *Essays on Chinese Thought in Honor of Benjamin I. Schwartz* (Cambridge: Council on East Asian Studies, Harvard University, 1990), pp. 263—292. Frederic Wakeman 在该书的书评中表示这一本论文集中最精彩的两篇论文是李欧梵与墨子刻的文章,而墨氏的文章"我认为是这一位才气洋溢的学者所曾发表的最好的短篇作品",见 *Journal of Asian Studies* 51:2(1992), p. 380.

④ 《汉学的阴影:美国现代中国研究近况》,载《食货月刊》,1981 年第 10 卷第 10 期,第 448 页。

徐著《中国人性论史——先秦篇》），使他产生一种与韦伯、"五四"学者不同的对中国传统的认识。对他来说，中国传统不是停滞而缺乏动力的，更不应笼统地称之为"封建遗毒"。

70年代中期墨先生又参加杜维明主持、美国学术联合会（American Council of Learned Societies）资助的"儒学讨论会"（1971—1981），与美国西岸的学者如 Nathan Sivin、David Nivison、Don Price、Frederic Wakeman 等人广泛地交换意见。①1974年5月10日，墨先生在讨论会上报告《摆脱困境》一书的初稿，得到许多有助益的批评。1977年该书由哥伦比亚大学出版。

《摆脱困境》一书从宋明理学、清代官僚制度一直到当代毛泽东、新儒、与社会科学家的思想，体大思精，对美国汉学界来说是一个突破。耶鲁大学教授史景迁（Jonathan D. Spence）在 The New York Review of Books 撰写书评，赞誉此书。②《亚洲研究季刊》（Journal of Asian Studies）特地为此书组织了一个讨论会，并出版专号（February 1980），如此地重视一本书在美国汉学界甚为罕见。在此书中墨先生深入讨论现代中国动力的起源问题，他不同意史华兹所谓动力源自于中国模仿西方的"普罗米修斯精神"（Promethean spirit），他强调此一动力与儒家传统的一些根本预设有密切关连。近代中国思想的一个主轴是以西方的新方法来实现植根于传统而长期以来未能实现的目标，以摆脱困境。"中国人之所以接受西洋方式，并非因其乃是与儒家传统矛盾的东西才接受。他们之所以热心地采行西洋方式，主要乃因他们将西洋方式视在达到传统目标而久受挫折的奋斗中，能够预示一种突破的新手段。"当然早期现代化提倡者并非全盘接受西方思想，他们所过滤掉的西方思想主要是与固有共同体理想相冲突的个人主义，以及与传统绝对道德信仰相冲突的西方哲学上的怀疑论。③

墨先生对中国历史的研究与他对中国文化的爱好、尊敬结合为一。他常常表示中国文化为他带来精神上的安慰。在痛苦的时候，他会读《论语》。有一次他的一位好友病危，不久于人世，他在通信之中反复提到孔子的话，如"乐以忘忧"、"不忧不惧"、"天生德于予"等来安慰她。这正是唐君毅所谓的"中国文化的精神价值"。

墨先生对中国文化的尊敬是融入生活之中的，1998年6月底我与他赴北京讲学，有一天午后共游北京郊区的明陵。我们走在神道之上，仔细端详一旁的塑像。他说这些塑像很伟大，可能比罗丹的雕塑更为伟大，这种伟大源于中国文化中的

---

① 墨先生在会议中报告过的题目除了《摆脱困境》的初稿还有："On Neo-Confucian Ontology", March 5, 1976. "Some General Remarks on the Changing Agenda of Chinese Philosophy in Modern Times", June 5, 1976. "Themes of 'Efficacy' and 'Susceptibility' in the Thought of Hsün-tzu", February 10—11, 1978.

② Jonathan D. Spence, "Why Confucius Counts", The New York Review of Books, 26:4（March 22, 1979）.

③ 《汉学的阴影：美国现代中国研究近况》，载《食货月刊》，1981年第10卷第10期，第449页。

神圣性与超越性。这时有一群西方游客嘻笑着走来,其中有一个人裸露上身,神情轻率。墨先生颇不以为然,鼓励我加以纠正。我乃上前用英文告诉这个人,对中国人来说这是一个神圣的地方,类似西方的教堂,希望他将衣服穿上,以表尊重。此人才悻悻然着衣离去。墨先生感叹地说:为什么很多人无法培养出一种对中国文化的敬意?

墨先生在尊崇中国文化的同时,也带有批判性,特别重要的是对儒家思想中乌托邦精神的批判。他深深地了解到儒家转化精神所具有的正面价值,这种转化精神是奠基于"乐观主义的认识论"(对真理的乐观)与一种"对政治可行性的乐观"。他常举孔子与苏格拉底的对照,一个是"苟有用我者,期月而已可也,三年有成",另一个则说像他自己那么耿直的人无法当官。儒家精神的理想性一方面与"知其不可而为"的使命感相结合,企望以三代的高标准来彻底改造现实的缺陷,另一方面又因为过高的理想性、使命感使人无法肯定相对的进步(亦即要以王道取代霸道),也难以接受西方"恶法亦法"的观念。在这方面就表现出转化精神之中乌托邦的一面。墨先生认为这一种乌托邦精神具有高度的危险性。这一点也涉及他从保守主义传统而来对"政治可行性"的重视。基于同样的原因,他很欣赏张灏的《幽暗意识与民主传统》一文,认为这种对人性阴暗面的洞视是在民主制度之下人们思考制度架构时所不应忽略的。[1]

也出于同样的原因,他肯定近代中国知识分子如严复、梁启超等人的调适思想,而质疑追求彻底改造的转化思想(如"五四"反传统思想、中国共产革命)。在他为拙著《一个被放弃的选择:梁启超调适思想之研究》所写的序之中,清楚地表示:

> 我个人认为近代中国的"启蒙"与其说是在于五四运动,还不如说是在于梁氏的调适思想。梁启超和不少西洋学者一样,以为现代化不单纯是培养工具性理性的过程,而是一种"极高明而道中庸"的奋斗,即是把神圣的价值与物质的进步结合在一起。而且他和牟宗三教授一样,了解到此一联合的过程是一条充满困难而崎岖复杂的"曲通"之路,人们不能在一瞬间直接地跳入一个"大公无私"的理想境界。[2]

这几句话虽然寥寥数语,却充满了启发性,引人深思。

墨先生对中国文化采取既尊敬又批判的态度源于他对在知识追寻与论学上的无比热忱。他常说"最有效的沟通是读彼此的书,这才是对对方真正的尊重"。对他来说历史工作的核心不在于直接致用或找寻因果关系,而在于和自觉意识结

---

[1] 载张灏:《幽暗意识与民主传统》,台北:联经出版事业公司,1989年。

[2] 墨子刻:《墨子刻先生序》,载黄克武:《一个被放弃的选择:梁启超调适思想之研究》,第3页,台北:中央研究院近代史研究所,1994年。

合为一的反省功夫。亦即在往复论辩之中挖掘自身的预设,以观照真实的过去与人们对过去的诠释,再进而思索实践的问题。因此历史工作,尤其是思想史研究与哲学工作是分不开的,因为哲学性的评估必须以历史性的描写为基础。

然而在具体操作之上,首先要将描写与评估两者尽可能地作一区隔。墨先生强调描写难而评估易。因为如果我们能先彻底地描写,要评估何者较优、何者较劣就容易得多了。换言之,评估学术与政治理论之前应仔细了解不同理论之内涵,而不应随意地将实然与应然混为一谈。

在此精神之下,这些年来他与许多学者进行严肃的论辩。他总是非常深入地描写这些人的观点,层层剖析,挖掘对方与自己的预设,再辩论这些预设是否合理。他所论学的对象在美国学界除了费正清之外,还有史华兹和狄百瑞等,在中国学者方面则有杜维明、金耀基、杨国枢、胡国亨、李泽厚、金观涛、李强、高瑞泉、郑家栋、郁振华等人。尤其令人敬佩的是近年来他以中、英文撰写了多篇有深度的书评。这些书评短则万余字,长则四五万字。① 不但表现出墨先生对学术的真诚,也是对每一位学者"真正的尊重"。从他与史华兹、与狄百瑞的辩论中,我们可以进一步地了解到其治学之风格。

## 三、儒家是个人主义还是集体主义:与史华慈论学

史华兹是墨先生在哈佛大学的老师,1985 年史氏的《中国古代的思想世界》(*The World of Thought in Ancient China*)一书出版之后,墨先生于次年发表了一篇长篇书评《论周代思想中关于自我、群体、宇宙和知识的定义》。② 在该文中他称赞史华兹是"在西方所培养出来的,最为博学的研究中国的学者之一"。他说史氏有能力深入挖掘中国的第一手史料,并将之与西方哲学和社会科学的方法论结合在一起,既掌握关键性的细节,给予深入的分析,又能展现宽广的历史视野,可谓既见树又见林。然而他却不以为史华兹有关周代思想的书是一个定论。以下主要叙述两人有关儒家思想方面的辩论。

墨氏首先挑战史华兹对周代思想与当代思想的连续性的课题,认为史氏不够注意到连续性的一面,这一点也和史氏刻意地与西方学者(Herbert Fingarette、Jo-

---

① 例如评胡国亨的《独共南山守中国》("Hong Kong's Oswald Spengler: H. K. H. Woo (Hu Kuo-heng) and Chinese Resistance to Convergence with the West", in *American Journal of Chinese Studies*, 4:1 (April 1997), pp. 1—49);评李强的《自由主义》;评郁振华的《形上的智慧如何可能?——中国现代哲学的沉思》(载《清华大学学报(哲学社会科学版)》,总第 58 期(2001 年 12 月),第 57—66 页);评郑家栋:《牟宗三》(《道统的世界化:论牟宗三、郑家栋与追求批判意识的历程》,载《社会理论学报》5:1(2002),第 79—152 页)等。

② "The Definition of the Self, the Group, the Cosmos, and Knowledge in Chou Thought: Some Comments on Professor Schwartz's Study", in *The American Asian Review* 4:2 (summer 1986), pp. 68—116.

seph Needham、H. G. Creel、A. C. Graham、Chad Hansen 等)对话,却忽略了中国学者,特别是唐君毅、牟宗三等新儒家的观点,以及韦政通有关荀子的作品。墨先生认为这可能因为史氏还是比较同情五四运动,而不够欣赏当代人文主义思潮所致。

墨先生进一步质疑史华兹对儒家思想中有关自我与群体关系之诠释。有关儒家思想中的群己关系,在学界有两种截然不同的观点。一种观点(无论是五四运动或康德、黑格尔、马克思、弥尔、韦伯等人对中国的诠释)将儒家视为是权威主义、家庭主义,不重视个人自由、自我创造性与道德自主性。换言之,在儒家思想之中群体比个人重要。另一种则是新儒家,以及像余英时等学者的观点,认为儒家重视己,并追求群己之间的平衡。例如新儒家认为儒家理想的社会秩序不是一个金字塔式的阶序社会,而是环绕着具有超越意义的、具道德主体性的自我。余英时则说:"儒家一方面强调'为仁由己',即个人的价值自觉,另一方面又强调人伦秩序。更重要的是:这两个层次又是一以贯之的。"① 西方学者 Herbert Fingarette 也强调儒家追求群己平衡,但是他不像新儒或余英时从内在的、道德的超越面向来看,而是从环绕着"礼"的社会关系与活动,来找寻价值的根源。

墨先生指出史华兹的观点与上述的看法不同,史氏强调儒家思想的焦点在群体,重视权威、上下秩序与礼仪规范,尤其肯定家族观念与世袭地位。同时史华兹与 Fingarette 也不一样,他认为"内在"的精神生活对孔子来说很重要。至于如何将这两者结合在一起,史氏认为儒家力求能将阶序秩序与现实权威变得人性化("humanize hierarchy and authority")。

墨先生认为史氏没有详尽地分析儒家思想有关群己关系的看法,因而有疏漏与误会。首先,史氏没有注意到将现代的社会学的语汇,以及"社会"与"个人"的二元分野运用到周代思想的限制。对孔子来说,有许多重要的事情,不能用现代"社会"的概念来理解。例如对孔子来说,他与"天"、"祖先"、"古"之间的沟通,以及"学"的活动等都不必然是"社会的"。

超越社会的议题也与"超越言诠"相关。史氏认为中国古代思想的"语言危机"是较为晚期的发展,孔子并没有"对语言的不信任"。墨先生引用唐君毅《原言与默:中国先哲对言默之运用》一文,认为史氏不应忽略孔子思想之中的"默"的部分。②

儒家对自我的看法还涉及其他的一些问题。墨先生认为史氏没有讨论儒家

---

① 余英时:《从价值系统看中国文化的现代意义》,第72页,台北:时报出版公司,1984年。
② 唐君毅:《中国哲学原论——导论篇》,第203—227页,台北:台湾学生书局,1984年。

的"道德自主",以及韦伯所说的理想与现实之间的"张力"(tension)等问题。① 例如儒家具有"忧患意识",以及"毅然以天下为己任"的使命感。墨先生指出周代初期,道德英雄多半是王或政治核心的人物如周公等,但在《论语》之中转为具有道德自觉,特别是在政治核心之外的人物。荀子所说的"从道不从君"尤其表现出儒家思想之中具有韦伯所说的道德要求与现实缺陷之间的"张力"。这样一来,即使在儒家之中被认为最具"权威"性格的荀子,还是非常强调个人道德的自主性。②

儒家的道德感也有超越的、宇宙的基础。如孔子所说的"天生德于予"("述而")。这个部分也没有受到史氏的重视,更没有被他用来反驳 Fingarette。再者,相对于西方思想将"死"用来联结个人与宇宙之中终极与超越的层面,儒家则有"生生不已"的想法,这种联系超过了生物的与家庭的观念,而具有宗教的情操。

儒家思想中个人的道德自主也有知识论的面向。换言之,个人是道德价值、道德评估的终极判准。对孔子来说,"知人"不是政治权威的专利,而是具有道德自觉的君子才做得到,"唯仁者,能好人,能恶人"("里仁")。

从这些角度来看,墨氏认为儒家非常强调自我的尊严与价值,虽然这样的强调与西方个人主义传统下的个人观念有所不同,但如果学者们不能放弃将西方概念范畴与判准当作普世标准的话,就难以体认儒家对群己关系的安排所具有的深刻意义,而很容易从五四运动或西方像韦伯那样的诠释观点,将儒家断定为权威主义、集体主义。墨先生指出:

> 我们西方人必须避免假设我们所拥抱的理想是能显示"真正的自我"(authentic self)的惟一方式。我们大多数的人所肯定的方式是现代西方传统所建构的自我:强调隐私;悲观主义的认识论(怀疑知识与批判权威);对于感情方面有酒神精神(Dionysian)与浪漫的取向,包括卢梭、陀思妥耶夫斯基、弗洛伊德等人所深入探讨的有关情感、性欲、道德、宗教等倾向之关系;强调经济的与政治的权利;以及各种哲学,它们将个人定义为具有本体论上终极意义的个体。虽然我们极力拥抱这些观念,但是我们很难说它们是超越文化的标准,借此可以达到"最好的"或"最真实的"对自我的建构。③

由此可见墨先生能够看到西方个人主义传统在文化上的特殊性,因而能体认儒家所具有独特的自我观与群己观,此一观点是在群己平衡的前提之下,肯定自

---

① 韦伯所说的"张力"问题是《逃避困境》一书的核心问题,见该书第3—4页。墨先生的看法与韦伯、S. N. Eisenstadt、Lucian W. Pye 等人主张儒家缺乏道德张力的观点不同。

② "Continuities between Modern and Premodern China: Some Neglected Methodological and Substantive Issues", p. 266.

③ "Continuities between Modern and Premodern China: Some Neglected Methodological and Substantive Issues", p. 267.

我的价值与尊严。这样一来,儒家价值能符合现代生活的需求。儒家与现代生活之间的矛盾不是权威主义与依赖性格,①而是乌托邦思想,或说缺乏幽暗意识的一面。

墨先生虽然指出史氏的著作可能有上述的缺失,却仍然肯定该书,认为这本书代表了一个西方学者对周代思想的看法,书中所触及的议题,以及诠释的架构有无与伦比的价值。今日对中国古代思想有兴趣的学生,如果能将这一本书与唐君毅有关周代思想的著作合览并观,将会得到非常有意义的学术上的启发与激励。

墨先生虽肯定史著在学术上之贡献,然最后还是指出,长期以来哈佛大学培养了大量中国研究的专家,这些人或多或少受到史华兹(与费正清)的影响。他们对儒家的人生观,或唐君毅所说"中国文化的精神价值"的一面,不是"无知"就是仅有肤浅的了解,而缺乏同情的敬意,此一观感更进而在多方面影响到美国对中国的态度、政策,这确实是令人感叹之事。

## 四、"中国的自由传统":与狄百瑞论学

在当代美国汉学界,和墨子刻先生一样肯定儒家为一人文主义的传统,而且具有深刻的精神与宗教层面的另一学者,要推哥伦比亚大学的狄百瑞教授。狄百瑞也与墨先生相同,对唐君毅有很深的敬意。狄氏所编辑的 The Unfolding of Neo-Confucianism 一书不但收录了唐君毅有关刘宗周思想的文章,而且将此书献给唐君毅,来表彰他毕生对新儒家思想的研究。

狄百瑞有关儒家的研究主要环绕着两个主题,一是程朱学派的历史发展;一是儒学有关自由主义和个人主义的思想。墨先生和狄百瑞的辩论主要在于后者。

1982 年狄百瑞应香港中文大学之邀,作"钱宾四先生学术文化讲座",内容集结成书,题为《中国的自由传统》。在此书中狄氏提出儒家为自由主义传统的观念,他所谓的儒家的"自由传统"与西方的自由主义虽不完全等同,然在注重个人的自我发展与反思之上,与西方自由主义有相通之处。用他的话来说,他要"重申中西两个不同的传统也有某些相同的价值","宋明理学中也有新的而自由的思想,而个人在这种思想的启发中表现得很勇敢"②。狄氏曾解释他提出此一观点的原因:

---

① 此一观点与唐君毅、徐复观等人的想法非常类似。例如徐复观在一篇名为《从现实中守住人类平等自由的理想》的文章中,肯定唐君毅在《自由、人文与孔子精神》中的观点,认为"根据孔子之真正自由精神,以指出'孔子信徒',仍必反对一切极权主义",见黎汉基、李明辉编:《徐复观杂文补编》,第 2 册,第 13 页,台北:中央研究院中国文哲研究所筹备处,2001 年。

② 狄百瑞著,李弘祺译:《中国的自由传统》,第 130 页,台北:联经出版事业公司,1983 年。

当时我用自由主义来标榜儒家传统是因为学术界几乎都以为儒家传统是保守、过时、没有价值的东西。我看到儒家较深刻的一面，而用"自由主义"一词来形容它主要有以下两个理由。首先是儒家注重个人的发展和对自我的了解。其次是强调群体的发展。这两者有密切的连带关系。个人的追求和反思(即所谓的"修己")一定会让个人感觉自己的不足，所以需要在群体中继续发展，互相切磋(就是所谓"讲学")。修己和讲学是不可分离的活动，代表了儒家自由主义传统的精神。①

1991年狄氏又将相关的论文编为论文集，名为《为己之学》(Learning for One's Self-Essays on the Individual in Neo-Confucian Thought)，次年墨先生写了一篇书评，题目是《狄百瑞与宋明理学相遇中的几个问题》。② 在此文中墨先生首先描写了狄氏的看法。狄氏认为从12世纪至17世纪，儒家思想之中有一新的发展，其主轴是"个人的自觉"。与许多西方学者，如上述的史华兹的观点有所不同，狄氏不认为儒家思想贬抑个人在道德、知识方面的发展，并强调实现个人在阶序结构中的社会角色。他反而认为宋明儒者追求人文精神，他们企图使每一个个人发挥理性与道德的能力。这一发展并非环绕着无聊的背诵之学，而是有关自觉、批判意识、创造性的理念与独立自主的判断。

在儒家思想之中，此一个人的发展与其对"社会"、"传统"、"天"的尊敬是交织在一起的。这样一来，狄氏将宋明理学视为不断地努力追求自我与传统、个性与群性之间的平衡。此即他所谓的"为己之学"。

根据狄百瑞，此一思想趋向虽植根于周代，然自宋以后逐渐扩大，至17世纪开创了学术思想的一个新阶段，而且在某种程度上决定了中国现代思想的方向，也促进了中国人对西方"人权"观念的引介。③ 狄氏无疑认为宋明理学与西方的如"自由主义"、"个人主义"之价值，有相类似之处。墨氏同意上述的许多论断是奠基于扎实的史料基础之上。

墨先生虽肯定狄氏所谓儒家的"人格主义"(personalism)强调个人在道德与知识的自主性，但他不同意这一种对自我的看法在宋朝以后逐渐"扩大"；他也不认为此一发展有社会性的意义；狄氏也没有注意到明代思想变化与社会经济变动

---

① 朱荣贵：《狄百瑞的儒家研究》，载傅伟勋、周阳山编：《西方汉学家论中国》，第128页。

② "Some Problems in Professor de Bary's Encounter with Neo-Confucianism", *The American Asian Review*, 10:2 (summer 1992), pp. 126—147.

③ Wm. Theodore de Bary and Tu Weiming, eds., *Confucianism and Human Rights* (New York: Columbia University Press, 1998). 狄百瑞在为朱荣贵所编《前辈谈人权：中国人权文献选辑》(台北：辅仁大学出版社，2001年)所写的序也说："跨文化的人权对话不是针对东西文化的差异来进行的，而是应该针对如何处置违反人权的事件来做的。东亚的国家……受到儒家很深的影响，都很容易接受世界人权宣言所定的人权标准。"参见该书第7页。

之间的关系。再者,狄氏没有提到相关的二手研究,尤其是唐君毅从20世纪40年代开始所做的研究,以及墨子刻与杜维明的作品等,这些著作早已阐明了儒家传统之中个人自主性的问题。

尤有进者,狄氏对中西之间类似点的强调,造成他对两者歧异处的忽视。中西之间的歧异为何重要?墨氏指出:第一,忽略歧异就无法达到以归纳的方法详尽地了解思想潮流。第二,歧异点可能有其重要性。第三,只注意相同处易导致化约主义的危险。

墨先生强调在讨论儒家思想与自由主义之关系时,不能只注意到"为己之学"或人格主义,更应注意到儒家思想有偏到乌托邦主义的危险,而重视自我道德、知识追求的自主性与忽略政治之可行性的乌托邦思想是交织在一起的,就此而言儒家思想也可能与现代政治生活有不相配合之处。墨先生在这一篇书评中没有详细地说明儒家思想与西方自由主义的差异,但是在他其他的作品中却反复地讨论这个议题。

墨先生很清楚地观察到儒家乌托邦思想的根源在于一种自我的道德理念,亦即称颂三代而强调"为政以德"、"内圣外王"。这样的想法有四个重要的预设:一、"德"或"善"的定义是客观而明显的;二、德治思想,如果统治者以德治国,可为善政;三、风行草偃,上位者如能行善事,会对社会中其他成员有决定性的影响;四、这样的理想在历史上的"三代"曾经存在,因而具有可取法性与可实践性。

儒家乌托邦主义的倾向与西方自由传统的两个重要的预设格格不入。第一是张灏所说的"幽暗意识",亦即认为政治活动是一个"神魔混杂"(唐君毅语)的过程,无法完全道德化。这一个观点源于亚里士多德,而与基督教的"原罪"的想法融合在一起。这样一来,政治活动应该环绕着以韦伯所说的"责任伦理"(ethic of responsibility)来追求可行的进步,并以制度设计来防范权力的滥用。第二个预设是"悲观主义的认识论",认为真理的定义不那么明显,而要以理性来决定道德的客观内容几乎是不可能的事,所以人与人之间,特别是异己者,必须互相容忍、互相尊重。

墨先生指出我们不能说幽暗意识与悲观主义的认识论在儒家传统之中完全不存在,但儒家思想,乃至宋明理学都没有像西方自由传统那样,将政治活动放在幽暗意识的脉络关系来思考,也没有偏到悲观主义的认识论。儒家思想所具有的特点反而是两个乐观主义:对政治可行性的乐观与知识论上的乐观,因而具有乌托邦主义的特质。

墨先生对于儒家传统与自由主义的议题并不像狄百瑞那样较限于明末清初之前的思想发展。由于关注传统与现代之间的连续性课题,他也下探19世纪、20世纪西方自由主义引进中国之后所带来的对儒家传统的冲击。其中他对自由民主框架之内"国民道德"或"公民特质"(亦即civility)的讨论很能说明他的观点。

墨先生认为在西方自由传统之中,受到幽暗意识观念的影响,强调人类的政治行为不可能太理想。在此传统之下,国民道德的尺度有一特殊的形态,例如一个好国民可以自私,但不能说谎,应尊重契约、维持卫生习惯等。此一道德可谓"乡愿的道德"。这样的尺度亦给个人自由较广的范围。同时在此情况之下,政治冲突不是君子、小人之争,而是各自代表利害关系的"中人"之间的冲突。西方民主传统中的容忍精神部分源于此一道德理念。[①]

相对来说中国知识分子在引进自由传统时,由于上述两种乐观主义,他们不肯定乡愿的道德,也不强调每个人可以追寻"既合理又合法的自我利益"(legitimate self-interest)。最好的例子是梁启超《新民说》中的"论公德",他所企求的是君子的道德,而不是乡愿的道德。同时梁氏又撰写"论私德",编写《德育鉴》与《明儒学案节本》,以探讨"公私德所同出之本",而公德的一个条目是培养"利人乃所以利己"之精神,以克制自私自利的冲动。由此可见中国固有道德语言对近代中国知识分子摄取西方自由观念的影响。

公德与西方国民道德的差距显示中西自由传统对道德问题处理上的重大差异。此一差距不能简单地视为国人误解西学之精义。墨先生很敏锐地指出梁启超对德育的想法也反映近代知识分子在面对西方自由主义的批判意识,这一批判意识与严复、新儒家,甚至胡国亨在《独共南山守中国》一书的想法是一脉相承的。[②] 胡氏在该书之中从孔子学说的立场批评西方自由主义、实证主义的诸多缺失。例如胡国亨指出西方自由主义模式依赖政治、经济与思想的市场竞争,并给予人们尽可能广的自由的范围。这样的市场导致西方社会"物质滥用、家庭危机、青少年早孕、毒品泛滥、对福利政策的过度依赖、犯罪以及教育不景气、精神疾病、个性丧失"等问题。其次上述三个市场的自由竞赛导致不平等的趋向,以及具优势地位的少数精英阶层控制经济、社会和知识生产,而他们并不一定具有先知先觉的智慧。第三,自由主义一方面肯定个人自主、法律之前人人平等,并以物质进步为绝对的价值,而另一方面,受实证主义、怀疑主义与不可知论的影响,在人与人有分歧与冲突之时,视量化或完全客观的证据为真理惟一的标准。这样一来,所谓法治完全取决于律师怎么操纵法律与解释证据,而不是社会正义。[③] 墨先生指出胡国亨与新儒类似:

---

[①] 有关西方自由民主体系之中需要培养的国民道德(civility)及其与中国现代主流思想的差异,请见氏著"The Western Concept of the Civil Society in the Context of Chinese History", in Sudipta Kaviraj, Sunil Khilnani, eds., *Civil Society: History and Possibilities* (Cambridge, England: Cambridge University Press, 2001), pp. 207—214.

[②] 胡国亨:《独共南山守中国》,香港:中文大学出版社,1995年。

[③] 墨子刻:《墨子刻序》,载《胡国亨文集》,第4—5页,兰州:兰州大学出版社,2000年。

认为西方自由主义模式与一些很严重的病状交织在一起,因为欧美文化太环绕利己主义与工具理性,所以欧美也有它们的文化危机,只有借助中国固有的精神资源才有希望。①

墨先生承认"新儒和胡国亨肯定孔子的思想这个看法非常有价值",对西方弊病的批判也十分敏锐,然而为了将固有道德理想与现代性目标相配合,人们需要考虑"固有人生观哪一方面要取,哪一方面要舍"②。这一个过程自然无法依靠一个固定的公式,而需要学者们针对关键议题深入探析、相互论辩。对墨先生而言,惟有深入考察儒家传统与自由主义的异同,才可能回答中西思想界所共同面临的取舍问题。

## 五、结　　语

在西方汉学界墨子刻教授是一位特立独行的学者。在《汉学的阴影》一文中,他曾感叹美国投入大量资金支持中国研究,但是"在美国出生而从事现代中国研究的学者中,很少有人能充分了解中国语文,而达到能说能读各种不同类型作品的程度",更不用说能深入中国文化的精髓。③ 墨先生可以说是少数不但了解中国语文(能读、能说、能写),而且能深入中国思想及政治传统的学者。从墨先生与费正清、史华慈、狄百瑞等人的辩论,充分显示过去半个世纪以来,西方汉学界对儒家思想研究的深化。

墨先生对儒家的研究一方面源于他对中国经典的深入研读,对西方哲学、政治思想的认识,另一方面则受到新儒家思想,如唐君毅、牟宗三著作的启发,因而提出与费正清等学者不同的看法。简单地说,他希望纠正"五四"反传统思想对儒家的负面看法,肯定儒家作为人文主义传统所具有的精神价值。他认为新儒家最大的贡献是:以世人能了解的说法去证明中国文化之精神价值,亦即"证明儒家对个人的尊严与自主的主张,以及儒家'从道不从君'的超越现实政治权威的道德理想",和"把研究儒学的焦点从'礼教'与'理气'的题目转移到'生生不已'与'工夫'的思路"④。但另一方面墨先生与新儒家不同的是,他认为我们应该对孔子思想作一取舍。孔子思想并不具有绝对的智慧,其中乌托邦主义的部分尤其需要加以批判、反省。这样一来五四运动的观点是偏颇的,同时新儒家的看法也有缺点,

---

① 《墨子刻序》,载《胡国亨文集》,第2页。
② 墨子刻:《乌托邦主义与孔子思想的精神价值》,载《华东师范大学学报》(哲学社会科学版),2000年第2期,第18—23页。
③ 《汉学的阴影:美国现代中国研究近况》,载《食货月刊》,1981年第10卷第10期,第445页。
④ 墨子刻:《道统的世界化:论牟宗三、郑家栋与追求批判意识的历程》,第148页。

现代中国的启蒙应该是"五四"与新儒家之间的对话,而梁启超的思想在这方面深具启发性的价值。

墨先生对儒家思想的看法不一定是一个定论,但这些讨论无疑地可以刺激我们继续思索儒家思想及其近代命运的重要课题。更重要的是西方学界对儒家思想的讨论显示儒家是世界的遗产。儒家之"道"是指符合真善美的理想,而且涉及实践的道理。它不是中国人的"道",而是人之"道"、世界之"道"。这样一来,对于儒学的讨论不应限于中国思想界,而需要与世界各地,尤其是亚洲与西方学界对话,学者们需要不断地在国际性的讨论之中,针对古今中外所有相关的学说,提出儒学对于历史、实践、自然、本体以及知识的看法,并以批判精神来反省这些观点。[1] 墨先生指出,这一层意义唐君毅说得最透彻:

> 我之一切文章……都是依于三中心信念,即人当是人,中国人当是中国人,现代世界中的中国人,亦当是现代世界中的中国人。此三句话,一方面是逻辑上的重复语,真是简单之至。然一方面,则我总觉此三句话,有说不尽的庄严,神圣,而广大,深远的涵义。[2]

这一段话也彰显了墨先生所揭橥的:以"道统的世界化"作为儒学研究的核心理念之学术理想。

(作者单位:台北中央研究院近代史研究所)

---

[1] 《道统的世界化:论牟宗三、郑家栋与追求批判意识的历程》,第85、149页。
[2] 唐君毅:《人文精神之重建》,第2页,香港:新亚研究所,1955年。转引自《道统的世界化》,第85页。

# 史怀哲关于中国思想和儒家伦理的论述

□ [德] 罗哲海[①]
□ 骆 洁 译

西方哲学界有关中国思想史的研究和贡献不是非常多。在可称道的研究中,我想应该有马克斯·韦伯对"儒家和道家"(Confuzianismus und Taoismus)的研究,卡尔·雅斯贝斯(Karl Jaspers)在《伟大的哲人》(Die grossen Philosophen)中对孔子和老子的阐释,及其在《历史之源起和目标》(Vom Ursprung und Ziel der Geschichte)中对中国的观照,最后,还应该包括同雅斯贝斯一样长于详实的分析,而又比韦伯拥有更开阔的视野的史怀哲(Albert Schweitzer, 1875—1965)的论述。他的论述体现在最近出版的论述中国思想的手稿中(Albert Schweitzer, Geschichte des Chinesischen Denkens, Werke aus dem Nachlass, Herausgegeben von Bernhard Kaempf und Joharnn Zuercher, Muenchen, Verlag C. H. Beck, 2002)。

### "中国在史怀哲伦理建构中的重要性"

史怀哲的伦理学精神是和他所处的时代精神相抵牾的("有意识地故意地'落后于时代'")。他继承了18世纪欧洲启蒙运动的传统,在思想上义无反顾地投入了18世纪理性主

---

① 罗哲海,即 Heiner Roetz。

义的怀抱。这样做的结果几乎就是使自己的思想自然同中国思想连接起来。因为孔子是欧洲启蒙运动的只依赖理性、不凭借外在权威指导的"自然道德"(natuerliche moral)可能性的主要证人。从启蒙运动起一直到史怀哲的时代,西方哲学家中没有任何一位像他这样这么严肃认真地将中国纳入到以理性为导向的伦理学研究中去过。

在史怀哲所处的时代,许多知识分子都对中国有所偏好。尽管如此,当欧洲人开始注目东方时,他们通常是为了寻找一种"灵魂文化"(kulure der seele)和"生命的内在化"(verinnerlichung des lebens),寻找可以替代建立在理性基础上的文明的"精神"代替品。东方人自身也对这种带有浪漫色彩的渴求有所关注,我们只要想想中国的张君劢和印度的泰戈尔(Rabindranath Tagore)就好了。但这对于史怀哲而言,却意味着投身于非理性主义和放弃理性思考。根据他的观点,欧洲文化的堕落就是因为放弃了启蒙时代的理性模式,而并不是这种理性模式本身所造成的。

史怀哲毫不含糊地承认自己是忠于理性思想的,他对中国感兴趣也是基于这一点的。这使他完全不会从生命哲学的角度,以具体可感性和场面性为名来阐释中国哲学。他甚至期望中国能将欧洲带回到启蒙时代的道德信念中去,摆脱当下盛行的非理性主义。由于史怀哲固守以启蒙时代的理念为标准,这极易使他产生因欧洲优越感而造成的对其他文化(如非洲文化)的偏见。但正是这样做才使得他对中国精神有了相当的阐释。

和18世纪的哲学家一样,史怀哲十分欣赏中国那种未被"玄思"所破坏的"基本的"(das elementar)和"自然的"(das natuerliche),同时又符合理性的精神。又和18世纪的哲学家一样,他看重儒家思想,认为儒家对"理智之力的崇信"(die macht des geistes)可以激发人们对"自我进行思考"(nachdenken ueber sich selbst)。与此相对立,他在一战后对文明进行的带有浪漫色彩的批判,却是建立在对道家思想感兴趣的基础上的。又和18世纪的哲学家一样,史怀哲并不是首先将中国作为一个寻求科学性知识的对象来认知的,而是力图向她寻求某种道德上的支撑,寻求"伦理文化"(ethische kultur)的基础。这种基础必须能够经受住理性的考验,同时又能给我们的实际行动以"力量"的支撑,从而可以促成思想上的进步。

由于史怀哲是从实用的角度,而并非首先从学术主导性上来看待哲学伦理学,因此他不会因为中国思想家对实用问题感兴趣而轻视它们。他的伦理观念代表了康德用来反对"经院观念"(schulbegriff)而提出的"哲学的世界观念"(weltbegriff der philosophie)。史怀哲正是从这样的角度来阅读中国哲学家的著作的。他将其特性称为"基础的",但这并不是"原始的"意思,而是针对他们的哲学关注人生重要而基本的问题而言的。

为了获得"思想上真正进步的动力"(energie zum wahren fortschritt),史怀哲认为伦理学必然以人类史上曾经发展使用的"一系列"事件为开端。和大多数西方哲学家（并不仅仅是他那个时代的哲学家）不同的是，史怀哲认为非欧洲的，东方传统中的某些精神完全可以被吸纳到这个"系列"中来。作为讲求实际效用而非纯理论的学者，史怀哲意识到了现代伦理挑战的全球性和多样性，这种多样性超过了单一文化传统的管辖权和能力。有必要树立"世界观念的意识"（orientation dans la pensée mondiale），去除欧洲狭隘主义。史怀哲认为当代欧洲哲学的导向在这方面有所失误。他们始终轻视"世界哲学"，不肯承认"我们的西方哲学要比我们自认为的幼稚得多"。

## 1937年及1939—1940年间的稿件

早在1920年以前，史怀哲就开始关注非西方传统的哲学了，首先是印度和中国哲学。从那时候开始，他在数篇著述（比如《文化和伦理学》一书，主要是其比较性的章节）中都讨论过关于中国的问题。1937年他在加蓬的兰巴雷内（Lambarene）的一所医院工作时，曾写了一篇关于"中国思想"（das chinesische denken）的很详实的稿子，并介绍了中国思想的一些大概情况，打印稿约有300页之长。两年之后，约1939—1940年间，他对上述文章进行了修改。将原文改成了一份新的约200页长的稿件，题为《印度及中国思想史》（Geschichte des indischen und chinesischen Denkens）。尽管题目中涉及了中国和印度两个国家，但其内容主要是有关中国的（史怀哲曾在另一篇专题文章中论述有关印度的问题——《印度思想家的世界观》 Die Weltanschauung der indischen Denker，1935年出版于慕尼黑）。所有这些文章都是在他随身带往非洲的一些汉学著作手抄节选稿（有些是专题论述，有些是译作）的基础上写成的。他在1937年给瑞士的汉学家爱德华·冯·恰恩内（Eduard von Tscharner）写的一封信中说自己"远离一切图书馆文献"。

在这些稿子中，史怀哲对20世纪中国哲学的基本发展情况进行了描述，这种描述不仅详实，而且具有一定的价值。他那富有洞察力的概念性描述超过了以往他对中国的任何描述。史怀哲关注的焦点是公元前6世纪至3世纪的那段古典时代，他尤其欣赏早期儒家学说，将其称为"生命和世界之伦理肯定"（ethical affirmation of life and world）。在史怀哲看来，正是这种对生命的肯定使得中国要比印度和希腊进步，使中国比其他文化更早地踏上了伦理学的惟一正当的路。史怀哲曾这样写道："中国伦理学在教化个人和民族方面所发挥的作用是辉煌的。""世界上没有任何地方像中国一样拥有这种植根于伦理观念上的文化。"

除了一小部分曾在挪威（1972年，奥斯陆）得到过编订之外，史怀哲的这些手稿大部分都未被编审，直到60多年之后的2002年慕尼黑的贝克（Beck）出版社才精心编订出版了这些作品。该出版社从1995年以来就对古恩斯堡（Guensbach）

的史怀哲档案馆收藏的史怀哲的遗著进行出版。史怀哲在有生之年并没有出版这些手稿,这说明他本人对自己所著并不十分满意,而且手稿实际上还存在有著述不明和互相抵牾的篇章。在 1962 年的一封信中,他解释说自己没有对手稿进行细致的编写是因为他正和原子弹运动进行斗争。他写道:"……我感到自己有义务竭尽全力来进行这场斗争……还因为我知道爱因斯坦对我有所期望……我确实因为不能完成自己的著作而心神不定。"

汉学家们对史怀哲著作的评价也不利于该书的出版。罗伯特·克拉默(Robert Kramers)曾在 1969 年建议出版其中那些有关孔子和老子的"非常有价值"的章节,但是他却认为其余的大多数篇幅是不合时宜的。1974 年,西格弗里德·恩勒特(Siegfried Englert)因为认为全部手稿论述一点儿也不充足而对之进行反驳。在上述两位汉学家看来,史怀哲对中国哲学的论述缺少历史批评观。Kramers 指出史怀哲的论述中有一种理想化的倾向,他把这种倾向归因于史怀哲受了卫礼贤(Richard Wilhelm,德国著名而多产的翻译中国哲学著作的思想家)和辜鸿铭的影响。尽管史怀哲本人承认自己"从卫礼贤那里学到了很多"并且"十分崇敬"他,但是史怀哲对中国哲学的解说却多来自他自己的哲学观点。他只是表面上利用了卫礼贤的译本。他认为要用真正的哲学观点来阐释东方哲学。而他认为汉学研究本身是不能提供这种视角的。他怀念那种真正的哲学视角并且坚持用这种视角来反对任何针对古代哲学文本的历史批评。他试图用世界哲学的标准来评判这些文本,给予它们在"世界哲学"中应有的地位。

辜鸿铭因为他的英文著作(其中一些被译成了德文)成为 20 世纪上半叶在欧洲最受欢迎的中国作家。史怀哲在 1939 年的一段手迹中曾提到自己"深有感触地读了辜鸿铭的著作"。尽管如此,史怀哲鲜明地拒绝了"文明"和"文化"的冲突观,这一观念在一战前后的德国十分盛行,也是德国人热心接受辜鸿铭学说的原因。所以我们可以断定史怀哲在对中国进行解说时,他事实上并未受到任何外在思潮或思想的影响。

## 史怀哲的诠释学的理论基础(heuristic foundations)

像解读其他哲学家文献一样来解读中文文献,以求得它们是如何有利于建立"伦理学文化"的理想的,这是史怀哲诠释学的原则。基于这种想法,他对思想史也有所关注。他也关注在中国还未走向尽头的发展势头。他仔细区分了中文文本中概念本身以及概念描述的差别,并且对那些其意义已经受到了含蓄的认可,但却没有被确立为某一思想流派的学说作了述说。持有和当代新儒家类似的看法,他认为中国伦理学最终的完成是未来的事情。儒家学说尤其应该克服自身的历史"僵化性",应该"依靠自己的力量,按照自身的核心思想走向现代化"。儒学还应该"和别种思想以及先进学说建立新的关系",以便"依照自身的观念重塑现实"。史怀哲认为,历史中国没有见证到上述"理想"(ideals)的实现,尤其是建立在个人道德而非在政治力量之上的"文化国"(kulturstaat)的理想没有实现,"古代最具现代精神的思想家"孟子曾经对这种理想做过明确的阐述。

在评价中国思想时,史怀哲并没有犯许多欧洲人都曾犯过的错误:认为中国历史就是儒家学说的有效历史(wirkungsgeschichte),儒家学说的有效历史就是该思想学派之核心学说发展的过程。他发现儒家伦理学在基本构架上超出了儒学自身在社会和政治层面上的实际具体操作性。我认为这一看法是惟一可以用来定位中国传统和现代之间的关系,而不致反对圣像崇拜态度,也不致产生后退性的保守主义。不过,史怀哲可能高估了现代化的儒家的实际能力。

史怀哲的哲学阐释法的基本构架含有许多不同的世界观模式。他按照对生命和世界是肯定还是否定,属于伦理学的还是非伦理学的,出发点是一元论的还是二元论的来区分这些观点。综合考虑,我们得到了这样一种阐释,这种阐释并不能用他研究的一切资料来详细地证明,但是这种阐释给了我们一个大致的结构上的认识。但史怀哲并不满足于仅仅对世界观进行分类。尽管他像以前的看法一样将"文化"进行了一定的本体化,史怀哲思想的出发点并不只是对文化进行定位,而是人类普遍道德观的发展。尽管他有时候会把所谓"中国精神"(der chinesiche geist)在一定限度内固定下来,并且随之把"保持其原有的思想态度"的倾向归于中国,但这种趋向却被他的整体的发展观念所制衡。根据这种观念,对世界的肯定以及道德化是对任何文化都有效的一个目标,也是可以联合各种文化的一种力量。这也是另外一条道路——否定世界和道德虚无——因为不切实际而注定会失败的原因。

## 伦理学和自然

在印度,人们对生活的肯定是通过逐渐克服消极性思维来实现的。但史怀哲认为中国哲学在很早的阶段就对世界和人生持有肯定的积极的态度。这种积极的态度代表了他们和世界之间的"自然"的关系。在儒家学说和更早的学说中,这种观念以伦理学的形式表现出来,在杨朱的思想中,它以非伦理学的形式表现出来。尽管道家的像印度的婆罗门教一样根源在"极度兴奋"(ekatase)的经验神秘主义的"超世"思想在中国贯彻的是那种积极的态度,可是,道家在婆罗门主义的极端否定世界态度和儒家积极的肯定的"自然"的态度之间找到了一条中间道路——"道",它是世界上具有创造力的实体,尽管这种创造力是消极"无为"的。

为什么一种"建立在对人生和世界进行伦理学角度的肯定基础上的文化"(eine auf ethische lebens-und weltbejahung beruhende kultur)会那么早就在中国发

展起来了呢？史怀哲在某种程度上在这一问题上有些含糊其辞,将之归结为"中国精神"的清醒的理性。这种讲求实际的精神使其并未陷入玄思之中,但也使得中国人偏于关注宇宙论(kosmologie),而忽视神学(theologie),这样一种思想是很难将世界的运动归之于某种看不见的神的,而一般归之于客观力量。然而由于缺乏神学,中国和信奉基督教的国家相比,没有走向"无极"(das grenzenlose),也就是"普世之爱"(universale liebe)。在这一点上,我们发现史怀哲对中国的阐释有着典型的模糊性。史怀哲推崇的中国思想的"自然"长于观察现象,短于思考本质,不仅仅拒绝空想,而且也阻碍其展开充分的想象。

伦理学和自然之间的关系不但构成了史怀哲对中国的阐说的系统的核心思想,而且构成了他自己的哲学学说的核心。所以我将集中对此作出阐述。

史怀哲相信伦理学不是来自自然,如果认为它来自自然,就会忽视自然的毁灭性。"如果伦理学的发展过程就是自然的发展过程,那么伦理学也就不成其为伦理学了。"伦理学规范是逆自然而获得的,不能被描述为源于自然。但是,如果不考虑自然条件和可能性,道德和规范就无从谈起。再有,在史怀哲著名的"敬畏生命"(ehrfurcht vor dem leben)的原则中,他认为伦理学关注的首要问题就是自然,尽管他说这只是在自由考虑的基础上(in freier ueberlegung)。因此,"在伦理学中,人内在的自然运行自相矛盾了"(in der ethik tritt das naturgeschehen in dem menschen…mit sich selbst in widerspruch)。我们必须在这个一元论和二元论的结合下来理解史怀哲关于中国哲学和自然之间的关系的看法。在思考有关中国的问题时,他也考虑了自身的哲学体系,以及一些悬而未决的难题。史怀哲说:"人类的思想是这样的,自己的思想企图理解自己。"

在史怀哲看来,中国伦理学大体上来讲是一元论的,中国伦理认为有道德的生活应该和自然秩序相一致,而不应该像具有二元论特点的一神论宗教所认为的那样相左。史怀哲写道:"在中国人眼中,伦理规范一般应和其所生活的世界相协调",并且"当人们说人道应该和天道一致时,也就意味着如此"。

在这里,史怀哲没有考虑到中国传统中也有将天道和人道分开的传统(如荀子的传统)。像他那个时代的所有汉学家所认为的一样,他认为这种天人合一世界观是一般典型的中国思想。尽管如此,和当时的汉学研究不同,史怀哲意识到在这样一种所谓的具有整体性(holistisch)的思想中也有断裂,那就是只有"行为"(das tun)被认为是和道德有关的,而"运行"(das geschehen)并不被认为是和道德有关的。这是因为在这个运行过程的背后并没有什么神力的支撑。因此,中国一元论的说法受到限制。史怀哲认为古典儒学、道家学说和理学思想是有关伦理学和世界之间关系的三种重要的不同学说。

史怀哲之所以欣赏道家学说是因为道家放弃了对传统道德以及"普遍的善恶观念"的幼稚的信奉。道家学说破除了我们简单的思维,使我们不再满足于明了简单的事理,而是像儒家学说一样,鼓励我们对自身进行思考(selbstbesinnung)。这样一来,道家学说也参与了中国哲学的理性色彩,因为 selbstbesinnung 就是理性本身。尽管如此,在道家思想里面却并未实现这种目标。由于它扎根在自然哲学中,它就不可能像儒学一样,赋予成为判断主题的个体最高的地位。

史怀哲认为道家思想家也意识到了"行为和运行之间的巨大差别",但是道家学说倾向于运行,因此他们最终只是向往极度兴奋(ekstase),而不是思考(ueberlegung);倾向于生命经历(erleben)而不是认知(erkennen)。它摒弃了所有"来自于各种欲念的行为,认为人只不过是"支配世界运行的'道'的一种部件"。这种项目等于在"运行"的名义下对"个体存在"进行错误的判断。

对史怀哲来说,因为他有着欧洲启蒙思想传统的背景,其思想的出发点是个体,如果没有"个体思想"的伦理理想,文化是不可能存在的,因此他不能赞同道家思想的这一认识。在儒学和道家学说之间,他之所以倾向于儒家学说,就是因为儒家伦理中强调个体的核心作用。从儒家思想谈到的"君子"的概念中,史怀哲看到了"伦理学上的个体"(ethische individualitaet)。

除了道家学说和古典儒家学说,史怀哲还谈到了理学思想的世界观。史怀哲说,理学只是表面上看起来是对古典儒家的一种发展。实际上,在佛教的影响下,理学家的儒家伦理学是以道家学说为基础的,他们构建了一个自然主义的"体系"。朱熹所作出的假设,无非就是"运行的伦理学的规则"(ethisches prinzip des geschehens)。

如果这就是最终的结论,那么中国伦理学的核心思想一定不会引起史怀哲太大的兴趣。对史怀哲而言,"使得伦理学和自然的发展相一致"或认为"伦理学源于自然",都是德国哲学界曾经遭受过的"灾难"。再有,宋代哲学的"封闭体系"阻碍了中国伦理学的发展。因此,史怀哲对早期儒家的积极评价说明了早期儒家对自然界有不同的看法。尽管早期的儒家也认为伦理学是"自然的东西的完美"(vollendung des naturhaften),但他们认为伦理学和自然之间的联系并不密切。自然和伦理学之间的联系事实上只是自然产生人成为有道德的生物,这也可以看作是自然的"目标"。除此之外,自然和伦理学之间的关系是秘不可知的,就像孔子对"终极问题"犹疑不谈一样(参看《论语》,"公冶长"篇"夫子之文章"章和"先进"篇"季路问事鬼神"章)。避而不谈这些问题是为了避免对伦理学和有关自然的哲学进行直接的定位,那是后来的儒学所做的事情。因此,在史怀哲看来,早期儒学并没有像一神论那样极力排斥自然,但也没有将之同伦理学结合起来。"自然的东西终止于伦理的东西"(das naturhafte endet im ethischen),但是两者之间的差别从来也没消失过。史怀哲甚至赞扬孔子是伟大的,因为他认为伦理学不依赖别的东西,而只以自身为基础而存在。"世界上是否有伦理秩序取决于人类,而不是取决于阴阳的原始自然力量。"

缺乏宇宙论方面的有力支持,没有宗教基础,使得儒家伦理学作出一种"冒险的"努力(zum wagnis)。由于孔子意识到了这种冒险的必要性,并且认为伦理学是可以不凭借宗教信仰,而只"依靠自身的力量而存在的",因此在史怀哲眼中,孔子是"真正的伟大的思想家之一",这是用来评价神学家的语言。

这样一来,尽管史怀哲没有考虑到儒家学说中的荀子一派,但和大多数西方汉学家不同的是,他看到了中国古代思想中人和自然之间是存在差异的,这种差异可以沟通,但是不会消失。史怀哲写道:"世界观和伦理观之间没有密切关系,这是中国思想的特色……在孔子和孟子看来,伦理学是独立存在的。世界观是伦理观的背景,而不是源泉。"并且"对于中国人来说,世界上伦理秩序(sittliche weltordnung)的存在只是伦理学存在的一种背景,并不意味着伦理学要依靠这种秩序而存在。世界上伦理秩序是一种基本的和声,在这个和声上伦理学的动机可以自由发展"。

史怀哲用了他经常使用的一个音乐领域的比喻来说明中国伦理学和自然之间的关系,说伦理学对于自然而言就像自由结合一样。对该领域中一向以简单的整体论来解读中国哲学的现象来说,这是一种很有创意也颇有发展前途的方式,也是中国哲学与史怀哲自身的哲学思想之相似性的一种表现,因为他说自己的思想也经常想在"自然界秩序"和"无条件的理性思考"(voraussetzungslosem vernunftdenken)之间摇摆。

如果不和自然相分离,不承认其"必须依靠自身而存在",并且"必须自给自足",中国伦理学就不会达到史怀哲所阐述的那种成就。这些成就包括:使得"孟子成为康德之前的先驱",他彻底放弃了实用主义;孔子的箴言——"己欲达则达人,己欲立则立人","己所不欲,勿施于人"。史怀哲认为这是儒家伦理学一般的核心,尤其是《论语》的核心思想。

基于他对伦理学与自然关系的独特理解,史怀哲找到了一个能够认识中国伦理学尤其是儒家伦理学的双重构架的角度。自由结合的思想模式在儒家伦理学同传统之间的关系重复了,因为这个关系与伦理学同自然之间的关系有结构上的类似。在史怀哲看来,孔子和所有中国的哲学家一样,"只是继承和发展了传统",但却并不是以完全肯定的态度继承的。他倾向于用"真正的文化"这一尺度来审视传统。当史怀哲谈到儒家学说时,他认为即使是中国伦理学"也只不过是想将古代形成的道德生活保存并延续下去",它"已然意识到了法律和传统的局限性"。因此,史怀哲认为,儒家伦理学并不赞同个体简单地从属于社会秩序,而"最美好的信念是它的一部分"(ihr in der besten gesinnung angehoert)。同时,"自然给予"的社会关系又为另一种个体自然具有的新关系所补充,那就是孟子所认为的人类的基本关系之一——朋友关系。正是这种关系使得中国人走上了无条件的"普世之爱"的道路。因此和大多数阐述中国伦理学的人不一样,史怀哲认识到了孟子所说的第五伦——朋友之信——的重大力量。在他的"普世之爱"中展现出来的孟子伦理学的潜力被史怀哲认为是中国伦理学的最高成就。

在本文中,我集中讨论了史怀哲对中国思想的分析结构,以便阐明他的探索性研究的启发力量,展现他在研究中国问题时的严肃态度和启发性贡献。由于他不是研究中国思想的专家,因此他的文本自然包含着一些错误和不足,他的某些判断我们今天是不能认同的,例如他曾反对中国的共和运动。尽管如此,他的成就还是可圈可点的。他对中国哲学的论述详实而富有创见,其中蕴含的丰富思想至今还有待研究发现。因此,我认为史怀哲的观点在为数不多的对中国思想进行解说的富有创见的西方言论中是值得注意的。就是在今天,当儒学在"文明的碰撞"中已经被推向前沿,并且在充当日益繁荣的市场经济的精神动力的情况下,史怀哲这种不具偏见的世界主义的伦理学研究方法对我们而言依然是可以借鉴的。

(译者单位:北京外国语大学国际交流学院)

> **编 者 按**
>
> 为纪念瓦罗(万济国)的《华语官话语法》刊行三百周年,由北京外国语大学海外汉学研究中心、《外语教学与研究》编辑部等单位联合发起的"西洋汉语研究国际研讨会(暨第二届中国语言学史研讨会)"于 2003 年 9 月 12—14 日在外语教学与研究出版社召开。瓦罗的《华语官话语法》是西方人编写的第一部汉语语法书,也是世界上第一部汉语语法书,它对于中国语言学史、海外汉学史和对外汉语教学史的研究都具有重大的理论意义和历史意义。在两天的研讨会上,来自欧洲、日本、中国大陆、香港、台湾的三十多位学者,从宏观和微观两个方面对西洋汉语研究中的许多重大问题进行了深入细致的探讨,取得了丰硕的成果。会议将出版论文集,这里先刊登两篇,以飨读者。

# 《华语官话语法》与 17 世纪的南京话[①]

□林 璋

## 一、成书背景介绍

《华语官话语法》(以下简称《语法》)于 1682 年在福建省首府成书,1703 年在广州正式出版。作者弗朗西斯科·瓦罗[②](1627—1687)是西班牙传教士,在中国居住了 38 年。《语法》的原文是西班牙文,2000 年出版了英语译本,汉语版是从英语译本转译而成的。

《语法》明确指出,该书描写的对象是当时的南京话,是官话。

本文参照《语法》汉译本的原稿,有关读音方面的内容参照英语译本。

---

① 本文承陈泽平教授提出宝贵的修改意见,谨此致谢。
② Francisco Varo,多明我会传教士,中文名为"万济国"。

## 二、"英译出版前言"中的拟音问题

1.《语法》不仅对语法进行描写,还对南京话的声、韵、调作了描写。由于例子都是用拉丁字母记录的,记录的是当时的实际发音,因此例字和例句在音韵学上也是非常有价值的。

《语法》中的注音,除了正文中使用的拼写法(以下简称瓦罗拼音)以外,在《弁言》中还援引法语的读音(以下简称法式拼音)来描写当时南京话的语音。《语法》的"英译出版前言"分别给出了与瓦罗拼音和法式拼音对应的国际音标。我们觉得其中的个别地方值得讨论。问题的关键在于,是给瓦罗拼音拟音还是通过瓦罗拼音给当时的南京话拟音。我们认为"英译出版前言"在这个问题上似乎不是很明确。

2. 首先看中古微母字的读音。瓦罗拼音标注了3种读音,如(1)。

(1) 中古微母字的读音

    a. v-:弯(vuān),晚(vuàn),望(vuáng),微(vûi),尾(vì),未(ví)

    b. g-:威(goêi),位、为、谓(goéi)

    c. 零声母:晚(uàn),微(ûi),尾(uì),未(uí)

"英译出版前言"给"v-"的拟音是[v]。瓦罗拼音没有使用"w-",因此"w-"和"v-"不构成音位的对立。一个有趣的现象是,(1a)中的一些字,又记作合口的零声母,如(1c)。由此可知,"vu-"和"u-"也不存在音位的对立,是自由变体。因此,瓦罗拼音中的"v-"应该是零声母,"vi"(尾、未)可以拟做[ʷui],"vu-"中的"v-"是羡余的,"vuan"(弯、晚)可以拟做[ʷuan]。这样可能更容易说明(1a)和(1c)的关系。

3. "英译出版前言"把瓦罗拼音的"go-"拟为"[vʷ]or[w]"。《语法》中可以把"go-"当做声母的有疑母的"危"和(1b)中微母的"威、位、为、谓"。

据瓦罗拼音,中古"疑"母字分化为4类。括弧内为瓦罗拼音。

(2) 中古疑母字的分化结果

    a. g-:傲(gáo),鹅(gô),我(gò),危(goêi),吾(gû),午(gù),悟(gú)

    b. v-:瓦(và),外(vái)

    c. n-:虐(niǒ)

    d. 零声母:言(iên),银(în),鱼(iû),遇(iǔ),原(iuên),愿(iuén),五(ù),疑(ŷ),义、议(ý),衙(ya);岳、狱(iǒ),月(iuě)

"英译出版前言"在瓦罗拼音与国际音标的对照表中,把(2a)中的"g-"拟为"[ŋ]",并把其中的"go-"拟为"[vʷ]or[w]"。我们认为把"go-"当做"危"和(1b)中微母字"威、位、为、谓"的声母拟为"[vʷ]or[w]"不太妥当。

《语法》在第二章第五节中特别指出:"有些说汉语的中国人会把音发作

'guei'或'vuei',然而正确的发音方法应该是'goêi'。"瓦罗的这个说明显示:(i)在当时的南京话中,在以"uei"为韵母的音节中,"g-"和"v-"是自由变体;(ii)在以上3个音节中,"uei"和"oei"是自由变体,即其中的"-u-"和"-o-"不构成音位的对立;(iii)在这些自由变体中,瓦罗认为"goei"是正确的。

4. 再来看看与以上声母有关的韵母的拟音。《语法》中的"uai(怀),oai(坏)"和"uei(晦、惠),oei","英译出版前言"分别拟为[uai]和[uɛi]。如果排除"危、为"的"goei",那么读作"-oei"的有"回、悔、会(hoei)"。既然"英译出版前言"认同"-oei"中的"-o-"可以是合口介音,那么把"危、为"的"go-"拟做"[vʷ]or[w]"的理由就不是很充分。①

因此,我们认为《语法》中的"goei(危、为)"应该拟做[ˀŋuei]。

另外,"英译出版前言"中把法式拼音中的入声韵"Ĭ"拟做[iI]。这可能是印刷错误,参照"英译出版前言"对瓦罗拼音的拟音,应该是[iIʔ]。

## 三、17世纪南京话的调值

1.《语法》记录的南京话的单字调共有5个:阴平、阳平、上声、去声和入声。南京话属于江淮官话,至今依然保留着入声,而入声作为一个单独的调类保留下来是江淮官话的特征(刘勋宁1995,侯精一主编2002)。②

据詹伯慧(1981/1985),现代南京话的5个单字调的调值如(3)所示。

(3)现代南京话的调值

  阴平32 阳平14 上声22 去声44 入声5

"英译出版前言"根据瓦罗的描述而拟测的17世纪南京话的调值如(4)。

(4)"英译出版前言"拟测调值

  清平 中或上中

  浊平 低降

  上  中降

  去  上中至高升

  入  中升

我们认为"英译出版前言"对调值的拟测与《语法》中对调值的一些描述不尽相符。

---

① 如果要在拟音中进行区别,那么最应该考虑的对象是"huei(晦、惠)"和"hoei(回、悔、会)"之间的对立,而不是把"go-"单列出来。

② 此处注释的参考文献仅写出其作者和出版时间,书名及具体情况请参见文后"参考文献",下同。——编者注。

2.《语法》在第二章第一节中对当时南京话调值的描写如下。

(5) a. 第一声

(i)"缓而平,既不升也不降,就好像一个人感到疼痛时,叹息着说'ai'。"

(ii)"它的发声过程从头至尾是一样的,既不升也不降,始终保持在高与低之间的中间状态。"

b. 第二声

(i)"发声延长并略为下降。"

(ii)"比如有个人走过来对我说:'……'(胡安犯了抢劫罪。)但我不信,就说:'No…'(不,不可能,胡安为什么要干这样的事?)"

c. 第三声

"以元音为基点,随即降低第三个。"

d. 第四声

"基点在第一个音节,然后升至第三个(即使所发的只是一个音节,也照样如此),并且在发音或重音的末了拖长发声。"

e. 第五声

"实际上与第四声是一样的。"

根据(5a)的描述,阴平可以理解为中平调33。不升不降主要是对调型的描写,而疼痛时的叹息声则可以理解为声调的高度。一个人感到疼痛时发出的较自然的声调,应该不会太高。

阳平和上声都是降调。但是,从(5b(i))和(5c)的描述看不出二者的区别。问题在于声调的起始高度不明确。我们只能根据瓦罗对语调(intonation)的描述来理解。(5b(ii))的"No",按照瓦罗的解释是用来表示不相信的。基于不相信而否定对方的说法,一般说来要加强语气。其结果就是要抬高声调。与此相反,"附录一 美国国会图书馆手稿"对上声的描述则是另外一种情形:"第三声可比于叹息声,就像有人精神不振、疲惫不堪时发出一声叹息那样。"从这个描述看,上声应该属于低降调。因为当一个人"精神不振、疲惫不堪时"发出的叹息声不应该是起始高度较高的降调,而是选择最省力的声调。"各种调型有不同的声调起点,其中最自然最省力的起点是五度制中的2(朱晓农之说)"(潘悟云2002)。因此,阳平可以拟做42,上声可以拟做21。

去声和入声的调型是一样的,都是上升调。"附录一 美国国会图书馆手稿"同样用语调来描写去声:"听起来几乎像是疑问调,而实际上并非问句"。结合(5d)和(5e)的描述,去声和入声可以拟为35。

这样,17世纪南京话的调值可以拟测如下。

(6) 阴平33  阳平42  上声21  去声35  入声35

3.据《语法》第二章第一节的描述,当时的南京话有连读变调,连读变调的原则是后字不变前字变。连读变调发生在两个上声字或两个去声字连读的时候,变调调值都是阴平。

（一）上声+上声→阴平+上声

（二）去声+去声→阴平+去声

## 四、17世纪南京话的若干语法现象

1.《语法》在第一章中首先区分汉语的三种语体:(i)"第一种是高雅、优美的语体,很少使用复合词"。(ii)"第二种语体处于高雅与粗俗之间的中间位置。它能够被大多数人所理解,也使用一些复合词"。(iii)"第三种是粗俗的语体,可以用来向妇人和农夫布道。"《语法》不涉及第一种语体,后两种语体的例子如(7)。

(7)a. 欲升天者,可行真善路,若不然,岂得到。（第二种语体）

　　b. 但凡人要升天,该当为善,若不为善,自然不会升天。（第三种语体）

以上的描述和例句显示,第一种语体是古文,第二种语体是一般的书面语,第三种语体是口语。

2. 我们在看汉语史的语料时,虚词的读音是最难确认的。一般认为,虚词的语法化会伴随着读音的弱化。但是,历史上的韵书一般不记录这种弱化后的读音,而韵文的押韵也不表现弱化的读音。《语法》为我们展现了当时的读音状况。

首先来看"了"。普通话中,"了"读作弱化的[lə0],而不读作[liau3][1],如(8)。其中(8a)的"了"为"了$_1$",标记完整体(perfective),(8b)的"了"为"了$_2$",标记完成体(perfect)。

(8)a. 他吃{[lə0]/[liau3]}2个苹果。

　　b. 他吃2个苹果{[lə0]/[liau3]}。

汉语的时体助词"了"由表示完结义的动词语法化而来(王力1958,太田辰夫1958,赵金铭1979,刘勋宁1985,曹广顺1995,吴福祥1998,林璋2003)认为"到了元代,'了'标记的完整的情状可以出现在主句的位置上",即"了"已经发展出标记绝对时过去的用法,如(9)。

(9)a. 陈巡检将昨夜遇申公之事,从头至尾说了一遍。（《清平山堂话本》）

　　b. 我家墙也倒了几堵。（《朴通事》）

进行这项确认,是因为南方的一些方言中"了"并不一定都有标记完整体和完成体的用法。如闽语福州话中,"了"([lau3])只有相当于普通话中的"了$_2$"的用法,没有相当于"了$_1$"的用法。闽语厦门话中,"了"([liau3])用于表示终了的局

---

[1] [lə0]和[liau3]中的数字为调类符号,其中"0"表示零调(潘悟云2002),"3"表示上声。

面(phase),相当于普通话的"V完",而相当于普通话的"了$_2$"的是"也"([a6])。

在《语法》中,我们可以看到典型的"了$_1$"的例句和典型的"了$_2$"的例句,如(10)。

（10）a. 一日吃了几次肉？
　　　b. 你偷了人的物件么？
　　　c. 你到时候我讲过了。
　　　d. 他来时节我去了。

不论是"了$_1$"还是"了$_2$",瓦罗拼音都记作"leào",按照"英译出版前言"的拟音是[*liau3]。这说明,在当时的南京话中,"了"的语法化并没有伴随语音的弱化。布道主要是以语音为媒介实施的,至少在瓦罗看来,"了$_1$"和"了$_2$"都读作[*liau3],在布道时是可以接受的。而在现代汉语中,不论是书面语还是口语,读作[liau3]是很难接受的。

据刘勋宁(1985),唐五代句尾"了"即"了$_2$"曾经出现过"了也"的形式①。如今"了也"以合音的形式存在于一些方言中。刘勋宁(1985)据此认为,现代汉语的"了$_2$"来自"了也"。刘勋宁(2001)发现元代的《老乞大》使用"了也",而后代的《翻译老乞大》的相应地方都改成了"了"。刘勋宁(2001)对此的解释是因为"了也"合音,所以书写的时候只写其中的主要部分即"了",次要的部分没有得到表现。我们认为这个解释是很勉强的。这是因为现代汉语的"了$_2$"看不出"也"的语音痕迹,北京话也同样看不出"也"的语音痕迹(马希文1982,周一民1998)。南方方言中"了$_2$"看不出"也"的语音痕迹的,还有闽语福州话的[lau3]和泉州话的[lɔ⁰]。② 瓦罗《语法》所描述的17世纪南京话的"了$_2$"读作"leào",同样看不出"也"的语音痕迹。进而言之,"了$_1$"和"了$_2$"使用同一个语音形式,也说明"了$_2$"不可能是"了也"的合音。《语法》的"leào"不存在文字书写时的取舍问题,因此本文不支持刘勋宁(1985,2001)所说的现代汉语"了$_2$"的合音说。

我们认为,比较合理的解释是在"了$_2$"是否后续"也"的问题上存在不同类型的方言：Ⅰ类方言,只使用"了"而不使用"也",如北京话,福州话,泉州话；Ⅱ类方言,使用"了也",如刘勋宁(1985)报告的陕西清涧话,山西文水话；Ⅲ类方言,不使用"了"只使用"也",如厦门话、台湾闽南话。17世纪的南京话读作"leào",因此属于Ⅰ类。

3. 否定词"没"的读音,是学界关注的问题之一。据刘丹青(1996),现代南京话的"没"读作[me¹⁴],阳平③。而在17世纪,南京话的"没"读作[*mɔʔ³⁵],入声。

---

① 唐五代的"了$_2$"并非都使用"了也"的形式,见孙锡信(1996,1999)。
② 福州话见陈泽平(1998,2002);泉州话见李如龙(1995),汉字写作"唠",读轻声。
③ 转引自覃远雄(2003),调值根据詹伯慧(1981/1985)改写为上标数字。

《语法》对"没"的用法描写得很细致。(一)南京话中有两种情形:(i)通常必须跟"有"同现,如"没有人来"。(ii)一般单独用"没",不跟"有"同现,如"没趣。没处"。(二)北方省份单独用"没",不用"有",如"没饭。没来"。

覃远雄(2003)对许多方言点的"没"的共时读音作了分类和解释。其中,南京话的"没"依据的是刘丹青(1996)的[me¹⁴]阳平,归入第(四)类。这一类"声母韵母与明秘切相合,但声调不合"。这一类中,读阳平的还有北京话和哈尔滨话的"没"([mei])。覃远雄(2003)对读阳平这一小类的解释是:"哈尔滨、北京声母韵母都与明秘切相合;南京声母与明秘切相合,但韵母按常例应读[ei],却今读[e],与假摄开口三等相同。可能是韵尾脱落剩下[e],而南京话语音系统里没有元音韵母[ə],所以就变成了相近的[e]了。古次浊声母去声哈尔滨、北京、南京应读去声,今读阳平,与明秘切不合。"

覃远雄(2003)的基本假设是:现在各方言中的否定词"没"的读音是中古"没"的各个读音合规律的演变结果。南京话的"没"之所以归入明秘切,是因为现在读作[me¹⁴]。但是,从《语法》的记音"mŏ"看,现代南京话的"没"的读音显然不是从明秘切演变而来的。

4.《语法》中列举的表示"离格"的介词有:与,同,合,共。其中,"合"的瓦罗拼音记作"hŏ",入声。《语法》中使用"合"的例句只有2个,见(11)。

(11) a. 我合他讲了。
　　　b. 你详细合他说天主圣教要理。

《语法》中,"和"字记作"hô"(阳平),出现在"和睦"这个单词中,"和"没有表示"离格"的用法。

据吴福祥(2003)的说法,汉语历史上出现的"和"类虚词有"与"、"及"、"将"、"共"、"和"、"同"、"跟"七个,这些虚词都以"伴随动词>伴随介词>并列连词"的路径语法化。这里没有"合"。另据马贝加(2002:207),"现代汉语中,'和、合'音近,在《儿女英雄传》中,引进交与者时,大多用'合'"。这里的"交与者",就是语言学上说的接受者(recipient)。《儿女英雄传》中,"合"不仅可以引进接受者(12a),还可以用作伴随介词(12b)和并列连词(12c)。

(12) a. 合他说明白了
　　　b. 合姑娘同行
　　　c. 还有新出的《施公案》合《于公案》

以上例句引自龚千炎主编(1994)《儿女英雄传虚词例汇》。该《例汇》收"合"字介词和并列连词共171例,没有收"和"字介词或并列连词。虽然同是北京话作品,但是一个世纪前的《红楼梦》中则主要使用"和"字。由此可见,官话中的"合"来源不明。

南方方言中也使用"合"。闽南的厦门话中"合"有两个读音,[kap7]和

· 284 ·

[hap8]。用作介词和并列连词的"合"读作[kap7],在介词和连词的位置上弱化为[kaʔ7](周长楫·欧阳忆耘1998)。这里看不出厦门话的[kaʔ7]和《语法》记录的17世纪南京话中的介词"hǒ"之间的渊源关系。

作为一种可能的解释,就是17世纪南京话中用作介词的"hǒ"(合)是"和"("hô")的弱化形式。"和"跟"合",声母韵母相同,不同的是声调,前者为阳平,后者为入声。根据潘悟云(2002)的理论,声调弱化的形式之一是"促化":"实词在虚化的过程中往往会变作轻声,轻声的最重要特点是音长缩短,而入声的特点也是短促,所以虚词很容易混到入声里去。"这样,我们就比较容易解释为什么官话文献更多地使用"和"字。因为使用汉字的时候,我们更注重的是意义的继承性。在些许的声调弱化和意义的继承性中,大多数文献的作者选择了后者,《儿女英雄传》的作者选择了前者,因此《儿女英雄传》多使用"合"字。而《语法》是写给把汉语当做外语的人看的,因此《语法》注重词的语音形式。

## 五、有关例句转写的一些问题

1.《语法》中的所有例句都是拉丁字母记录的,没有使用汉字。汉语译本中用汉字书写的例词和例句沿用英语译本的转写结果。英语译本的转写结果有个别地方值得商榷。

2.《语法》第四章第三节2.谈论的是用于比较级的副词,如"愈、越",同时还提到一个相关的例子,如(13a),中文译本在中译注中给的西班牙语解释见(13b),例句的英语译文见(13c),英语译本的汉字转写为(13d)。

(13) a. gò çhù tā iě fǎ lâi①

b. 我越禁止他来,他越是来

c. The more I forbid him, the more he comes

d. 我嘱他一发来

可以看出,(13b)和(13c)的意思是一样的,但是跟(13d)的译文不一致。(13d)可以看做使动句,即表示"叫他来"。而这个解释跟(13b,c)的解释正好相反。(13d)中把"çhù"转写为"嘱"是不对的。问题在于声母。"英译出版前言"中给"çh"的拟音是[ts],是齿音。以这个"çh"为声母的字有"子、字、走、祖、进"等,而舌音则是"ch",如"针、知、珠、竹、桌"等,"英译出版前言"的拟音为[tʂ]。从读音和句子的意思看,这个"çhù"应该转写为"阻"。

把"iěfǎ"转写为"一发"也不是太好。"iě"可以转写为"一",但是"一发"有

---

① 《语法》中在"ie"的"e"的上面还加有实心的黑点,受条件所限,此处未表现出。下同。

· 285 ·

"越发"的意思,还有"一同"的意思。(13d)的"一发"更容易解释为"一同"的意思,而不容易解释为"越发"。因此,从意思上看应该转写为"益"。英语译本的字表中没有收入"益"字,不过第十章第三节的 D 中有"无益(vǔiě)"这个词。因此,把"iěfǎ"转写为"益发",跟"愈、越"是一致的,而且不产生歧义。这样,(13a)可以转写为(14),意思跟(13b,c)的解释一致。

(14)我阻他益发来。

3.《语法》第十六章第三节的一个例句,见(15)。

(15)前日奉拜大[or 台?]驾公出不遇。

其中的"大[or 台?]驾",原文为"tái kiá"。这里的"tái"为不送气、去声。现代汉语中"大"有两个读音:(i)[ta4],如"大学、很大";(ii)[tai4],如"大夫,山大王"。而"台"字,一读[t'ai1],一读[t'ai2],均为送气、平声。因此,(15)中的"tái kiá"应转写为"大驾"。①

## 六、结　语

本文通过《语法》所记录的语音,讨论了 17 世纪南京话的一些问题,并且以此作为语料讨论了语言史研究中的一些问题。主要结论有:

(一)瓦罗拼音中记作"v-"的微母字读作零声母,"vu-"中的"v-"是羡余的。

(二)17 世纪南京话的调值可以拟为:阴平 33,阳平 42,上声 21,去声 35,入声 35。

(三)17 世纪南京话中有"了₁"和"了₂"。据《语法》描述,"了₁"和"了₂"都读作"leao"(上声)。这说明:其一,17 世纪南京话的"了₁"没有因为语法化而发生弱读;其二,"leao"的读音中没有"也"的语音痕迹。

(四)《语法》中"了₁"和"了₂"使用同一个语音形式来表示,说明 17 世纪南京话的"了₂"不可能是合音形式。现代汉语的"了₂"也使用跟"了₁"相同的语音形式,因此刘勋宁(1985,2001)所说的现代汉语"了₂"的合音说是不成立的。汉语方言中起"了₂"作用的虚词可以分为 3 个类型:Ⅰ类方言,只使用"了"而不使用"也";Ⅱ类方言,使用"了也";Ⅲ类方言,不使用"了"只使用"也"。现代汉语与Ⅰ类方言相同。

(五)据《语法》,17 世纪南京话中"没"读作"mo"(入声)。这一事实不支持覃远雄(2003)关于南京话的"没"由明秘切演变而来的说法。

(六)《语法》中用作介词和并列连词的"ho"(入声),是"ho"(和,阳平)的声

---

① 闽语福州话中,"大"字也有两个读音,白读为[tuai6],文读为[tai6]。"大驾"为文读,读作[tai6ka3]。

调弱化形式。

## 参 考 文 献

曹广顺:《近代汉语助词》,语文出版社,1995年。

陈泽平:《福州方言研究》,福建人民出版社,1998年。

龚千炎主编:《儿女英雄传虚词例汇》,语文出版社,1994年。

侯精一主编:《现代汉语方言概论》,上海教育出版社,2002年。

李如龙:《泉州方言的体》,载张双庆主编:《动词的体》,香港中文大学中国文化研究所吴多泰中国语文研究中心出版,1995年。

林璋:《了$_1$:从完整体标记到时标记》,"汉语时体系统国际研讨会"论文。

刘勋宁:《现代汉语句尾"了"的来源》,载《方言》,1985年第2期;《现代汉语研究》,北京语言文化大学出版社,1998年;《新发现的〈老乞大〉里的句尾"了也"》,载《中国语文研究》,2001年第1期。

马贝加:《近代汉语介词》,中华书局,2002年。

马希文:《关于动词"了"的弱化形式/·lou/》,载《中国语文学报》,1982年第1期;《现代汉语补语研究资料》,北京语言学院教学研究所选编。

梅祖麟:《唐代、宋代共同语的语法和现代方言的语法》,载《中国境内语言暨语言学》,1994年第2期;《几个闽语语法成分的时间层次》,载《中央研究院历史语言研究所集刊》,第66本第1分,1995年;《梅祖麟语言学论文集》,商务印书馆,2000年。

潘悟云:《汉语否定词考源——兼论虚词考本字的基本方法》,载《中国语文》,2002年第4期。

孙锡信:《唐五代语气词的更迭》,"第二届国际古代汉语语法研讨会"论文,1996年;《汉语历史语法丛稿》,汉语大词典出版社,1997年;《近代汉语语气词——汉语语气词的历史考察》,语文出版社,1999年。

覃远雄:《汉语方言否定词的读音》,载《方言》,2003年第2期。

王力:《汉语史稿》,中华书局,1958年。

吴福祥:《重谈"动+了+宾"格式的来源和完成体助词"了"的产生》,载《中国语文》,1998年第6期;《汉语伴随介词语法化的类型学研究——兼论SVO型语言中伴随介词的两种演化模式》,载《中国语文》,2003年第1期。

詹伯慧:《现代汉语方言》,湖北教育出版社,1981、1985年。

赵金铭:《敦煌变文中所见的"了"和"着"》,载《中国语文》,1979年第1期。

周长楫:《厦门方言词典》,江苏教育出版社,1998年。

周长楫、欧阳忆耘:《厦门方言研究》,福建人民出版社,1998年。

周一民:《北京口语语法(词法卷)》,语文出版社,1998年。

(作者单位:福建师范大学外国语学院)

《华语官话语法》专题

# 《华语官话语法》中语法问题分析

□张美兰

> **内 容 提 要**
>
> 西班牙传教士瓦罗(Francisco Varo)所著的《华语官话语法》(1703),是世界上第一部正式刊行的汉语语法专著。本文侧重于对《华语官话语法》中的语法问题作剖析,分析解释瓦罗眼中当时的汉语语法特点。本文认为:瓦罗《华语官话语法》中的语法描写虽然内容简单,真正属于语法分析及句法解释的内容不多,且是粗线条的,但透过书中这些语法现象的描写,我们仍能挖掘出瓦罗对当时汉语语法问题的某种认识,并从中归结出瓦罗所理解的当时汉语的特性。瓦罗对词法、句法的解释还是考虑到汉语的特征的,这是应该给予重视的;但瓦罗对词法、句法特点存有偏误之处,我们应给予重新解释。

西班牙传教士弗朗西斯科·瓦罗(Francisco Varo)[①]所著的《华语官话语法》(*Arte de la lengua mandarina*,1703),是世界上第一部正式刊行的汉语语法,也是西方汉语研究史上的一部要著。书中所用的例词例句,记录了清初汉语官话,颇具历史语

---

① 瓦罗,1649年来华,取名万方济各、万济国。在华38年,大部分时间在福建传教。

料的价值,对近代汉语的研究有重要意义。从中我们既可以看到早期西方传教士如何认识和分析汉语的结构,同时又可以了解到 300 年前我们自己语言的面貌。2000 年,John Benjamins 出版社推出了该书的英译本。Coblin,W. South(1998)、贝罗贝(2000)、姚小平(2001)、马又清(2002)等学者先后曾对它作过介绍和分析。

《华语官话语法》有它的个性特色和杰出贡献,其中最突出的是瓦罗在书中认为汉语"八大词类"(octavo partes orationis)即名词、代词、动词、分词、介词、副词、感叹词、量词是具有汉语特色的词类,所以瓦罗作了较为详细的描写连词及其范畴,以及数、性、格、态、时等等,既从语义上,又从形式、功能或句法上加以描写和分析。有关这方面的介绍本文从略,我们拟侧重于对《华语官话语法》中的语法问题作剖析,以分析解释瓦罗对当时的汉语语法特点的认识。

# 一、《华语官话语法》反映了以南京话为基础的官话语法现象

瓦罗所属的多明我教会多面向普通百姓传教,因而他也比较重视学习方言口语,注重官话。他虽在中国福建(也在广东)等东南部地区传教达 38 年之久,《华语官话语法》却较为客观地描写了明末清初以南京话为基础的官话,也有力地证明了学界曾论证的观点:明末清初汉语的"官话"是以南京音为基础的。① 表现在:

1 在语音上表现的官话特点

1.1 强调要说好官话要以南京音为基础

瓦罗在谈到发音时指出:"我们一定要懂得中国人读这些词的发音方法。但也并非任何一个中国人就能把音发好。只有那些资质好的说官话的人,例如南京地区的居民,以及来自其他操官话的省份的人,才能做到这一点。有些地区比如福建,那里的人们发音就很不准确,把 h 和 f 混淆在一起。其他省份也各有自己的语音毛病。一个中国人即使知识广博或学历很高,也并不意味着他就能说好官话;实际上有许多人官话说得很糟。因此我们应该集中精力,只学那些以南京话或北京话为基础编纂的 *cabeçillas* 或词汇表。"(p.31)②

"新来的教士一开始应该尽量把话说得慢一点,注意词、声调以及词序。……很多时候,由于把声调或者词序弄错了,会误把张三说成李四。……因此,一个切

---

① 详见鲁国尧:《明代官话及其基础方言问题》,载《南京大学学报》,1985 年第 4 期。李新魁:《论近代汉语共同语的标准音》,载《语言研究》,1980 年第 1 期。

② 本文所引瓦罗《华语官话语法》一书的出处页码,均系瓦罗《华语官话语法》的英译本,John Benjamins 出版社,2000 年。文中的中文文本参考了北京外国语大学姚小平教授的瓦罗《华语官话语法》的中译本,外语教学与研究出版社,2003 年。

实可行的、便捷的途径就是把新来的教士安排在那些能够把汉语官话说得很标准的省份或城市,那样他们就能轻松地学到'口气'。""但教士应该使自己限于用口语写作和学习口语,并且在学会了口语的用法后,用它们来布道。"(p.23)

1.2 指出汉语声调为五声,并用五个符号:"ˉ ˆ ˋ ˊ ˇ"表示基调

"ˉ"表示第一声(缓而平,既不升也不降,中国人把这个声调称作"平清",也叫"上平");"ˆ"表示第二声(发声延长并略为下降。中国人把这个声调称为"浊平",也叫"下平");"ˋ"表示第三声(以元音为基点,随即降低第三个,并略显突然或短促。中国人把这个声调称作"上声");"ˊ"表示第四声(基点在第一个音节,然后升至第三个,并且在发音或重音的末了拖长发声。中国人把这个声调称作"去声");"ˇ"表示第五声(发这个声音时用了强有力的方式,在收音时就要戛然止住。中国人把这个声调称作"入声")。(p.33)

笔者按:瓦罗比较客观地描写了清初汉语的声调,也比较早地描写了汉语的调值情况。关于南京语音,赵元任在《南京音系·南京的语音》(1929/2002)①中作了描写,他指出:"南京有阴平(衣)、阳平(移)、赏(椅)、去(意)、入(一)五声。"其音值简图如下(第四图),可参照。

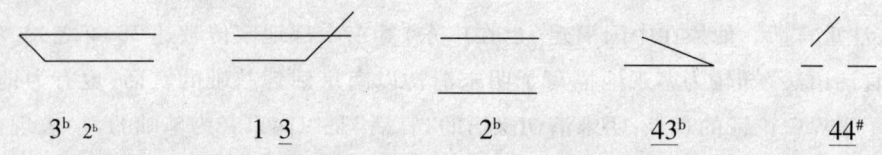

$3^b\ 2^b$　　　　　1 3　　　　　$2^b$　　　　　$43^b$　　　　　$44^\#$

2　在用词上表现出官话特点

瓦罗在谈到词序时指出:"另外,在排列和组构复合词的时候我们要把话说对,小心不要出错,学会像中国人那样处理和使用。因为如果我们换一种方式,词的意思就会改变,或者什么意思也表达不出来。例如,表示'帝'的意思,可以说'皇帝'、'朝廷'或'天子',但是当我们欢呼的时候,如果说成'帝皇'、'廷朝'或者'子天',那就什么意思都没有了。不过,也有那样一些复合词,颠过来倒过去,其意思都不会变,例如:要紧的—紧要的;兄弟—弟兄。"(p.25)

笔者按:这儿瓦罗所说的可以"颠过来倒过去"的"复合词"就是"同素反序"的双音节词。

2.1 "兄弟",可说成"弟兄",这是一个很重要的信息。从今天方言的分布看,有的地区只说"兄弟",有的地区既说"兄弟"也说"弟兄"。查检已出版的各地方言字典,根据地理分布,在今天的厦门、广州、东莞、梅县、雷州、海口等地区不用"弟兄",而在南昌、上海、苏州、南京、徐州、武汉、洛阳、太原等地倒是有"兄弟"和

---

① 《南京音系》,见《赵元任语言学论文集》,第279页,商务印书馆,2002年。原文发表于《科学》第13卷,1929年第8期。

"弟兄"之说的。①

从历史角度看早期文献多用"兄弟"。在早期汉译佛经中已有少数同素反序词"弟兄"的用例。如：

《出曜经》卷二：昔者佛在王舍城迦兰陀竹园所。时有梵志兄弟四人，各得五通自知命促近在不远，却后七日皆当命终。思共议言："我等兄弟五通通达，以己神力翻覆天地，现身极大手扪日月，移山住流无所不办，宁当不能避此难耶？"（T04，p.0619a）

《佛本行集经》卷二十三：有一瞽王，其王名曰提头赖咤王。虽无目，多育诸子，满一百人，并有才智。王弟别复有子五人。伯叔兄弟，足一百五。其父各没，争作国王。以欲报缘，相杀害尽。（T03，p.0762b）

六朝译经中曾出现了一定数量的同素反序双音节词。颜洽茂（1997）通过研究指出："同素反序词的字序有一个逐步稳定的过程，而后其中一式大都湮没，这是语言的竞争规律所决定的。"②"弟兄"一词是不是"兄弟"的临时同素反序词，我们不敢断定，但在同期的汉文文献中却是少见。《世说新语》只用"兄弟"，不见"弟兄"。

我们对唐宋元明时期部分文献作了调查，大概情形是：
唐日本僧圆仁的《入唐求法巡礼行记》有2例"兄弟"，无"弟兄"。③
《祖堂集》只用"兄弟"，不见"弟兄"。④
《敦煌变文校注》有24例"兄弟"，10例"弟兄"。⑤
宋代《古尊宿语要》有51例"兄弟"，无"弟兄"。
宋代《五灯会元》有30例"兄弟"，1例"弟兄"。⑥
金代《刘知远诸宫调》也是多用"兄弟"，也用"弟兄"。
元代的《新校元刊杂剧三十种》有67例"弟兄"，73例"兄弟"。
元代的原刊《老乞大》有7例"兄弟"，6例"弟兄"。⑦

---

① 又见邢福义：《说"兄弟"和"弟兄"》，载《方言》，1999年第4期，第241—248页。
② 颜洽茂：《佛教语言阐释——中古佛经词汇研究》，杭州大学出版社，第248页，1997年。
③ 用例为：(1)其张觉济兄弟二人临将发时同共逃，留出州。(2)父母兄弟姊妹今见在。
④ 《祖堂集》作为重要的禅宗语言资料，书中所记录的禅师大多数是9世纪的人，多活动于福建、湖南、湖北、江西、广东、浙江等地区，是研究唐五代时期汉语白话口语、方言等方面的重要资料。
⑤ 关于敦煌变文，一般被认为是具有当时西北口语特色的文献。
⑥ 用例为：《五灯会元》卷十八《延庆叔禅师》章：庐山延庆叔禅师，僧问："多子塔前，共谈何事？"师曰："一回相见一回老，能得几时为弟兄？"僧礼拜师曰："唐兴今日失利。"
⑦ 用例如：(1)你来时，俺父亲、母亲、伯父、叔父、伯娘、婶子、姐姐、二哥、三哥、阿嫂、妹、兄弟每，都安乐么？(2)更有两个伴当，都是亲眷一个是姑舅哥哥，一是两姨兄弟。(3)恁两姨弟兄，是亲两姨那是房亲两姨？(4)是亲两姨弟兄。

《元典章·刑部》有 16 例"兄弟",3 例"弟兄"。

明代的《五伦全备谚解》有 75 例"兄弟",20 例"弟兄"。

以上调查可见,在带有北方语言特色的文献中,尤其是元明时期的文献,"兄弟"、"弟兄"均出现,且"弟兄"一词的使用比例在增多。我们在阅读清代同治建元年(1862)由传教士孟振生《古新圣经问答》①一书时,发现书中都用"弟兄"一词,无"兄弟"。

另外在《华语官话语法》中记录的带有今天南京话方言特色的词有:第一个、头一个、喜欢、欢喜。

第十二章第三节《序数词》:"我们业已讨论了序数词是由小词'第'来表示的,它必须放在数字的前面,例如:世界第一个人就是 Atam。有时,中国人用"头"而不用'第'来表示第一个,例如:宗徒头一个随从 Jesu,就是 Gantele。"(p. 163)

笔者按:"第一个"即"头一个"。《南京方言词典》②头一个 = 第一个。(p. 17/169)

"喜欢"="欢喜" p. 137。《南京方言词典》喜欢:对别人或事物有好感受或有兴趣(p. 27);欢喜:高兴,喜悦(p. 252)。

2.2 "要紧的"、可以说成"紧要的",这也是元明时代的用法。仅以《水浒传》一书为例,"要紧"一词有 32 例("要紧的"有 9 例),"紧要"一词为 12 例("紧要的"有 6 例)。如:

(1)便取出包裹打开,没紧要的都撇了,只拿了桌上的金银酒器,都踏匾了。拴在包裹。(第 4 回)

(2)林冲问道:"甚么要紧的事?"(第 9 回)

(3)祝彪道:"我自出前门捉宋江,是要紧的贼首!"(第 49 回)

(4)道:"只说我病重临危,有几句紧要的话,须是便来,只有一番相见嘱付。"(第 48 回)

(5)李小二慌忙道:"恩人请坐;小二却待正要寻恩人,有些要紧说话。"(第 9 回)

(6)却使心腹人赍了一封紧要密书星夜投京师来替他干办。(第 26 回)

3 在句式表达上表现出官话特点

瓦罗在说到疑问句式时指出:"疑问语气有多种表现形式,一种是表示怀疑的,另一种是表示好奇的或询问原因的,还有一种是询问时间的。表示怀疑的小词有:么、否、乎、不曾、不。如:你睡了么[mo]? 你做了否[feu]? 他们来乎[hu]?

---

① 孟振生著、涂宗涛点校:《古新圣经问答》,天津社会科学院出版社,1992 年。该书反映了当时北京话的语言特点。

② 李荣主编、刘丹青编撰:《南京方言词典》,江苏教育出版社,1998 年。

你肯不曾？（或：肯不肯？）"（pp.107—109）

笔者按：瓦罗指出表示怀疑的小词即语气词有：么［mo］、否［feu］、乎［hu］，而没有用当时具有闽南方言特征的"无"［vu］、"不"［po］等词。在今闽南话中"VP＋无/唔/未？"构成的问句仍保留。如：

汝有读册阿无？（你有没有读书？）汝爱去阿唔？（你要去吗？）汝糜食了阿未？（你饭吃了没有？）①

4 在语体上表现出官话的特点

瓦罗多次说到用词与语体的关系。如：

"和普通百姓对话的第三种语体，[这个人是福州府知府的儿子。]在和政府官员以及学者对话时，我们应该用第二种语体，[这一位是福州府太爷的公子。]"（p.63）

"这些词有一个特殊的小词'们'（mên）来表示复数。有时人们也用'等'（tèng），例如'我等'（gò tèng）、'尔等'（ùl tèng）；'们'和'等'之间有很大的区别，因为'们'可用于代词我、你、他以及一些称谓词，例如'老爷们'等等；而'等'仅用于代词我和你，而不能用于他。此外，'们'是普通用语，可以用于不同场合，而'等'则用于在尊者面前的谦称。"（p.67）

"也可以用'之'（chī）代替'的'（tiě）来构成属格。但这种方式仅限于书面语和雅言，例如：天主之子。"（p.59）

"'者'更多地用于书面语，用在口语中就显得文绉绉的，例如：不痛悔者。"（p.97）

## 二、《华语官话语法》对某些语法现象的描写较具体

1 关于"的"字

1.1 领属作用［属格］

瓦罗指出："属格由它后面的小词'的'来标示。例如：天主的恩、造物的主。但有时候并不用'的'，如：家主（英译为：master of the house）、兵官（英译为：mandarin of soldiers ＝ military officer）。"（p.59）

"在有些属格形式中，也即在表示某物的质料时，不需要用'的'。在这种结构里，只要把表示质料的词放在名词前面就可以了，比如：铜钱 银钉。②"（p.59）
"但有时是不能省的。当属格用来表示系动词 sum, es, fui 的时候，小词'的'就必

---

① 详见李如龙：《闽南方言的代词》，载《代词》，"中国东南部方言比较研究丛书"（第4辑），暨南大学出版社，1999年。

② "铜钱"、"银钉"可说成"铜的钱"、"银的钉"，但是相当土的表达方式。

须放在表示领属的主格后面,比如:这衣服是我的。这银子是 Johan 的。"(p.59)在类似的表达中,这个"的"也必不可少,因为我们不能说"这衣服是我","这银子是 Johan"。(p.59)

"表示集合事物的词,都是由属格后置的方式来修饰的。例如:'一斗米',字面意思是'米的一斗';'一堆石',字面意思是'石头的一堆'。这些结构都不要小词'的'。"(p.61)

"当一个句子有多个前后连接的属格时,'的'就要放在最后一个需要属格的词之前,比如:这个人是福州府知府的儿子。"(p.63)

"表示领属关系的派生代词由基本代词构成,在其后面需要加个小词'的',例如:我的、你的、他的。这一本书是我的。那一领衣服是你的。等等。"(p.93)

### 1.2 表指称

其一,形容词通常由后置的小词"的"构成,例如:长的、短的、白的、黑的。既然形容词不能单独使用,小词"的"可以帮助它达成这个功能。(pp.71—73)

笔者按:形容词加"的"才使形容词具有称代性。

其二,关于"VP 的"结构的指称性。

瓦罗关于"VP 的"的描写有几处:

第五章第四节《行业名称》:"一是在表示行业的名词后面加上小词'的',例如:开铺的、做买卖的、剃头的。有时还可以在'的'的后面加上'人',例如:剃头的人、做买卖的人。"(p.89)

第六章第三节《关系代词》节:"第一个是'的'。这个词最常见,一般紧跟在短语之后,与我们的通俗卡斯蒂利亚语的 los que(那些人、那些东西)相对应,例如:看书的、奉教的、守十诫的会升天。"(p.97)

在第五章第一节:"有时候中国人在动名词后面加个'的'字,例如:可恨的。还可以在末尾加'人',指某个人,例如:可恨的人。"(p.85)

第八章第四节:属格动名词的构成,是把小词"的"后置,并紧接着在其后加一个表示时间的小词"时"。如:属格:念经的时不可妄想。(p.123)

笔者按:瓦罗对具有称代作用的"VP 的"中的"VP"认识有所混淆,有时看成动名词(可恨的),有时看做表示行业的名词(开铺的),有时看做短语(看书的),前后使用的术语不统一。其实结构是相同的,语法意义也相同。只是因为不同的动词构成的"VP 的"结构,所表语义不同罢了。正是因为对"VP 的"结构认识不清,所以对结构中的"的",一会儿称小词(剃头的),一会儿又称关系代词(奉教的)。其实"VP 的"结构本身就是具有指称性的。

### 1.3 表修饰

还有一种构成最高级的方式,它是通过形容词重叠并在其后加"的"字来构成的,例如:高高的、白白的、深深的。(p.83)

通过重叠一些表示减少的词,并在末尾加上小词"的",也可以构成指小词,例如:短短的、小小的。(p.87)

副词后面的"的",如:"非常的"等(p.89)、"微微的"(p.85)。

笔者按:朱德熙(1961)曾专文描写现代汉语的"的"(见《说"的"》一文)。将"的"分为"的$_1$"(副词性成分后)、"的$_2$"(形容词性成分后)、"的$_3$"(名词性成分后)。对此瓦罗的描写是最早的。

2 关于名词的"子、儿、头"

在《名词》一节瓦罗谈到"子、儿、头":有时候也可以在后面加"子"、"儿"、"头"三个小词,例如:桌子、面头、女儿。"儿"在北方各省很常用,出现在句子或短语的末尾,以控制语气。例如:没儿(mǒ ǔl)、差不多儿(ch'ā pǒ tō ǔl)。在什么时候、什么句子里用这些词,并没有特殊的规则,只能从实际用法中去加以把握。需要指出的是,当我们使用两个复合的或同义的词项时,上述小词就都不用了;两个复合的词项前后连接,意思是指同一个事物。例如,"椅子"是一个词。如果我们把词项"轿"(意思也是椅子)跟"椅"组合起来,这时就不能再加"子",而只说"轿椅"。当名词前面有形容词的时候,也不用这些小词,例如:暖轿、凉帽。如果前面没有形容词,就应该说"帽子"。假如我们在这类带有形容词的名词前面加上小词,比如说"凉帽子",中国人也能听懂,但这是很土气的说法。(p.71)

3 关于量词

量词是具有汉语特色的词类,所以瓦罗作了较为详细的描写,他说:"掌握了计算事物的小词,我们才能把这门语言说得更准确。既然我们从一开始就应该熟悉它们,那我就在此列举一些比较常用的,以便大家学习。它们都放在数字的后面,例如:一餐,两层楼,三节,四锉,五口(或头),六匹,七张/章,八只或八号(船),九阵,十张(像),一栋(房子),两块(碗),三串,四重,五封(书),六位,七盒(墨),八杆,九下,十棒,十鞭,一粒或一颗(米),二捆或两缚,三把,四领,五疋,六条,七帖(药),八叶,九句,十枝,一枚(针),两块,三双或三对,四部,五尾,六套,七行,八亩(田),九段,十个,一担或一挑,两本,三张,四件或四椿,五顶(轿),六头(岭),七篇(文章),八群,九条(路),十把,一顶(帽),两枝(烛),三张,四城,五把,六卷。此外还有很多量词,可以从实际的用法中去把握。"(pp.159—161)

4 关于汉语的语序

(1) 主语+动词+宾语

其一,施事者(the person who does the action)+动词+受事者(the person who suffers the action)(常用句式)(p.151)

如:我爱天主。(p.151) 我与你一本书。(p.153)

主格没有标志性的小词。它是通过在句中所处的位置来判断的,即它应该位于动词之前。例如,表示"神创造了天、地以及世间万物"这个意思的句子是:天主生天地万物。"天主"这个词是主格名词,"生"是动词,后面跟着的就是宾格。也就是说,主格永远不会处在它所支配的动词后面。(pp.57—59)

我们判断宾格是根据行为的受动者,或者根据它被动词支配的位置。但是,在日常用法中,一般把它放在动词的后面,例如:你该爱天主。有时候又把它放在前面,例如:一天一百里路我会走。然而把它放在后面总是好一点。在动词"拿去"、"拿来"中,宾格一般置于动词之前,例如:水拿来。酒拿去。"拿去"、"拿来",如果要想把它表达得更好更优美,可以把"拿"放在句子开头,然后紧接要拿去或拿来的事物的名字,最后才是动词,例如:拿水来。拿火来。如果把这些表达放在宾格的后面,中国人也能理解,例如:拿来火。但这是一种粗俗的说话方式。(pp.63—65)

其二,受事者+动词+施事者(极少用式 this way of speaking is very base and little)(p.151)

如:这一本书我读了。这个鸡母我会吃。(p.151) 一本书我与你了。(p.153)

(2)词序上定语和中心语的顺序不能换,如:家主——主家。(p.59)

(3)语序与语义表达

鸡不鸣。[西班牙语原文为"gallo no canta"(公鸡不鸣)英译"The rooster is not singing."]但是,如果我们要表达"gallo que no canta"①(不鸣的那只公鸡)这个意思,就必须说:不鸣的鸡。(p.105)

开不得。这是汉语中很常见的一种说法。如果我们把它说成"不得开",中国人也能听懂,但这不是一种合适的表达方式。② (p.105)

笔者按:"鸡不鸣"是用于表陈述的主谓句,而"不鸣的鸡"则是表指称的短语。从"鸡不鸣"到"不鸣的鸡"实际上句式结构已由表陈述功能的"主谓式"句子变为表指称功能的"偏正式"短语,语义由陈述转为指称。这个道理瓦罗虽没有加以理论地概括,而实际上已把握住了句式结构语法的规则和语义之间的表达方式。

5 书中所写的语法现象有些语法现象反映了当时明末清初的用法特征

5.1 关于"V得紧/很"结构

---

① 相当于英语 the rooster which does not sing。但这儿的助词"的"不同于一般的名词表领属格的"的"。从"鸡不鸣"到"不鸣的鸡"是由表主谓陈述语义的句子(S+V)转换为表指称关系的定中偏正结构短语(V+的+S),"的"是标示句式结构变化的记号。

② "开不得",属于"V不得"结构,就表义来说,"V不得"也分表结果的与表能性的;大致说来所叙的事件属于已然语境的通常是动结式,属于未然语境的,则为能性动补结构。吴福祥指出:在唐五代时期"V不C"是表结果补语还是表能性补语,往往只能以语境加以判断,降至宋代"V不C"基本上限于表可能。(见吴福祥:《汉语能性述补结构"V得/不C"的语法化》,载《中国语文》,2002年第1期)"开不得",即"不能开","得"作补语,多用于口语。"不得开","得"为能愿助动词,表能够。

笔者按：瓦罗在第四章第四节《最高级》部分的引用例证中说到"V得紧"与"V得很"（p.81），这给我们透露了一个极好的时代信息。因为在元明多用"V得紧"（"紧"表示程度之厉害、深），"很"又写作"哏"，在"V得C"结构中是到清代才多起来的。例如：

(1) 读《孝经》、《列女传》等书，夜间相伴，做些女工针指，片时也不得闲。真个是拘束的紧。（《五伦全备谚解》）

(2)【滚绣球】我这里忙倒褪［二四］，越赶得紧。（《张千替杀妻》第2折）

(3) 四个做公的来邻舍街坊打听得紧，只怕要来村里缉捕恩人。（《水浒传》第3回）

(4) 见了道："这个刷子矬得紧！……"（《水浒传》第23回）

(5) 沈阉听了，一发喜欢得紧。（《三刻拍案惊奇》第8回）

### 5.2 不论、不拘

Quisq<ue>、quaq<ue>、quodq<ue>的意思由"不论"或"不拘"这两个小词来表示，例如：不论甚么教中，或不拘教外教内人。（p.95）

笔者按：连词"不拘"在金代始用，元、明、清时期文献材料中多用，是有时代特征的词。

### 5.3 给予义动词

在动词表示给予之义的句子里，与格是由小词"与"来构成的。而"与"这个词本身就有给予的意思，例如：你与我甚么物件。（p.63）

如果给与的人是一位尊者，那么我们一定要在"与"的前面加"赐"，例如：Patele赐与我们其一位Filio。（p.63）

笔者按：关于汉语表授与义动词在近代由"与"变为"给"是何时出现的，学术界一直很关注。傅惠钧发现明万历刻本《金瓶梅词话》中有一例是"给"授与动词的典型用例。笔者[①]指出《训世评话》中有几例授与动词"给"。但元明时期表示"给予"含义的动词一般用"与"，不用"给"字。

### 5.4 表示禁止的否定词

在第七章第二节，瓦罗指出："表示禁止否定的小词有：不要、莫、毋、勿。"（p.103）"禁止祈使句用表示禁止否定的小词来表示，我们在第七章第二节的第二部分已经讨论过了。这些小词一般放在动词的前面，最常见的一个就是'不要'，例如：你不要吃。你不要打他。"（p.121）

笔者按：书中没有提到副词"别"，这基本符合当时的语言事实。关于表禁止的副词"别"的产生年代，《汉语大字典》等辞书一般引例为《红楼梦》中的例句。

---

① 傅惠钧：《〈金瓶梅词话〉中的授与动词"给"》，载《中国语文》，2001年第3期；张美兰：《〈训世评话〉中的授与动词"给"》，载《中国语文》，2003年第3期。

刘坚等认为始于元代,元杂剧和散曲中已有用例。① 但一般文献中较少使用。

6　表现当时南方方言的语法现象也偶尔有记载②

（1）对动物,中国人用"公"表示雄性,用"母"表示雌性。除此以外,还有一些特别的关于动物的表达方式,以区别其雄雌。对禽鸟而言,他们用"雄"表示雄性;用"雌"(ch'ū)或"雌"(ch'ī)表示雌性。公鸡是"鸡公"或"鸡角",母鸡是"鸡母";公狗是"犬牯",母狗是"犬母";公猪是"猪牯",母猪是"猪母";等等。(p.91)

笔者按:鸡母、猪母、犬母、鸡公、犬牯、猪牯等词是具有闽南等南方方言特色的词。

（2）问句对"有没有来"提问有两种说法:其一,有来没有?（这种方式在口语中不常见)其二,来了没有?（多用)(p.111)

笔者按:在近代汉语(明清)中主要用"V+没有"反复问句,所以问句"来了没有?"多用;"有来没有?"相对于"来了没有?"句则少用,主要是清代的口语文献中。但闽南语等南方方言中是用的。

（3）在"现在完成时"一节,瓦罗说:中国人有时也用小词"有",把它放在动词的前面(英译:they laso use "íeu" anteposed),例如:有进。但极少这么使用(英译:this is seldom used)但问句是挺常见的。如:"有来没有"(英译:he came, or not)。( p. 117 )

笔者按:"有+动词"的用法在今闽南话中仍用。当时极少使用,可能因为官话不常用的缘故。"有来没有"这也是闽南语的用法,但因当时汉语口语中也用,所以较"有来"句常见。

## 三、《华语官话语法》对某些语法现象的描写应纠正

1　小词的范围太宽

1.1　关于反复问句中的"VP 不曾"、"VP 不 VP"、"VP 没有"中的"不曾"、"不"、"没有"

瓦罗指出:"表示怀疑的小词有:么、否、乎、不曾、不。如:你睡了么[mo]?你做了否[feu]?　　他们来乎[hu]?　　你肯不曾?（或:肯不肯?)"( pp. 107—109 )

"当询问某事是不是那样时,就要把"非"放在系动词后面,或者把"不"放在

---

① 详见《近代汉语虚词研究》,语文出版社,第266—277页。
② 瓦罗对北方话的个性特点有时也有描写。如:当我们用"没"这个小词时,通常要把它放在"有"字的前面,例如:没有人来。在北方省份,人们单独用"没"而不加"有"字,例如:没饭。没来。(p.103)"儿"在北方各省很常用,出现在句子或短语的末尾,以控制语气。例如:没儿(mǒ ūl)、差不多儿(ch'ā pǒ tō ūl)。(p.71)

两个系动词之间,例如:是非?①（或:是不是?）"(p.109)

"问一样东西有还是没有②时,就把"没"放在两个"有"之间,例如:有没有? 有时它们也跟别的动词连用,例如:来了没有?（或:有来没有?）但这种说法不很常见。"(p.111)

笔者按:"VP 不曾"、"VP 不 VP"中的"不曾、不"不能划归到"表示怀疑的小词"。"不曾"、"不"均是副词。而用在"VP + 不曾"、"VP + 不 + VP"问句中,整个结构才有疑问功能。

"不曾"作为否定词进入反复问句始自宋代,它表示对已变情况的否定。例如:"只问取自家是真实见得不曾?"（《朱子语类》,第 2802 页,引自刘子瑜:《汉语反复问句的历史发展》)"VP 不曾/未曾?"是元明反复问句的一种常见句式。在《元曲选》中不见副词"没有"单用于句末表反复问的。明清时"没有"渐渐代替了副词"不曾","VP + 没有?"多用。据章一鸣③统计,《金瓶梅词话》中副词"没有"、"不曾"均可用于句末表反复问。清代"不曾"用例已不多见,而被"没有"替代了,"VP + 没有"成了清代"VP + 否定词"的主要形式。据徐正考④统计,《红楼梦》中用"不曾"5 例,而用"没有"为 84 例。《老残游记》中未见"不曾",而"没有"有 13 例。"VP + 不 + VP"问句出现较早,以肯定项与否定项构句。否定项可以是反义词,也可以是直接加否定副词"不",所以不能简单地用"表示怀疑的小词"来说明"不"的功能。但在"VP 不?"问句中,"不"的词性有新的变化（同"语气词"),这是另一个话题,不可同时并举。

1.2 关于"V 得 C"、"V 得不 C"结构的语法、语义

其一,在第四章第四节"最高级"部分,瓦罗指出:

"有许多小词可以用来表示最高级,这些小词一部分需要前置,一部分需要后置。……这样的小词又有:2)得紧、得极、到极、不过、得很。这些小词都置于名词之后,决不能放在前面。还有:3)极、尽、一等。这些小词经常处于名词的前面,有时候也后置。"(pp.77—79)

"第二种类型的例子:'得紧',或'得极',例如:真得紧。天主教是得紧。⑤ 表示坏到极点,说'恶大'、'恶极';表示极其出色,说'妙不过'、'妙得很'。表示不超过某个限度,可以说"不过",也就是程度刚好、无须再变的意思。"(p.81)

---

① 英译"It is so or not?"——引自姚小平中译注。
② "有还是没有,西班牙语作"aver o no aver",英译作"Is there or not"。
③ 详见章一鸣:《〈醒世姻缘传〉中的反复问句》、《〈金瓶梅词话〉中的反复问句》,载《〈金瓶梅词话〉和明代口语词汇词法研究》,上海古籍出版社,1997 年。
④ 参见《清代汉语选择疑问句系统》,载《吉林大学社科学学报》,1996 年第 5 期。
⑤ 英译"Very truthful";"The law of God is very truthful"。"是"为形容词,对的,正确。

《华语官话语法》专题

"'尽'这个词可以随便用,包括所有情况,例如:讲得尽。① 圣父 Francisco 妙事情一时间说不得尽。"②(p.81)

"还有一些词,它们以不同的方式构成最高级。在某些情况下,可以用不同的词,例如:好不过、上好、好得紧、好得很。"(p.81)

笔者按:"好得紧、好得很、讲得尽、低得紧"等是"V 得 C("C"为形容词作补语)"的动补结构,它是汉语动补结构的一种重要形式,主要表示动作实现后产生的某种结果或表状态的达成,其中"得"(有时也写为"的")是作补语标记的结构助词。其否定式为"V(得)不 C"或"V 不(得)C"。否定式在近代汉语中也有用"得"的,如上文的例子:"圣父 Francisco 妙事情一时间说不得尽。"(p.81)又如"那一张椅子做得不好"(p.95)。但"得"多省略,如书中的举例"讲不著"(p.179)、"妙不过"(p.81)。关于"V 得 C"结构,王力(1958)、杨建国(1959)、潘允中(1980)、岳俊发(1984)、杨平(1990)、蒋绍愚(1994、1999)、吴福祥(2002)、赵长才(2002)、刘子瑜(2002)、刘承慧(2002)等学者曾先后对此作过专题研究。③ 瓦罗虽在《华语官话语法》一书多次提到,如:"真得紧。天主教是得紧。"再如:表示极其出色,说"妙不过"、"妙得很"。但瓦罗却用字面的意思将这一"V 得 C"结构分离开来,将"得紧、得极、到极、不过、得很"当做用来表示最高级"小词",从句法、语义两方面看都不对,这是应该指出并加以分析纠正之处。

其二,关于"V 得著"结构:

在第十三章"小词"部分,瓦罗指出:"'著'这个词的真正含义是'命中目标',用于讲、说、做等动词:讲得著、听得著(或听著)、拿著(或拿得著)、著了、讲不著。"(p.179)

笔者按:瓦罗对"著"这个词的真正含义的解释基本是对的。"著"原为动词,从魏晋开始有了新用法:多用于表"涉及、附著"义的及物动词后或是表动作发生

---

① "讲得尽"的原文为"Dixo lo todo"(我全都说了),英译作"I told him everything",而在中文中"V 得 C"结构的表义则要看语境,在已然的语境中表示动作实现后产生的某种结果:"已讲尽(完)了";在未然的语境里,则表示具有实现某种结果或状态的可能性:"有可能讲完"。

② 英译作"The excellent deeds performed by Our Holy Father [St.] Francis cannot be told in an hour"。而在中文中"说不尽"结构的表义也要看语境,在已然的语境中表示"还没讲完";在未然的语境里,则表示"不能讲完"。

③ 王力 1958:《汉语史稿》(中册),中华书局,1980 年;杨建国:《补语式发展试探》,载《语法论集》第 3 集,中华书局,1959 年;岳俊发:《"得"字句的产生和演变》,载《语言研究》,1984 年第 2 期;杨平:《带"得"的述补结构的产生和发展》,载《古汉语研究》,1990 年第 1 期;蒋绍愚:《近代汉语研究概况》,北京大学出版社,1994 年;《汉语动结式产生的时代》,载《国学研究》第六卷,北京大学出版社,1999 年;赵长才:《结构助词"得"的来源与"V 得 C"述补结构的形成》,载《中国语文》,2002 年第 2 期;吴福祥:《汉语能性述补结构"V 得/不 C"的语法化》,载《中国语文》,2002 年第 1 期;刘承慧:《汉语动补结构历史发展》,翰芦图书出版有限公司,2002 年;刘子瑜:《〈朱子语类〉述补结构研究》,北京大学博士论文,2002 年。

后能造成"涉及"性结果的及物动词后作补语,"著"从表示与"附着"义相关的动作结果发展为一般性动作的结果,动作有了所"涉及到的对象"的用法,"著"与前面的动词接续有了"涉及"、"到"等义。唐五代时期已相当成熟,如:

(1)南泉云:"智不到处,不得说著,说著则头角生也。"(《祖堂集》,第 198 页日本禅文化研究所,1994 年)

(2)对云:"只为有,所以回避来,今日恰遇著。"(同上,第 728 页)

(3)又云:"火即从你向,不得烧著身。"(同上,第 346 页)

(4)翠微云:"烧亦烧不著,供养亦一任供养。"(同上,第 218 页)

"V 得著"中的"著"也是一种补语用法,表示"涉及、达成"义。在已然的语境中表示动作实现后产生的某种结果;在未然的语境里,则表示具有实现某种结果或状态的可能性。所以"讲得著"原释"Hablo bien"(他讲得好),英译"He spoke well";"听得著"或"听著",英译据瓦罗原释,只作"I heard what they said."(我听到了他们说的话。)二者似有语境的区别,"听得著"是能够听到(未然语境),"听著"是已经听到了(已然语境)。拿著(或拿得著),英译据瓦罗原释,只作"I picked it up."其实也是有语境的区别的;"讲不著",瓦罗原释为"No açerto à deçirlo"(他说得不对),英译"He said it wrong."中文也可有语境区别。这些"著"均作动补结构中的补语。但"著了"的"著"是动词,尽管瓦罗原释为"Açerto"("他做对了",或"猜中了"、"打中了"),英译"He did right."但充当的成分为谓语,不是补语,与"V 得著"中的"著"句法功能不同。瓦罗把它当做一个小词(particle)似可修正。

1.3 关于"V 一 V"结构中的"一"

瓦罗在第十三章"小词"中指出:"这个小词也就是表示数字'一'的词。当它用于两个重叠的词之间时,就产生一种重复的作用,就像拉丁语和我们卡斯蒂利亚语表示动作的重复时在动词前面加上一个"re-"那样,例如:manda(吩咐),remanda(再次吩咐);expecta(期望),reexpecta(再度期望)。或是重复动词,如:mira(看),mira y mira(看了又看),或者 da una mirada①(看了一眼、看了看)。把'一'跟不同的动词连用,便产生不同的意义,例如:看一看、等一等、试一试、走一走、听一听。这种类型的结构在浙江省比较常见,在其他省份也能用,至少上面那些例子是可以用的,只是不那么普遍罢了。"(pp. 175—177)

笔者按:我们必须要追溯汉语"V 一 V"这一结构的发展历史,才能真正认识结构中"一"的语法意义。笔者②曾对早期的"V 一 V"式进行调查,认为早期的"V 一 V"式是动量组合的一种形式。它是动量词(同形动量词)的一种表现形式,不

---

① 这个西班牙语的短语跟英语的 give a look 是一样的构造方式。——引自姚小平中译注。
② 张美兰:《论〈五灯会元〉同形动量词》,载《南京师范大学学报》,1996 年第 1 期。

是简单的动词重叠。笔者①指出：早期的"V一V"结构的产生是与汉语已有的"V+数量词+专用动量词"（汉代佛经语料已见）/"V+数量词+借用动量词"（魏晋南北朝已见）动量结构表达方式密切相关，"V一V"是同形动量词结构（"V+数词+借用同形动量词），其中"一V"充当句子的补语。在"V一V"产生之初，它是与"V+数量词+专用动量词"、"V+数量词+专用动量词"以及上古的"一V"表达方式具有相同的功能，表动量关系，这是"V一V"产生的历史背景。宋代动补结构的发展成熟使"V一V"这种动补结构的使用比例不断增多。例如：

（1）师以拄杖空中点一点，曰："会么？"（《五灯会元》，第231页，中华书局，1984年）

（2）师以拄杖点一下，曰："礼拜著。"（同上，第1056页）

"点一点"与"点一下"结构、语义相同。

动量词是表动作单位，说明动作次数的，所以量词对动词起反制约作用。动词中只有那些动作性较强烈的动词往往才有资格与动量词组合（有量动词）。根据动词的小类与动量范畴的关系看，有量动词为：动作动词＞使令动词＞趋向动词＞一般心理动词＞消现动词＞判断动词。同时动词与动量词的组合是受到一定的语意限制的，是非自由的。当"V一V"中的动量词不表动作单位，数词"一"不表具体的动作次数时，"V一V"结构就发生了语意的变化。"一"不是实指动作的次数，而是极言动作次数少。如《朱子语类》中"V一V"式相当一部分动词为意义较抽象的。动作行为不能实指动作的次数或不能明确计算出次数。例如：

（3）不是三月之后一向差去。但于这道理久后，略断一断，便接续去。（同上，第783页）

（4）公莫看得戒慎恐惧太重了，此只是略省一省，不是悚惊惶震惧，略是个敬模样如此。（同上，第1503页）

（5）要知子路所以请祷之意如何，审一审，看他意思著落再说来，却转动不得，方好说与他。（同上，第903页）

由此可见"V一V"结构在使用中因结构中动词"V"类别因素而又引申表次数少、时间短、程度轻的用法，正是这种用法导致了原来的"V一V"结构发生了变化，其中数词"一"泛指少，不表实际的次数，所以可省略"一"成为"VV"式；"一V"中的"V"因表计量动作次数语意抽象削弱的因素，不宜当做同形动量词看待。张赪②在《现代汉语V一V式和VV式的来源》一文就这一问题作了专题探讨，指出：既然"V一V"式不实指动作的次数，数词的作用就不重要了，"一"的省略就有

---

① 张美兰：《近代汉语几种句式结构成分的变化及其句法后果》，载《湖北民族学院学报》，2003年第1期。又《语言文字学》（《人大复印资料》）2003年第7期全文转载。

② 张赪：《现代汉语V一V式和VV式的来源》，载《语言教学与研究》，2000年第4期。

了可能。在《张协状元》有一例"VV"式：

（6）歇歇了去。（《张协状元》，第 596 页）

这大约是最早的"VV"式用例。此后"V—V"式用法就有所变化。在长期使用过程中因结构中动词"V"类别、上下文语意等因素的交互影响，又引申出表动量少、时量短、程度轻的用法，正是这种用法导致了原来的"V—V"结构发生了变化，其中数词"一"用于泛指，表抽象虚义，多含有少义，而不表实际的次数，所以可省略"一"字变为"VV"式。

我们在《西游记》（人民文学出版社，1972 年，回数/页码）中也见到上下文有"VV"式和"V—V"同现的例子，如：

（7）土地道："大圣，错怪了小神也，这宝贝乃是地仙之物，小神是个鬼仙，怎么敢拿去？就是闻也无福闻闻。"……土地道："……有缘的，闻一闻，就活三百六十岁，吃一个，就活四万七千年……"（《西游记》，24/331）

（8）妖精说："等我且戏他戏，看怎么说。"（同上，27/364）……（妖精）他在那云端里，咬牙切齿，暗恨行者道："……不期被他走来，弄破我这勾当，又几乎被他打了一棒，若饶了这个和尚，诚然是劳而无功也。我还下去戏他一戏。"（同上，27/369）

（9）八戒急回头看，不见水晶宫门，一把摸着那皇帝的尸首，慌得他脚软筋麻，撺出水面，扳着井墙，叫道："师兄！伸下棒来救我一救！"……八戒道："……哥呀！好歹救我救儿！（同上，38/530）

（10）呆子欢喜下拜道："妙啊！妙啊！"行者笑道："烦星官也把我头上摸摸。"……星官真个也把头上摸了一摸，吹口气，也就解了余毒，不麻不痒了。（同上，55/774）

可见，瓦罗所说的"V—V"结构中的"一"，不能简单看做小词，"一"的语法意义是整个"V—V"结构所赋予的。与"拉丁语和我们卡斯蒂利亚语表示动作的重复"的语法含义不完全等同。

至于"V—V"这种类型的结构使用的地域特征，瓦罗说："在浙江省比较常见，在其他省份也能用，只是不那么普遍罢了。"这个我们不敢断定，我们目前见到的语料如《五灯会元》、《朱子语类》、《西游记》、《水浒传》用例较多，其他语料较少，难以说清是地域问题还是语体问题。

他例如"打"有"打$_1$、打$_2$"（p. 177）。"打$_1$"是动词，如"打醒他"；"打$_2$"是动词词头，如："打听"、"打盹"。"打$_1$"就不是小词了。又"今"（p. 179），时间名词，也不是小词。

2 在词类的划分上有混淆处

《华语官话语法》中最突出的贡献是对汉语词类进行了"八大词类"的划分。但毋庸讳言，在书中对各词类的划分存有不少错误，在此略加以分析列举。

## 2.1 表示被动的小词

第九章："要想把它们（主动动词）变成被动的，就要用下列小词：是、所、为、被。"（p.125）

笔者按：动词前有"被"、"所"出现时，是表被动的；"所"字结构蕴含着一个没有出现的潜主语，"所+VP"结构表示一个"被VP"的语意。但"是"字句被动意义是靠句中的"所+VP"结构暗含的，它们本身其实是系动词不是小词①。例如：好人是天主所爱的。

"为"字句：为学的、为读的。西班牙语 imitado（被模仿的）、leido o estudiado，英译为 imitated, read or studied，语意是"被学的、被读的"。那么"为"是表被动的介词。但"万物是天主所为的"句中的"为"却是动词，"所为的"亦即"所造的"。

汉语一词兼多个词性，表多个语意，在不同的上下文中语意不同。这是外国人学汉语困惑最大的地方。

## 2.2 副词

副词是容易与其他词类混淆的一类词。瓦罗花了很大的篇幅来描写，但因为汉语所用副词的句法位置是修饰谓语，与外语中的副词句法位置有异，因此在分类上容易混淆。② 略举几例：

表示"alegrem<en>te"（高兴地），"恺然、欢然、欢喜、喜欢"。（p.137）

笔者按："欢喜、喜欢"，应为动词。

表示"confusam<en>te"（含混不清），用"昏、昏的、混帐、潦草"：你讲话不要混帐。（p.141）

笔者按："混帐"，应为形容词。

表示"dado, caso que"（假使、如果），用"假如，假而"：他假而来，我不去。（p.141）

笔者按："假而"，应为连词。

表示"groseram<en>te"（粗鲁），用"粗、土"：你讲得粗。（p.145）

笔者按："粗"，应为形容词。

表示"ynjustam<en>te"（不公正地），用"不公道"：审断不公道。（p.147）

笔者按："不公道"，应为形容词。

表示"por tanto, ideo"（因此、因而），用"所以、故"：所以要做。（p.149）

笔者按："所以"，应为连词。

---

① 瓦罗说："当句子中提到的人是动作的发出者或承受者时，就必须在其后加上小词'是'并且把'所'置于动词之前，例如：好人是天主所爱的。"认为"是"为小词。

② 我们对副词的判定有两项标准：其一，能够修饰动词或形容词；其二，不能修饰名词，不能作主语、宾语、谓语。

表示"profundam < en > te"(深刻),用"深":你讲得深。(p. 149)

笔者按:深",应为形容词。

表示"perfectam < en > te"(全部、完全),用"成":做得成。(p. 149)

笔者按:"成",应为形容词。

表示"sin distinçion"(不区分、不在乎),用"不论":不论好歹的人。(p. 151)

笔者按:"不论",应为连词。

表示"tanto quanto"(所有必需的),用"若干":Petolo 晓得一只船若干。(p. 151)

笔者按:"若干",应为形容词。

### 2.3 关于第七章的词类

第七章将"叹词、连词、否定词、疑问词,以及表示条件的词"放在一起。瓦罗对汉语的词类分不清,其实连词以及表示条件的词应为一大类。

又对连词内部也有混淆的,如:"连词连接不同的句子,例如以下小词:及、并、亦、也、又、而。表示条件的词一般由以下小词表示:若是、若、假如、如、譬如、比喻、比方、既是、虽、虽然。"(p. 111)实际上譬如、比喻、比方是表打比方的词,不同于连词。作者依然是从字面意思来归纳的。

### 2.4 关于复数的表达

瓦罗描写道:"小词'辈'(poéi)和'侪'(ch'í)的意思是'同一类者',它们也可以构成复数。前者用于口语,后者用于书面语,例如:先辈。还有一些表示很多一义的词,如果把它们放在前面也可以形成复数形式,这些词是:数(sù)、多(to)、众(chùng)、诸(chū)、一类(iě lùi,英译:those of a type)、一等(iě tèng,英译:those of a grade)、几(kỷ)。'几'用得很少。以上诸词的例子如下:数人死了(英译:Some men died)。众(或诸)人领了圣水(英译:All the men were baptized)。一类的禽鸟都有一样的声(英译:The birds of one species all have the same song)。一品官府都有一样的俸禄(英译:The mandarins of one grade all have the same salary)。一等的秀才(英译:the licentiates of one grade)。"(p. 69)瓦罗对复数的描写是混淆了词汇表达法与形态表达法。其实"辈"和"侪"也是名词,非小词。"一类"、"一等"与"几、数、众"意义有区别。

通过以上的分析,我们能清楚地看到 300 年前瓦罗笔下的当时汉语语法面貌,了解到瓦罗对汉语语法的认识,这些也加深了我们对清代初期的汉语语法的认识。对瓦罗《华语官话语法》的剖析,有利于促进近代汉语语法研究的进一步深入。

## 参 考 文 献

Coblin,W. South,"Francisco Varo and the South System of Early Qing Mandarin",*Journal socie-*

ty,1998,118.2.

Coblin, W. South, and Joseph A. Levi, *Francisco Varo's Grammar of the Mandarin Language (1703)—An English Translation of Arte De La Lengua Mandarina*, John Benjamins Publisher Company Amsterdam,2000.

贝罗贝:《二十世纪以前欧洲汉语语法学研究状况》,载《〈马氏文通〉与汉语语法学》,商务印书馆,2000年。

马又清:《瓦罗〈华语官话语法〉研究》,清华大学人文学院硕士论文,2002年。

邢福义:《说"兄弟"和"弟兄"》,载《方言》,1999年第4期,第241—248页。

姚小平:《现存最早的汉语语法著作——瓦罗著〈华语官话语法〉简介》,载《中国语文》,2001年第5期。

朱德熙:《说"的"》、《关于说"的"》、《"的"字结构和判断句》,载《现代汉语语法研究》,商务印书馆,1980年。

(作者单位:清华大学中文系)

# International Sinology
## CONTENTS

### Various Views on Sinology

How to Define Sinology as a Discipline from the Perspective of the
History of Scholarship     **Hou Qiean**

Sinology and Chinese Studies in Korea: An Interview with Li Xuanxun,
Professor of Chinese at Korea Language University     **Ren Dayuan**

### Interviews with Sinologists

An Interview with Czech Sinologist Josef Kolmaš     **Li Mei**

### Biographies of Sinologists

René Etiemble and his *L' Europe Chinoise*     **Qian Linsen**

In Memory of Helmut Martin     **Bernhard Fuehrer**

### Sinology of Early Stages in the West

Cartas Dos Cativos De Cantao     **trans. He Gaoji**

### History of Cultural Exchanges between China and the West

Spread of Christianity in Central Asia and the Far East
    **A. Mingana**   trans. **Niu Ruji**   **Wang Hongmei**   **Wang Fei**

French Scholars' Studies on the Jesuits and Cultural Exchanges between

China and the West **Geng Sheng**
On the Consistency of the Spirit of the Jesuit Order and Its China Policy **Gu Yu**
A Brief History of Sino-French University of Beijing **Ge Fuping**

## History of Sinology in Europe and the United States

Origin and Development of the Cambridge Sinology **Kan Weimin**
A History of Russian Sinology (before 1917)
　　　　　　　　В. С. Мясников　А. С. Ипатова　trans. **Liu Ruomei**
Imperial Examinations of the Late Qing Dynasty as Seen by American
　Missionary Justus Doolittle **Lin Liqiang**

## Studies on Chinese Language and Literature

Characteristics of the Third Tune of Putonghua **Kubo Shuzo**
Hou Zhi, Female Poet and Literary Tanci Novelist
　　　　　　　　**Ellen Widmer**　trans. **Hu Siao-chen**

## Dissertations on "Contemporary Confucianism and the Western Culture"

Thomas A. Metzger's Opinion of Confucianism **Huang ko-wu**
Albert Schweitzer on Chinese Thought and Confucian Ethics
　　　　　　　　**Heiner Roetz**　trans. **Luo Jie**

## Dissertations on *Arte de la lengua mandarina*

*Arte de la lengua mandarina* and the Nanjing Dialect of the 17th Century
　　　　　　　　**Lin Zhang**
An Analysis of the Grammatical Problems in *Arte de la lengua mandarina*
　　　　　　　　**Zhang Meilan**

*Monumenta Serica*
(《华裔学志》)第 50 卷要目

On Chinese Sacrificial Orations *chi wen*     **Wu Shu-Hui**

Friends or Foes: Changing Concepts of Ruler-Minister Relations and the Notion of Loyalty in Pre-Imperial China     **Yuri Pines**

Wandering and Imaginal Realms in the *Analects* and *Zhuangzi*     **Lo Yuet Keung**

Bedeutungen des Begriffes "Herz": Das Körper-Denken in den Büchern *Mengzi* und *Zhuangzi*     **Irmgard Enzinger**

Die Physiognomie von vier Kaiserinnen im China der Späten Han-Zeit (25—220)     **Cordula Gumbrecht**

Dedication and Identification in Wang Bo's Compositions on the Gallery of Prince Teng     **Timothy Wai Keung Chan**

The Bridge at Tiger Brook: Tao Qian and the Three Teachings in Chinese Art     **Susane Nelson**

Reassessing Du Fu's Line on Zhuge Liang     **Hoyt Cleveland Tillman**

Man and Nature: A Study of Du Fu's Poetry     **Michaelv Yang**

Faces of the Weaving Maid and the Herdboy: Tensions, Reconciliations, and the Doubling Device in "The Pearl Shirt Reencountered"     **Li Qiang Cheng**

In the Yellow Tiger's Den: Buglio and Magalhães at the Court of Zhang Xianzhong, 1644—1647     **Erik Zürcher**

Changing Literati Attitudes toward New Learning in Astronomy and Mathematics in Early Qing     **Willard Peterson**

# China Review International
(《中国研究书评》)第 9 卷要目
美国夏威夷大学 主办

Civil Society in China: A Dynamic Field of Study (reviewing Deborah S. Davis, Richard Kraus, Barry Naughton, and Elizabeth Perry, editors, *Urban Spaces in Contemporary China*; Deborah S. Davis, editor, *The Consumer Revolution in Urban China*; Randy Kluver and John H. Powers, editors, *Civic Discourse, Civil Society, and Chinese Communities*; Timothy Brook and B. Michael Frolic, editors, *Civil Society in China*; Richard Madsen, *China's Catholics: Tragedy and Hope in an Emerging Civil Society*; Gordon White, Jude Howell, and Shang Xiaoyuan, *In Search of Civil Society: Market Reform and Social Change in Contemporary China*; Elizabeth J. Perry and Mark Selden, editors, *Chinese Society: Change, Conflict and Resistance*)
**Reviewed by Guobin Yang**

Some Thoughts on the State of Chinese Diaspora Studies (reviewing Lynn Pan, general editor, *The Encyclopedia of the Chinese Overseas*; Shen Yuanfang, *Dragon Seed in the Antipodes: Chinese-Australian Autobiographies*; Chen Yong, *Chinese San Francisco, 1850—1943: A Trans-Pacific Community*)  **Reviewed by Christopher Fung**

Yingjin Zhang, editor, *China in a Polycentric World: Essays in Chinese Comparative Literature*  **Reviewed by Paula Varsano**

Harriet T. Zurndorfer, editor, *Chinese Women in the Imperial Past: New Perspectives*
**Reviewed by Paul S. Ropp**

Sarah Allan and Crispin Williams, editors, *The Guodian Laozi: Proceedings of the International Conference, Dartmouth College, May* 1998
**Reviewed by Scott Cook**

Rajeswary Ampalavanar Brown, *Chinese Big Business and the Wealth of Asian Nations*
**Reviewed by Paul Bolt**

Chih-p'ing Chou, Yan Xia, and Meow Hui Goh, *All Things Considered: Advanced Reader of Modern Chinese*  **Reviewed by Jeffrey J. Hayden**

# 编后记

在《国际汉学》第九辑的《汉学研究三题》中，我曾试图从中国近现代学术史的演变中揭示汉学对中国学术的意义。就中国近现代史的研究来说，美国中国学对中国学术的影响已经从知识层面转换到整个理论体系的创新，杨念群实际上已把美国中国学范式的转变和中国近代史研究学术的转变放在一个整体中考察。他的《中层理论》、黄宗智的《中国研究的范式问题讨论》就是美国中国学理论与中国学术互动的有力见证。

本辑侯且岸的《从学术史看汉学、中国学应有的学科定位》一文就表现了对域外汉学、中国学研究的关切和焦虑，在两种文化背景下的学术研究如此相互影响的情况下，如不从学术史的角度搞清国外汉学、中国学的来龙去脉，将直接影响中国学术规范的重建。侯且岸的郑重建议，绝不仅仅是他个人的意见，实际上反映了从20世纪80年代以来从事国外汉学和中国学研究的学者们的普遍想法。

美国中国学只是海外汉学和中国学的一部分，由于英语具有"话语霸权"，从而美国中国学的中文译著在中国出版最多，但我们从整体上分析和研究域外汉学和中国学时绝不能仅仅停留在美国中国学这一维度。任大援对韩国鲜文大学中国学系李宣炯教授的采访和李梅对捷克汉学家、藏学家高马士的采访可以使我们对东方和西方两个不同国度的汉学或中国学研究有一个新的理解。汉学所具有的"跨文化"性在这里表现得十分明显。由于"我"的文化背景不同，"他者"的知识和形象就随之发生了变化，在这个意义上对汉学或中国学的成果是不能拿来就用。按萨义德的说法，整个西方近代以来的东方知识都是沾着血的，是他们"东方主义"的表现。因而从比较文化的角度来把握国外汉学和中国学，以解释学来分析国外汉学和中国学是必要的，国外汉学和中国学对中国学术界来说不仅仅是个知识交换问题，更是一个方法论的转换，而这种转换的必要立场就是比较文化的视野。钱林森的《艾田蒲和他的〈中国之欧洲〉》一文从这一个角度证明了这一点。

如果从比较文化的视野来把握域外汉学和中国学,首要的就是了解其研究对象的学术史。本刊始终把对汉学史的研究置于中心地位的目的就在于此。读一读阚维民的《剑桥汉学的形成与发展》和柳若梅所译的《俄国汉学史(至1917年前)》,读者就会感到在汉学史的研究方面我们不过刚刚起步,要做的事还很多。对此,我们更提倡一种个案的、专题的研究,反对那种空疏的、仅靠二手中文材料和二手外文材料堆积的高头论章和宏大叙事。实际上直到今天我们仍未搞清西方认识中国的历史过程,还有大量的历史文献我们根本就不知道。对整个域外汉学的了解,我们不过刚刚起步,西方对中国知识的积累是一个渐进而繁杂的过程,我们需要拼起这个图画,这样才能真正理解那段历史,而不是仅仅用一个"东方主义"就可以取代中西初识的丰富多维的历史画卷。

何高济从葡文直接翻译的克利斯多弗·维埃拉的《广州葡囚书简(1524?)》和牛汝极、王红梅、王菲所译的A.明甘那的《基督教在中亚和远东的早期传播》都是首次用中文发表的中西文化交流史领域中极为重要的历史文献,有心的读者一定会感兴趣。

再回到我们在文章开头所讲的问题,研究国外汉学和中国学对中国学术的意义究竟何在?读一下本辑"当代儒学与西方文化"专题和《华语官话语法》专题,读者就会得出一个明确的答案。如果连我们今天的中文书写、语法都来自西方汉学的创造,我们还有什么理由轻视对汉学、中国学的研究呢?传教士汉学的研究绝不局限在传教学和史学,它有着多个维度,语言学就是其中的一个重要方面,一旦我们由此入手,汉学与国学之间的互动就将是不言而喻的事情。

张西平于游心书屋<br>
2004年1月5日

# 《国际汉学》及大象版其他图书订购回执

| 订户名称 | | 联系人 | |
|---|---|---|---|
| 通讯地址 | | 邮政编码 | |
| | | 联系电话 | |
| 订购书名 | | 邮购方式 | |
| 总金额 | RMB（大写）　　　　仟　　佰　　拾　　元　　角 | | |
| | US$ | | |

**订购说明**

（1）从第九辑起，《国际汉学》每年出版两辑，分别在3月和9月出版，每辑定价：中国地区28元人民币/其他地区10美元；读者也可按年订购，全年两辑定价：中国地区50元人民币/其他地区18美元（国内读者购书免邮寄费，国外读者购书请自付邮费），我们将在该书出版后10日内为您寄上；

（2）以后每辑《国际汉学》中将陆续刊登我社出版新书的目录，欢迎订购。国内读者购书免邮寄费，国外读者购书请自付邮费；

（3）欲订购《国际汉学》及我社其他图书的订户，烦请填写上表并寄还我们（此表可复印），"订购书名"一栏内如填不下，可另附纸。

地址：中国河南省郑州市经七路25号大象出版社综合编辑室，邮政编码：450002，email：zonghe1999@sina.com；

（4）通过邮局汇款订阅的订户，请注明详细的收件地址及收件人姓名，同时务必在汇款单附言栏处写明您所订书籍的书名、册数及收件人的联系电话，以便及时取得联系；

（5）通过银行电汇和信汇的订户，在办理手续时，应在汇款凭证上注明单位名称和汇款人姓名，在"汇款用途"栏中写明订阅名称，同时也请通过email和我们联系。

帐户户名：大象出版社

帐　　号：1702029109023006961

开户银行：中国工商银行郑州市分行行政区支行

# 大象出版社已出版汉学图书书目

一、西方早期汉学经典译丛

《中国来信(1716—1735)》 定价:16.20元

(捷)严嘉乐 著 (中)丛 林 李 梅 译

18世纪捷克耶稣会士严嘉乐是迄今已知的捷克最早的一位汉学家。本书收录了他1716—1735年在中国期间写给祖国亲友及欧洲天文学家的信件。

二、当代海外汉学名著译丛

《孔子与中国之道》 定价:22.50元

(美)顾立雅 著 (中)高专诚 译

本书为在孔子研究领域中至今还在受到海内外广泛关注的一本汉学名著,顾立雅在本书中明确表达了对孔子及其思想的景仰,却又与传统的卫道士心态有本质上的不同。

《中国的两位哲学家:二程兄弟的新儒学》 定价:19.70元

(英)葛瑞汉 著 (中)程德祥等 译

本书清晰而有条理地向人们展示了二程兄弟的思想,是西方公认的研究宋代理学的基本参考文献。在评价二程兄弟对道德和宇宙论的贡献方面,它是人们可以读到的第一部书,而且也几乎可以说是惟一的一部书。

《中国的使臣卜弥格》 定价:22元

(波)爱德华·卡伊丹斯基 著 (中)张振辉 译

波兰17世纪耶稣会士卜弥格是欧洲汉学的先驱者之一。本书是至今世界上惟一一部对卜弥格的生平及其成就作了最深入的研究和最公平的评价的著作。

《马礼逊——在华传教士的先驱》 定价:15.50元

(英)汤森 著 (中)王振华 译

马礼逊是基督教新教来华传教的第一人,本书较全面地介绍了马礼逊的生平,同时也介绍了基督教新教各派来华传教的历史,并对中外文化差异进行了有趣的比较,书中还附有大量反映当时中国社会风尚的刻版插图。

三、海外汉学研究丛书

《"神体儒用"的辨析:儒学在日本历史上的文化命运》 定价:17.10元 (中)王 健 著

本书以中国现代社会之转型为问题关注点,提出"神体儒用"这一传统的精神结构是日本社会从传统向现代过渡的重要精神资源。

《西方中国古代史研究导论》 定价:23.20元 (中)胡志宏 著

本书是国内第一本全面介绍西方中国古代史研究历史与现状的专著,从西方汉学的源头——欧洲汉学讲起,全面回顾了从耶稣会士入华直到今天,西方对中国古代史研究的历程和发展脉络。